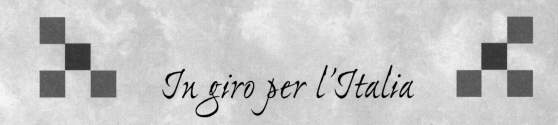

In giro per l'Italia

In giro per l'Italia

A Brief Introduction to Italian

Graziana Lazzarino
University of Colorado, Boulder

Maria Cristina Peccianti
Università per Stranieri, Siena, Italy

Janice M. Aski
The Ohio State University

Andrea Dini
Hofstra University

With contributions by:
Loredana Anderson-Tirro
New York University

Giuseppe Faustini
Skidmore College

Maria Mann
Nassau Community College

Boston   Burr Ridge, IL   Dubuque, IA   Madison, WI   New York   San Francisco   St. Louis
Bangkok   Bogotá   Caracas   Lisbon   London   Madrid   Mexico City   Milan   New Delhi   Seoul
Singapore   Sydney   Taipei   Toronto

McGraw-Hill Higher Education

*A Division of The **McGraw-Hill** Companies*

This is an  book.

In giro per l'Italia
A Brief Introduction to Italian

Published by The McGraw-Hill Companies, Inc., 1221 Avenue of the Americas, New York, NY 10020.

This book is printed on acid-free paper.

234567890   VNH   VNH   98765432

ISBN 0-07-241551-7 (Student Edition)

ISBN 0-07-248992-8 (Instructor's Edition)

Vice president/Editor-in-chief: *Thalia Dorwick*
Publisher: *William R. Glass*
Sponsoring editor: *Leslie Oberhuber*
Developmental editor: *Lindsay Eufusia*
Designer: *Wayne Harms*
Senior marketing manager: *Nick Agnew*
Senior project manager: *Christina Gimlin*
Senior production supervisor: *Richard DeVitto*
Supplement producer: *Louis Swaim*
Photo research coordinator: *Alexandra Ambrose*
Editorial assistant: *Jennifer Chow*
Interior and cover designer: *Andrew Ogus*
Compositor: *TechBooks*
Typeface: *Palatino*
Printer: *Von Hoffmann Press*

Cover art: Fortunato Depero, *Rotazione di ballerina e pappagalli*

Because this page cannot legibly accommodate all the copyright notices, credits are listed after the index and constitute an extension of the copyright page.

Library of Congress Cataloging-in-Publication Data

In giro per l'Italia : a brief introduction to Italian / Graziana Lazzarino … [et al.].
    p. cm.
    Includes index.
    ISBN 0-07-241551-7
        1. Italian language—Textbooks for foreign speakers—English. I. Lazzarino, Graziana.

PC1129.E5 I54 2002
458.2'421—dc21   2001057935

www.mhhe.com

Contents

Capitolo preliminare

Cominciamo!

Preface

Welcome to *In giro per l'Italia: A Brief Introduction to Italian*. This new beginning Italian text is a brief version of the best-selling *Prego!*, perfectly designed for those programs that are interested in this successful four-skills and communicative introduction to Italian language and culture but whose curriculum necessitates a briefer text. In addition, the communicative activities and even more streamlined vocabulary and grammar presentation have been re-organized into a four-part chapter structure including a beautiful new mid-chapter cultural spread.

Features of the Text

Instructors will find in this new text those fundamental features of *Prego!* that they have come to know and trust over the years:

- grammar, vocabulary, and culture that work together as interactive units
- an abundance of practice materials, ranging from form-focused to communicative
- stimulating and contemporary themes to introduce language and Italian culture
- numerous supplementary materials that are carefully integrated with the core text

At the same time, this text includes its own distinct and exciting features. Here are several key highlights:

- *In giro per l'Italia* is a four-skills (reading, writing, listening, speaking) text that offers a wealth of teaching material for instructors of elementary Italian, and emphasizes skills development rather than grammatical knowledge alone.
- *In giro per l'Italia* is easy to use! The text is structured according to a unique chapter organization that divides the eighteen regular chapters into distinct **Lezioni.**
- A wide range of thematic diversity coupled with a focus on modern vocabulary, grammatical structures, and language functions helps students develop language proficiency.
- Beautifully illustrated postcards, letters, and e-mails exchanged by a variety of Italians and their friends and relatives appear twice in each chapter. The correspondence takes students throughout the twenty regions of Italy, in addition to various areas in North America, Europe, and the world where Italians are living.
- Central to the cultural elements found in the book is the new cultural spread, *Saluti e baci,* which brings to life the immense richness and variety

of Italian language and culture in an easy-to-use presentation. Found between *Lezioni 2* and *3*, this section continues with the correspondence feature and includes a postcard, letter, or e-mail, each accompanied by a photograph, in response to the chapter opening correspondence. The *Ritratto* feature then presents a biographical portrait of a famous Italian from the region in focus in the *In giro per le regioni* feature of the chapter, also found in this section. The *L'Italia virtuale* feature directs students to this section of the *In giro per l'Italia* website for follow-up and comprehension activities based on the regional reading and connect students to the virtual Italian world.

- Clear grammar explanations illustrated with a visual and followed by a variety of exercises make the text student-friendly, and grammar and syntax boxes expand the explanations in each chapter.
- Communicative exercises and activities, with each set of exercises progressing systematically from recognition to mechanical to open-ended discussion, help students further develop their language skills.
- Interesting dialogues and readings provide cultural information and highlight the people of contemporary Italy.
- Chapter opening dialogues (*Dialogo-Lampo*), appearing in *Lezione 1*, introduce the chapter theme and new vocabulary.
- The readings in each chapter focus on the chapter's themes and are written in authentic contemporary Italian. These readings collectively present a vivid, non-stereotypical portrait of contemporary Italy, touching on topics such as working women, a typical Italian workday, environmentalism, and the shift from emigration to immigration.
- Brief cultural notes, accompanied by a photograph, further familiarize students with life in Italy and cover topics like how Italians greet each other, coffee bars, and the new wave of Italian sports.
- Each chapter of the text has a stimulating video-based activity to develop students' listening-comprehension ability.
- The state-of-the-art ancillary program for the student includes: student audiocassette or audio CD packaged with each student text to facilitate listening-comprehension activities; a combined Workbook and Laboratory Manual; an Audio Program, on cassette or CD, for use in the language laboratory along with the Lab Manual; an exciting interactive CD-ROM; a text-specific website; and a text-specific video.

Please turn the page for a fully illustrated Guided Tour of *In giro per l'Italia*.

A Guided Tour through In giro per l'Italia

In giro per l'Italia features a clear, user-friendly organization. The text contains a preliminary chapter and eighteen regular chapters. The preliminary chapter offers students a stimulating introduction to the study of Italian and to the basic tools they need to express themselves on a variety of daily topics. The eighteen regular chapters are divided into four **Lezioni,** each easily located through a color-coded tabbing system. Along with the mid-chapter cultural spread, vocabulary, grammar, and skill-building activities are grouped into distinct and regular lessons for optimum ease of use.

Chapters 1 through 18 are organized as follows:

Chapter opener

Each chapter opens with a postcard, letter, or e-mail from Italian "characters" and their friends to help launch the chapter theme and grammar. *In breve*, a brief outline, summarizes the chapter's **Lezioni.**

Lezione 1: Vocabolario

This section introduces and practices the thematic vocabulary that students will use for self-expression and activities throughout the chapter. The *Dialogo-Lampo* that begins this section is a brief and often humorous dialogue, accompanied by a visual, that sets the context for the vocabulary and exercises that follow.

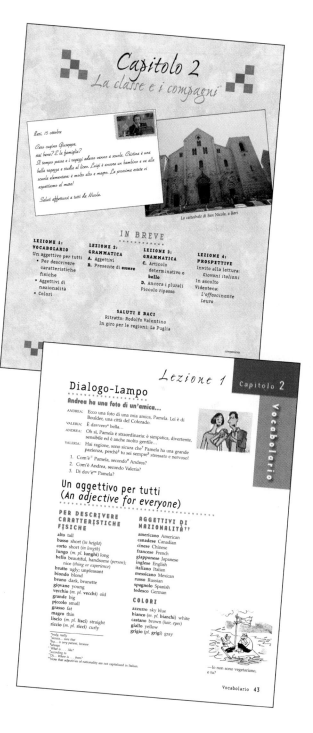

Lezioni 2 and 3: Grammatica

Three to five grammar points are presented in these sections, each introduced in context by a brief dialogue or cartoon and accompanied by both focused exercises and more communicative activities.

Lezione 3 also includes the *Piccolo ripasso*, review exercises that reinforce the structures and vocabulary of the chapter.

Lezione 2   Capitolo 2

Grammatica

A. Aggettivi

CARLO: Come si chiama tua sorella?
MARIA: Si chiama Tina.
CARLO: Com'è?
MARIA: È simpatica, intelligente e sportiva. E tuo fratello? Com'è?
CARLO: Si chiama Lorenzo. Lui è molto carino, ma è un po'* timido.

1. In English, adjectives (**gli aggettivi**) have only one form: *tall boy, tall girls.* In Italian, an adjective agrees with the number (singular or plural) and gender (masculine or feminine) of the noun it modifies. Adjectives whose masculine singular ends in -o have four endings; those whose masculine singular ends in -e have two endings.

SINGOLARE	PLURALE	
-o (m.) alto	-i alti	un ragazzo alto / due ragazzi alti
-a (f.) alta	-e alte	una donna† alta / due donne alte
-e (m. or f.) triste	-i tristi	un ragazzo triste / due ragazzi tristi
		una donna triste / due donne tristi

An adjective that agrees with two singular nouns of different genders, or with a plural noun referring to a male and a female, is masculine plural:

Marco e Giovanna sono **bravi e divertenti.**
I cugini sono **simpatici.** (I cugini e le cugine sono **simpatici.**)

a. Adjectives ending in **-ca**, **-ga**, and **-go** maintain the hard c or g sound in the plural, just as nouns do. This sound is represented in writing by adding an **h.** (Masculine nouns and adjectives ending in **-co** will be presented in Section D, on pages 56 and 57.)

SINGOLARE	PLURALE	
-ca	-che	bianca → bianche
-ga	-ghe	larga (*wide*) → larghe
-go	-ghi	largo → larghi

CARLO: What's your sister's name?   MARIA: Her name's Tina.   CARLO: What's she like?
MARIA: She's nice, intelligent, and athletic. And your brother? What's he like?
CARLO: His name's Lorenzo. He's very cute, but he's a bit shy.

*Un po' is a contraction of un poco (*little bit*).
†*woman*

Capitolo 2   *Lezione 3*

Grammatica

C. Articolo determinativo e bello

Donatella mostra a Giovanna una vecchia fotografia di famiglia.

DONATELLA: Ecco la nonna e il nonno, la zia Luisa e lo zio Massimo, papà e la mamma molti anni fa... Carini, no?
GIOVANNA: E i due in prima fila chi sono?
DONATELLA: Sono gli zii di Chicago.

In English the definite article has only one form: *the.* In Italian **l'articolo determinativo** has different forms depending on the gender, number, and first letter or letters of the noun or adjective that follows it.

	SINGOLARE	PLURALE	
Maschile	lo studente	gli studenti	before s + consonant or z
	lo zio	gli zii	
	il bambino	i bambini	before other consonants
	l'amico	gli amici	before vowels
Femminile	la studentessa	le studentesse	
	la zia	le zie	before all consonants
	la bambina	le bambine	
	l'amica	le amiche	before vowels

1. Here are some rules for using definite articles.
   • **Lo** (*pl.* **gli**) is used before masculine nouns beginning with s + consonant or z.
   • **Il** (*pl.* **i**) is used before masculine nouns beginning with all other consonants.
   • **L'** (*pl.* **gli**) is used before masculine nouns beginning with a vowel.
   • **La** (*pl.* **le**) is used before feminine nouns beginning with any consonant.
   • **L'** (*pl.* **le**) is used before feminine nouns beginning with a vowel.
2. The article agrees in gender and number with the noun it modifies and is repeated before each noun.

   la limonata e l'aranciata   *the lemonade and orange soda*
   gli italiani e i giapponesi   *the Italians and Japanese*
   le zie e gli zii   *the aunts and uncles*
3. The first letter of the word immediately after the article determines the article's form. Compare the following.

Donatella is showing Giovanna an old family photograph.   DONATELLA: Here are Grandma and Grandpa, Aunt Luisa and Uncle Massimo, Dad and Mom many years ago... Cute, aren't they? GIOVANNA: And who are the two in the front row?   DONATELLA: They are my aunt and uncle from Chicago.

54   CAPITOLO 2   La classe e i compagni

Lezione 4: Prospettive

This section integrates the vocabulary and grammar from the first three **Lezioni** in rich and stimulating skill-building activities. The *Lettura*, a cultural reading written in authentic Italian, provides information about the chapter themes to present a vivid, non-stereotypical portrait of contemporary Italy. *Scrivere*, the writing section, allows students to develop their skills by completing various tasks that progress from writing simple sentences to extended narrations. *In ascolto* is an integrated listening comprehension program, coordinated with an audiocassette or audio CD that accompanies the student text. The *Videoteca* section is a text-specific, integrated video section incorporating images and dialogues from the video, followed by comprehension and discussion questions. Through these components, **Lezione 4** is a true four-skills section.

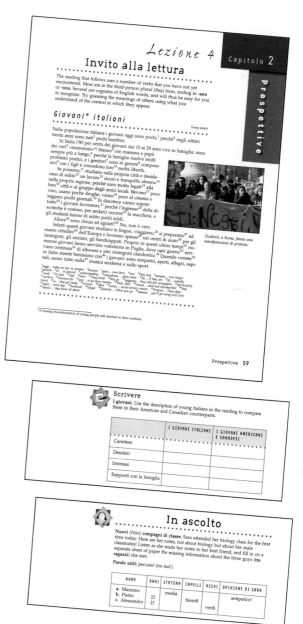

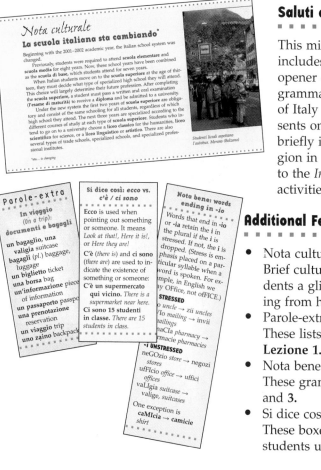

Saluti e baci

This mid-chapter spread, appearing between **Lezioni 2** and **3**, includes the reply to the correspondence piece of the chapter opener expanding further upon the chapter's theme and grammar structures. Students learn about the various regions of Italy through the *In giro per le regioni* reading, which presents one or two of the twenty regions. The *Ritratto* feature briefly introduces students to a famous Italian native to the region in focus. And with *L'Italia virtuale*, which directs students to the *In giro per l'Italia* website for additional regional-based activities, students get connected to the virtual Italian world.

Additional Features

- Nota culturale
  Brief cultural notes, accompanied by a photograph, offer students a glimpse into everyday Italian life and cover topics ranging from how Italians greet each other to coffee bars to recycling.
- Parole-extra
  These lists of related expressions supplement the *Vocabolario* in **Lezione 1**.
- Nota bene
  These grammar boxes expand on important points in **Lezioni 2** and **3**.
- Si dice così
  These boxes highlight idioms and colloquial expressions to help students understand nuances in Italian.

Video and Interactive Multimedia

The Video

The *In giro per l'Italia* ancillary package includes a two-part integrated video program that was filmed on location in Italy. Coordinated with Chapters 1 through 9, the first part of the video, called *Italiano in diretta*, shows the grammar and vocabulary of those chapters in action in real life situations. Here, students follow events in the life of Peppe, an Italian student living in Florence, and his sister, Cinzia. To accommodate the needs of beginning stu-

dents, the authentic language of the video segments is slightly simplified, and the speech of the actors has been somewhat slowed down. The second part of the video, *Prossima fermata, a casa!*, is coordinated with Chapters 10 through 18. Here, students follow the adventures of Silvana, an Italian student living in Rome, as she travels to Vietri to visit her family. Both parts of the video bring students face to face with the many engaging people, sights, and sounds of modern Italy.

Both parts of the video are accompanied by pre- and post-viewing activities in the *Videoteca* section of **Lezione 4** in the text, and a complete videoscript is found in the Instructor's Manual.

The *In giro per l'Italia* CD-ROM

The *In giro per l'Italia* CD-ROM is available in both IBM and Macintosh formats. Throughout the CD-ROM's innovative and visually appealing activities, students must understand what they are reading or hearing and exercise critical thinking skills.

The interactive CD-ROM provides students with even more chapter-by-chapter grammar and vocabulary practice. It also includes a link to the *In giro per l'Italia* Web page, a helpful "talking" dictionary which allows students to hear words pronounced by a native speaker, and a function that allows students to record themselves speaking Italian. Written student work can be printed out to hand in to the instructor, making the CD-ROM a true four-skills ancillary. In addition, clips from the video that is used in class are accessible on the CD-ROM. Also included on the CD-ROM is the McGraw-Hill Electronic Language Tutor (MHELT), which provides focused practice with the grammar and vocabulary of each chapter in the textbook.

In giro per l'Italia and the World Wide Web

The *In giro per l'Italia* text-specific web site brings the Italian regions closer than ever to students and instructors alike. Here are just a few of the features you will find on the site.

For Students:

- links to culturally authentic sites, corresponding to the chapter themes and the *Nota culturale* sections of the text
- additional grammar activities for each chapter of the text
- study hints and on-line quizzing
- a list of chapter-by-chapter objectives
- a student chat room to share ideas with other learners of Italian

For Instructors:

- additional teaching resources from the Instructor's Manual
- electronic overheads featuring thematic chapter art and beautiful maps of Italy
- information about PageOut, an exclusive McGraw-Hill web-based learning device
- electronic bulletin boards to post and share messages about *In giro per l'Italia* with colleagues around the country
- professional links to a wide variety of professional resources, organizations, and national language resource centers

Visit the site at www.mhhe.com/ingiro.

Supplementary Materials

The supplements listed here may accompany *In giro per l'Italia*. Please contact your local McGraw-Hill Campus Representative for details concerning policies, prices, and availability, as some restrictions may apply.

For the Instructor:

- The *Instructor's Edition* of the text, with annotations by Maria Mann of Nassau Community College, contains a wide variety of on-page annotations, including suggestions for presenting the grammar material, ideas for recycling vocabulary and grammar, variations and expansion exercises, and follow-up questions for the mini-dialogues that introduce many grammar points.
- The *Audio Program* for the Laboratory Manual is available in both audiocassette and audio CD formats. These are provided to all adopting institutions and are also available for student purchase.
- An *Audioscript* containing all of the material on the *Audio Program* is available to instructors only.
- The *Instructor's Manual and Testing Program* contains information on planning a course syllabus, chapter-by-chapter teaching notes, expanded information on testing, sample oral interviews devised in accordance with ACTFL proficiency guidelines, answers to exercises in the student text and Workbook, and discussions about interaction in the classroom, the use of authentic materials, and using *In giro per l'Italia* in the proficiency-oriented classroom. The Videoscript for the text-specific video is also found within the *Instructor's Manual*. The complete *Testing Program* is accompanied by a *Testing Audio Program* that is available in both audiocassette and audio CD formats and comes packaged with the *Instructor's Manual and Testing Program*.
- Available in both Windows and Macintosh formats, the *Electronic Testing Program* contains the tests found in the printed *Testing Program,* but provides the flexibility of electronically modifying or adapting the tests to suit the needs of your students. The *Electronic Testing Program* is also packaged with the *Testing Audio Program*.
- A two-part video that is integrated with the student text.
- The *CD-ROM,* which is available for student purchase, is also available to instructors in an Institutional Lab Pack which contains twenty copies of the *CD-ROM*. All of the activities of the *CD-ROM* focus on the vocabulary and grammar of a given chapter. Recording and printing capabilities make the *CD-ROM* a true four-skills ancillary. In addition to a link to the *In giro per l'Italia* Web page, and a "talking" dictionary, the *CD-ROM* also includes the McGraw-Hill Electronic Language Tutor (MHELT) program which provides focused practice with the grammar and vocabulary of each chapter in the textbook.
- A set of full-color *Overhead Transparencies* is useful for presenting and practicing vocabulary.
- *A Manual and Practical Guide for Directing Foreign Language Programs and Training Graduate Teaching Assistants*, by James F. Lee (University of Indiana at Bloomington), offers practical advice for beginning language instructors and language coordinators.

For the Student:

- The *Workbook/Laboratory Manual,* by Andrea Dini of Hofstra University, provides additional practice with vocabulary and structures through a variety of written exercises, and provides listening and speaking practice outside the classroom. Self tests appear after every third chapter of the *Workbook* to help students prepare for exams. Material in the *Laboratory Manual* includes pronunciation practice, vocabulary and grammar exercises, dictations, and listening comprehension sections that simulate authentic interaction. Answers to the *Workbook* exercises appear in the *Instructor's Manual*.
- A *Student Audio Program,* available in both audiocassette and audio CD formats, coordinates with the *Laboratory Manual*.
- The *Listening Comprehension Program,* coordinated with the *In ascolto* activities in **Lezione 4** of the text, is provided on either audiocassette

or audio CD and comes packaged with the student text. The scripts and answers for the *In ascolto* activities appear in the *Answer Key to the Student Text* section of the *Instructor's Manual*.

- The *CD-ROM* provides students with even more chapter-by-chapter grammar and vocabulary practice. It also includes a link to the *In giro per l'Italia* Web page, a "talking" dictionary which allows students to hear words pronounced by a native speaker, and a function that allows students to record themselves speaking Italian. Student work can be printed out to hand in to the instructor. In addition, clips from the video that is used in class are accessible on the *CD-ROM*. Also included is the McGraw-Hill Electronic Language Tutor or MHELT, a useful tool for independent student work that includes all of the single response exercises from the student text, and provides a range of helpful feedback including hints for wrong answers, verb conjugations, and other reference material. This program is available in IBM and Macintosh formats.
- The *Rand-McNally New Millennium World Atlas on CD-ROM*, available for student purchase, contains numerous detailed maps. In addition, this robust CD-ROM includes visuals and textual information (in English) about key events in history, famous figures, important cities, and so on. The detail and information provided significantly enhance the foreign language experience from a cultural, historical, and geographical perspective.
- *A Practical Guide to Language Learning*, by H. Douglas Brown (San Francisco State University), provides beginning foreign language students with a general introduction to the language learning process.

Acknowledgments

The authors and publishers would like to thank the instructors who participated in the various surveys and reviews that proved invaluable in the development of *In giro per l'Italia*. In addition, the publishers would like to acknowledge the many valuable suggestions of the following instructors, whose input was enormously useful. (Inclusion of their names here does not necessarily constitute an endorsement of the *In giro per l'Italia* program or its methodology.)

Fabian Alfie, University of Wisconsin-Milwaukee
Susan Amatangelo, Harvard University
Loredana Anderson-Tirro, New York University
Clavio Ascari, Mary Washington College
Tracy Barrett, Vanderbilt University
David P. Bénéteau, Seton Hall University
Arthur D. Brady, Mercy College
Emma O. Brombin, Daytona Beach Community College
Anna B. Caflisch, Rice University
Naham Camilla, Loyola Marymount University
Veena Kumar Carlson, Rosary College
Linda L. Carroll, Tulane University
Denise M. Caterinacci, Case Western Reserve University
Daniela Cavallero, University of Chicago
Alva V. Cellini, St. Bonaventure University
Bettye Chambers, Georgetown University
Pamela Chew, Tulsa Community College
Patricia De Bellis, Muhlenberg College
Marina R. De Fazio, University of Kansas
Adriana De Marchi Cherini, University of California, San Diego
Lidia Del Piccolo-Morris, Western Carolina University
David Del Principe, Montclair University
Armando Di Carlo, University of California, Berkeley
Giuseppe Faustini, Skidmore College
Giuliana Fazzion, James Madison University
Eugenio Frongia, Chico State University
Angelo Glaviano, Middlesex Community Technical College
Franco Guidone, Diablo Valley College
Romana Habekovic, University of Michigan, Ann Arbor
Margherita Harwell, University of Illinois at Chicago
Dave Henderson, Santa Rosa Junior College
Richard B. Hiliary, Florida State University
Olivia Holmes, Yale University
Maria G. Keyes, State University of New York at Albany
Kathryn Klingebiel, University of Hawaii
Giuseppe LePorace, University of Washington
Michelle E. Lewis, Columbus State Community College
Domenico Maceri, Allan Hancock College

Franco Manca, University of Nevada, Reno
Maria Mann, Nassau Community College
Americo Marano, Mt. San Antonio College
Cristina Mazzoni, University of Vermont
Irwin Meme, Johns Hopkins University
Rebecca Messbarger, Washington University
Marina Caruso Natale, Duke University
Clara Orban, DePaul University
Michael Paden, University of Florida
Dina Palma, Hofstra University
Lorella Paltrinieri, Colorado State University
Nicholas Patruno, Bryn Mawr College
Virginia Picchietti, University of Scranton
Pia Rossi Raffaele, Immaculata College
Mary Beth Ricci, Johnson County Community
    College
Bruno Rosa, Pasadena City College
Ascari Rosalia, Sweet Briar College
Camilla Presti Russell, University of Maryland
Gerard A. Russo, Dartmouth College
Victor A. Santi, University of New Orleans
Judy Serafini-Sauli, Sarah Lawrence College
Marina C. Simmons, University of Dallas
Thomas Simpson, Northwestern University
Ute Striker, Haverford College
AnneMarie Tamis-Nasello, Florida Atlantic
    University
Anthony R. Terrizzi, University of Massachusetts,
    Amherst

Patricia Vilches, University of Evansville
Simona Wright, The College of New Jersey

Many people at McGraw-Hill deserve thanks and
recognition for their excellent contributions to *In
giro per l'Italia.* Thanks in particular to Lindsay
Eufusia, who worked tirelessly on developing and
carefully editing the manuscript. Thank you also
to the wonderful production and manufacturing
staff, especially Christina Gimlin and Richard
DeVitto for guiding the final manuscript of the
text and all supplementary materials through the
entire production and manufacturing process.
Thank you to the Photo Research Coordinator,
Alexandra Ambrose, for her fantastic and efficient
work to help make the art program as attractive
as it is. We are very excited about the stylish interior design, and we want to thank both Andrew
Ogus and Wayne Harms for creating such a beautiful design. The authors would like to thank
Leslie Oberhuber, our sponsoring editor, for her
valuable contributions and her support of the
many people involved in this edition. Thanks to
Thalia Dorwick, Editor-in-Chief, and William
Glass, Publisher, for their strong leadership of the
program. Finally, we express our gratitude to Nick
Agnew our marketing manager, and the McGraw-
Hill sales staff for their unwavering support of *In
giro per l'Italia.*

Le città d'Italia

Le regioni d'Italia

Capitolo preliminare
Cominciamo!

Buon giorno, Firenze

IN BREVE

A. Saluti e espressioni di cortesia

B. In classe

C. Alfabeto e suoni

D. Numeri da uno a cento

E. Calendario

F. Parole simili

Let's begin!

Perché l'italiano?°

Perché... *Why Italian?*

Want to know what Luciano Pavarotti is singing about? Interested in watching a Roberto Benigni film without having to read the subtitles? Like to impress a dinner date by correctly pronouncing **gnocchi** or **bruschetta?** Maybe you have Italian-speaking family or friends. Perhaps you plan to study or travel in Italy. Could be you just need to satisfy your school's foreign-language requirement. **Chissà?** (*Who knows?*) Whatever your reasons, you'll find the study of Italian fun and rewarding.

An art student restoring a seventeenth-century painting in Venice

Italian, with over 60 million native speakers worldwide, is a language of vital cultural, commercial, and political importance. While Italian has a history as rich and varied as that of any language on earth, it is—like Italy itself—alive, dynamic, and modern. And Italy, while justifiably celebrated for its history, is very much a part of the modern world. A member of both the European Union and the Group of Seven (the world's richest industrialized nations), Italy has since World War II become one of the world's biggest consumer markets and industrial producers. Economic success, a national flair for design and style, and careful stewardship of some of the West's most precious cultural treasures make Italy at once unique and universally appealing.

The Galleria Vittorio Emanuele in Milan

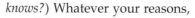

A vineyard in the Chianti region of Tuscany

Ma, ancora una volta, perché l'italiano? (*But, once again, why Italian?*) Well, you may prefer sweats and Nikes to Armani suits and Ferragamo shoes. A trusty pickup may be more your style than a sporty Alfa Romeo. You may never make it through all three parts of Dante's great medieval epic *La Divina Commedia* (*The Divine Comedy*). You may never even develop a taste for **caffè espresso.** But whatever your preferences in fashion, art, food, design, business, or history, by learning Italian you are giving yourself the opportunity to get to know and appreciate a culture of unmatched complexity and beauty. **Auguri!** (*Good luck!*)

A. Saluti e espressioni di cortesia°

Saluti... *Greetings and expressions of politeness*

Presentazioni°

Introductions

Listen to two professors introduce themselves to their classes.

Buon giorno.
Mi chiamo Marco Villoresi.
Sono professore d'italiano.
Sono di Firenze.

Buon giorno.
Mi chiamo Alessandra Stefanin.
Sono professoressa d'italiano.
Sono di Venezia.

Saluti°

Greetings

buon giorno	*good morning, hello (form., used until midday)*
buona sera	*good afternoon, good evening*
buona notte	*good night (when parting in the evening)*
ciao	*hi, hello, good-bye (fam.)*
salve	*hi, hello (less familiar than ciao)*
arrivederci	*good-bye*
arrivederLa	*good-bye (form.)*
a presto	*see you soon*

Esercizi

A. E tu, chi sei? (*And who are you?*) Introduce yourself to the class and to your instructor, using the greetings you consider appropriate.

ESEMPIO: S1: Buon giorno. Mi chiamo David Warren. Sono studente d'italiano. Sono di Milwaukee.
S2: Salve. Mi chiamo Suzanna Ward. Sono studentessa d'italiano. Sono di Portland.

B. Come ti chiami? (*What's your name?*) Read the following dialogue between two students.

S1: Ciao. Come ti chiami?
S2: (Mi chiamo) David Warren. E tu?
S1: (Mi chiamo) Suzanna Ward.

—Ciao e buona fortuna!

s2: Piacere! (*They shake hands.*) Sono di Portland. E tu?

s1: Sono di Milwaukee.

Now introduce yourself to at least two classmates, using the above dialogue as a model.

Espressioni di cortesia

piacere	*pleased to meet you*
grazie	*thank you, thanks*
prego	*you're welcome*
Prego?	*I beg your pardon?*
scusi	*excuse me (form.)*
Scusi?	*I beg your pardon?*
scusa	*excuse me (fam.)*
Scusa?	*I beg your pardon?*
per favore, per piacere	*please*

The Italian language expresses the differing degrees of familiarity that exist between people. Italians tend to behave more formally than Americans in social exchanges, and they typically use formal address for everyone except family, close friends, classmates, and young children.

Compare the three dialogues that follow.

Professor Villoresi and Professor Stefanin meet for the first time at a professional meeting.

PROF. STEFANIN: Buon giorno. Mi chiamo Alessandra Stefanin.

PROF. VILLORESI: Scusi? Come si chiama?

PROF. STEFANIN: Alessandra Stefanin.

PROF. VILLORESI: Ah, piacere. Marco Villoresi. (*They shake hands.*) Sono di Firenze. E Lei?

PROF. STEFANIN: Sono di Venezia. Piacere.

Come ti chiami? is used in informal situations (such as among students or with children). **Come si chiama?** is used in formal situations. When you are not sure what degree of familiarity or formality is appropriate, it is best to address people formally.

A student runs into his professor.

STUDENTE: Buona sera, professor Villoresi. Come va?

PROF. VILLORESI: Abbastanza bene, grazie. E Lei?

STUDENTE: Non c'è male.

PROF. VILLORESI: Arrivederci.

STUDENTE: Arrivederci.

In Italy, students and professors use the **Lei** form with each other. Professors are never called by their first names.

Come va? (*How's it going?*) is a useful and polite expression. Responses can vary from **bene** (*well*) to **abbastanza bene** (*rather well*) to **così così** (*so-so*) to **non c'è male** (*not bad*) and, of course, **male** (*badly*).

Laura meets her friend Roberto.

LAURA: Ciao, Roberto, come va?

ROBERTO: Non c'è male, e tu?

LAURA: Bene, grazie!

ROBERTO: Ciao!

LAURA: Ciao!

Esercizi

A. Situazioni. What would you say in the following situations?

ESEMPIO: It is morning. You meet one of your instructors. How do you greet her? →
Buon giorno, professoressa.

1. You meet Gina, an Italian classmate. How do you greet her?
2. A man drops a ticket. You pick it up and give it to him. He thanks you. How do you respond?
3. You want to get a stranger's attention. What do you say?
4. You're going to bed. What do you say to your roommate?
5. You walk into a **pasticceria** (*pastry shop*). What do you say to the baker?

B. Dialoghi (*Dialogues*). The following people meet in the street and stop to chat. Working with a partner, create short dialogues for each encounter.

ESEMPIO: Alberto, a student, meets his cousin Silvia. They've both had the flu. →

ALBERTO: Ciao, Silvia, come va?

SILVIA: Così così. E tu?

ALBERTO: Abbastanza bene oggi (*today*)!

1. Mr. **(signor)** Tozzi meets Ms. Andreotti; they are barely acquainted.
2. Clara meets Antonella; they went to high school together.   3. A student passes his/her professor on campus.

In ascolto

Conversazioni. Take a moment to read over the options listed below. Then listen to the four brief conversations and select the relationship between the speakers you consider most plausible.

1. _____ professoressa e studente
   _____ due (*two*) studenti
   _____ madre e figlio (*mother and son*)

2. _____ colleghi di lavoro (*co-workers*)
   _____ madre e figlio
   _____ due studenti

3. _____ professoressa e studente
_____ colleghi di lavoro
_____ madre e figlio

4. _____ professoressa e studente
_____ due studenti
_____ madre e figlio

B. In classe

In italiano! There are several useful expressions you should memorize right away to get accustomed to asking questions in Italian.

Per lo studente / la studentessa

Come?	*What?*
Come si dice… ?	*How do you say . . . ?*
Come si scrive… ?	*How do you spell . . . ?*
Come si pronuncia… ?	*How do you pronounce . . . ?*
Cosa vuol dire?	*What does it mean?*
Ripeta, per favore!	*Repeat, please!*
Capisco. (Sì, capisco.)	*I understand. (Yes, I understand.)*
Non capisco. (No, non capisco.)	*I don't understand. (No, I don't understand.)*

Alla classe

Aprite il libro.	*Open the book.*	Ascoltate.	*Listen.*
Chiudete il libro.	*Close the book.*	Ripetete.	*Repeat.*
Alla lavagna.	*Go to the board.*	Rispondete.	*Answer.*
A posto.	*Go back to your seat.*	Scrivete.	*Write.*
Ecco…	*Here is/are . . . , There is/are . . .*	Capite?	*Do you understand?*

Esercizi

A. Come si dice… ? What would you say in the following situations? (Sometimes more than one answer is possible.)

1. You do not know what your instructor has said.
2. You did not hear clearly what your instructor said.
3. You want to know what something means.
4. You do not know how to spell a word.
5. You want to know how to pronounce a word.
6. You want to ask how to say *book* in Italian.

B. Capite? Your instructor is asking you to perform some actions. What would you do in the following situations?

1. Ripetete **buon giorno,** per favore!
2. Scrivete **buona notte,** per favore!
3. Alla lavagna!
4. A posto!
5. Capite? Rispondete **sì** o **no**...
6. Aprite il libro.

Ecco una classe*

un compito
uno studente
una lavagna
un gesso
un voto
un professore
un quaderno
un banco
una matita
una penna
un foglio di carta

una mappa
una porta
una professoressa
un dizionario
una studentessa
un libro
una sedia

Si dice così: ecco

Ecco means *Look at that!* or *Here it is! / Here they are!*

Esercizi

A. Che cos'è? (*What is it?*) Ask your instructor to name various classroom objects shown in the illustration. He or she may answer correctly or incorrectly. Correct the wrong answers.

> ESEMPIO:
> s1: Che cos'è?
> INSTRUCTOR: Una sedia?
> s1: No, una penna. / Sì, una sedia.

B. Dov'è? (*Where is it?*) **Ecco!** Your partner will ask you to find in the classroom at least five items shown in the illustration. Then exchange roles.

> ESEMPIO:
> s1: Dov'è una penna?
> s2: Ecco una penna!

C. In un'aula (*In a classroom*). Take turns circulating around the room naming at least five objects apiece.

> ESEMPIO: Ecco una penna, ecco una matita,...

---

*Italian has three ways of expressing *a/an*: **un, uno,** and **una. Un** is used with masculine nouns, **una** with feminine nouns. **Uno** is used with masculine nouns beginning with **z** or **s** followed by a consonant. You will learn more about gender in **Capitolo 1.**

Maestro e orchestra in Piazza di Spagna a Roma

Nota culturale
Parole italiane in inglese°

Parole… *Italian words used in English*

Many Italian words are used in everyday English. Most musical terms, for instance, are of Italian derivation. Some examples are **adagio** (*slowly*), **allegro, concerto, crescendo, maestro, orchestra, piano, presto** (*fast*), **prima donna,** and **staccato.**

The vocabulary of art and architecture is also full of Italian words, including **basilica, cornice, cupola, graffiti, portico, studio, terra cotta,** and **torso.**

You probably already know dozens of food-related Italian words, such as **broccoli, fettuccine, lasagne, minestrone, mozzarella, pizza, ravioli, ricotta, spaghetti, tortellini,** and **zucchini.**

The Italian origin of less specialized English words, such as **fiasco** and **stanza,** may be less obvious. Also very common are words of Latin origin that have identical spellings and meanings in English and Italian. Some examples are **antenna, cinema, circa, data, diploma, formula, gala,** and **inferno.**

Can you think of other Italian words used in English?

C. Alfabeto e suoni°

Alfabeto… *Alphabet and sounds*

Una canzoncina per bambini (*A song for children*). Here is the Italian equivalent of "Old MacDonald Had a Farm." Old MacDonald's Italian counterpart is uncle Tobias (**zio Tobia**), and it's his farm (**fattoria**) that's old, not him! Try to guess the animals named in the song from the sounds they make (in parentheses).

> *Nella vecchia fattoria, ia-ia-o*
> *quante bestie ha zio Tobia, ia-ia-o*
> *c'è il cane (bau!) cane (bau!) ca-ca-cane*
> *e il gatto (miao!) gatto (miao!) ga-ga-gatto*
> *e la mucca (muu!) mucca (muu!) mu-mu-mucca*
> *nella vecchia fattoria, ia-ia-o*

Like other Romance languages (French, Spanish, Portuguese, and Rumanian), Italian derives from Latin. The language of the ancient Romans was spoken throughout the Roman Empire.

Today Italian is spoken in Italy by 60 million Italians, in southern Switzerland, and in parts of the world (particularly the United States, South America, and Australia) where many Italians have immigrated.

Italian is a phonetic language, which means that it is pronounced as it is written. Italian and English share the Latin alphabet, but the sounds represented by the letters often differ considerably in the two languages.

The Italian alphabet has 21 letters, but it uses 5 additional letters in words of foreign origin. Here is the complete alphabet, with a key to Italian pronunciation.

Alfabeto

LETTERA	PRONUNCIA	NOMI MASCHILI	NOMI FEMMINILI	LUOGHI (CITTÀ, REGIONI)°
				Luoghi... *Places (cities, regions)*
a	a	Alessandro	Antonella	Abruzzi
b	bi	Bernardo	Beatrice	Basilicata
c	ci	Claudio	Chiara	Calabria
d	di	Daniele	Daniela	Domodossola
e	e	Enrico	Enrica	Emilia-Romagna
f	effe	Francesco	Francesca	Firenze
g	gi	Giovanni	Gina	Genova
h	acca	—	—	—
i	i	Italo	Irene	Imperia
l	elle	Luigi	Laura	Lazio
m	emme	Massimo	Marina	Molise
n	enne	Nicola	Nora	Napoli
o	o	Osvaldo	Ottavia	Ostia
p	pi	Pietro	Paola	Palermo
q	cu	—	—	Quarto
r	erre	Roberto	Roberta	Roma
s	esse	Simone	Simona	Sicilia
t	ti	Tommaso	Tosca	Toscana
u	u	Umberto	Umbertina	Umbria
v	vu	Vittorio	Vittoria	Veneto
z	zeta	Zeno	Zita	—

j (i lunga)
k (cappa)
w (doppia vu)
x (ics)
y (ipsilon)

Every letter is pronounced in Italian except **h.**

You will learn the sounds of Italian and acquire good pronunciation by listening closely to and imitating your instructor and the native speakers on the laboratory and Listening Comprehension audio programs.

Esercizi
■ ■

A. **Come ti chiami? Come si scrive?** You are introducing yourself to an Italian friend, who asks you to spell your **nome** (*first name*) and **cognome** (*last name*). Spell your name for your partner, who will write it down and spell it back to you. Then exchange roles.

ESEMPIO: S1: Mi chiamo Kevin Sheier.
S2: Come si scrive?
S1: Cappa, e, vu, i, enne, Kevin. Esse, acca, e, i, e, erre, Sheier.

B. **Come si pronuncia?** Choose a word at random from the vocabulary list at the end of the book. Spell it aloud for your classmates. They will write it down and then pronounce it. Your instructor will confirm the correct pronunciation.

ESEMPIO: S1: Come si pronuncia «a-doppia erre-e-di-a-emme-e-enne-ti-o»?
CLASSE: Arredamento!

C. **Città e regioni d'Italia.** Italians often use names of cities and regions to stand for letters of the alphabet, in order to avoid misunderstanding (such as over the telephone). Using the maps at the front of the book and the list on page 9, spell your own name the Italian way.

ESEMPIO: Nora Stoppino… Napoli, Ostia, Roma, Abruzzi. Sicilia, Toscana, Ostia, Palermo, Palermo, Imperia, Napoli, Ostia.

Vocali°

Vowels

Italian vowels are represented by the five letters **a, e, i, o,** and **u.** Vowels are always articulated sharply and clearly in Italian. They are never pronounced weakly (as in the English word *other*), and there is no vowel glide (like the rise from *a* to *i* in the English word *crazy*).

a	(*father*)	patata	banana	sala	casa
e	(*late*)	sete	e	sera	verde (*closed* **e**)
	(*quest*)	setta	è	bello	testa (*open* **e**)
i	(*marine*)	pizza	Africa	vino	birra
o	(*cozy*)	nome	dove	volere	ora (*closed* **o**)
	(*cost*)	posta	corda	porta	cosa (*open* **o**)
u	(*rude*)	rude	luna	uno	cubo

Listen as your instructor pronounces the following words in English and Italian, and notice the differences in pronunciation.

marina	Riviera	piano
gusto	trombone	opera
saliva	malaria	gala
camera	pizzeria	Elvira
formula	aroma	alibi
replica	propaganda	coma

Consonanti°

Consonants

Most Italian consonants do not differ greatly from their counterparts in English, but there are some exceptions and a few special combinations.

1. Before **a, o,** or **u,** the consonants **c** and **g** have a hard sound. **C** is pronounced as in *cat,* and **g** is pronounced as in *go.*

casa	colore	curioso
gatto	gonna	gusto

2. Before **e** or **i,** the consonants **c** and **g** have a soft sound. **C** is pronounced as in *church,* and **g** is pronounced as in *gem.*

piacere   cinema
gelato   giorno

3. The combinations **ch** and **gh** have a hard sound, again as in *cat* and *go.*

Michele   Chianti
lunghe   laghi

4. Before a final **i** and before **i** + *vowel,* the combination **gl** is pronounced like **ll** in *million.*

gli   glielo   figli   foglio

5. The combination **gn** is pronounced like the *ny* in *canyon.*

signore   ignorante   sogno

Consonanti doppie°

Consonanti… *Double consonants*

All Italian consonants except **q** have a corresponding double consonant, whose pronunciation is distinct from that of the single consonant. Ignoring this distinction will result in miscommunication.

Contrast the pronunciation of the following words.

sete / sette   moto / motto
pala / palla   dona / donna
papa / pappa   fato / fatto

Listen as your instructor compares the English and Italian pronunciation of these words.

ballerina   confetti
antenna   Anna
mamma   motto
spaghetti   villa
zucchini   Amaretto
piccolo

Accento tonico°

Accento… *Stress*

Most Italian words are pronounced with the stress on the next-to-last syllable.

minestrone (mi ne STRO ne)
Maria (ma RI a)
cominciamo (co min CHA mo)

Some words are stressed on the last syllable; these words are always written with an accent on the final vowel of that syllable.

virtù (vir TU)
però (pe RO)
così (co SI)

Some words are stressed on a different syllable. As an aid to the student, this text indicates irregular stress with a dot below the stressed vowel in vocabulary lists and verb charts.

> **camera** (CA me ra)
> **credere** (CRE de re)
> **Mario** (MA ri o)

A few one-syllable words carry a written accent, often to distinguish them from words that are spelled and pronounced identically but have different meanings. Compare **si** (*oneself*) with **sì** (*yes*), and **la** (*the*) with **là** (*there*).

There are two written accents, ` and ´, in Italian. The latter indicates a closed pronunciation of **e,** as in **perché** (*why, because*).

D. Numeri da uno a cento°

Numeri... *Numbers from one to one hundred*

Numbers are a useful tool to learn right away. With just the numbers from one to ten, you can tell classmates your phone number and street address.

0	zero	6	sei
1	uno	7	sette
2	due	8	otto
3	tre	9	nove
4	quattro	10	dieci
5	cinque		

Your instructor will show you how Italians write the figures 1, 4, and 7.

11	undici	21	ventuno	31	trentuno
12	dodici	22	ventidue	32	trentadue
13	tredici	23	ventitré	33	trentatré
14	quattordici	24	ventiquattro	40	quaranta
15	quindici	25	venticinque	50	cinquanta
16	sedici	26	ventisei	60	sessanta
17	diciassette	27	ventisette	70	settanta
18	diciotto	28	ventotto	80	ottanta
19	diciannove	29	ventinove	90	novanta
20	venti	30	trenta	100	cento

—Uno, due, tre... uno, due, tre, ...pronto, pronto... prova microfono...

When -**tre** is the final digit of a larger number, it takes an accent: **ventitré, trentatré,** and so on. The numbers **venti, trenta,** and so on drop the final vowel before adding -**uno** or -**otto: ventuno, ventotto,** etc.

Esercizi

A. Numeri di telefono (*Telephone numbers*). Italian phone numbers and area codes (**prefissi**) vary in length. For example, Rome's **prefisso** is 06 and Reggio di Calabria's is 0965. Italians usually phrase the **prefisso** in single digits and the local number in sets of two digits. Practice reading aloud the following numbers.

ESEMPIO: (0574) 46-07-87 →
Prefisso: zero-cinque-sette-quattro. Numero di telefono: quarantasei, zero sette, ottantasette *or* quattro-sei-zero-sette-otto-sette.

1. (02) 48-31-56
2. (010) 66-43-27
3. (06) 36-25-81-48
4. (0571) 61-11-50
5. (055) 23-97-08
6. (0573) 62-91-78

Now ask the two students sitting nearest you to give you their phone numbers in Italian. Ask for **nome, cognome,** and **prefisso** too! Write down what they tell you and show them what you've written for confirmation.

B. **Indirizzi** (*Addresses*). Italian building numbers are seldom longer than three digits. The number always follows the name of the street. For example: **Via di Galceti 56 (cinquantasei).** Read these street addresses aloud.

1. Via San Martino 17
2. Via Verdi 89
3. Via Vittorio Emanuele 100
4. Via della Repubblica 65
5. Via Giulio Cesare 33
6. Via Calzaiuoli 41

Foreign addresses are not translated. Give your street name in English but express the number in Italian. A four-digit address is expressed in sets of two digits.

ESEMPIO: Il mio indirizzo è 3420 (trentaquattro-venti) McKenna Drive.

If you live in an apartment, give your apartment number. For example, **appartamento numero 4.** A zip code (**codice postale**) is usually expressed in sets of two digits: **codice postale** 97210 (**novantasette-ventuno-zero**).

Now tell two classmates your complete address and your telephone number with area code. Check to see whether they wrote it down correctly.

ESEMPIO: Il mio indirizzo è 1405 (quattordici-zero-cinque) Broadway, appartamento numero 208 (due-zero-otto), Boulder, Colorado, codice postale 80302 (ottanta-trenta-due). Numero di telefono: prefisso 303 (tre-zero-tre), 259-1194 (due-cinque-nove-uno-uno-nove-quattro).

C. **Quanto costa?** (*How much is it?*) Italy and several other European countries have been gradually adopting a new shared currency, the **euro,** which is replacing the **lira.** Working in pairs and assuming a 1:1 exchange rate with the dollar, show your classmate a few items and let him/her guess their prices in **euro.** Give hints by responding **No, di più** (*more*) or **No, di meno** (*less*).

ESEMPIO: s1: (*holding a backpack*) Quanto costa?
s2: 40 euro?
s1: No, di più.
s2: 45?
s1: Appunto! (*Exactly!*)

In ascolto

■ ■

A. Numeri di telefono. Take a moment to look over the telephone numbers listed. Then listen carefully, and indicate the number you hear for each person or business.

1. Elisabetta. Numero di telefono: ____.
   a. 77.31.32 **b.** 67.21.32 **c.** 66.48.35

2. Pasticceria Vanini. Numero di telefono: ____.
   a. 94.19.35 **b.** 35.78.22 **c.** 44.78.16

3. Signora Cecchettini. Numero di telefono: ____.
   a. 21.51.83 **b.** 91.15.53 **c.** 98.12.35

4. Ristorante Bianchi. Numero di telefono: ____.
   a. 12.18.26 **b.** 12.38.37 **c.** 13.18.21

E. Calendario°

Calendar

■ ■

Mesi°

Months

Look at the list of months and find the month you were born.

gennaio	aprile	luglio	ottobre
febbraio	maggio	agosto	novembre
marzo	giugno	settembre	dicembre

To find out when a classmate was born, ask **Quando sei nato?** when addressing a man, and **Quando sei nata?** when addressing a woman. Their answers will be **Sono nato… (il 21 agosto)** or **Sono nata… (il 3 luglio)**. Note that the day precedes the month, and that the names of months are not capitalized in Italian.

Now ask at least four classmates (two men and two women) when they were born. Report their birthdays to the class.

ESEMPIO: Renata è nata il 2 marzo.

Anni°

Years

To indicate a year in the twentieth century, say **millenovecento** (*one thousand nine hundred*), then add the numbers of the specific year: **Sono nato/a il 30 aprile 1984 (millenovecento-ottantaquattro).** (Italians do not express dates in sets of two digits as in English; that is, they never say the equivalent of nineteen-eighty-two.) The year 2000 is **l'anno duemila,** and you just add the numbers of the specific year to indicate years in the twenty-first century: (**2002 = duemila-due**).

You will learn to use numbers above 100 in **Capitolo 7.**

Find three classmates who were *not* born the same year you were. Begin by saying when you were born.

ESEMPIO: Sono nato/a il 26 novembre 1983. Quando sei nato/a?

To ask someone's age, say **Quanti anni hai?** (*fam.*) or **Quanti anni ha?** (*form.*). The answer may be expressed as **Ho… anni** or simply with the number.

ESPRESSIONI UTILI (*USEFUL EXPRESSIONS*) PER IL CALENDARIO

—Che mese è (In che mese siamo)?
—È settembre (Siamo in settembre).
—In che mese sei nato/a? Sono nato/a in settembre.

Giorni della settimana°

Giorni... *Days of the week*

lunedì	venerdì
martedì	sabato
mercoledì	domęnica
giovedì	

Che giorno è... ?	*What day is . . . ?*
oggi	*today*
domani	*tomorrow*
Che giorno è oggi?	*What day is it today?*
Oggi è giovedì.	*Today is Thursday.*
Domani è venerdì.	*Tomorrow is Friday.*

SETTEMBRE

L	M	M	G	V	S	D
				1	2	3
4	5	6	⑦	8	9	10
11	12	13	14	15	16	17
18	19	20	21	22	23	24
25	26	27	28	29	30	

The days of the week are not capitalized in Italian. The week begins with Monday.

Stagioni°

Seasons

primavera

estate

autunno

inverno

—Che stagione è (In che stagione siamo)?
—È autunno (Siamo in autunno).

The names of the seasons are not capitalized in Italian.

Esercizi

A. Oggi e domani. Put your knowledge of the calendar to the test.

1. Che giorno è oggi?
2. Che giorno è domani?
3. Che mese è?
4. Che stagione è?

B. Stagioni. Select the date that falls within each season.

1. primavera: il 25 dicembre / il 16 giugno / il 4 marzo
2. autunno: il 31 ottobre / il 14 luglio / il 2 aprile
3. inverno: il 12 febbraio / il 5 maggio / il 25 novembre
4. estate: il 10 settembre / il 6 agosto / il 22 gennaio

F. Parole simili°

Parole... *Cognates*

Many Italian words resemble English words and have identical or similar meanings. These words are called *cognates* or **parole simili.** There are only minor differences in spelling between English and Italian cognates.

stazione	*station*
intelligente	*intelligent*
possibile	*possible*
museo	*museum*
geloso	*jealous*
professore	*professor*

Once you learn a few patterns, you will be able to recognize new words. For example:

-zione → -*tion*	inflazione	*inflation*
-tà → -*ty*	università	*university*
-oso → -*ous*	famoso	*famous*
-za → -*ce*	apparenza	*appearance*

ATTENZIONE! Words that look alike in the two languages sometimes have different meanings. These are called *false cognates* or **falsi amici.**

parente = *relative* (not *parent*)
libreria = *bookstore* (not *library*)

The following adjectives—all cognates of English adjectives—can be used to describe either a male or a female. They do not change form in the singular. (You will learn more about adjectives in **Capitolo 2.**)

difficile	indifferente	popolare
eccellente	intellettuale	progressista
egoista	intelligente	realista
elegante	interessante	responsabile
entusiasta	materialista	sensibile
femminista	naturale	sentimentale
idealista	orribile	terribile
impressionabile	ottimista	

The following adjectives, also cognates of English adjectives, change form when used in the singular. Use the **-o** ending when describing a male, the **-a** ending when describing a female.

aggressivo/a	impulsivo/a	serio/a
famoso/a	nervoso/a	sincero/a
geloso/a	onesto/a	timido/a
generoso/a	romantico/a	

Mi chiamo Mark. Sono serio, timido, sincero…
Mi chiamo Cathy. Sono aggressiva, impulsiva, romantica…

Esercizi

A. Equivalenti inglesi. Identify the following cognates by giving their English equivalents.

condizione
conversazione
descrizione
città
identità
pubblicità
desideroso
geloso
nervoso

B. Formazione di parole simili. What patterns of cognate formation can you discover in these groups of Italian words? Can you supply their English equivalents?

continente
frequente
intelligente
differenza
essenza
pazienza
digressione
discussione
espressione
comunismo
fascismo
ottimismo
incredibile
possibile
probabile
colore
dottore
favore

C. Come si dice in italiano? Can you figure out the Italian equivalents of the following words?

sensation
depression
pessimism
invention
numerous
impossible
religious
celebration
nervous
curiosity
experience (*x* = **s**)
urgent
actor (*ct* = **tt**)
eloquent
indifference
prosperity

Piccolo ripasso° Piccolo... *Little review*

■ ■

A. Mi chiamo. Now you're ready to begin the adventure of learning Italian. You already know the basics. Review what you know how to say.

Mi chiamo...
Sono di...
Il mio indirizzo è...
Il mio numero di telefono è...
Sono studente / studentessa d'italiano.
Ho... anni
Sono nato/a il...
Sono... + *adjectives*

B. Presentazioni. Choose a partner you haven't yet met. Tell your partner the following in Italian.

your name
your age
where you're from
your address
your phone number
that you're a student of Italian
when you were born (including the year)
what you are like (using adjectives)

Now listen to your partner's introduction.

Benvenuti in Italia!

Parole da ricordare°

Parole... *Words to remember*

ESPRESSIONI — *(EXPRESSIONS)*

sono	I am
sei	you are (*fam.*)
è	is
mi chiamo...	my name is . . .
Come si chiama?	What's your name? (*form.*)
Come ti chiami?	What's your name? (*fam.*)
sono di...	I'm from . . .
ho... anni	I'm . . . years old

TITOLI — *(TITLES)*

professore	professor (*m.*)
professoressa	professor (*f.*)
signora	Mrs.
signore	Mr.
signorina	Miss

CALENDARIO

anni	years
giorni	days
lunedì	Monday
martedì	Tuesday
mercoledì	Wednesday
giovedì	Thursday
venerdì	Friday
sabato	Saturday
domenica	Sunday
settimana	week
mesi	months
gennaio	January
febbraio	February
marzo	March
aprile	April
maggio	May
giugno	June
luglio	July
agosto	August
settembre	September
ottobre	October
novembre	November
dicembre	December
oggi	today
domani	tomorrow
sono nato/a...	I was born . . .

STAGIONI — *(SEASONS)*

primavera	spring
estate	summer
autunno	fall
inverno	winter

PRONOMI — *(PRONOUNS)*

tu	you (*fam.*)
Lei	you (*form.*)

ALTRE PAROLE E ESPRESSIONI

buon giorno	good morning, hello
buona sera	good afternoon, good evening
buona notte	good night
ciao	hi, hello, good-bye (*fam.*)
salve	hi, hello
arrivederci	good-bye (*fam./form.*)
arrivederLa	good-bye (*form.*)
a presto	see you soon
Come stai?	How are you? (*fam.*)
Come sta?	How are you? (*form.*)
Come va?	How's it going?
non c'è male	not bad
male	badly
abbastanza bene	pretty good
così così	so-so
bene	well
grazie	thank you, thanks
per favore, per piacere	please
piacere	pleased to meet you
prego	you're welcome
Prego?	I beg your pardon?
scusa	excuse me (*fam.*)
Scusa?	I beg your pardon? (*fam.*)
scusi	excuse me (*form.*)
Scusi?	I beg your pardon? (*form.*)
sì	yes
no	no
Come si dice... ?	How do you say . . . ?
Cosa vuol dire... ?	What does . . . mean?
ecco	here it is . . . , here they are . . .

IN CLASSE

un'aula	a classroom
un banco	a desk
un compito	a homework assignment
un dizionario	a dictionary
un foglio di carta	a sheet of paper
un gesso	a piece of chalk
una lavagna	a chalkboard
un libro	a book
una mappa	a map
una matita	a pencil
una penna	a pen
una porta	a door
un quaderno	a notebook
una sedia	a chair
uno studente	a male student
una studentessa	a female student
un voto	a grade

Capitolo 1
Benvenuti a tutti!°

Cagliari, 4 ottobre

Cara Caroline
come va?
In Sardegna fa caldo e il
mare è azzurro. Ma la
stagione delle vacanze è finita.
Adesso c'è la scuola.

Un abbraccio.
Giulia

Caroline Johnson
4759 S. Forrestville Avenue
Apt. 2
Chicago, IL 60615
USA

Golfo degli Aranci, sulla costa della Sardegna

IN BREVE

LEZIONE 1:
VOCABOLARIO
Una città italiana
- Luoghi
- Mezzi di trasporto
- Indicazioni

LEZIONE 2:
GRAMMATICA
A. Nomi: genere e numero
B. Articolo indeterminativo e **buono**

LEZIONE 3:
GRAMMATICA
C. Presente di **avere** e pronomi soggetto
D. Espressioni idiomatiche con **avere**
Piccolo ripasso

LEZIONE 4:
PROSPETTIVE
Invito alla lettura: *Vi presentiamo l'Italia*
In ascolto
Videoteca: *Mi chiamo Peppe*

SALUTI E BACI
Ritratto: Grazia Deledda
In giro per le regioni: La Sardegna

Benvenuti… *Welcome to everybody!*

Dialogo-Lampo

In una stazione italiana

CLIENTE: Buon giorno. Un biglietto per Venezia, per favore.

IMPIEGATO*: Ecco. Sono ventitremila† lire.

CLIENTE: Ah, scusi, un'informazione. C'è un ufficio cambi qui in stazione?

IMPIEGATO: No, ma‡ c'è una banca qui vicino, in Piazza Verdi.

CLIENTE: Grazie e arrivederci.

IMPIEGATO: Prego! Buona giornata!§

1. Destinazione?
2. C'è un ufficio cambi in stazione?
3. Dov'è‖ una banca?

Una città italiana (*An Italian city*)

LUOGHI (*PLACES*)

un aeroporto airport
un albergo hotel
una banca bank
un bar (un caffè) bar (café)
una chiesa church
un cinema movie theater
una farmacia pharmacy
un museo museum
un negozio shop
un ospedale hospital
una piazza town square
un ristorante restaurant
una scuola school
uno stadio stadium
una stazione train station
un supermercato supermarket
un teatro theater
un ufficio postale (cambi, informazioni, prenotazioni) post office (currency exchange, tourist information office, reservation bureau)

un'università university
una via street
un viale avenue
uno zoo zoo

MEZZI DI TRASPORTO (*MEANS OF TRANSPORTATION*)

un aereo, un aeroplano plane, airplane
un autobus bus
un'automobile, una macchina car
una bicicletta, una bici bicycle, bike
un motorino, uno scooter moped, motorscooter
un treno train

INDICAZIONI (*DIRECTIONS*)

a destra to the right
a sinistra to the left

---

*clerk
†23,000
‡but
§**Buona giornata!** is a variant of **Buon giorno!** It corresponds to the expression *Have a good day!*
‖*Where is*

diritto, sempre diritto straight, straight ahead
lontano far, distant
qui here
vicino, qui vicino near, nearby

ALTRE (OTHER) ESPRESSIONI

c'è... , c'è... ? there is . . . , is there . . . ?

ci sono... , ci sono... ? there are . . . , are there . . . ?
dov'è... ? where is . . . ?

Esercizi

A. Luoghi, cose e persone *(Places, things, and people).* Which things and people in list B would you associate with the places in list A?

A	B
1. _____ un ristorante	a. un viaggio
2. _____ un ospedale	b. un animale
3. _____ una scuola	c. un cappuccino
4. _____ una stazione	d. un dottore
5. _____ un aeroporto	e. una studentessa
6. _____ un bar	f. un aereo
7. _____ un ufficio prenotazioni	g. una pizza
8. _____ un supermercato	h. una banana
9. _____ una via	i. un motorino
10. _____ uno zoo	j. un treno

B. Associazioni. What place do you associate with each of the following? More than one answer may be possible. You can refer to places listed in the **Vocabolario.**

ESEMPIO: *Macbeth* → teatro

1. professori e studenti
2. dollari, lire e eurodollari
3. sport
4. film
5. Hyatt, Marriott, Holiday Inn
6. Boeing 747
7. Il *David* di Michelangelo
8. biglietti
9. Orient Express
10. vitamine e antibiotici

C. Dov'è? You are new in the area. Ask a local if a particular building is on a given street. Work with a partner and use the map on the next page.

ESEMPIO: un museo / Via Mazzini →
  S1: Scusi, c'è un museo in Via Mazzini?
  S2: Sì, c'è un museo in Via Mazzini.

1. un albergo / Viale Dante
2. un ufficio postale / Via Canova
3. una scuola elementare / Via Gramsci
4. un cinema / Via Botticelli
5. una banca / Piazza Verdi
6. uno zoo / Via Giulio Cesare

D. C'è un caffè qui vicino? Now, working with a partner, ask each other the locations of certain places in the town where you live. Choose places listed in the **Vocabolario**.

ESEMPIO: un caffè →
  s1: C'è un caffè qui vicino? Dov'è?
  s2: Sì, è in State Street. (No, è lontano! È in Colorado Boulevard.)

E. Sempre diritto, a destra, a sinistra... You're at the train station and need to ask for directions. Use the map below and work in pairs. Your directions will start from the train station. Don't forget to be polite and to thank your partner for the information.

ESEMPIO: una banca →
  s1: Scusi, un'informazione... C'è una banca qui vicino?
  s2: Sì, è in piazza Verdi. Sempre diritto per (*through*) via Giulio Cesare, poi (*then*) a destra.
  s1: Grazie!
  s2: Prego!

1. un ospedale   3. una chiesa   5. una farmacia
2. un'università   4. un ristorante   6. uno stadio

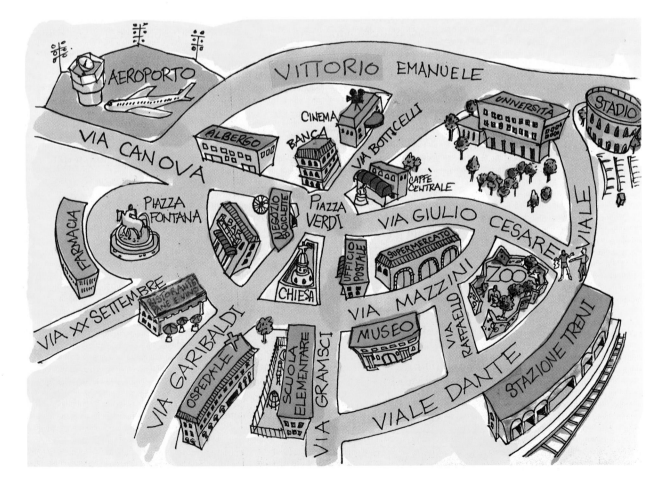

Lezione 2

A. Nomi: genere e numero

In una stazione italiana

VENDITORE: Panini, banane, gelati, vino, caffè, aranciata, birra…

TURISTA AMERICANA: Due panini e una birra, per favore!

VENDITORE: Ecco, signorina! Diecimila lire.

TURISTA AMERICANA: Ecco dieci dollari. Va bene?

1. Most Italian nouns (**i nomi**) end in a vowel. Nouns that end in a consonant are of foreign origin. All nouns in Italian have a gender (**il genere**); that is, they are either masculine or feminine, even those that refer to things, qualities, or ideas.

   a. Usually, nouns ending in **-o** are masculine. Nouns ending in **-a** are usually feminine.

      MASCULINE: amico (*friend*), treno, dollaro, panino
      FEMININE: amica (*friend*), bicicletta, lira, studentessa

   b. Nouns ending in **-e** may be masculine or feminine. The gender of most of these nouns must be memorized, but nouns ending in **-zione** are always feminine.

      MASCULINE: studente, ristorante, caffè
      FEMININE: automobile, notte, lezione (*class, lesson*), stazione, situazione

   c. Nouns ending in a consonant are usually masculine.

      bar, autobus, film, sport

   d. Abbreviated nouns retain the gender of the words from which they derive.

      foto *f.* (*from* fotografia)
      cinema *m.* (*from* cinematografo)
      moto *f.* (*from* motocicletta)
      auto *f.* (*from* automobile)
      bici *f.* (*from* bicicletta)

2. Italian nouns change their endings to indicate a change in number.

SINGOLARE	PLURALE	
-o (*m.*)	**-i**	treno *train* → treni *trains*
-e (*m.* or *f.*)	**-i**	ospedale (*m.*) *hospital* → ospedali *hospitals*
		stazione (*f.*) *station* → stazioni *stations*
-a (*f.*)	**-e**	piazza *square* → piazze *squares*

In an Italian railroad station VENDOR: Sandwiches, bananas, ice cream, wine, coffee, orange soda, beer . . . AMERICAN TOURIST: Two sandwiches and a beer, please! VENDOR: Here you are, miss. Ten thousand lire. AMERICAN TOURIST: Here's ten dollars. Is that OK?

a. Nouns ending in **-ca** or **-ga** and most nouns ending in **-go** maintain the hard sound of the **c** or **g** in the plural. This sound is represented in writing by adding an **h**. (Nouns ending in **-co** will be presented in **Capitolo 2**.)

SINGOLARE	PLURALE	
-ca	**-che**	amica *friend* → amiche *friends*
-ga	**-ghe**	targa *license plate* → targhe *license plates*
-go	**-ghi**	albergo *hotel* → alberghi *hotels*

b. Nouns ending with an accented vowel or a consonant do not change in the plural, nor do abbreviated words.

un caffè → due caffè   una foto → due foto
un film → due film   una città → due città

Esercizi

A. Maschile o femminile? Singolare o plurale? Decide whether the following nouns are singular or plural, masculine or feminine.

ESEMPIO: bar → singolare o plurale, maschile

1. automobile **2.** bici **3.** foto **4.** ristorante **5.** valige **6.** caffè
7. stazione **8.** notte **9.** alberghi **10.** banane **11.** vini **12.** lire
13. autobus **14.** informazioni **15.** birre

B. Plurali. Give the plural of the following nouns.

1. treno	**5.** lira	**9.** cognome (*last name*)
2. lezione	**6.** professore	**10.** zio
3. tè (*tea*)	**7.** bar	**11.** autobus
4. piazza	**8.** nome (*first name*)	**12.** negozio

C. Due, per favore! Working with a partner, imagine that you are in a coffee shop (**caffè**). The waiter underestimates your appetite and offers you one of each of the following items, but you want two! Be polite and add **per piacere** or **per favore** to your request.

ESEMPIO: un espresso →
          s1: Un espresso, signore/signora?
          s2: No, due espressi, per favore!

1. un gelato	**6.** un cappuccino
2. un'aranciata	**7.** uno spumone
3. un caffè	**8.** una birra
4. una pizza	**9.** un bicchiere di (*glass of*) vino
5. un panino	**10.** un bicchiere di latte (*milk*)

Si dice così: *ecco* vs. *c'è / ci sono*

Ecco is used when pointing out something or someone. It means *Look at that!*, *Here it is!*, or *Here they are!*

C'è (*there is*) and **ci sono** (*there are*) are used to indicate the existence of something or someone:
C'è un supermercato qui vicino. *There is a supermarket near here.*
Ci sono 15 studenti in classe. *There are 15 students in class.*

Nota bene: words ending in *-io*

Words that end in **-io** or **-ia** retain the **i** in the plural if the **i** is stressed. If not, the **i** is dropped. (Stress is emphasis placed on a particular syllable when a word is spoken. For example, in English we say OFfice, not ofFICE.)

-i STRESSED
ZIo *uncle* → zii *uncles*
inVIo *mailing* → invii *mailings*
farmaCIa *pharmacy* → farmacie *pharmacies*

-i UNSTRESSED
neGOzio *store* → negozi *stores*
ufFIcio *office* → uffici *offices*
vaLIgia *suitcase* → valige, *suitcases*

One exception is **caMIcia** → camicie *shirt*

B. Articolo indeterminativo e *buono*

Che (*What*) differenze ci sono tra il disegno (*drawing*) e questa (*this*) descrizione?

In questo disegno, ci sono tre professori. Un professore ha (*has*) due valige e un biglietto e l'altro (*the other*) professore ha uno zaino, una borsa e una valigia. La professoressa ha una borsa e due valige.

1. The Italian indefinite article (**l'articolo indeterminativo**) corresponds to English *a/an* and is used with singular nouns. It also corresponds to the number *one*. The form of the article changes depending on the word that follows it. **Uno** is used with masculine words beginning with **z** or **s** + *consonant*; **un** is used with all other masculine nouns. **Una** is used with feminine nouns beginning with any consonant, and **un'** is used before feminine nouns beginning with a vowel.

MASCHILE	FEMMINILE
uno zio *an uncle, one uncle* uno stadio	una zia *an aunt, one aunt* una scuola
un treno un aeroplano	una farmacia un'amica

2. The adjective **buono** (*good*) follows the same pattern as the indefinite article. It too has four forms in the singular: **buono, buon, buona,** and **buon'.** The form used depends on the word that follows it. (You will learn the plural forms of **buono** and more about how adjectives function in Italian in **Capitolo 2.**)

MASCHILE	FEMMINILE
un buono zio *a / one good uncle* un buono stadio	una buona zia una buona scuola
un buon treno un buon aeroplano	una buona farmacia una buon'amica

Esercizi

A. In un caffè. You are at an Italian **caffè.** Catch the attention of the server (**cameriere,** *m.*) and order each of the following items.

ESEMPIO: tè → Cameriere! Un tè, per favore!

1. Coca-Cola
2. caffè (*m.*)
3. bicchiere di vino
4. birra
5. aranciata
6. bicchiere di latte
7. cappuccino
8. cioccolata (*hot chocolate*)

B. Che buon caffè! You are invited to dinner by an Italian friend. Express your appreciation for everything served by completing the following compliments with the correct form of **buono.** *Note:* **Che buon... !** = *What* [*a*] *good . . . !*

ESEMPIO: Che (buona / buon / buone) caffè → Che buon caffè!

1. Che (buono / buona / buon) pasta!
2. Che (buon / buono / buona) panino!
3. Che (buon / buon' / buona) aranciata!
4. Che (buona / buono / buon) pizza!
5. Che (buon / buona / buono) cioccolata!
6. Che (buono / buon' / buon) gelato!
7. Che (buona / buon / buon') espresso!
8. Che (buono / buona / buon) tè!

Che genio!

● Il genio è per l'uno per cento ispirazione e per il novantanove per cento traspirazione.*
Thomas Alva Edison (1847-1931), *inventore statunitense.*

*perspiration

Nota culturale
Saluti e titoli:
Buon giorno, dottore!

To greet each other, Italians use **buon giorno** until early afternoon and **buona sera** from then until late evening. **Buona notte** is used as a final farewell at the end of the evening. Friends and family who have not seen each other for a while typically hug and kiss each other on both cheeks or at least shake hands.

It is customary to address someone by his or her academic title. You will often hear **Buon giorno, professore! Benvenuta, dottoressa! ArrivederLa, signor avvocato** (*lawyer*)**! Auguri** (*Best wishes*)**, dottore!**

The title **dottore** is used for anyone who has earned a university degree (**la laurea**), whether in medicine or the humanities.

Buon giorno, dottore!

Saluti e baci°

kisses

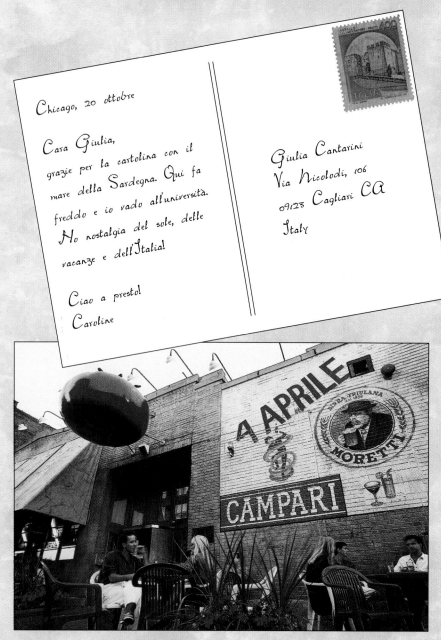

Chicago, 20 ottobre

Cara Giulia,
grazie per la cartolina con il
mare della Sardegna. Qui fa
freddo e io vado all'università.
Ho nostalgia del sole, delle
vacanze e dell'Italia!

Ciao a presto!
Caroline

Giulia Cantarini
Via Nicolodi, 106
09123 Cagliari CA
Italy

Studenti in un bar italiano a Chicago

English equivalents of the correspondence
appearing in *In giro per l'Italia* are available
on the website at www.mhhe.com/ingiro.

Ritratto

Grazia Deledda
scrittrice[1] sarda, 1871–1936

Nata[2] a Nuoro, in Sardegna, diventa[3] scrittrice da sola, senza preparazione. Dal 1898 (milleottocento-novantotto) pubblica un grande numero di romanzi[4] e racconti[5] ed ha successo.[6] Riceve nel 1926 il premio Nobel per la letteratura. La maggior parte delle storie di Deledda parlano delle[7] passioni violente di pastori,[8] contadini[9] e signori della Sardegna.

[1]*writer* [2]*Born* [3]*she becomes* [4]*novels* [5]*short stories* [6]*ha… is successful* [7]*parlano… talk about the* [8]*shepherds* [9]*farmers*

In giro per le regioni°

In… *On tour through the regions*

La Sardegna

La Sardegna è una regione molto particolare.[1] È un'isola con tante[2] montagne, lontana[3] dalle coste della penisola, e ha avuto[4] una storia[5] diversa dal resto d'Italia. Per questo anche la sua lingua assomiglia poco a[6] quella italiana.

I sardi,[7] con tanto mare, non sono mai stati marinai e neppure pescatori, ma pastori di pecore.[8] E il carattere dei sardi deriva dalla cultura dei pastori, abituati a vivere soli, a lottare da soli contro[9] la natura.

Negli ultimi anni, però,[10] il mare ha dato[11] ricchezza alla regione. Lungo[12] le coste della Sardegna, che[13] è bagnata[14] da uno dei mari più belli del mondo,[15] sono strutture turistiche di ogni tipo. La Costa Smeralda[16] è famosa per le ville dei vip,[17] ma ci sono anche zone con villaggi turistici e alberghi per tutte le tasche.[18]

[1]*unusual* [2]*so many* [3]*far* [4]*ha… it has had* [5]*history* [6]*anche… its language too barely resembles* [7]*Sardinians* [8]*non… were never sailors or fishermen but shepherds* [9]*abituati… accustomed to living alone, battling alone against* [10]*however* [11]*ha… has given* [12]*Along* [13]*which* [14]*è… is bathed* [15]*world* [16]*Emerald* [17]*ville… villas of VIPs* [18]*tutte… all pocketbooks*

L'ITALIA VIRTUALE

For Internet links and additional activities to learn more about **Sardegna,** visit the *In giro per l'Italia* website at www.mhhe.com/ingiro.

Lezione 3

C. Presente di *avere* e pronomi soggetto

Angelo e Silvia in una stazione in estate. Aspettano un treno.

ANGELO: Oh, che caldo. Ho proprio sete adesso. Hai voglia di una birra?

SILVIA: No, ma ho fame. Ho voglia di un buon panino e di un gelato…

ANGELO: Chissà se c'è un bar in questa stazione.

SILVIA: Sì, c'è, ma non abbiamo tempo, solo cinque minuti.

ANGELO: Hai ragione, non è una buon' idea. Oh, ma c'è un venditore… Qui, per favore!

1. **Avere** (*to have*) is an irregular verb (**un verbo irregolare**); it does not follow a predictable pattern of conjugation. The present tense (**il presente**) of **avere** is as follows:

SINGOLARE			PLURALE		
(io)	ho	*I have*	(noi)	abbiamo	*we have*
(tu)	hai	*you have (fam.)*	(voi)	avete	*you have (fam.)*
(Lei)	ha	*you have (form.)*	(Loro)	hanno	*you have (form.)*
(lui) (lei)	ha	*he has* *she has*	(loro)	hanno	*they have*

The following rules apply to **avere** and to all Italian verbs.

a. To make a verb negative (*I have* → *I don't have*), place the word **non** (*not*) directly before it.

Mario non ha soldi.   *Mario doesn't have money.*
Qui non hanno birra,   *They don't have beer here, they*
    hanno solo vino.   *only have wine.*

b. To make a verb interrogative (*I have* → *do I have?*) in writing, simply add a question mark to the end of the sentence. In speaking, the pitch of the voice rises at the end of the sentence.

Avete un buon lavoro.   *You have a good job.*

Avete un buon lavoro?   *Do you have a good job?*

Angelo and Silvia at a train station during the summer. They are waiting for a train.
ANGELO: Oh, it's so hot. I'm really thirsty now. Do you feel like having a beer? SILVIA: No, but I'm hungry. I feel like having a good sandwich and an ice cream . . . ANGELO: Who knows if there is a café in this station. SILVIA: Yes, there is, but we don't have time, only five minutes. ANGELO: You're right, it's not a good idea. Oh, but here comes a vendor . . . Here, please!

In an interrogative sentence, the subject (noun or pronoun) can appear

- at the beginning of the sentence, before the verb
- at the end of the sentence
- less frequently, immediately after the verb

Mario ha una bicicletta? ⎫
Ha una bicicletta Mario? ⎬ *Does Mario have a bicycle?*
Ha Mario una bicicletta? ⎭

—Non avete altro?

2. The subject pronouns (**i pronomi soggetto**) are as follows:

SINGOLARE		PLURALE	
io	*I*	noi	*we*
tu	*you (familiar)*	voi	*you (familiar)*
Lei	*you (formal)*	Loro	*you (formal)*
lui	*he*	loro	*they, m. or f.*
lei	*she*		

a. In English, subject pronouns are always used with verb forms: *I have, you go, he is,* and so on. In Italian, the verb form itself identifies the subject. For this reason, subject pronouns are usually not expressed.

Ho una FIAT; ha quattro porte.   *I have a FIAT; it has four doors.*
Hai buon gusto!   *You have good taste!*
Abbiamo parenti in Italia.   *We have relatives in Italy.*

Subject pronouns *are* used, however, to emphasize the subject (**I** *have a job;* that is, **I'm** *the one who has a job*) or to contrast one subject with another (**I** *have this,* **you** *have that*).

Io ho un lavoro.   *I **do** have a job.*
Lui ha un gatto; lei ha un cane.   ***He** has a cat;* ***she** has a dog.*

b. **Io** (*I*) is not capitalized unless it begins a sentence.

c. There are four ways of saying *you* in Italian: **tu, voi, Lei,** and **Loro. Tu** (for one person) and **voi** (for two or more people) are the familiar forms, used only with family members, children, and close friends.

Tu, mamma.   Voi, ragazzi (*boys*).

Lei (for one person, male or female) and its plural **Loro** are used in formal situations to address strangers, acquaintances, older people, and people in authority. **Lei** and **Loro** are often capitalized to distinguish them from **lei** (*she*) and **loro** (*they*).

Lei, professore, ha una valigia?   *You, professor, do you have a suitcase?*

Lei, professoressa, ha uno zaino?   *You, professor, do you have a backpack?*

Loro, signore e signori,   *You, ladies and gentlemen,*
    hanno bagagli?   *do you have luggage?*

Lei takes the third-person singular verb form; **Loro** takes the third-person plural form.

Lei, signora, ha un buon cane!	*You have a good dog, ma'am!*
Loro, signori, hanno amici qui?	*Do you have friends here, gentlemen?*

Loro is very formal. It is often replaced by the more causal **voi**.

d. There are rarely corresponding forms for *it* and *they* to refer to animals or things; the verb form alone is used.

Esercizi

A. Quale (*Which*) **pronome?** Which subject pronouns would you use to speak about the following?

ESEMPIO: lo zio → lui

1. Cecilia, un'amica
2. Marco, un amico
3. un cameriere
4. un impiegato
5. zia Laura
6. Marco e Cecilia
7. tu, Marco e Luisa
8. io, uno studente e una studentessa
9. Maria e Gina
10. tu e una professoressa

B. Domande e risposte. Choose the correct response to each question.

1. Hai un passaporto tu?
   a. Sì, ha un passaporto.   **b.** Sì, ho un passaporto.   **c.** Sì, abbiamo un passaporto.
2. Hanno due biglietti Carlo e Tina?
   a. No, non hanno due biglietti.   **b.** No, non abbiamo due biglietti.   **c.** No, non avete due biglietti.
3. Avete tre valige tu e Maria?
   a. No, abbiamo due valige.   **b.** No, avete due valige.   **c.** No, ho due valige.
4. Ha una macchina Silvio?
   a. Sì, lei ha una macchina.   **b.** Sì, lui ha una macchina.   **c.** Sì, noi abbiamo una macchina.

C. Paragoni (*Comparisons*). Petty jealousies and insecurities are getting you down today. Tell what's bothering you, filling in the blanks with the correct subject pronoun.

_____[1] non ho nemmeno (*even*) una buona bicicletta, _____[2] avete un motorino Guzzi. _____[3] non abbiamo una lira (*a cent*), _____[4] hanno due alberghi. _____[5] non ho parenti (*relatives*), _____[6] ha trenta cugini. _____[7] non abbiamo nemmeno un cane, _____[8] hai tre gatti.

D. Avere o non avere... Complete with the correct form of **avere.**

1. Voi _____¹ un appartamento, ma io _____² solo una stanza (*room*). Loro _____³ due macchine, ma io _____⁴ una bici. Tu e Paolo non _____⁵ lezioni domani, ma io _____⁶ cinque lezioni! Lui _____⁷ una valigia ed* io _____⁸ solo uno zaino. Che sfortuna (*What bad luck*)!

2. Tu _____¹ un cane intelligente, ma noi _____² un cane stupido! Tu _____³ una buona macchina, ma Carla _____⁴ solo una bicicletta. Tu _____⁵ molti soldi (*lots of money*); Cinzia e Daniele non _____⁶ nemmeno un lavoro! Come sei fortunato (*How lucky you are*)!

D. Espressioni idiomatiche† con *avere*

1. Many idiomatic expressions (**espressioni idiomatiche**) that describe feelings or physical sensations are formed with **avere** + *noun*. The equivalent English expressions are usually formed with *to be* + *adjective*.

   a. avere fame *to be hungry*, avere voglia di *to want*

Marco **ha fame. Ha voglia di** una pizza.	*Marco is hungry. He wants a pizza.*

   b. avere sete *to be thirsty*, avere bisogno di *to need*

Maria **ha sete. Ha bisogno di** acqua.	*Maria is thirsty. She needs water.*

   c. avere ragione *to be right*, avere paura di *to be afraid of*

Hai ragione. Luigi **ha paura di** volare.	*You're right. Luigi is afraid of flying.*

—Mamma, ho sete!

a.

b.

c.

---
*When used before a word beginning with a vowel, **e** often becomes **ed.**
†An idiom is an expression peculiar to a particular language. Idioms often appear to make no sense when interpreted literally by speakers of another language. Some commonplace English idioms are *to fall asleep, to take charge, to go easy,* and *to make time.*

d. avere sonno *to be sleepy*

   Gino **ha sonno.**   *Gino is sleepy.*

e. avere freddo *to feel cold*

   È inverno. Simona **ha freddo.**   *It's winter. Simona is cold.*

f. avere caldo *to feel hot*

   È estate. Luca **ha caldo.**   *It's summer. Luca is hot.*

g. avere fretta *to be in a hurry*

   È tardi. Serena **ha fretta!**   *It's late. Serena is in a hurry!*

d.   e.   f.   g.

2. The verb **avere** is also used to indicate age.

avere + *number* + **anni**	*to be . . . years old*
—Quanti anni hai?	*How old are you? (How many years do you have?)*
—Ho diciotto anni.	*I'm eighteen.*
—E Daniela, quanti anni ha?	*And Daniela, how old is she?*
—Lei ha vent'anni.	*She's twenty.*

   ATTENZIONE: **vent'anni** *twenty years;* **ventun anni** *twenty-one years*

Esercizi

A. Ho... Complete the following sentences with the appropriate word.

   1. Brrr! Non avete _____?
   2. Non hanno tempo (*time*), hanno _____!
   3. Due aranciate, per favore! Abbiamo _____.
   4. Maurizio ha _____: ecco una pizza!
   5. Chi (*Who*) ha _____ di Virginia Woolf?
   6. Hai diciotto o diciannove _____?
   7. Avete _____ di un gelato?

B. Quanti anni hanno? Give the age of each family member, using a complete sentence.

   Giuseppe: 50   Isabella: 46   Carol: 25   Marta: 21   Maurizio: 17

   Now ask several classmates how old they are.

C. Trova una persona che... (*Find a person who . . .*) Circulate around the room asking classmates if they are hungry, thirsty, sleepy, etc. Refer to the idiomatic expressions on pages 33 and 34.

ESEMPIO: S1: Hai fame?
S2: Sì, ho fame. (No, non ho fame.)

Piccolo ripasso
∙∙∙∙∙∙∙∙∙∙∙∙∙∙∙∙∙∙∙∙∙∙∙∙∙∙∙∙∙∙∙∙∙∙∙∙∙∙

A. Avere, non avere. Ask a classmate whether he/she has one of the following items. The classmate will answer that he/she has one, two or more, or none.

ESEMPIO: bicicletta →
S1: Tu hai una bicicletta?
S2: Sì, ho una bicicletta. (Ho due, tre biciclette.) *o* No, non ho biciclette.

1. borsa
2. biglietto
3. lezione
4. gatto
5. foto
6. zio
7. amico
8. dollaro

B. Solo uno! Working with a partner, answer each question by stating that you have only one of the things mentioned, but that it is a good one!

ESEMPIO: amici →
S1: Hai amici?
S2: Ho solo un amico, ma è un buon amico!

1. amiche
2. zii
3. gatti
4. lavori
5. bici
6. valige
7. zaini
8. macchine

C. Qual è la domanda? (*What is the question?*) Ask the questions that produced the following answers. Follow the models.

ESEMPIO: Sì, ho un negozio. → Hai un negozio?
Sì, abbiamo sonno. → Avete sonno?

1. Sì, ho sete.
2. Sì, ha vent'anni.
3. Sì, abbiamo una professoressa.
4. Sì, abbiamo un buon dottore.
5. Sì, ho molti bicchieri.
6. Sì, abbiamo fretta.
7. Sì, ho bisogno di soldi.
8. Sì, hanno voglia di un cappuccino.

D. Intervista. Interview a classmate. Find out the following information and report what you learn to another pair of students or to the class. Invent three additional questions to ask.

name and age
if he/she has a bike
if he/she needs a car
if he/she wants coffee at breakfast (*a colazione*)

if he/she is thirsty, hungry or sleepy
if he/she has a dog or cat
the age of the dog or cat

Lezione 4

Invito alla lettura

The readings in *In giro per l'Italia* have several purposes: they are designed to strengthen your Italian reading skills, give you an understanding of Italian culture, and dispel some common stereotypes about Italy and Italians. You should approach these readings in several stages.

- First, go through the reading quickly once or twice, just to grasp the general meaning. (You don't need to understand every word or expression right away!)
- Once you've gotten the gist, do a more thorough reading. This time, work through the more difficult sentences, making use of marginal glosses and relying on cognates and on the context to help you understand.
- When you're comfortable with the details of the text, do a quick final reading, focusing on the meaning and progression of the whole (and not on particulars).

In the **Capitolo preliminare,** you learned about frequently occurring patterns in Italian that can help you recognize cognates. The cultural readings in *In giro per l'Italia* contain a fair number of new words, but many of them are cognates.

Can you guess the meaning of these cognates, taken from the first reading in this chapter? It is about the geography of Italy. Knowing the context should make some of these words easier to guess.

arte	costa	regione
lungo	nord/sud	diverso
penisola	centro	identità
montagna	diviso	resto

Use the general context and your knowledge of a subject to figure out the meaning of new words. Can you guess the meaning of the highlighted word in these sentences, based on the context?

Gli Appennini **attraversano** l'Italia da nord a sud.
Due persone **attraversano** la piazza in bicicletta.

Using these strategies will make your reading in Italian easier and more productive. Try using them now with the readings that follow. **Buon lavoro!**

Note: These readings are written in simple but authentic Italian. They use some structures that you have not yet encountered, in particular the definite articles and some contractions that may look complex, though they are easy to understand once you know them. Your instructor will help you work through the readings so that you grasp the essential points. After you have studied a few more chapters of *In giro per l'Italia,* you may want to return to this reading. You will be surprised how much easier it will be to read!

Vi presentiamo l'Italia°

Vi... We present Italy to you

Conoscete[1] l'Italia? È un paese molto bello,[2] ricco[3] di arte e di bellezze[4] naturali. L'Italia è una lunga penisola nel mare[5] Mediterraneo e ha paesaggi[6] molto diversi.[7] Ha montagne alte, laghi e valli verdi[8] al Nord, dolci colline e boschi[9] al Centro, coste bellissime al Sud.

Le montagne più[10] importanti sono le Alpi e gli Appennini. Le Alpi sono al Nord, gli Appennini attraversano[11] l'Italia da nord a sud. Le montagne più belle sono le Alpi dolomitiche o Dolomiti.

L'Italia ha molti chilometri di coste e molti posti dove potete avere sole e mare azzurro.[12] Il mare più bello è quello delle isole.[13] Le isole più grandi d'Italia sono la Sicilia e la Sardegna, ma ci sono anche[14] molte isole più piccole[15] ma bellissime come Capri o Ischia.

L'Italia è divisa in venti regioni (Lombardia, Toscana, Campania, Puglia ecc.): le regioni del Nord e del Centro, per diversi motivi storici,[16] sono più sviluppate di quelle[17] del Sud. Le regioni hanno una forte[18] identità culturale, e anche linguistica, e gli italiani sono molto attaccati[19] alla propria[20] regione e alla propria città. Per questo[21] si dice che in Italia c'è un grande «campanilismo»*!

La famosa torre pendente, a Pisa

[1]*Do you know* [2]*beautiful* [3]*rich* [4]*beauties* [5]*sea* [6]*landscapes* [7]*varied* [8]*green* [9]*dolci... gentle hills and forests* [10]*most* [11]*cross* [12]*posti... places you can have sun and blue sea* [13]*quello... that of the islands* [14]*also* [15]*più... smaller* [16]*motivi... historical reasons* [17]*più... more developed than those* [18]*strong* [19]*attached* [20]*their own* [21]*Per... Thus*

E ora a te

Capire

Vero o falso?

		V	F
1.	L'Italia è un'isola.	☐	☐
2.	Il Sud ha molti laghi.	☐	☐
3.	Il Centro ha molte colline.	☐	☐
4.	Le Alpi e gli Appennini sono le montagne più importanti.	☐	☐
5.	Gli Appennini sono solo al Nord.	☐	☐
6.	L'Italia ha molte coste.	☐	☐
7.	Il mare più bello è quello della Campania.	☐	☐
8.	Le regioni italiane sono venti.	☐	☐
9.	Il Nord d'Italia è più sviluppato del Sud.	☐	☐
10.	Gli italiani sono attaccati solo alla propria città.	☐	☐

---

*Campanilismo, from il campanile (*bell tower*), means love for one's hometown, or the area within hearing of the bells of one's own parish church.

Scrivere

Spend a couple of minutes studying the maps of Italy in the front of the book. Then turn back to this page, make a tracing or sketch of this map, and fill in the names of the regions, islands, and mountain ranges mentioned in the reading.

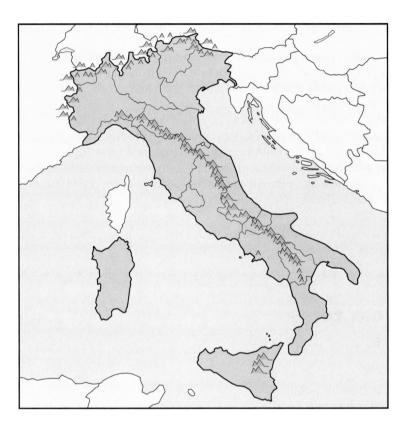

In ascolto

In centro (*Downtown*). Listen carefully and look at the map of the city on page 23. Decide whether the statements you hear are true (**vero**) or false (**falso**).

	VERO	FALSO
1.	☐	☐
2.	☐	☐
3.	☐	☐

You will hear three questions about the locations of three buildings in the city. Listen carefully, look at the map, and write down the answers.

4. _____   5. _____   6. _____

Videoteca

Mi chiamo Peppe

In the opening segment of the video, a young man named Peppe has just
arrived in Florence to attend the university. He visits a tourist office for help
finding a hotel room.

ESPRESSIONI UTILI

accidenti! wow!
ce n'è uno there is one
molti soldi a lot of money
una camera singola senza bagno a single room
  without bath
grazie, molto gentile thank you, (you are) very
  kind

uno spettacolo intitolato... a show entitled . . .
subito immediately, right away
cara expensive
poi... a sinistra ancora then . . . again to your left
fino a until (you reach)

DAL VIDEO

IMPIEGATA: Sì, ce n'è uno qui a destra, poi sempre diritto, fino in fondo a
  via Fiesolana.
PEPPE: E costa molto? Non ho molti soldi.
IMPIEGATA: No, signore. Costa poco. Ha bisogno di una prenotazione?
PEPPE: Sì, grazie! Una camera singola, e senza bagno per piacere. Mi
  chiamo Cuccetti, Peppe.

PREPARAZIONE

Vero o falso?

1. Peppe and the tourist-office clerk call each other **tu.**
2. Peppe asks for a hotel near the university.
3. There are no inexpensive **trattorie** near the tourist office.

Funzione: Giving
directions

COMPRENSIONE

1. Does Peppe tell the clerk why he has come to Florence?
2. Does Peppe have a car?
3. Why does Peppe ask about a nearby **trattoria**?

ATTIVITÀ

With a partner, find a place to stand that allows you some room to move.
You are a robot from Milan; you only respond to Italian commands. Your
partner is your master. Your partner will give you a suitable Italian name,
like Robo-Alberto, and then direct you to the door of the classroom, using
only the commands **a sinistra, a destra,** and **sempre diritto!** If you run into
other robots, be sure to say **Scusi!**

Parole da ricordare

VERBI

avere	to have
avere... anni	to be . . . years old
avere bisogno di	to need
avere caldo	to be warm, hot
avere fame	to be hungry
avere freddo	to be cold
avere fretta	to be in a hurry
avere paura di	to be afraid of
avere ragione	to be right
avere sete	to be thirsty
avere sonno	to be sleepy
avere voglia di	to want, to feel like

NOMI

un aereo, un aeroplano	airplane
un aeroporto	airport
un albergo (*pl.* alberghi)	hotel
un'amica (*f., pl.* amiche)	friend
un amico (*m., pl.* amici)	friend
un'aranciata	orange soda
un autobus	bus
un'automobile (*f.*), un'auto	car
un bagaglio suitcase;	bagagli (*pl.*) baggage
una banca	bank
un bar	bar; café, coffee shop
un bicchiere	drinking glass
una bicicletta, una bici	bicycle, bike
un biglietto	ticket
una birra	beer
una borsa	bag
un caffè	coffee; café
un cameriere	server, waiter
un cane	dog
una chiesa	church
un cinema	(*inv.*) movie theater
una cioccolata	(hot) chocolate
una città	city
un cognome	last name
un cugino, una cugina	cousin
un documento	document
una farmacia	pharmacy
una fotografia, foto	photograph
un gatto	cat
un gelato	ice cream
un impiegato	clerk
un'informazione	(*f.*) piece of information
un latte	milk
un lavoro	job; work
una lezione	lesson; class

una lira	lira (*Italian currency*)
un luogo (*pl.* luoghi)	place
una macchina	car
un motorino	moped
un museo	museum
un negozio	shop, store
un nome	first name; noun
un ospedale	hospital
un panino	sandwich; hard roll
una parola	word
un passaporto	passport
una piazza	square
una prenotazione	reservation
un ristorante	restaurant
uno scooter	scooter
una scuola	school
uno stadio	stadium
una stazione	station
un supermercato	supermarket
un tè	tea
un teatro	theater
un treno	train
un ufficio cambi	currency exchange
un ufficio informazioni	tourist information office
un ufficio postale	post office
un ufficio prenotazioni	reservation bureau
un'università	university
una valigia	suitcase
una via	street
un viaggio	trip
un viale	avenue
un vino	wine
uno zaino	backpack
una zia	aunt
uno zio (*pl.* zii)	uncle
uno zoo	zoo

PRONOMI SOGGETTO

io	I
tu	you (*fam.*)
lui	he
lei	she
Lei	you (*form.*)
noi	we
voi	you (*pl. fam.*)
loro	they
Loro	you (*pl. form.*)

AGGETTIVI

buono	good

ALTRE ESPRESSIONI

a	at; in; to
a destra	to the right
a sinistra	to the left
c'è... , c'è... ?	there is . . . , is there . . . ?
ci sono... , ci sono... ?	there are . . . , are there . . . ?
che...	what . . . , what a . . .
di	of
diritto, sempre diritto	straight ahead
dove	where
dov'è... ?	where is . . . ?
dove sono... ?	where are . . . ?

e, ed	(before vowels) and
in	in
lontano	far, distant
ma	but
non	not
per	for; through
poi	then
proprio	really, just
qui	here
solo	only
va bene?	is that OK?
vicino, qui vicino	near, nearby; near here

Capitolo 2
La classe e i compagni°

Bari, 15 ottobre

Caro cugino Giuseppe,
stai bene? E la famiglia?
Il tempo passa e i ragazzi adesso vanno a scuola. Cristina è una
bella ragazza e studia al liceo. Luigi è ancora un bambino e va alla
scuola elementare: è molto alto e magro. La prossima estate vi
aspettiamo al mare!

Saluti affettuosi a tutti da Nicola.

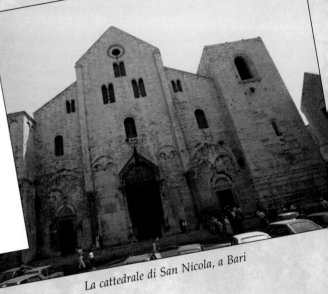

La cattedrale di San Nicola, a Bari

IN BREVE

**LEZIONE 1:
VOCABOLARIO**
Un aggettivo per tutti
- Per descrivere
  caratteristiche
  fisiche
- Aggettivi di
  nazionalità
- Colori

**LEZIONE 2:
GRAMMATICA**
A. Aggettivi
B. Presente di **essere**

**LEZIONE 3:
GRAMMATICA**
C. Articolo
determinativo e
bello
D. Ancora i plurali
Piccolo ripasso

**LEZIONE 4:
PROSPETTIVE**
Invito alla lettura:
Giovani italiani
In ascolto
Videoteca:
*L'affascinante
Laura*

SALUTI E BACI
Ritratto: Rodolfo Valentino
In giro per le regioni: La Puglia

companions

Dialogo-Lampo

Andrea ha una foto di un'amica...

ANDREA: Ecco una foto di una mia amica, Pamela. Lei è di Boulder, una città del Colorado.

VALERIA: È davvero* bella…

ANDREA: Oh sì, Pamela è straordinaria: è simpatica, divertente, sensibile ed è anche molto gentile…

VALERIA: Hai ragione, sono sicura che† Pamela ha una grande pazienza, perchè‡ tu sei sempre§ stressato e nervoso!

1. Com'è‖ Pamela, secondo# Andrea?
2. Com'è Andrea, secondo Valeria?
3. Di dov'è** Pamela?

Un aggettivo per tutti
(An adjective for everyone)

PER DESCRIVERE CARATTERISTICHE FISICHE

alto tall
basso short (*in height*)
corto short (*in length*)
lungo (*m. pl.* **lunghi**) long
bello beautiful, handsome (*person*); nice (*thing or experience*)
brutto ugly; unpleasant
biondo blond
bruno dark, brunette
giovane young
vecchio (*m. pl.* **vecchi**) old
grande big
piccolo small
grasso fat
magro thin
liscio (*m. pl.* **lisci**) straight
riccio (*m. pl.* **ricci**) curly

AGGETTIVI DI NAZIONALITÀ††

americano American
canadese Canadian
cinese Chinese
francese French
giapponese Japanese
inglese English
italiano Italian
messicano Mexican
russo Russian
spagnolo Spanish
tedesco German

COLORI

azzurro sky blue
bianco (*m. pl.* **bianchi**) white
castano brown (*hair, eyes*)
giallo yellow
grigio (*pl.* **grigi**) gray

*truly, really
†sicura… *sure that*
‡ha… *is very patient, because*
§*always*
‖*What is . . . like?*
#*according to*
**Di… *Where is . . . from?*
††Note that adjectives of nationality are not capitalized in Italian.

—Io non sono vegetariano, e tu?

marrone brown
nero black

rosso red
verde green

Esercizi

A. Ideali. What qualities do you seek in your **amico ideale?** Choose at least four adjectives from the **Vocabolario** and the **Parole-extra.** Start your statement with **Il mio** (*My*) **amico ideale è…** / **La mia amica ideale è…** . (When an adjective that ends in **-o** is used to describe a female, its ending changes to **-a**. Adjectives that end in **-e** are either masculine or feminine.) Then complete the following statements.

ESEMPIO: La mia amica ideale è simpatica, gentile, tranquilla e divertente.

1. Il mio compagno di stanza (*roommate*) ideale / La mia compagna di stanza ideale è…
2. Il mio professore ideale / La mia professoressa ideale è…
3. Lo zio ideale è…

B. Un identikit (*ID sketch*) **fisico…** You have a blind date (**un appuntamento al buio**), and need to describe your appearance. Choose appropriate expressions from the **Vocabolario** and the following list, and create three or four short sentences, beginning with **Sono… / Ho… / Ho gli occhi** (*eyes*)**… / Ho i capelli** (*m. pl., hair*)…

Frasi utili: Sono di statura media (*average height*). Ho la barba (*beard*) / i baffi (*moustache*) / gli occhiali (*glasses*) / le lenti a contatto (*contact lenses*). Ho gli occhi azzurri/verdi/neri/castani. Ho i capelli biondi/castani/rossi/neri/grigi/bianchi/lunghi/corti/ricci/lisci.

C. Autoritratto (*Self-portrait*). Now describe yourself in more detail, elaborating on the **identikit** in Exercise B. Use expressions from the **Parole-extra** box to describe your character. Write a short paragraph using some of the following suggestions.

Io sono… / Ho i capelli… e gli occhi… / Sono molto (*very*)… / Non sono abbastanza (*enough*)…* / Secondo gli amici, sono… / Secondo me, sono troppo (*too*)…

Your instructor will shuffle the **autoritratti** and pass them out at random to the class. Read aloud the description you receive, and the class will try to guess whose it is.

D. Come sono i compagni di classe? In Italian, interview a classmate to find out where he/she is from. Report what you learn to the class. Include a brief description of your classmate, using expressions from the **Vocabolario** and the **Parole-extra.**

ESEMPIO: Ecco Giovanni. È canadese; è di Montreal. Giovanni è biondo, gentile e molto intelligente.

Now introduce yourself, telling where you are from and what you are like.

ESEMPIO: Io sono Jim; sono di Detroit. Sono nervoso, stressato e disordinato (*messy*) ma simpatico.

---

*Note that **abbastanza** precedes the adjective, in contrast to *enough* in English: **Lui è abbastanza magro.** *He is thin enough.*

A. Aggettivi

CARLO: Come si chiama tua sorella?

MARIA: Si chiama Tina.

CARLO: Com'è?

MARIA: È simpatica, intelligente e sportiva. E tuo fratello? Com'è?

CARLO: Si chiama Lorenzo. Lui è molto carino, ma è un po'* timido.

1. In English, adjectives (**gli aggettivi**) have only one form: *tall boy, tall girls.* In Italian, an adjective agrees with the number (singular or plural) and gender (masculine or feminine) of the noun it modifies. Adjectives whose masculine singular ends in **-o** have four endings; those whose masculine singular ends in **-e** have two endings.

SINGOLARE	PLURALE	
-o (*m.*) alto	**-i** alti	un ragazzo alt**o** / due ragazzi alt**i**
-a (*f.*) alta	**-e** alte	una donna† alt**a** / due donne alt**e**
-e (*m.* or *f.*) triste	**-i** tristi	un ragazzo trist**e** / due ragazzi trist**i**
		una donn**a** trist**e** / due donn**e** trist**i**

An adjective that agrees with two singular nouns of different genders, or with a plural noun referring to a male and a female, is masculine plural:

Marco e Giovanna sono **bravi** e **divertenti.**
I cugini sono **simpatici.** (I cugini e le cugine sono **simpatici.**)

a. Adjectives ending in **-ca, -ga,** and **-go** maintain the hard **c** or **g** sound in the plural, just as nouns do. This sound is represented in writing by adding an **h.** (Masculine nouns and adjectives ending in **-co** will be presented in Section D, on pages 56 and 57.)

SINGOLARE	PLURALE	
-ca	**-che**	bianca → bianche
-ga	**-ghe**	larga (*wide*) → larghe
-go	**-ghi**	largo → larghi

CARLO: What's your sister's name? MARIA: Her name's Tina. CARLO: What's she like?
MARIA: She's nice, intelligent, and athletic. And your brother? What's he like?
CARLO: His name's Lorenzo. He's very cute, but he's a bit shy.

*Un po'** is a contraction of **un poco** (*a little bit*).
†*woman*

b. Most adjectives ending in **-io** have only one **i** in the masculine plural: **vecchio → vecchi, grigio → grigi.**

c. Notice that the endings of nouns and the adjectives that agree with them are not always identical.

una ragazza francese →
  due ragazze francesi   *two French girls*
un'università piccola →
  due università piccole   *two small universities*
una bici rossa → due bici rosse   *two red bikes*
un'automobile italiana →
  due automobili italiane   *two Italian cars*

2. To ask what someone is like, use the expression **Com'è?** (= **come è**) (*What is he/she like?*) or **Come sono?** (*What are they like?*).

PAOLA: **Com'è** Martino?   *What's Martino like?*
SILVIA: Lui è intelligente e   *He's intelligent and extroverted.*
  estroverso.
PAOLA: **Come sono** Lidia e   *What are Lidia and Maddalena*
  Maddalena?   *like?*
SILVIA: Loro sono attive e   *They are active and athletic.*
  sportive.

3. Most Italian adjectives follow the noun they modify. However, several adjectives always precede the noun, including **altro** (*other/another*), **stesso** (*same*), and **molto** (*many, a lot of*). Notice that the adjective **molto** is not preceded by an article. English is similar: we don't say *the many sandwiches.*

Avete un'**altra** macchina.   *You have another car.*
Abbiamo lo **stesso** biglietto.   *We have the same ticket.*
Ho **molti** panini e **molte**   *I have many sandwiches and*
  aranciate.   *orange sodas.*

The common adjectives **bello, buono, bravo,** and **brutto** usually precede the noun. You have already used the forms of **buono.** The forms of **bello** are presented later in this chapter.

Silvia ha una **buona** macchina.   *Silvia has a good car.*
Cristiano è un **bravo** ragazzo.   *Cristiano is a great guy.*
Mirella è una **bella** ragazza.   *Mirella is a pretty girl.*

The adjectives **caro, vecchio,** and **povero** have different meanings before and after the noun.

Mario ha un orologio **caro.**   *Mario has an expensive watch.*
Silvia è una **cara** ragazza.   *Silvia is a dear girl.*

Michele è un **vecchio** amico.   *Michele is an old friend.*
Noi abbiamo un cane **vecchio.**   *We have an old dog.*

Che **povero** bambino!   *What a poor child!*
Non hanno molti soldi. È una   *They don't have much money.*
  famiglia **povera.**   *They are a poor family.*

—È un vino molto, molto vecchio...

4. When **molto** precedes a noun, it means *many / a lot of* and agrees in gender and number with the noun. **Molto** can also precede an adjective; in this position, it is an adverb meaning *very* and its ending does not change. Note that when **molto** precedes an adjective, both follow the noun.

molto (*many, a lot of*)
Ho **molti** amici.
Hanno **molte** biciclette.
Ho bisogno di **molta** acqua.
Ecco **molto** prosciutto.

I have many friends.
They have many bikes.
I need a lot of water.
Here is a lot of ham.

molto (*very*)
Maria è una bambina **molto** bella.
Gino e Filippo sono studenti **molto** intelligenti.
Luigi è **molto** triste.
Tina e Enrica sono due studentesse **molto** brave.

Maria is a very pretty child.
Gino and Filippo are very intelligent students.
Luigi is very sad.
Tina and Enrica are two very capable students.

Esercizi

A. Descrizioni. Complete the sentences in a logical manner.

1. Gina ha 99 anni. Lei è _____
 a. molto energica. **b.** molto sportiva. **c.** molto vecchia.
2. Simone ha un ristorante. Lui ha _____
 a. molti cani. **b.** molte macchine. **c.** molti spaghetti.
3. Marta è depressa. Lei è _____
 a. molto allegra. **b.** molto soddisfatta. **c.** molto triste.
4. Silvia ha un'A in matematica. Lei è _____
 a. molto stupida. **b.** molto intelligente. **c.** molto sensibile.
5. Salvatore è ricco (*rich*). Lui ha _____
 a. molti capelli. **b.** molte penne. **c.** molti soldi (*money*).
6. I ragazzi sono nervosi. Loro sono _____
 a. molto calmi. **b.** molto generosi. **c.** molto stressati.

B. Due amici. Describe Patrizia and Giorgio to the class. Complete the following passages by supplying the correct endings to the incomplete words.

1. Patrizia è una ragazza molt_____[1] simpatic_____.[2] È generos_____[3] e divertent_____[4] ed è sempre allegr_____.[5] Ha molt_____[6] amiche: amiche italian_____,[7] american_____,[8] frances_____,[9] ingles_____[10] e tedesc_____.[11]
2. Giorgio ha un lavoro molt_____[1] buon_____[2] in un negozio di motociclette molt_____[3] grand_____.[4] Ha un appartamento molt_____[5] bell_____[6] e una moto molt_____[7] bell_____,[8] ma è molt_____[9] stressat_____[10]!

C. Il contrario. You and your friend Carlo do not see eye to eye today. Give the opposite of everything Carlo says.

ESEMPIO: Che brutta stazione! → Che bella stazione!

1. Che cane nervoso!
2. Che bella bicicletta!
3. Che capelli lunghi!
4. Che ragazzi allegri!

5. Che lezione divertente!
6. Che chiese grandi!
7. Che ragazzo sensibile!
8. Che bambini buoni!

D. Jeopardy! Describe the following people to a classmate. Your partner should respond with the appropriate question.

ESEMPIO: s1: È alta, bionda e intelligente.
s2: Com'è Hillary Clinton?
s1: Sono alti, sportivi e bravi.
s2: Come sono Michael Jordan e Shaquille O'Neal?

Persone:

Russell Crowe
Oprah Winfrey
Naomi Campbell
la professoressa / il professore
  di italiano
Penn e Teller
Jude Law
George Clooney
Madonna

Maya Angelou
uno studente o
  una studentessa della classe
Robin Williams
i tre tenori (Luciano
  Pavarotti, José Carreras e
  Placido Domingo)
i principi Harry e William
Adam Sandler

B. Presente di *essere*

Mi chiamo Roberto. Sono italiano. Sono di Milano. Ho vent'anni e sono studente all'università. Ho due compagni di casa; uno si chiama Luigi e l'altro si chiama Marco. Luigi ha diciannove anni ed è molto sportivo ed energico. Marco è il più giovane e ha diciotto anni. Lui è molto simpatico e divertente. Noi abbiamo due animali domestici, un gatto e un cane. Il gatto si chiama Rodolfo. Lui è un po' pazzo, ma è carino. Il cane si chiama Macchia. Ha quindici anni—è molto vecchio. Marco, Luigi ed io siamo contenti della casa e degli amici, Rodolfo e Macchia.

Voi avete compagni di casa? Come si chiamano? Siete contenti della casa? Avete animali domestici? Come sono?

My name is Roberto. I'm Italian. I'm from Milan. I'm twenty years old and I'm a student at the university. I have two roommates: one's called Luigi and the other is called Marco. Luigi is nineteen and he's very athletic and energetic. Marco is the youngest, eighteen. He's very nice and fun. We have two pets, a cat and a dog. The cat is called Rodolfo. He's a bit crazy but he's cute. The dog is called Macchia (Spot). He's fifteen—he's very old. Marco, Luigi, and I are happy with the house and with our friends Rodolfo and Macchia.

Do you have roommates? What are their names? Are you happy with the house? Do you have pets? What are they like?

1. Like the verb **avere, essere** is irregular in the present tense.

SINGOLARE		PLURALE	
(io)	sono *I am*	(noi)	siamo *we are*
(tu)	sei *you are* (*fam.*)	(voi)	siete *you are* (*fam.*)
(Lei)	è *you are* (*form.*)	(Loro)	sono *you are* (*form.*)
(lui)*	} è *he is*	(loro)*	} sono *they are*
(lei)*	*she is*	(—)	
(—)	*it is*		

Note that the form **sono** is used with both **io** and **loro.**

Sono un ragazzo italiano.	*I am an Italian boy.*
Non sono canadesi.	*They are not Canadian.*
È un esercizio facile.	*It's an easy exercise.*
Noi siamo stanchi; voi siete stanchi?	*We are tired; are you tired?*

2. **Essere** + **di** + *proper name* is used to indicate possession.

La chitarra è di Francesco.	*The guitar is Francesco's.*
I libri sono di Anna.	*The books are Anna's.*

To find out who owns something, ask: **Di chi è** + *singular* or **Di chi sono** + *plural.*

Di chi è il cane? Di chi sono i cani?	*Whose dog is it? Whose dogs are they?*

3. **Essere** is used with **di** + *name of a city* to indicate city of origin (hometown). To indicate country of origin, an adjective of nationality is generally used: *He is from France = He is French =* **È francese.**

Io sono di Chicago; tu di dove sei?	*I'm from Chicago; where are you from?*

4. You already know that **c'è** (from **ci è**) and **ci sono** correspond to the English *there is* and *there are.* They state the existence or presence of something or someone.

C'è tempo; non c'è fretta.	*There's time; there is no hurry.*
Ci sono molti italiani a New York.	*There are many Italians in New York.*

C'è and **ci sono** also express the idea of *being in* or *being here/there.*

—Scusi, c'è Maria?	*Excuse me, is Maria in?*
—No, non c'è.	*No, she isn't.*
—Ci sei sabato?	*Are you here Saturday?*
—Sì, ci sono.	*Yes, I am.*

DOVE C'È Tupperware c'è FANTASIA

---

*The pronouns **lui, lei,** and **loro** are used only for people, not for things.

5. You also know that **come** is used with **essere** in questions to inquire what people or things are like.

> Come sei? — *What are you like?*
> Com'è il museo d'arte moderna? — *What is the museum of modern art like?*

6. *Yes/no* questions are those that can be answered with a simple *yes* or *no* (*Are you a student?* → *Yes [I am].*). Word order in this type of question is identical to that of affirmative sentences except that the subject, if expressed, can be placed at the end of the sentence. There is a difference in intonation, however: the pitch of the voice rises at the end of a question.

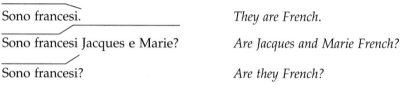

> Sono francesi. — *They are French.*
> Sono francesi Jacques e Marie? — *Are Jacques and Marie French?*
> Sono francesi? — *Are they French?*

E s e r c i z i

A. Vero o falso? Read about Roberto and his roommates in Section B on page 48 and decide if the following statements are **vero** (V) or **falso** (F).

	V	F
1. Roberto ha tre compagni di stanza.	☐	☐
2. Roberto è di Napoli.	☐	☐
3. Luigi è più vecchio di Roberto.	☐	☐
4. Marco è più giovane di Luigi e Roberto.	☐	☐
5. Luigi è molto calmo e tranquillo.	☐	☐
6. Ci sono due gatti e un cane in casa.	☐	☐
7. Macchia e Rodolfo sono antipatici.	☐	☐

B. Transformazioni. Replace the subject with each subject in parentheses and change the verb form accordingly.

1. Rosaria e Alberto sono in Italia. (noi / io / voi / tu / Massimo)
2. Mark non è di Firenze. (loro / Annamaria e io / tu e Stefano / Lei / Loro)

C. Dopo una festa. You're straightening up your apartment after a party. Alternating with a partner, ask who owns the following items.

> ESEMPI: la radio (Antonio) →
> S1: Di chi è la radio?
> S2: È di Antonio.
>
> le foto (Luisa) →
> S2: Di chi sono le foto?
> S1: Sono di Luisa.

1. il Cd (Patrizia)
2. il gelato (Luciano)
3. i bicchieri (Anna)
4. i panini (Luigi)
5. l'orologio (Giulia)
6. la bicicletta (Marco)

D. Venti domande (*Twenty Questions*). With a partner, play Twenty
   Questions in Italian. Adopt the identity of a famous singer (**cantante**),
   actor (**attore/attrice**), or athlete (**atleta**). Your partner will ask you yes/no
   questions to try to figure out who you are.

ESEMPIO: s2: Tu sei un ragazzo?
           s1: Sì.
           s2: Tu sei attore?
           s1: No.

           …

           s2: Tu sei Brad Pitt?
           s1: No!

Nota culturale
La scuola italiana sta cambiando°

Beginning with the 2001–2002 academic year, the Italian school system was
changed.

   Previously, students were required to attend **scuola elementare** and
scuola media for eight years. Now, these school years have been combined
as the **scuola di base,** which students attend for seven years.

   When Italian students move on to the **scuola superiore** at the age of thir-
teen, they must decide what type of specialized high school they will attend.
This choice will largely determine their future profession. After completing
the **scuola superiore,** a student must pass a written and oral examination
(**l'esame di maturità**) to receive a **diploma** and be admitted to a university.

   Under the new system the first two years of **scuola superiore** are obliga-
tory and consist of the same schooling for all students, regardless of which
high school they attend. The next three years are specialized according to the
different courses of study at each type of **scuola superiore**. Students who intend to go on to a university choose a **liceo classico** for the humanities, **liceo
scientifico** for science, or a **liceo linguistico** or **artistico**. There are also
several types of trade schools, specialized schools, and specialized professional institutes.

°sta… *is changing*

*Studenti liceali aspettano
l'autobus. Merano (Bolzano)*

Saluti e baci

La «piccola Italia» a New York

SAINT ANTHONY

New York, 20 Novembre

Caro Nicola,
grazie per i saluti e le notizie dei ragazzi. A New York fa
freddo e noi sogniamo il caldo e il mare azzurro della
Puglia. L'anno prossimo Roberta sposa un bravo giovane di
origine italiana. Siamo molto occupati a preparare la
cerimonia nuziale e per questo non abbiamo la possibilità di
venire in Italia.

Baci a tutti
Giuseppe

English equivalents of the correspondence
appearing in *In giro per l'Italia* are available
on the website at www.mhhe.com/ingiro.

Ritratto

Rodolfo Valentino
attore[1] pugliese, 1895–1926

Rodolfo Valentino nasce[2] nel 1895 a Castellaneta, una piccola città della Puglia vicina a Taranto. Nel 1915 arriva in America in cerca di[3] fortuna. In pochi anni interpreta[4] 37 film (*Quattro cavalieri dell' Apocalisse*,[5] *Sangue e Arena*,[6] *Il figlio dello sceicco*[7]) e diventa[8] un divo[9] famoso, ammirato soprattutto[10] dal pubblico femminile. Muore[11] giovane, a soli 31 anni.

[1]*actor* [2]*is born* [3]*in… in search of* [4]*he stars in* [5]*Quattro… The Four Horsemen of the Apocalypse* [6]*Sangue… Blood and Sand* [7]*Il… Son of the Sheik* [8]*he becomes* [9]*star* [10]*above all* [11]*He dies*

In giro per le regioni

La Puglia

La Puglia è il tacco dello «stivale»[1] della penisola italiana. È una lunga pianura affacciata sul[2] mare Adriatico e sul mar Ionio. Il mare della Puglia è molto bello e pulito.[3] Il paesaggio pugliese è dolce e in alcune[4] zone assai caratteristico.[5] Ad Alberobello, per esempio, ci sono i famosi «trulli,» costruzioni bianche con il tetto[6] a forma di cono. L'origine dei trulli è ignota,[7] ma essi erano già[8] presenti in Puglia più di 3000 anni fa.[9]

La Puglia, fra[10] le regioni del Sud, è una delle più sviluppate,[11] economicamente e socialmente. In questi ultimi anni i pugliesi hanno dimostrato[12] di essere un popolo abbastanza[13] tollerante. Cercano di convivere[14] civilmente, senza grosse reazioni di tipo razzista,[15] con i vari[16] problemi che creano[17] gli arrivi giornalieri[18] di tanti immigrati sulle loro[19] coste.

[1]*tacco… heel of the «boot»* [2]*pianura… plain facing the* [3]*clean* [4]*some* [5]*assai… rather unusual* [6]*roof* [7]*unknown* [8]*essi… they were already* [9]*3000 (tre mila)… 3000 years ago* [10]*among* [11]*developed* [12]*hanno… have shown* [13]*quite* [14]*Cercano… They try to live together* [15]*racist* [16]*various* [17]*create* [18]*arrivi… daily arrivals* [19]*their*

L'ITALIA VIRTUALE

For Internet links and additional activities to learn more about **Puglia**, visit the *In giro per l'Italia* website at www.mhhe.com/ingiro.

Lezione 3

C. Articolo determinativo e *bello*

Donatella mostra a Giovanna una vecchia fotografia di famiglia.

DONATELLA: Ecco la nonna e il nonno, la zia Luisa e lo zio Massimo, papà e la mamma molti anni fa… Carini, no?

GIOVANNA: E i due in prima fila chi sono?

DONATELLA: Sono gli zii di Chicago.

In English the definite article has only one form: *the.* In Italian **l'articolo determinativo** has different forms depending on the gender, number, and first letter or letters of the noun or adjective that follows it.

	SINGOLARE	PLURALE	
Maschile	**lo** studente **lo** zio **il** bambino **l'**amico	**gli** studenti **gli** zii **i** bambini **gli** amici	before **s** + *consonant* or **z** before other consonants before vowels
Femminile	**la** studentessa **la** zia **la** bambina **l'**amica	**le** studentesse **le** zie **le** bambine **le** amiche	before all consonants before vowels

1. Here are some rules for using definite articles.

   - **Lo** (*pl.* **gli**) is used before masculine nouns beginning with **s** + *consonant* or **z.**
   - **Il** (*pl.* **i**) is used before masculine nouns beginning with all other consonants.
   - **L'** (*pl.* **gli**) is used before masculine nouns beginning with a vowel.
   - **La** (*pl.* **le**) is used before feminine nouns beginning with any consonant.
   - **L'** (*pl.* **le**) is used before feminine nouns beginning with a vowel.

2. The article agrees in gender and number with the noun it modifies and is repeated before each noun.

la limonata e **l'**aranciata	*the lemonade and orange soda*
gli italiani e **i** giapponesi	*the Italians and Japanese*
le zie e **gli** zii	*the aunts and uncles*

3. The first letter of the word immediately after the article determines the article's form. Compare the following.

Donatella is showing Giovanna an old family photograph.   DONATELLA: Here are Grandma and Grandpa, Aunt Luisa and Uncle Massimo, Dad and Mom many years ago . . . Cute, aren't they?   GIOVANNA: And who are the two in the front row?   DONATELLA: They are my aunt and uncle from Chicago.

il giorno / l'altro giorno — *the day / the other day*
lo zio / il vecchio zio — *the uncle / the old uncle*
l'amica / la nuova amica — *the girlfriend / the new girlfriend*

4. In contrast to English, the definite article is required in Italian in the following situations:

   a. before nouns used to express a concept or a category of thing in its entirety

      La generosità è una virtù. — *Generosity is a virtue.*
      Le matite non sono care. — *Pencils are not expensive.*

   b. before names of languages, unless directly preceded by a form of **parlare** or **studiare**

      Lo spagnolo è bello. — *Spanish is beautiful.*
      La signora Javier parla spagnolo e tedesco. — *Mrs. Javier speaks Spanish and German.*

   c. before titles when talking *about* people, but omitted when talking *to* people. Observe the following.

      La signora Piazza ha fame? — *Is Mrs. Piazza hungry?*
      Signora Piazza, ha fame? — *Mrs. Piazza, are you hungry?*

   d. before the days of the week to indicate a repeated, habitual activity. Compare the following.

      Marco non studia mai **la** domenica. — *Marco never studies on Sundays.*
      Domenica studio. — *I'm studying on Sunday.*

   e. before names of countries, states, regions, large islands, mountains, and rivers:

      Visito **l'**Italia e **la** Francia. — *I visit Italy and France.*
      Il Colorado e **l'**Arizona sono belli. — *Colorado and Arizona are beautiful.*
      La Sardegna è un'isola. — *Sardinia is an island.*

5. In Chapter 1, you saw that **buono**, before a noun, has the same endings as the indefinite article. Similarly, the adjective **bello** (*beautiful, handsome, nice, fine*) before a noun has the same endings as the definite article (**il**).

   Maria ha **bei** capelli e **begli** occhi. — *Maria has pretty hair and pretty eyes.*

   Salvatore è un **bel** ragazzo. — *Salvatore is a handsome guy.*
   Che **bella** macchina! — *What a pretty car!*

Nota bene: ancora *buono* e *bello*

Before a noun, the adjectives **buono** and **bello** resemble the indefinite and definite articles respectively (**il buon amico, un bel ragazzo**). Before a plural noun, **buono** takes the full forms **buoni** and **buone**.

Gino e Maria sono due **buoni** ragazzi. *Gino and Maria are two nice kids.*

Laura e Maria sono due **buone** studentesse. *Laura and Maria are two good students.*

After a noun or the verb **essere**, however, both maintain their full forms: **buono, buona, buoni, buone / bello, bella, belli, belle.**

Un ristorante **bello** non è sempre **buono**. *An attractive restaurant is not always good.*

I dolci sono **belli** ma non sono **buoni.** *The desserts are pretty but they are not good.*

	SINGOLARE	PLURALE	
Maschile	bello studente bello zio bel bambino bell'amico	begli studenti begli zii bei bambini begli amici	before **s** + *consonant* or **z** before other consonants before vowels
Femminile	bella studentessa bella zia bella bambina bell'amica	belle studentesse belle zie belle bambine belle amiche	before all consonants before vowels

Esercizi

A. All'università. Mirella is telling a friend about the instructors in the **facoltà** (*department*) **di lingue moderne.** Complete her sentences with the appropriate forms of the definite article.

ESEMPIO: <u>La</u> professoressa Shen insegna (*teaches*) <u>il</u> cinese. È simpatica e molto seria.

1. _____ professor Martin insegna _____ spagnolo. È un po' noioso.
2. _____ professoresse Moeller e Schmidt insegnano _____ tedesco; hanno scritto (*they wrote*) _____ libro utilizzato (*used*) qui.
3. _____ dottor Reynolds insegna _____ inglese; è antipatico.
4. _____ signorina Rochester è assistente; prepara _____ esami (*m., exams*) e riceve (*sees*) _____ studenti.

B. La famiglia di Piero. Complete the exercise, using the correct form of the definite article.

Ecco _____¹ famiglia di Piero. _____² uomini (*men*) sono alti e bruni, ma _____³ donne (*women*) sono bionde e basse. _____⁴ zii e _____⁵ zie di Piero sono molti e anche _____⁶ cugini. _____⁷ bambini di Piero hanno sette e nove anni. _____⁸ bambina è molto divertente. Anche _____⁹ animali domestici— _____¹⁰ cane Fido e _____¹¹ gatto Miscia—sono simpatici!

C. Com'è / Come sono? At a party, you meet a student who has just moved to town. The new student asks you what various people and places in town are like. Work with a partner.

ESEMPIO: il professore / la professoressa di italiano →
S1: Com'è il professore / la professoressa di italiano?
S2: Il professore / la professoressa di italiano è…

1. studenti della classe di italiano
2. professore / professoressa di italiano
3. mensa (*dining hall*) universitaria
4. università
5. biblioteca (*library*)
6. stadio
7. ristoranti
8. corsi universitari

D. Ancora i plurali

LUCIANO: Questi quadri sono stupendi! Sono magnifici! Sono antichi?

VALERIO: No, non sono nemmeno vecchi! Per fortuna ho molti amici e amiche che sono artisti bravissimi. Lo stile è classico ma i pittori sono contemporanei.

LUCIANO: These paintings are marvelous! They're magnificent! Are they old masters?
VALERIO: No, they're not even old! Luckily I have lots of friends who are very talented artists. The style is classic but the painters are contemporary.

1. You already know that nouns ending in **-io** and **-ia** retain the **i** in the plural if it is stressed. If unstressed, the **i** is dropped:

STRESSED **i**	UNSTRESSED **i**
ZIo → z**ii**	viAGgio → viag**gi**
naTIo (*native*) → nat**ii**	GRIgio → gri**gi**
buGIa (*lie*)→ bug**ie**	MANcia (*tip*) → man**ce**
allerGIa → allerg**ie**	GRIgia → gri**ge**

2. You also know that feminine nouns and adjectives ending in **-ca** and **-ga** form their plural with **-che** (**amica → amiche**) and **-ghe** (**lunga** *long* → **lunghe**), and that masculine nouns and adjectives ending in **-go** usually end in **-ghi** in the plural (**dialogo → dialoghi, lungo → lunghi**).

3. Masculine nouns and adjectives ending in **-co** vary depending on stress: the plural is **-chi** if the stress is on the syllable preceding **-co,** and **-ci** if the stress is two syllables before **-co.**

STRESS PRECEDING **-CO**	STRESS TWO SYLLABLES BEFORE **-CO**
PAC-co → pac**chi** (*packages*)	ME-di-co → medi**ci**
DI-sco → dis**chi** (*records*)	sim-PA-ti-co → simpati**ci**
an-TI-co → anti**chi** (*ancient*)	ma-GNI-fi-co → magnifi**ci**

There are only three exceptions to this rule.

amico → amici
nemico → nemici (*enemies*)
greco → greci (*Greeks*)

Esercizi

A. Risposte negative. Provide an appropriate question for the following negative answers, using the singular forms of the nouns.

ESEMPIO: No, ho due zii e tre zie. →
        Hai uno zio e una zia?

1. No, abbiamo quattro valige e tre zaini.   **2.** No, hanno molti amici simpatici.   **3.** No, due studentesse irlandesi sono assenti (*absent*).
4. No, ci sono molti bei ragazzi in questa classe.   **5.** No, ci sono cinque libri nuovi.   **6.** No, ho due quadri antichi.   **7.** No, il museo ha molte statue greche.

B. Plurali. Give the plural of each phrase.

ESEMPIO: mancia generosa → mance generose

1. vecchio banco   **2.** marca (*brand*) francese   **3.** sedia verde   **4.** amico simpatico   **5.** amica simpatica   **6.** medico giapponese   **7.** foglio bianco
8. vecchia pelliccia (*fur coat*)   **9.** giacca (*jacket*) lunga   **10.** dialogo lungo
11. occhio grigio   **12.** città natia   **13.** greco antico   **14.** valigia grigia
15. teatro magnifico

Piccolo ripasso

■ ■

A. Ecco! You are pointing out people and things to a new classmate. Give the correct indefinite article in the first blank and the correct definite article in the second blank.

ESEMPIO: Ecco una bicicletta; è la bicicletta di Roberto.

1. Ecco _____ signorina simpatica e intelligente; è _____ amica di Vincenzo.
2. Ecco _____ automobile nuova; è _____ automobile di Laura.
3. Ecco _____ studente bravo; è _____ studente canadese.
4. Ecco _____ signore gentile; è _____ zio di Adriano.
5. Ecco _____ ragazza allegra; è _____ altra cugina di Giulia.
6. Ecco _____ bicchiere grande; è _____ stesso tipo che (*that*) abbiamo noi.
7. Ecco _____ scooter nero; è _____ scooter di Susanna.
8. Ecco _____ studentessa intelligente; è _____ ragazza di Claudio.

B. Opinioni diverse. You and your partner have opposing opinions about the following people, places, and things. One partner uses one of the following adjectives to praise each one, and the other disagrees by using an adjective with a contrasting meaning.

Parole utili: bello, bravo, buono, divertente, energico, intelligente, interessante, onesto, simpatico, sportivo, tranquillo

ESEMPIO: la Coca-Cola →
     s1: La Coca-Cola è buona!
     s2: No, la Coca-Cola è cattiva!

1. i politici (*politicians*) americani
2. il presidente degli Stati Uniti
3. la mensa universitaria
4. 'N Sync
5. la squadra di football
6. Mel Gibson
7. Lauryn Hill
8. *Star Trek*

C. Una festa (*party*). Complete the dialogue between Sandro and Luca with the correct forms of **avere** or **essere**.

LUCA: Sandro, c'_____[1] una festa stasera (*tonight*) a casa mia.
SANDRO: Ah sì, chi (*who*) c'_____[2]?
LUCA: Conosci (*Do you know*) Marta, Maria, Luigi e Marco?
SANDRO: No, non bene. Solo di vista. (*Only by sight.*) Come _____[3]?
LUCA: _____[4] ragazzi simpatici. Marta e Maria _____[5] sorelle gemelle (*twin sisters*). _____[6] diciannove anni. _____[7] un appartamento in via Trastevere. Luigi e Marco _____[8] molto divertenti. Loro _____[9] molti amici.
SANDRO: Va bene, vengo. (*Ok, I'll come.*) Grazie per l'invito (*invitation*)!

D. Come siamo? With a classmate, create an imaginary description of yourselves. Share it with another pair or with the class.

ESEMPIO: Noi abbiamo molti soldi. Abbiamo una bella casa grande con molti oggetti d'arte…

Lezione 4

Invito alla lettura

The reading that follows uses a number of verbs that you have not yet encountered. Most are in the third-person plural (*they*) form, ending in **-ano** or **-ono**. Several are cognates of English words, and will thus be easy for you to recognize. Try guessing the meanings of others using what you understand of the context in which they appear.

Giovani° italiani

Young people

Nella popolazione italiana i giovani oggi sono pochi,[1] perché[2] negli ultimi trenta anni sono nati[3] pochi bambini.

    In Italia l'80 per cento dei giovani dai 15 ai 29 anni vive in famiglia: sono dei veri[4] «mammoni»*! Stanno[5] con mamma e papà sempre più a lungo,[6] perché la famiglia risolve molti problemi pratici, e i genitori[7] sono in genere[8] comprensivi[9] con i figli e concedono loro[10] molta libertà.

    Se possono,[11] studiano nella propria città e desiderano di solito[12] un lavoro[13] sicuro e tranquillo almeno[14] nella propria regione, perché sono molto legati[15] alla loro[16] città e al gruppo degli amici locali. Bevono[17] poco vino, usano poche droghe, vanno[18] poco al cinema e leggono pochi giornali.[19] In discoteca vanno soprattutto[20] i giovani lavoratori,[21] perché l'ingresso[22] delle discoteche è costoso, per andarci occorre[23] la macchina, e gli studenti hanno di solito pochi soldi.

    Allora[24] sono chiusi ed egoisti?[25] No, non è vero.

    Infatti questi giovani studiano le lingue, viaggiano,[26] si preparano[27] ad essere cittadini[28] dell'Europa e lavorano spesso[29] nei centri di aiuto[30] per gli immigrati, gli anziani, gli handicappati. Proprio in questi ultimi tempi[31] numerosi giovani fanno servizio volontario in Puglia, dove ogni giorno[32] arrivano centinaia[33] di albanesi e altri immigrati clandestini.[34] Quando verrete[35] in Italia starete benissimo con[36] i giovani: sono simpatici, aperti, allegri, ospitali; sanno tutto sulla[37] musica moderna e sullo sport.

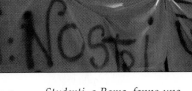

Studenti, a Roma, fanno una manifestazione di protesta.

[1]oggi... *today are few in number* [2]*because* [3]sono... *were born* [4]*true* [5]*They stay* [6]sempre... *ever longer* [7]*parents* [8]in... *in general* [9]*understanding* [10]concedono... *allow them* [11]Se... *If they can* [12]di... *usually* [13]*work* [14]*at least* [15]*tied* [16]*their* [17]*They drink* [18]*they go* [19]leggono... *they read few newspapers* [20]*particularly* [21]*workers* [22]*entrance fee* [23]per... *to go there requires* [24]*Well, then* [25]chiusi... *aloof and self-absorbed* [26]*they travel* [27]si... *they get ready* [28]*citizens* [29]*often* [30]centri... *social-service centers* [31]Proprio... *These days* [32]ogni... *every day* [33]*hundreds* [34]*illegal* [35]Quando... *When you go* [36]starete... *you'll get along well with* [37]sanno... *they know all about*

*A teasing characterization of young people still attached to their mothers.

E ora a te
Capire

Vero o falso?

		V	F
1.	I giovani italiani si chiamano «mammoni» perché stanno in famiglia per molti anni.	☐	☐
2.	I giovani italiani desiderano cambiare spesso lavoro.	☐	☐
3.	Tutti i giovani italiani vanno spesso in discoteca.	☐	☐
4.	I giovani italiani studiano le lingue.	☐	☐
5.	I giovani italiani sono simpatici ma egoisti (*selfish*).	☐	☐

Scrivere

I giovani. Use the description of young Italians in the reading to compare them to their American and Canadian counterparts.

	I GIOVANI ITALIANI	I GIOVANI AMERICANI E CANADESI
Carattere		
Desideri		
Interessi		
Rapporti con la famiglia		

In ascolto

Nuovi (*New*) **compagni di classe.** Sara attended her biology class for the first time today. Here are her notes, not about biology but about her male classmates! Listen as she reads her notes to her best friend, and fill in on a separate sheet of paper the missing information about the three guys (**tre ragazzi**) she met.

Parole utili: peccato! (*too bad!*)

NOME	ANNI	STATURA	CAPELLI	OCCHI	OPINIONE DI SARA
a. Massimo		media			antipatico!
b. Pietro	23		biondi		
c. Alessandro	21			verdi	

Videoteca

■ ■

L'affascinante Laura

At the university in Florence, Peppe and his sister Cinzia talk about his studies and about a certain Laura, whom Peppe describes fondly. Cinzia offers some sisterly advice.

■ ■

ESPRESSIONI UTILI

Hai portato tutti i tuoi libri... ? Did you bring all your books . . . ?
piuttosto instead
quest'anno devo studiare I must study this year
Ti piace? Do you like her?

cieca blind
certo certain, such
cerca di essere... try to be . . .
tirchio cheap, tightfisted

■ ■

DAL VIDEO

PEPPE: Scusa, Cinzia, ma sei cieca? Ha certi occhi marroni e certi capelli neri. E poi è gentile, intelligente e anche piena di allegria.

CINZIA: Piena di allegria? Che cosa vuoi dire?

PEPPE: Solo che mi piacciono molto le ragazze interessanti. Scusa, vado a chiedere se ha voglia di mangiare alla mensa con me oggi!

PREPARAZIONE

1. What color are Laura's eyes?
   a. green **b.** black **c.** brown **d.** gray

2. What is Dino like?
   a. lazy **b.** thin **c.** short **d.** athletic

Funzione: Describing appearance and personality.

COMPRENSIONE

1. Is Peppe ready for classes to start?
2. Where does Peppe want to invite Laura?
3. Does Cinzia think that Laura likes Peppe?

ATTIVITÀ

Using this chapter's **Parole da ricordare,** compile two lists of words describing Cinzia and Peppe. Compare your descriptions with those of a classmate. For instance, **Cinzia è onesta. Non è antipatica.**

Parole da ricordare

VERBI

essere	to be

NOMI

il bambino, la bambina	child; little boy, little girl
la biblioteca	library
la bugia	lie, untruth
i capelli	(*m. pl.*) hair
il compagno / la compagna di stanza	roommate
la donna	woman
la mensa	dining hall, cafeteria
l'occhio	eye
l'orologio	clock, watch
il ragazzo, la ragazza	boy, girl; young man, young woman
i soldi	(*m. pl.*) money
la statura	height
l'uomo (*m. pl.* uomini)	man

AGGETTIVI

allegro	cheerful
alto	tall
altro	other, another
antico (*m. pl.* antichi)	very old
antipatico (*m. pl.* antipatici)	unlikeable, unfriendly
arrabbiato	angry
azzurro	blue
basso	short (*in height*)
bello	beautiful, handsome (*person*); nice (*thing*)
bianco (*m. pl.* bianchi)	white
biondo	blond
bravo	good; able, capable
bruno	dark, brunette
brutto	ugly
bugiardo	lying, untruthful
carino	pretty, cute
caro	expensive; dear
castano	brown (*hair, eyes*)
cattivo	bad; naughty
cinese	Chinese
corto	short (*in length*)
disordinato	messy
divertente	fun, funny
energico (*m. pl.* energici)	energetic
francese	French
gentile	kind
giallo	yellow
giapponese	Japanese
giovane	young
grande	big; great
grasso	fat
greco (*m. pl.* greci)	Greek
grigio (*m. pl.* grigi)	gray
inglese	English
(in)sicuro	(in)secure
(ir)responsabile	(ir)responsible
largo (*m. pl.* larghi)	wide
liscio (*m. pl.* lisci)	straight
lungo (*m. pl.* lunghi; *f. pl.* lunghe)	long
magro	thin
marrone	brown
messicano	Mexican
molto	much, many, a lot of
natio	native
nero	black
noioso	boring, annoying
nuovo	new
oneslo	honest
orgoglioso	proud
piccolo	small, little
pigro	lazy
povero	unfortunate; poor
riccio (*m. pl.* ricci)	curly
rosso	red
russo	Russian
sensibile	sensitive
simpatico (*m. pl.* simpatici)	nice, likeable
spagnolo	Spanish
sportivo	athletic
stanco (*m. pl.* stanchi)	tired
stesso	same
stressato	stressed
tedesco (*m. pl.* tedeschi)	German
tranquillo	calm
triste	sad
vecchio (*m. pl.* vecchi)	old
verde	green

ALTRE PAROLE ED ESPRESSIONI

abbastanza	enough
anche	also, too
chi?	who?
com'è, come sono?	what's he/she/it like? what are they like?
di chi è... , di chi sono...	whose is . . . ? whose are . . . ?
di dove sei? di dov'è?	where are you from? where is he/she from?
è di...	it belongs to; he/she is from
molto	(*adv., inv.*) very, a lot
perché	because
più	more
secondo	according to
sempre	always
un po' (di)	a little bit (of)

Capitolo 3
Mia sorella studia all'università

Campobasso, 1 dicembre

Caro Mario,

tuo padre ed io siamo felici per il tuo esame superato. Bravo! Fa molto freddo a Bologna? Natale è vicino e aspettiamo con ansia il tuo ritorno. Nel frattempo guarda questa bella cartolina per ricordarti del tuo paese. Tanti baci anche dalla tua sorellina Cecilia.

Mamma Alfonzina

La bella campagna del Molise

IN BREVE

LEZIONE 1: VOCABOLARIO

La famiglia e l'università
- La famiglia
- L'università
- Le materie di studio

LEZIONE 2: GRAMMATICA

A. Presente dei verbi in **-are**
B. **Dare, stare, andare** e **fare**
C. Aggettivi possessivi

LEZIONE 3: GRAMMATICA

D. Possessivi con termini di parentela
E. **Questo** e **quello** Piccolo ripasso

LEZIONE 4: PROSPETTIVE

Invito alla lettura: *Identikit della famiglia italiana*
In ascolto
Videoteca: *Proprio a me!*

SALUTI E BACI
Ritratto: Antonio di Pietro
In giro per le regioni: Il Molise

Lezione 1

Dialogo-Lampo

Il primo giorno dell'anno accademico

STEFANO: Ciao, mi chiamo Stefano, e tu?

PRISCILLA: Priscilla, sono americana.

STEFANO: Sei in Italia per studiare?

PRISCILLA: Sì, la lingua e la letteratura italiana…

STEFANO: Oh, parli bene l'italiano!

PRISCILLA: Studio anche la storia dell'arte. E tu, cosa* studi?

STEFANO: Studio storia e filosofia, ma l'arte è la mia passione!

1. Perché[†] Priscilla è in Italia?
2. Che cosa studia Priscilla?
3. Che cosa studia Stefano?
4. Stefano e Priscilla hanno una cosa[‡] in comune. Che cosa?

La famiglia e l'università

LA FAMIGLIA

il cugino / la cugina cousin
il genitore parent
il/la parente relative
il padre (il papà, il babbo) father (dad)
la madre (la mamma) mother (mom)
il marito husband
la moglie wife
il fratello brother
la sorella sister
il nonno grandfather
la nonna grandmother
il figlio son
la figlia daughter
il/la nipote nephew, grandson / niece, granddaughter
la zia aunt
lo zio uncle

L'UNIVERSITÀ

l'anno accademico academic year
il compagno / la compagna di classe classmate
il compito assignment, homework
il corso course (of study)
la facoltà department, school (within a university)
la materia subject matter
gli orali oral exams
il professore / la professoressa professor
gli scritti written exams
la specializzazione (in) major (in)

LE MATERIE DI STUDIO

l'architettura architecture
l'economia e commercio business administration

---

*what
[†]Why
[‡]una… something

la **fisica** physics
la **giurisprudenza, la legge** law
l'**informatica** computer science
l'**ingegneria** engineering
le **lettere** literature, liberal arts
le **lingue e le letterature straniere**
   foreign languages and literatures

la **matematica** mathematics
la **medicina** medicine
le **scienze politiche** political
   science, international affairs
la **storia dell'arte** art history

> ## Parole-extra
>
> la **biologia** biology
> la **chimica** chemistry
> il **giornalismo**
>   journalism
> la **psicologia**
>   psychology
> la **sociologia** sociology
> la **storia e la filosofia**
>   history and
>   philosophy

Esercizi

A. Per quale corso (*For which course*)**?** Identify the courses in which these topics might be discussed. More than one answer may be possible.

ESEMPIO: atmosfera e spazio → in un corso di astronomia

1. l'esistenzialismo in Europa
2. la Comunità Europea e l'Unione monetaria
3. il *Davide* di Michelangelo
4. l'evoluzione della specie
5. il latino
6. le dinamiche della famiglia
7. le funzioni digestive
8. le teorie di Einstein e Heisenberg
9. Freud e Jung
10. Internet e HTML

B. In una libreria. Now imagine you work in the campus bookstore. Match the books with the appropriate departments.

A	B
1. _____ *Il codice criminale*	a. l'informatica
2. _____ *La struttura cellulare*	b. la biologia
3. _____ *La trigonometria*	c. la sociologia
4. _____ *L'intelligenza artificiale*	d. la chimica
5. _____ *I gas nobili*	e. la matematica
6. _____ *La società post-industriale*	f. la giurisprudenza
7. _____ *I media d'oggi*	g. il giornalismo
8. _____ *In giro per l'Italia*	h. le lingue straniere

C. Io studio... (*I'm studying . . .*) Tell your classmates about your academic interests by completing these sentences.

1. Io studio _____, ma non studio _____.
2. Devo studiare (*I must study*) _____.
3. Sono bravo/a in (*good at*) _____ ma non sono bravo/a in _____.
4. La mia materia preferita è _____.
5. Una materia noiosa è _____.

D. La mia famiglia (*My family*)**.** Complete these sentences with the appropriate family terms.

1. Il padre di mio padre è mio _____.
2. La sorella di mia madre è mia _____.
3. Mio _____ è il figlio di mio zio e mia zia.
4. La figlia di mio nonno è mia _____.
5. La mia mamma e il mio papà sono i miei _____.

Grammatica

Lezione 2

A. Presente dei verbi in -are

LUCIANO: Noi siamo una famiglia d'insegnanti e di studenti: la mamma insegna matematica in una scuola media, papà è professore di francese, Gigi e Daniela frequentano le elementari ed io frequento l'università (studio medicina). Tutti studiamo e lavoriamo molto. Soltanto il gatto non studia e non lavora. Beato lui!

1. The infinitives of all regular verbs in Italian end in **-are, -ere,** or **-ire.** (In English the infinitive (**l'infinito**) consists of *to + verb*.)

   lavor**are** (*to work*)   ved**ere** (*to see*)   dorm**ire** (*to sleep*)

2. Verbs with infinitives ending in **-are** are called first-conjugation, or **-are,** verbs. The present tense of a regular **-are** verb is formed by dropping the infinitive ending **-are** and adding the appropriate endings to the remaining stem. The ending is different for each person.

lavorare (*to work*) infinitive stem: **lavor-**			
SINGOLARE		PLURALE	
lavor**o**	*I work, am working*	lavor**iamo**	*we work, are working*
lavor**i**	*you (fam.) work, are working*	lavor**ate**	*you (fam.) work, are working*
lavor**a**	*you (form.) work, are working*	lavor**ano**	*you (form.) work, are working*
lavor**a**	*he* *she* } *works, is working* *it*	lavor**ano**	*they work, are working*

Note that in the third-person plural the stress falls on the same syllable as in the third-person singular.

3. The present tense in Italian corresponds to three English present-tense forms.

   Studio la lezione.   { *I study the lesson.*
 I am studying the lesson.
 I do study the lesson. }

LUCIANO: We are a family of teachers and students: Mother teaches math in a junior high school, Dad is a French instructor, Gigi and Daniela go to elementary school, and I go to the university (I study medicine). We all study and work a lot. Only the cat doesn't study or work. Lucky him!

4. Other **-are** verbs conjugated like **lavorare** are

abitare *to live (in a place)*	imparare *to learn*
amare *to love*	incontrare *to meet*
arrivare *to arrive*	insegnare *to teach*
ascoltare* *to listen to*	nuotare *to swim*
aspettare* *to wait, wait for*	parlare *to talk, speak*
ballare *to dance*	portare *to carry, bring; to lead*
cambiare *to change*	praticare *to practice*
cantare *to sing*	raccontare *to tell, narrate*
cercare* *to look for*	ricordare *to remember*
comprare *to buy*	sciare *to ski*
frequentare *to attend*	suonare *to play (an instrument)*
giocare (a) *to play (a sport, a game)*	telefonare (a) *to telephone, call*
guadagnare *to earn*	tornare *to return (to a place)*
guidare *to drive*	trovare *to find*

—Ma allora è vero che tutte le strade portano a Roma!

5. Verbs whose stem ends in **i-,** such as **cominciare, mangiare,** and **studiare,** drop the **i** of the stem before adding the **-i** ending of the second-person singular and the **-iamo** ending of the first-person plural.

COMINCIARE (*to begin*)	MANGIARE (*to eat*)	STUDIARE (*to study*)
comincio	mangio	studio
cominci	mangi	studi
comincia	mangia	studia
cominciamo	mangiamo	studiamo
cominciate	mangiate	studiate
cominciano	mangiano	studiano

Si dice così:
parlare e raccontare

Be careful not to confuse these two verbs. **Parlare** means *to talk,* and **raccontare** means *to tell* or *to narrate.*

Maria **parla** con Alfonso al telefono. *Maria is talking to Alfonso on the telephone.*

Il nonno **racconta** belle favole. *Grandpa tells good fairy tales.*

6. Verbs whose stem ends in **c-** or **g-,** such as **dimenticare** and **spiegare,** insert an **h** between the stem and the endings **-i** and **-iamo** to preserve the hard **c** and **g** sounds of the stem.

DIMENTICARE (*to forget*)	SPIEGARE (*to explain*)
dimentico	spiego
dimentichi	spieghi
dimentica	spiega
dimentichiamo	spieghiamo
dimenticate	spiegate
dimenticano	spiegano

*Ascoltare (*to listen to*), and **aspettare** (*to wait for*) are never followed by a preposition: **Ascolto la radio.** (*I listen to the radio.*) **Aspetto l'autobus.** (*I wait for the bus.*) **Cercare** (*to look for*) is never followed by a preposition: **Cerco le chiavi.** (*I look for the keys.*)

7. Common adverbs of time, such as **spesso** (*often*) and **sempre** (*always, all the time*), usually follow immediately after the verb.

> Parliamo sempre l'italiano in classe. *We always speak Italian in class.*

Never is expressed by placing **non** before the verb and **mai** after it.

> Luigi **non** guida **mai** di notte.* *Luigi never drives at night.*

E s e r c i z i

A. Sei d'accordo? Decide whether you agree **(sono d'accordo)** or disagree **(non sono d'accordo)** with the following statements about a typical college student. If you disagree, correct the statement.

Lo studente tipico / la studentessa tipica...

1. studia sei ore al giorno.   **2.** lavora nel pomeriggio per guadagnare soldi.   **3.** frequenta quattro classi.   **4.** comincia a studiare alle (*at*) 10.00 di sera.   **5.** parla cinese.   **6.** suona uno strumento.   **7.** pratica uno sport.   **8.** compra molti vestiti (*clothes*) nuovi.   **9.** arriva puntuale (*on time*) in classe.   **10.** ascolta la musica mentre (*while*) studia.   **11.** cambia spesso specializzazione   **12.** telefona spesso ai genitori

B. Trasformazioni. Replace the subject with each subject in parentheses and change the verb form accordingly.

1. Marco insegna all'Università di Roma. (io / la cugina di Roberto / voi / tu)

2. Io studio medicina. (noi / loro / Lisa / tu)

3. Tu ami sciare? (loro / voi / Lei, signora)

4. Aspettiamo l'insegnante. (io / gli studenti / Paola / voi due)

5. Cominciamo gli studi in agosto. (tu / Marco / voi due / io)

6. Dimentico sempre i verbi! (noi / tu / Gino / gli altri)

7. Paola guadagna bene (*earns a lot*). (io / loro / tu)

C. Trova le persone che... Interview your classmates and make a list of those who do the following activities. Present your answers to the class.

> ESEMPIO: S1: Parli russo?
> S2: Sì, parlo russo.
> (No, non parlo russo.)

Trova le persone che...

1. mangiano la pizza a colazione (*breakfast*)   **2.** parlano spagnolo **3.** ascoltano la musica classica   **4.** suonano la chitarra   **5.** suonano il piano   **6.** ballano in discoteca   **7.** giocano a tennis   **8.** abitano nella casa dello studente (*dormitory*)   **9.** cantano bene   **10.** comprano molti vestiti   **11.** dimenticano sempre i compiti   **12.** non studiano mai in biblioteca   **13.** tornano spesso a casa a trovare i genitori   **14.** cercano un nuovo appartamento   **15.** raccontano spesso barzellette (*jokes*)

---

*di mattina, di/nel pomeriggio, di sera, di notte: *in the morning, in the afternoon, in the evening, at night*

B. *Dare, stare, andare e fare*

SERGIO: Che fai per il ponte di Pasqua?

GIACOMO: Cristina e io andiamo a casa mia a Napoli.

SERGIO: Andate in macchina, in aereo o in treno?

GIACOMO: Andiamo in treno perché abbiamo pochi soldi. E tu, che fai?

SERGIO: Non vado da nessuna parte. Sto a casa e studio. Mercoledì do gli scritti di chimica.

Many important Italian verbs are irregular: they do not follow the regular pattern of conjugation (infinitive stem + endings). They may have a different stem or different endings. You have already learned two irregular Italian verbs: **avere** and **essere.** There are only four irregular verbs in the first conjugation:

andare (*to go*), **dare** (*to give*), **fare** (*to do; to make*), **stare** (*to stay*)

1. **Dare** and **stare** are conjugated as follows. Notice the resemblance to the conjugation of the verb **avere.**

AVERE (to have)	DARE (to give)	STARE (to stay)
ho	do	sto
hai	dai	stai
ha	dà	sta
abbiamo	diamo	stiamo
avete	date	state
hanno	danno	stanno

a. The verb **stare** is used in many idiomatic expressions. Its English equivalents vary.

stare attento/a/i/e *to pay attention*
stare bene/male *to be well/unwell*
stare zitto/a/i/e *to keep quiet*

—Ciao, zio, come stai?   *Hi, uncle, how are you?*
—Sto bene, grazie.   *I'm fine, thanks.*

Molti studenti non stanno attenti.   *Many students don't pay attention.*

SERGIO: What are you doing for the long Easter weekend?   GIACOMO: Cristina and I are going to my house in Naples.   SERGIO: Are you going by car, by plane, or by train?   GIACOMO: We're going by train because we don't have a lot of money. And you, what are you doing? SERGIO: I'm not going anywhere. I'll stay home and study. Wednesday I have written exams in chemistry.

b. Here is one important idiom with **dare.**

dare un esame (gli orali, gli scritti)	*to take an exam (orals, written exams)*
Do gli orali a giugno. E tu?	*I'm taking my orals in June. And you?*

2. **Andare** and **fare** are conjugated as follows.

ANDARE (*to go*)	FARE (*to do; to make*)
vado	faccio
vai	fai
va	fa
andiamo	facciamo
andate	fate
vanno	fanno

—Ecco, adesso fai come faccio io...

a. If **andare** is followed by another verb (*to go dancing, to go eat*), the sequence **andare** + **a** + *infinitive* is used.* **Andare** is conjugated, but the second verb is used in the infinitive. Note that it is necessary to use **a** even if the infinitive is separated from the form of **andare.**

Quando andiamo a ballare?	*When are we going dancing?*
Chi va in Italia a studiare?	*Who's going to Italy to study?*

b. A means of transportation used with **andare** is preceded by **in.**

andare in aereo	*to fly*
andare in autobus	*to go by bus*
andare in macchina	*to drive, to go by car*
andare in bicicletta	*to ride a bicycle*
andare in treno	*to go by train*

but

andare a piedi	*to walk*

c. As a general rule, when **andare** is followed by the name of a country, the preposition **in** is used; when it is followed by the name of a city, **a** is used.

Vado in Italia, a Roma.	*I'm going to Italy, to Rome.*

d. **Fare** expresses the actions of doing or making, as in **fare gli esercizi** and **fare il letto** (*to make the bed*), but it is also used in many idioms and weather expressions.

fare colazione	*to have breakfast*
fare una domanda	*to ask a question*
fare una fotografia	*to take a picture*

---

*The **andare** + **a** + *infinitive* construction is *not* equivalent to the English *going to,* used to express an intention to do something in the future; instead, it conveys the idea of *going somewhere* to do something.

Che tempo fa?	*How's the weather?*
Fa bello (brutto).	*It's nice (bad) weather.*
Fa caldo (freddo).	*It's hot (cold).*
Fa fresco.	*It's cool.*

Esercizi

A. La vita (*life*) **di Sandra.** Match the sentences about Sandra in a logical manner.

A

Sandra…

1. non ha la macchina. _____
2. va in palestra (*gym*) tre volte (*times*) la settimana. _____
3. fa molte foto. _____
4. studia molto. _____
5. va a Roma. _____
6. va a letto presto (*early*). _____

B

Lei…

a. ha un album molto grande.
b. fa sempre i compiti.
c. fa l'aerobica.
d. va in Europa in vacanza (*vacation*).
e. sta male.
f. va all'università a piedi.

B. Trasformazioni. Replace the subject with each subject in parentheses and change the verb form accordingly.

1. Marcella dà gli scritti domani. (loro / tu / voi / io)
2. Stiamo a casa stasera. (il dottor Brighenti / voi / tu / Laura e Roberto)
3. Vanno a letto presto. (Lei, professore / io / noi / voi)
4. Il bambino fa molti errori. (tu / voi / noi / questi studenti)

C. Curioso/a! You are curious to know where your classmates go to do certain things. Ask questions using **andare** + **a** + *infinitive.*

ESEMPIO: mangiare la pizza →
    S1: Dove vai a mangiare la pizza?
    S2: Vado da Pinocchio a mangiare la pizza. E tu?
    S1: Non vado mai da Pinocchio; vado da Sal: fa una pizza buonissima!

Possibilità: a casa di un amico / un'amica, in biblioteca, in centro (*downtown*), in discoteca, in una libreria (*bookstore*)…

1. ballare
2. comprare i nuovi libri
3. studiare
4. dare un esame
5. lavorare

D. Conversazione.

1. Che tempo fa oggi?   2. Stai a casa quando fa bello? Guidi volentieri (*gladly*) quando fa brutto?   3. Stai a letto volentieri quando fa freddo? Mangi meno (*less*) quando fa caldo?   4. Fai molte domande in classe? Stai sempre attento/a quando il professore / la professoressa spiega?   5. Come vai a casa la sera?   6. Hai una macchina fotografica (*camera*)? Fai molte foto?   7. Vai a molte feste (*parties*) il venerdì sera?   8. Vai a ballare il sabato?

C. Aggettivi possessivi

GIANNI: Chi è il tuo professore preferito?

ROBERTO: Be', veramente ho due professori preferiti: il professore di biologia e la professoressa d'italiano.

GIANNI: Perché?

ROBERTO: Il professore di biologia è molto famoso: i suoi libri sono usati nelle università americane. La professoressa d'italiano è molto brava; apprezzo la sua pazienza e il suo senso dell'umorismo.

1. As you already know, one way to indicate possession in Italian is to use the preposition **di: il professore di Marco è simpatico.** Another way to express possession is to use possessive adjectives (**gli aggettivi possessivi**), which correspond to English *my, your, his/her/its, our,* and *their.* The Italian possessive adjectives are

mio *my*	nostro *our*
tuo *your*	vostro *your (pl.)*
suo *his/her/its*	loro *their*
Suo *your (formal)*	Loro* *your (pl. formal)*

In Italian, possessive adjectives precede the noun and agree in gender and number with the noun possessed (not with the possessor). **Loro** is invariable: *il loro albergo, le loro amiche.*

a. Unlike in English, the possessive adjective is almost always preceded by the definite article: **il mio amico** (*literally, the my friend*).

Il mio amico è carino.	*My friend (a boy) is cute.*
La tua amica è simpatica.	*Your friend (a girl) is nice.*
Le sue zie sono vecchie.	*His/her aunts are old.*
La nostra professoressa è intelligente.	*Our professor is intelligent.*
I vostri libri sono interessanti.	*Your books are interesting.*
La **loro** macchina è rossa.	*Their car is red.*

b. The masculine plural forms of *my, your,* and *his/her* are irregular.

I **miei** amici sono carini.	*My friends are cute.*
I **tuoi** amici sono simpatici.	*Your friends are nice.*
I **suoi** zii sono vecchi.	*His/Her uncles are old.*

c. Like other adjectives, possessive adjectives may not have the same endings as the nouns they modify.

il tuo esame	*your exam*
la nostra automobile	*our car*
la sua moto	*his/her motorbike*

GIANNI: Who is your favorite professor? ROBERTO: Well, I really have two favorite professors: the biology professor and the Italian professor. GIANNI: Why? ROBERTO: The biology professor is very famous: his books are used in American colleges. The Italian professor is very good; I appreciate her patience and sense of humor.

*Vostro is often substituted for **Loro,** which is extremely formal.

d. **Suo/sua/suoi/sue** can mean either *his* or *her*. When a distinction is necessary, the **di** construction is used: **le zie di lui, le zie di lei.**

2. The English phrase *of mine* and *of yours* (*a friend of mine, two friends of yours*) are expressed in Italian by using the possessive adjective without the definite article. There is no Italian equivalent for *of* in these constructions.

un mio amico	*a friend of mine*
questo mio amico	*this friend of mine*
due tuoi amici	*two friends of yours*

Esercizi

A. Trasformazioni. Create new sentences using the words in parentheses.

1. Ecco il nostro *amico*! (professore / professoressa / amici / amiche)
2. Ricorda il suo *cognome*? (parole / albergo / domanda / materie)
3. Parlano con i loro *amici*. (bambini / bambine / dottore / dottoressa)
4. Dov'è la vostra *università*? (esame / aeroporto / stazione / corso)

B. Dove sono? You're having trouble remembering where the following things are. Ask your partner, who will respond using the information given.

ESEMPIO: io / moto (in garage) →
  S1: Dov'è la mia moto?
  S2: La tua moto è in garage.

1. voi / ristorante (in via del Sole)
2. tu / foto (*pl.*) (in un album)
3. loro / macchina (qui vicino)
4. tu / libro (in biblioteca)
5. lui / banca (in via Perugia)
6. noi / cugini (in Italia)

Nota culturale
L'università italiana sta cambiando

Italian students typically enter the **università** at age nineteen. The university system is public, and tuition (**le tasse**) is very low. Ordinarily, students enroll in a particular **facoltà di studio,** to concentrate on languages and literature, science, medicine, law, political science, business, architecture, or engineering and similar specialties. There is only one type of university degree, **la laurea.**

Studenti all'Università di Bologna

  The Italian university system, like the school system, is also changing and becoming more similar to the systems of other European countries. Because of the educational reforms instituted in the beginning of this new century, students need to study for three years to earn the basic degree, **la laurea,** and for five years to obtain a **laurea specialistica.** After earning the specialized degree students can continue for **il dottorato di ricerca,** a graduate-level research degree.

Saluti e baci

Che fatica studiare!

Bologna, 10 dicembre

Cara mamma,

come vedi dalla foto, ho studiato giorno e notte con i miei amici. Però ho finito gli esami e adesso sono contento. Non posso essere a casa prima del 20 dicembre. Prendo l'autobus: i treni, prima delle feste, sono sempre troppo affollati.
Saluti anche a papà e baci alla mia cara sorellina!

A presto
Mario

English equivalents of the correspondence appearing in *In giro per l'Italia* are available on the website at <u>www.mhhe.com/ingiro</u>.

Ritratto

Antonio di Pietro magistrato[1] e uomo politico molisano, 1950–

Nasce a Montenero di Bisaccia, vicino a Campobasso nel 1950. Laureato[2] in giurisprudenza, è magistrato a Milano.

Diventa famoso, e molto amato dagli italiani, nel 1991, con l'inchiesta di «Mani Pulite».[3] Le indagini[4] di «Mani Pulite» scoprono[5] infatti molti casi di corruzione e interessi privati[6] che coinvolgono Pubblici Dirigenti.[7] Molti uomini politici, accusati di corruzione, sono obbligati[8] ad abbandonare la politica.

Alla fine degli anni '90, Di Pietro lascia[9] la Magistratura ed entra in politica con un suo partito[10] chiamato Italia dei Valori.[11]

[1]*magistrate, official* [2]*Graduated* [3]*l'inchiesta… the "Clean Hands" investigation* [4]*inquiries* [5]*uncovered* [6]*casi… cases of corruption and private interests* [7]*che… that involved public leaders* [8]*sono… are obligated* [9]*leaves* [10]*political party* [11]*Values*

In giro per le regioni

Il Molise

Il Molise è una delle più piccole regioni d'Italia ed anche una delle più povere. L'attività più importante è l'agricoltura, ma i terreni[1] non sono molto adatti[2] alle coltivazioni e la produzione non è buona. Per questo il Molise è una regione di emigranti: all'inizio del '900[3] circa metà[4] della popolazione è partita[5] per l'America. Una canzone popolare di quei tempi definiva l'America «allegra e bella», ma per la maggior parte[6] degli emigranti non era in realtà tanto allegra. Quando arrivavano non conoscevano la lingua, non sapevano orientarsi[7] nelle città, non sapevano né leggere né scrivere[8] e raramente c'era qualcuno che li aiutava.[9] Per i loro figli, e soprattutto per i figli dei loro figli, è stato tutto più facile e alcuni di loro hanno una buona posizione nella società americana.

Il turismo è oggi abbastanza sviluppato, perché le coste molisane dell'Adriatico sono belle e attorno[10] alle piccole Isole Tremiti si trova uno splendido mare.

[1]*terrain* [2]*suitable* [3]*del… of the 1900s (novecento)* [4]*half* [5]*è… left* [6]*la… most* [7]*find their way around* [8]*non… they didn't know how to read or write* [9]*c'era… was there anyone to help them* [10]*around*

L'ITALIA VIRTUALE

For Internet links and additional activities to learn more about **Molise,** visit the *In giro per l'Italia* website at www.mhhe.com/ingiro.

Lezione 3

Grammatica

D. Possessivi con termini di parentela

Mi chiamo Carla. Ecco la mia famiglia. Io sono la ragazza bionda, bassa e un po' cicciotta. Mio padre è medico. Lavora all'ospedale in centro. Mia madre è infermiera e lavora con mio padre. Il mio fratellino si chiama Tonino. Lui è cattivo e antipatico. Mi fa sempre arrabbiare! Noi abbiamo un cane. Il nostro cane si chiama Macchia perché è bianco e nero.

1. The possessive adjective is used *without* the article when referring to family members in the singular. **Loro,** however, always retains the article, as do possessive adjectives that refer to relatives in the plural.

mio zio	*but*	**i miei** zii
tuo cugino		**i tuoi** cugini
sua sorella		**le sue** sorelle
nostra cugina		**le nostre** cugine
vostra madre		**le vostre** madri
il loro fratello		**i loro** fratelli

a. If the noun referring to a family member is modified by an adjective or a suffix, the article is retained.

   mia sorella   *but*   **la mia** cara sorella; **la mia** sorellina (*little sister*)*

b. **Papà, mamma,** and **babbo** retain the article because they are considered terms of endearment.

   È italiano il tuo papà? E la tua mamma?

   The expression **Mamma mia!** has nothing to do with one's mother. It is an exclamation corresponding to English *Good heavens!*

Esercizi

A. La famiglia di Carla. Read the description of Carla's family above and decide whether the following statements are **vero** (V) or **falso** (F).

	V	F
1. Carla è alta e bruna.	☐	☐
2. Carla è più grande di suo fratello.	☐	☐
3. I suoi genitori lavorano in ufficio.	☐	☐
4. Suo padre è un manager.	☐	☐

My name is Carla. Here's my family. I'm the blonde girl, short and a bit plump. My father is a doctor. He works at the hospital downtown. My mother is a nurse and she works with my father. My little brother is called Tonino. He's badly behaved and unpleasant. He always makes me mad! We have a dog. Our dog is called Spot because he's white and black.

*Suffixes are presented in **Capitolo 8.**

		V	F
5.	Sua madre è ingegnere.	☐	☐
6.	Il suo fratellino è molto simpatico.	☐	☐
7.	Il loro cane si chiama Macchia perché è nero.	☐	☐

B. Trasformazioni. Create new sentences by substituting the words in parentheses for the italicized words. Make any necessary changes.

1. Oggi arriva mia *moglie*. (padre / zii / zie / sorella)
2. Ecco i tuoi *genitori*! (fratello / sorellina / bravo nipote / figlie)
3. Dove abita Sua *zia*? (nonni / cugina / figlio / nipoti italiane)

C. Com'è la tua famiglia? Bring to class a photo of your real family or an imaginary family (using a magazine photo). Describe your real or imaginary family to your partner. Report what you learn about your partner's family to another pair or to the class.

ESEMPIO: Ho una famiglia numerosa (*a big family*). Mio padre si chiama Bruce ed è ingegnere. Lavora a Chicago. Lui è alto, magro…

E. *Questo e quello*

▪ ▪ ▪ ▪ ▪ ▪ ▪ ▪ ▪ ▪ ▪ ▪ ▪ ▪ ▪ ▪ ▪ ▪ ▪ ▪

MIRELLA: Quale compri, questo golf rosso o quel golf giallo e verde?

SARA: Compro quel golf giallo e verde. E tu, cosa compri? Questa maglietta blu è molto bella, ma è bella anche quella maglietta grigia.

MIRELLA: Non lo so. Tutt'e due sono belle.

▪ ▪ ▪ ▪ ▪ ▪ ▪ ▪ ▪ ▪ ▪ ▪ ▪ ▪ ▪ ▪ ▪ ▪ ▪ ▪

1. **Questo** (*this*) and **quello** (*that*) are demonstrative adjectives (**aggettivi dimostrativi**). As in English, they precede the noun.

   a. **Questo** indicates things that are near the speaker. It has four forms: **questo, questa, questi, queste.** The contraction **quest'** is common before singular nouns beginning with a vowel.

Questi pantaloni sono molto belli.	*These pants are very pretty.*
Questa domanda è difficile.	*This question is difficult.*
Quest'orologio non funziona.	*This watch doesn't work.*

   b. **Quello** indicates things that are far from the speaker. Like the adjective **bello, quello** resembles the definite article **il.**

	SINGOLARE	PLURALE	
Maschile	quello zaino	quegli zaini	before **s** + *consonant* or **z**
	quel ragazzo	quei ragazzi	before other consonants
	quell'albergo	quegli alberghi	before vowels
Femminile	quella giornata	quelle giornate	before all consonants
	quell'università	quelle università	before vowels

MIRELLA: Which one are you buying, this red sweater or that yellow and green sweater?
SARA: I'll buy that yellow and green sweater. And you, what are you getting? This blue t-shirt is very pretty, but so is that gray t-shirt.   MIRELLA: I don't know. Both of them are nice.

Chi è **quell'**uomo?
Quel ragazzo scia bene.
Quei libri sono cari.

Who is that man?
That guy skis well.
Those books are expensive.

Esercizi

A. La forma giusta (*The correct form*). Choose the correct forms of **questo** and **quello** to complete the sentences.

1. (Questa/Quest'/Questo) chiesa è del periodo barocco.
2. (Quelle/Quei/Quegli) bicchieri sono fragili.
3. (Questo/Questi/Questa) mia foto è vecchia.
4. Insegna latino in (quella/quel/quell') aula.
5. (Quel/Quella/Quell') amica non è simpatica.
6. Compriamo tutti i vestiti in (quello/quel/quei) negozio.
7. Parlate con (quel/quegli/quei) ragazzi tutti i giorni.
8. Raccontate sempre (quelle/quei/quegli) barzellette.
9. Nuotiamo in (quel/quella/quello) piscina d'estate.

B. Proprio quelli. Give the correct form of **quello.**

ESEMPIO: Quei ragazzi sono tedeschi.

1. _____ foto è vecchia.
2. _____ automobile verde è una Volvo.
3. Sono molto giovani _____ madri!
4. È irlandese _____ studente?
5. È buono _____ corso?
6. _____ bambini hanno i capelli rossi.
7. _____ ospedale è grande.
8. Com'è bello _____ negozio!

C. I gusti sono gusti (*Matters of taste*). You are shopping at an open-air market (**un mercato**). Your partner points out items in the stalls (**le bancarelle**), some nearby and others at a distance. Tell your partner which you will buy.

ESEMPIO: S1: Compri questi occhiali neri o quegli occhiali azzurri?
S2: Compro quelli azzurri.

GLI OGGETTI VICINI
la chitarra nera
i pantaloni azzurri
le scarpe (*shoes*) bianche
il quaderno verde
la giacca lunga
gli occhiali (*glasses*) neri

GLI OGGETTI DISTANTI
la chitarra bianca
i pantaloni verdi
le scarpe rosse
il quaderno giallo
la giacca corta
gli occhiali azzurri

Piccolo ripasso

. . . .

A. Mini-dialoghi. Fill in the blanks with the correct verb forms.

1. S1: Com'_____ (essere) brava la professoressa Vanoli! _____ (spiegare) tutto molto bene e _____ (dare) molti esempi. E i tuoi professori, come _____ (essere)?

   S2: Non bravi come lei! Loro _____ (dare) molti compiti e non _____ (essere) mai a scuola quando noi _____ (avere) bisogno di aiuto (*help*).

2. S1: Ciao, Paola! Come _____ (stare)?

   S2: Ciao, Daniele! Oggi _____ (stare) poco bene.

   S1: Allora, perché non _____ (tornare) a casa e _____ (andare) a letto?

   S2: Ora _____ (comprare) un po' di succo d'arancia (*orange juice*) e poi _____ (andare) a casa.

3. S1: Giorgio, cosa _____ (fare) tu e Michele alla festa di Giulia stasera?

   S2: Noi _____ (cantare) e _____ (suonare) la chitarra. E tu _____ (andare) alla festa?

   S1: Purtroppo (*Unfortunately*), stasera _____ (stare) a casa e _____ (fare) gli esercizi d'informatica.

   S2: Come _____ (andare) il corso?

   S1: Abbastanza bene. Noi _____ (imparare) l'UNIX e _____ (avere) un sacco di (*tons of*) compiti, ma non _____ (essere) molto difficili.

B. Manuela ed io. Manuela has only one of everything (friends, courses, etc.); you have several. Respond to her statements as in the example, making all necessary changes.

ESEMPIO: Il mio insegnante è bravo. (noioso) →
        I miei insegnanti sono noiosi.

1. Mio fratello arriva oggi. (domani)
2. Il mio corso è difficile. (facile)
3. Mia sorella va in Francia. (Italia)
4. Il mio amico compra sempre libri usati (*used*). (nuovo)
5. Mia cugina frequenta l'università a Pisa. (Napoli)
6. Il mio professore è canadese. (spagnolo)

C. Che fai e quando? (*What do you do and when?*) Ask when your partner performs the following activities.

ESEMPIO: nuotare →
        S1: Quando nuoti?
        S2: Non nuoto mai. / Nuoto il venerdì. / Nuoto ogni (*every*) pomeriggio.

Espressioni: stamattina (*this morning*), **stasera** (*this evening*), **ogni mattina** (*every morning*), **non... mai** (*never*)

1. andare a ballare
2. fare i compiti
3. incontrare gli amici
4. parlare al telefono con gli amici
5. telefonare ai genitori
6. giocare a football
7. guardare (*watch*) la televisione
8. ascoltare la musica
9. fare colazione
10. dare l'esame d'italiano

Lezione 4

Invito alla lettura

. . . .

Identikit della famiglia italiana*

. . . .

La famiglia tipo[1] italiana, secondo le statistiche, è uguale a quella[2] di tutti i paesi occidentali, composta da padre, madre e un figlio o due. Ci sono però[3] grandi differenze economiche e sociali tra il Nord, il Centro e il Sud d'Italia. Al Nord e al Centro ci sono molte industrie e buoni livelli di sviluppo.[4] Al Sud c'è più agricoltura che industria, meno ricchezza e meno sviluppo. Queste differenze influiscono anche sulla[5] famiglia. Nel Nord e nel Centro il numero di bambini nati[6] è oggi il più basso di tutti gli altri paesi d'Europa.[7] Al Sud invece i bambini sono più numerosi.

Nelle regioni del Nord e del Centro, quasi[8] sempre, i genitori lavorano tutti e due fuori casa,[9] e i bambini vanno agli asili nido e alle scuole

Napoli. Marito e moglie con il loro bambino

materne.[10] Nelle regioni del Sud molte donne stanno a casa oppure[11] fanno lavori stagionali,[12] come la raccolta[13] della frutta, e quindi[14] sono spesso le madri che si occupano[15] dei bambini.

Tutti gli italiani, comunque,[16] danno molta importanza alla famiglia. Dedicano il tempo libero ai figli, cercano di mangiare a tavola con loro, e fanno insieme a loro[17] molte attività di svago[18] come viaggiare, praticare uno sport o andare al cinema. I figli rimangono a lungo[19] a vivere in famiglia, anche perché oggi uomini e donne si sposano sempre più tardi.

Le leggi[20] italiane che regolano i rapporti familiari[21] sono molto evolute[22] e importanti per la difesa dei diritti[23] delle donne. Le leggi italiane prevedono la parità[24] tra coniugi[25] nel rapporto di coppia[26] e nell'educazione dei figli. Permettono, ad esempio, indifferentemente[27] alla madre o al padre che lavorano di poter[28] stare a casa per occuparsi dei figli piccoli.

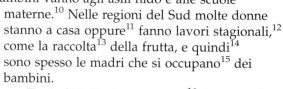

[1]*type* [2]*uguale… comparable to that* [3]*however* [4]*livelli… levels of development* [5]*influiscono… also influence* [6]*born* [7]*il… the lowest in Europe* [8]*nearly* [9]*fuori… outside the home* [10]*asili… day-care centers and nursery schools* [11]*or* [12]*seasonal* [13]*harvest* [14]*thus* [15]*si… care for* [16]*however* [17]*insieme… together with them* [18]*recreation* [19]*rimangono… stay a long time* [20]*laws* [21]*i… family relationships* [22]*advanced* [23]*la… defense of the rights* [24]*prevedono… provide equality* [25]*spouses* [26]*nel… in the marital relationship* [27]*identically* [28]*di… to be able*

. . . .

---

*An **identikit** is a police artist's sketch of a suspect. The term is often applied to a general description of an entire group.

E ora a te

Capire

Link each statement to the appropriate region.

1. Nel Nord e Centro
2. Nel Sud
3. In tutta l'Italia

    a. I bambini sono ancora numerosi.
    b. I giovani rimangono a lungo in famiglia.
    c. La legge prevede la parità fra marito e moglie.
    d. Molte donne fanno lavori stagionali.
    e. La gente sta molto tempo insieme alla famiglia.
    f. Il padre può stare a casa con i figli piccoli.
    g. I bambini piccoli vanno agli asili nido.
    h. La legge difende i diritti delle donne.
    i. Molte donne non lavorano fuori casa.
    j. I parenti si occupano dei bambini.
    k. Molte donne lavorano fuori casa.
    l. Nascono pochissimi bambini.

Scrivere

Write a brief description of a typical family in your area by completing the following sentences.

1. Nella mia zona nascono ＿＿＿ bambini. Molte madri ＿＿＿.
2. I bambini piccoli vanno ＿＿＿.
3. Al mio paese la gente ＿＿＿ alla famiglia.
4. Genitori e figli stanno ＿＿＿ insieme.
5. Le leggi sulla famiglia sono ＿＿＿.
6. In famiglia marito e moglie ＿＿＿.

In ascolto

La vita degli studenti. Fabio and Laura have a tough week ahead of them. Listen carefully to their conversation and complete the following sentences.

1. Oggi Fabio è ＿＿＿ perché ha gli scritti di ＿＿＿ domani.
2. I due amici vanno (*are going*) ＿＿＿ stasera (*this evening*) per ＿＿＿ insieme (*together*).
3. Fabio ha anche un esame di ＿＿＿ mercoledì.
4. Fabio ha paura di ＿＿＿ le date importanti.
5. Laura ha un esame di ＿＿＿.

Videoteca

Proprio a me!

Peppe runs into his professor while leaving the university. He did not do well in her class the previous year and must retake the written exam. She warns him to improve his study habits and asks how his parents are.

ESPRESSIONI UTILI

arrugginito rusty
lavorare sodo to work hard
dare l'esame to take the exam
Faccio del mio meglio. I'll do my best.
gli scritti written exams
i suoi your parents

rimanda... molti studenti holds back many students
Si vede che Lei non ha colto l'esempio. It's clear that you haven't followed (his) example.
Mi raccomando! I mean it!
gli orali oral exams

DAL VIDEO

Funzione: Talking about school

PEPPE: Infatti, la mia intenzione è di lavorare sodo, professoressa. Quando è l'esame?

PROFESSORESSA: C'è da dare l'esame tra un mese.

PEPPE: Un mese? Come faccio? Che cosa studio esattamente?

PROFESSORESSA: Come cosa studia? Cerca di frequentare il corso questa volta, invece di cantare o giocare sempre a calcio.

PREPARAZIONE

Match each person with the appropriate profession.

1. _____ Professoressa Velli
2. _____ Cuccetti
3. _____ Peppe's father
4. _____ Peppe's mother

a. musician
b. art professor
c. math professor
d. student

COMPRENSIONE

1. What did Peppe do every evening last year, according to Professoressa Velli?
2. What exam must Peppe pass before taking advanced math?

ATTIVITÀ

You are a student at the University of Florence. Tell your partner your schedule of exams and what new courses you plan to take.

ESEMPIO: Devo dare gli scritti di matematica il 23 settembre, poi gli orali a novembre. Quest'anno studio...

Parole da ricordare

VERBI

abitare	to live (*in a place*)
andare	to go
andare a + *inf.*	to go (*to do something*)
andare a piedi	to walk
andare in aereo	to fly
andare in autobus	to go by bus
andare in bicicletta	to ride a bicycle
andare in macchina	to drive, go by car
andare in treno	to go by train
arrivare	to arrive
ascoltare	to listen to
aspettare	to wait, wait for
ballare	to dance
cantare	to sing
cercare	to look for
cominciare	to begin, start
comprare	to buy
dare	to give
dare un esame	to take a test
dimenticare	to forget
essere d'accordo	to agree
fare	to do; to make
Che tempo fa?	What's the weather like?
Fa bello (brutto).	It's nice (bad) weather.
Fa caldo/freddo/fresco.	It's hot/cold/cool out.
fare colazione	to have breakfast
fare una domanda	to ask a question
fare una fotografia	to take a picture
frequentare	to attend (*a school, a class*); to go to (*a place*) often
giocare (a)	to play (*a sport, a game*)
guadagnare	to earn
guidare	to drive
imparare	to learn
incontrare	to meet
insegnare	to teach
lavorare	to work
mangiare	to eat
nuotare	to swim
parlare	to speak, talk
portare	to carry, bring; to lead
raccontare	to tell, narrate
ricordare	to remember
ripassare	to review
sciare	to ski
spiegare	to explain
stare	to stay
stare attento	to pay attention
stare bene/male	to be well/ill
stare zitto	to keep quiet
studiare	to study
suonare	to play (*a musical instrument*)

telefonare (a)	to telephone, call
tornare	to return (*to a place*)
trovare	to find

NOMI

l'anno accademico	academic year
l'architettura	architecture
la casa	house, home
la casa dello studente	dormitory
il compagno / la compagna di classe	classmate
il corso	course (*of study*)
il cugino / la cugina	cousin
l'economia e commercio	business administration
l'esame (*m.*)	examination
la facoltà	department, school (*within a university*)
la famiglia	family
la festa	party
il figlio / la figlia	son/daughter
la fisica	physics
il fratello	brother
i genitori	parents
la giurisprudenza	law
l'informatica	computer science
l'ingegneria	engineering
l'insegnante (*m./f.*)	teacher
la legge	law
la letteratura	literature
le lettere	literature, liberal arts
il letto	bed
la libreria	bookstore
la lingua	language
le lingue e le letterature straniere	foreign languages and literature
la madre (la mamma)	mother (mom)
il marito	husband
la matematica	mathematics
la materia (di studio)	subject matter
la medicina	medicine
la moglie	wife
il/la nipote	nephew, grandson / niece, granddaughter
il nonno / la nonna	grandfather / grandmother
gli orali	oral exams
il padre (il papà, il babbo)	father (dad)
il/la parente	relative
la piscina	swimming pool
la scienza	science
le scienze politiche	political science
gli scritti	written exams
la sorella	sister
la specializzazione	major, specialization
la storia dell'arte	art history
i vestiti	clothes

AGGETTIVI

bravo in	good at (*a subject of study*)
difficile	difficult, hard
facile	easy
ogni	every, each
poco (*m. pl.* pochi)	little, few
preferito	preferred, favorite
quello	that
questo	this
straniero	foreign
tipico	typical
mio	my
tuo	your
suo	his/her/its
Suo	your (*formal*)
nostro	our
vostro	your (*pl.*)
loro	their
Loro	your (*pl. formal*)

ALTRE PAROLE ED ESPRESSIONI

(che) cosa?	what?
di mattina	in the morning
di notte	at night
di/nel pomeriggio	in the afternoon
di sera	in the evening
meno	less
non... mai	never
perché	why
presto	soon; early
spesso	often
stasera	tonight, this evening
volentieri	gladly, willingly

Capitolo 4
Forza, Azzurri!°

sto in arrivo Rispondi Elimina Opzioni Guida Aiuto   20 gennaio – 14.30
DA: Giulinter@inwind.com
A...   Giov@yahoo.it
Cc...
Oggetto:

Ciao Giovanni,

Nella tua mail non mi racconti niente della tua vacanza sulla neve!
Domani io vado a casa di mia nonna a Pescasseroli, nel parco
nazionale dell'Abruzzo. Se c'è la neve sicuramente vado a sciare.
Quest'anno il tuo Milan il campionato non lo vince di sicuro…
Forza Inter!!!
Mi piace l'idea di venire a Milano per il derby Inter-Milan,
così possiamo anche stare un po' insieme.

Un abbraccio da Giulio.

Due giocatori, del Milan e dell'Inter, lottano per il pallone

IN BREVE

LEZIONE 1:
VOCABOLARIO
I passatempi e il
tempo
- Lo sport e altri
  passatempi
- Il tempo

LEZIONE 2:
GRAMMATICA
A. Presente dei verbi
in **-ere** e **-ire**
B. Dire, uscire e
**venire; dovere,
potere** e **volere**

LEZIONE 3:
GRAMMATICA
C. Pronomi di
oggetto diretto
D. L'ora
Piccolo ripasso

LEZIONE 4:
PROSPETTIVE
Invito alla lettura:
*Gli sport più amati
dagli italiani*
In ascolto
Videoteca:
*L'appuntamento
mancato*

SALUTI E BACI
Ritratto: Gabriele d'Annunzio
In giro per le regioni: L'Abruzzo

°**Forza** means *Come on!* The Italian national soccer team is often called **gli azzurri** because their uniforms are
light blue.

Lezione 1

Dialogo-Lampo

I programmi della giornata

LORENZO: Ciao, Rita! Ciao, Alessandro! Cosa fate oggi?

ALESSANDRO: Vado a giocare a tennis con Marcello, e poi a casa: c'è un bel film alla TV.

RITA: Io invece vado a fare l'aerobica con Valeria, e poi abbiamo un appuntamento con Vittoria per studiare. C'è un esame di matematica domani!

ALESSANDRO: E tu, Lorenzo, che programmi hai?

LORENZO: Mah, oggi non ho voglia di fare niente*...

RITA: Che novità,† è il tuo passatempo preferito!

1. Che programmi ha Alessandro?
2. Cosa fanno Rita e Valeria?
3. Chi ha un esame domani?
4. Che programmi ha Lorenzo?

I passatempi e il tempo

LO SPORT E ALTRI PASSATEMPI

la gara competition, match
il giocatore, la giocatrice player
il nuoto swimming
la palla ball
la partita game, match
il programma plan
la squadra team

andare al cinema (al ristorante, a teatro, a un concerto) to go to a movie (to a restaurant, to the theater, to a concert)
andare in palestra to go to the gym
ascoltare dischi (cassette, CD) to listen to records (cassettes, CDs)

correre to run
cucinare to cook
dipingere to paint
disegnare to draw
dormire to sleep
fare l'aerobica to do aerobics
fare sollevamento pesi to lift weights
fare un giro in bici (in macchina, a piedi) to go for a bike ride (a car ride, a walk)
fare un programma to plan, make plans
fare/praticare uno sport to play a sport
giocare a calcio (a tennis, a pallacanestro) to play soccer (tennis, basketball)

---

*non... *I don't want to do anything*
†Che... *What a novelty*

giocare con il computer to play on the computer

guardare la televisione to watch TV

leggere il giornale (un libro, una rivista) to read the newspaper (a book, a magazine)

perdere to lose

prendere lezioni di ballo (di musica, di fotografia, di arti marziali) to take dancing lessons (music lessons, photography lessons, martial arts lessons)

pulire la casa to clean the house

scrivere una lettera (racconti, poesie) to write a letter (stories, poems)

suonare uno strumento (la chitarra, il piano, il sassofono) to play an instrument (the guitar, the piano, the saxophone)

uscire con gli amici to go out with friends

viaggiare to travel

vincere to win

IL TEMPO (WEATHER)

la nebbia fog

la neve snow

la pioggia rain

il vento wind

essere nebbioso to be foggy

essere sereno to be clear weather

nevicare to snow

piovere to rain

tirare vento to be windy

Parole-extra

il pattinaggio skating
il vincitore winner

andare in barca a vela to go sailing
fare lo sci di fondo to go cross-country skiing
pattinare to skate
sciare to ski

Esercizi

A. Di che sport parliamo? Read the following descriptions and guess what sport each refers to. More than one answer may be possible.

1. I giocatori fanno questo sport in acqua (*water*).
2. Per questo sport è necessaria la musica.
3. La squadra è composta da 11 giocatori e una palla.
4. La squadra è composta da 6 giocatori.
5. Questo è uno sport tipico dell'inverno.
6. Per questo sport è necessario andare in palestra.

B. Preferisco... (*I prefer . . .*) Create complete sentences using one element from each column. Begin each sentence with **Preferisco...**

leggere	gli spaghetti	da solo/a (*alone*)
ascoltare	fotografia	con gli amici
andare	a piedi	con la famiglia
prendere lezioni di	in Italia	
scrivere	i dischi	
cucinare	il giornale	
viaggiare	al cinema	
fare un giro	una lettera	

C. Gusti personali. Secondo voi, come sono questi sport?

Parole utili: aggressivo, costoso, difficile, divertente, di squadra, elegante, intenso, noioso, pericoloso (*dangerous*), rilassante, solitario

1. il basket (la pallacanestro)
2. lo sci
3. il calcio
4. il football americano
5. il baseball
6. le arti marziali

Lezione 2

A. Presente dei verbi in *-ere* e *-ire*

È una serata come tutte le altre in casa Bianchi: Franca e Sergio guardano la televisione, la mamma preferisce leggere una rivista e il padre legge il giornale. La nonna scrive una lettera ai parenti in America.

1. The present tense of regular verbs ending in **-ere** (second-conjugation verbs) and of many verbs ending in **-ire** (third-conjugation verbs) is formed by adding the appropriate endings to the infinitive stem.

-ere VERBS		**-ire** VERBS (FIRST GROUP)	
scrivere *(to write)*		**dormire** *(to sleep)*	
scriv**o**	scriv**iamo**	dorm**o**	dorm**iamo**
scriv**i**	scriv**ete**	dorm**i**	dorm**ite**
scriv**e**	scriv**ono**	dorm**e**	dorm**ono**

Note that the endings are the same for both conjugations except in the second-person plural: **-ete** for **-ere** verbs, **-ite** for **-ire** verbs.

Scrivete molte lettere?   *Do you write many letters?*
Dormite bene?   *Do you sleep well?*

2. Other **-ere** verbs conjugated like **scrivere** are

chiudere *to close*	Chiudo la finestra (*window*).
correre *to run*	Perché correte ogni giorno?
dipingere *to paint*	Raffaella dipinge bene.
leggere *to read*	Carlo legge il giornale.
mettere *to put, place*	Non mettiamo piede (*set foot*) nel suo giardino.
nascere *to be born*	Nascono tre gattini.
perdere *to lose*	Perdi sempre le chiavi!
prendere *to take*	Noi prendiamo lezioni di ballo.

Nota bene: i verbi *-gere, -scere*

Note the alternation between soft and hard **g** in the conjugation of **-gere** verbs like **leggere** and **dipingere**. Also note the difference in pronunciation between **-sco-** and **-sci/-sce** in verbs like **nascere**.

leggo	nasco
leggi	na**sci**
legge	na**sce**
leggiamo	nasciamo
leggete	na**scete**
leggono	nascono

It's an evening like all others at the Bianchis': Franca and Sergio are watching TV, Mother prefers to read a magazine and Father is reading the newspaper. Grandma is writing a letter to relatives in America.

ricevere *to receive*
rispondere *to answer, reply*
vedere *to see*

Chi riceve molte riviste?
Perché non rispondi in italiano?
Vedono un film.

a. Note that most verbs ending in **-ere** are stressed on the verb stem: **PRENdere, PERdere.** A few verbs are stressed on the **-ere** ending: **aVEre, veDEre.**

b. The verb **bere** (*to drink*) derives from the Latin *bevere* and retains the **bev-** stem: **bevo, bevi, beve, beviamo, bevete, bevono.**

3. Some **-ire** verbs conjugated like **dormire** are

aprire *to open*
offrire *to offer*
partire *to leave*

seguire *to follow; to take a course*

sentire *to hear*
servire *to serve*

Apriamo la finestra.
Offro un caffè a tutti.
Quando partite?—Partiamo domani.

La spia (*spy*) segue la ragazza.
Seguiamo un corso di filosofia.

Sentite la voce (*voice*) di Mario?
Servi vino bianco?

—No, grazie; leggo solo il giornale.

4. Not all verbs ending in **-ire** are conjugated like **dormire** in the present. Many **-ire** verbs follow this pattern:

-ire VERBS (SECOND GROUP)	
capire (*to understand*)	
cap**isco**	cap**iamo**
cap**isci**	cap**ite**
cap**isce**	cap**iscono**

The endings are the same as for **dormire,** but **-isc-** is inserted between the stem and the ending in all forms but the first- and second-person plural. Pronunciation of **-sc-** changes with the vowel that follows it: before **o** it is pronounced like *sk* in *sky;* before **e** and **i** it is pronounced like *sh* in *shy.*

The following **-ire** verbs are conjugated like **capire.***

finire *to finish, end*
preferire *to prefer*
pulire *to clean*

I ragazzi finiscono gli esercizi.
Preferite leggere o scrivere?
Quando pulisci la casa?

5. Remember: When two verbs appear together in a series (*you prefer to read*), the first is conjugated and the second is in the infinitive form.

Voi preferite leggere.

You prefer to read.

---

*The infinitives of verbs conjugated like **capire** are followed by (**isc**) in vocabulary lists and in the end vocabulary.

Esercizi

A. Trasformazioni. Replace the subject with each subject in parentheses, and change the verb form accordingly.

1. Tu leggi il giornale. (la nonna / io e Carlo / voi / gli italiani)
2. Noi apriamo la porta (*door*). (voi / il cugino di Marco / loro / io)
3. Marco pulisce il frigo (*refrigerator*). (noi / i ragazzi / io / voi)
4. I bambini non rispondono. (io / il professore / voi / tu)
5. Laura beve solo (*only*) acqua minerale. (i miei amici / voi due / noi / tu)

B. Il week-end di Laura. Complete Laura's story by adding the appropriate verb endings.

Laura è una ragazza indaffarata (*busy*)! Il venerdì sera segu_____[1] un corso di recitazione (*acting*). Il sabato mattina corr_____[2] e pul_____[3] la camera (*bedroom*); nel pomeriggio diping_____[4] e fin_____[5] i compiti. Il sabato sera prefer_____[6] andare in discoteca con gli amici. E cosa fa la domenica? Dorm_____[7]!

Now change the first sentence of the paragraph to **Laura e Maria sono due ragazze indaffarate** and complete the story.

C. Trova le persone che... Circulate around the room asking questions to identify people who do the following things. Report your findings to the class.

ESEMPIO: seguire un corso di matematica →
        s1: Seguisci un corso di matematica?
        s2: Sì, io seguo un corso di matematica.

Trova le persone che:
1. dipingono
2. dormono fino a tardi (*late*)
3. ricevono la posta elettronica (*e-mail*) tutti i giorni
4. capiscono la matematica
5. puliscono la casa ogni settimana
6. rispondono subito (*right away*) alla posta elettronica
7. scrivono poesie

D. Conversazione.
1. Corri volentieri? Vai in bicicletta? Quale mezzo (*means*) di trasporto preferisci?
2. Preferisci guardare la televisione o leggere? Perché?
3. Pulisci la casa ogni giorno? È pulita (*clean*) e ordinata (*tidy*) la tua camera?
4. Quante volte (*How many times*) la settimana mangi a casa? Quante volte vai al ristorante o alla mensa? Perché?
5. Preferisci stare zitto/a o parlare quando ci sono molte persone?
6. Quando ricevi una lettera, rispondi subito? Scrivi molte lettere o preferisci telefonare? Perché?

B. *Dire, uscire e venire; dovere, potere e volere*

ANTONINO E GINO: Volete andare al cinema stasera?

MARCELLA E TINA: No, grazie, non possiamo. Dobbiamo pulire il frigo.

ANTONINO E GINO: Be', volete uscire domani sera?

MARCELLA E TINA: No, non possiamo. Dobbiamo lavarci i capelli.

ANTONINO E GINO: Allora, volete fare qualcosa questo week-end?

MARCELLA E TINA: No, non possiamo. Dobbiamo fare un viaggio molto lungo.

ANTONINO E GINO: Quando tornate?

MARCELLA E TINA: Mai!

1. Some commonly used **-ere** and **-ire** verbs are irregular in the present tense.

USCIRE* (to go out [with someone], to exit)	DOVERE (to have to, must)	POTERE (to be able to, can, may)	VOLERE (to want)	VENIRE (to come)	DIRE (to say)
esco	devo	posso	voglio	vengo	dico
esci	devi	puoi	vuoi	vieni	dici
esce	deve	può	vuole	viene	dice
usciamo	dobbiamo	possiamo	vogliamo	veniamo	diciamo
uscite	dovete	potete	volete	venite	dite
escono	devono	possono	vogliono	vengono	dicono

Diciamo «Buon giorno!»
Perché non esci con Sergio?

We say, "Good morning!"
Why don't you go out with Sergio?

Vengo domani.
Dovete partire subito.

I'm coming tomorrow.
You must leave right away.

—Possono venire al ristorante?
—No, non possono.

Can they come to the restaurant?
No, they can't.

Chi vuole sentire il Cd?

Who wants to hear the CD?

ANTONINO E GINO: Do you want to go to a movie this evening?   MARCELLA E TINA: No, thanks, we can't. We have to clean the refrigerator.   ANTONINO E GINO: Well, do you want to go out tomorrow night?   MARCELLA E TINA: No, we can't. We have to wash our hair.   ANTONINO E GINO: Then do you want to do something this weekend?   MARCELLA E TINA: No, we can't. We have to take a very long trip.   ANTONINO E GINO: When are you coming back?   MARCELLA E TINA: Never!

*When used with the *place* from which one goes out, **uscire** is followed by **da**; an exception is the idiom **uscire di casa**.

Esco **dall'**ufficio alle sette.   *I leave the office at seven.*
Sara esce **di** casa presto.   *Sara leaves the house early.*

You'll learn about prepositions combined with articles in **Capitolo 5.**

These four verbs have slightly different meanings related to going and leaving. Compare:

partire *to leave, go away*

lasciare *to leave (something, somebody) behind*

andare via *to get going, get out*

uscire (di, con) *to exit, go out with*

Parto per le vacanze lunedì. *We leave on vacation Monday.*

Maria lascia sempre le penne a casa. *Maria always leaves her pens at home.*

Dai, ragazzi, andiamo via. *Come on, guys, let's get going.*

Esco di casa alle otto. *I leave the house at eight.*

Esco con gli amici. *I go out with friends.*

To go out to a place is expressed with **andare,** not **uscire: esco al bar** would mean *I exit to the bar,* which makes no sense.

2. a. As with **preferire,** if a verb follows **dovere, potere,** or **volere,** it is always in the infinitive form.

Dovete pulire la casa sabato. | *You have to clean the house Saturday.*

No, non possiamo venire alla partita. | *No, we can't come to the game.*
Vuoi guardare la TV? | *Do you want to watch TV?*

b. Other verbs whose conjugation is similar to that of **venire** are **rimanere** (*to remain*), **salire** (*to get on, climb up*), and **tenere** (*to keep, hold*).

rimango, rimani, rimane, rimaniamo, rimanete, **rimangono**
salgo, sali, sale, saliamo, salite, **salgono**
tengo, tieni, tiene, teniamo, tenete, **tengono**

Giorgio rimane a casa stasera. | *Giorgio stays home tonight.*
Maria sale in macchina. Io salgo sull'autobus. | *Maria gets in the car. I get on the bus.*
Enrica tiene il suo gatto in casa. | *Enrica keeps her cat in the house.*

c. **Dire** means *to say.* It is often followed by **che,** a conjunction meaning *that.*

Diciamo «Buon giorno!» | *We say "Good morning!"*
Mamma dice di sì ma papà dice di no. | *Mom says yes but Dad says no.*
Mario dice **che** vuole venire alla festa. | *Mario says that he wants to come to the party.*

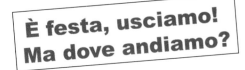

È festa, usciamo!
Ma dove andiamo?

Esercizi

A. La studentessa tipica. Decide whether the following statements are true for a typical college student. Correct those that you consider untrue.

Lo studente tipico / La studentessa tipica...

1. deve studiare molto per l'esame di chimica.
2. vuole uscire sabato sera.
3. deve fare tutti i compiti ogni sera.
4. può leggere un libro in una settimana.
5. vuole rimanere a casa il venerdì sera.
6. può trovare tanti amici all'università.
7. può parlare liberamente (*freely*) con tutti i professori.
8. non dice mai bugie ai professori.
9. esce di casa alle sei di mattina per andare in biblioteca a studiare.
10. viene a tutte le lezioni tutti i giorni.

B. Trasformazioni. Replace the subject with each subject in parentheses, and change the verb form accordingly.

1. Potete venire stasera? (tu / Lei / loro / il professore)
2. La signora vuole le chiavi. (io / noi / loro / voi)
3. Devi prendere il treno. (noi / Carlo / voi / loro)
4. Esco di casa presto. (voi / Lei / la nonna / gli zii)
5. Vengo in motocicletta. (Paola / voi / anche tu / le mie amiche)
6. Dici sempre la verità (*truth*)? (loro / Mirella / noi / voi)

C. La mia giornata. Tell your partner three things you have to do today, three things you want to do today, and three things you cannot do today. Your partner will take notes and report the answers to another pair or to the class.

D. Vuoi uscire? In groups of two, role-play a scene similar to the dialogue on page 91. Make a list of excuses for not going out while your partner comes up with a list of invitations. Then role-play your conversation for the class.

—Anche in auto è lo stesso: vuole sempre guidare lui!

Nota culturale

Le nuove passioni sportive degli italiani

Luna Rossa *vince la gara, davanti ad* America One

Who said Italians only love soccer? Italians love all sports, even those less popular and less well-known, as demonstrated by their passion for sailing, which became a true mania during the last America's Cup race. The Italians' love for sailing began in 1983 when the twelve-meter Italian boat, *Azzurra,* reached the semifinals in Newport. Then, in San Diego in 1992, *Moro di Venezia* competed in the finals against *America 3.* But it has been, above all, *Luna Rossa* in 2000 that has made the Italians dream and has brought its team of sailors so close to victory.

Many Italians follow the competitions faithfully, even when they are broadcast live on television when it is very late at night in Italy. At home and in cafés, everyone talks about sailing. They use technical terms, they critique the team's errors, they imagine themselves in the helmsman's place, and they dream of winning. Maybe the Italians really are a race of navigators?

Saluti e baci

Una vacanza sulla neve degli Appennini

Posto in arrivo   Rispondi   Elimina   Opzioni   Guida   Aiuto
20 gennaio – 18.00

DA: Giov@yahoo.it

A...   Giulinter@inwind.com

Cc...

Oggetto:

Ciao Giulio,

ho già comprato i biglietti per il derby Milan-Inter. Ti aspetto con ansia a Milano, ma preparati a veder perdere il tuo amato Inter! Quando vieni ti racconto della mia «settimana bianca». Per ora, guarda la foto della bella pista da sci che allego a questo messaggio. Ho anche cominciato a fare sci di fondo ed è molto bello. Perché non provi anche tu? Telefona, o manda una mail per dire con quale treno arrivi, così vengo alla stazione.

Ciao, ciao, ciao a presto
Giovanni

English equivalents of the correspondence appearing in *In giro per l'Italia* are available on the website at www.mhhe.com/ingiro.

Ritratto

Gabriele D'Annunzio
scrittore abruzzese, 1863–1938

Nasce a Pescara nel 1863 e scrive la prima raccolta di poesie,[1] *Primo Vere*, a 16 anni. Durante la I[a] guerra mondiale,[2] anche se ha più di 50 anni, partecipa a molte imprese[3] come aviatore.

Ha una vita intensa e frenetica, la sua villa (il famoso «Vittoriale») è lussuosa in modo esagerato.[4] Ha relazioni amorose con molte donne famose dell'epoca,[5] anche con la grande attrice[6] di teatro Eleonora Duse.

Scrive moltissimo: raccolte di poesie (*Canto Novo, Alcione*), romanzi (*Il piacere,*[7] *Il fuoco*[8]) e tragedie (*Francesca da Rimini, La figlia di Iorio*).

[1]raccolta… *collection of poems* [2]Durante… *During World War I* [3]*enterprises* [4]lussuosa… *luxurious in an exaggerated way* [5]*era* [6]*actress* [7]*Il*… The Pleasure [8]*Il*… The Flame

In giro per le regioni

L'Abruzzo

L'Abruzzo è la regione più montuosa[1] dell'Italia centro-meridionale. In questa regione i monti dell'Appennino sono alti quasi[2] 3.000 metri[3] e occupano più della metà del territorio. I monti più alti sono nel gruppo del Gran Sasso, dove c'è una galleria[4] e un laboratorio di fisica che ha l'ingresso[5] proprio nel cuore[6] della montagna.

In montagna ci sono località molto belle, attrezzate[7] per gli sport invernali, come Pescasseroli e Roccaraso. Quasi tutta la parte montuosa dell'Abruzzo fa parte del Parco Nazionale, una delle aree protette più grandi d'Italia, dove vivono animali che altrove[8] sono scomparsi,[9] come gli orsi[10] bruni e i lupi.[11] Una parte della regione si affaccia[12] sul mare e proprio la varietà dei paesaggi e le ricchezze naturali attirano[13] molti turisti.

[1]*mountainous* [2]*nearly* [3]3.000… 9843 feet [4]*tunnel* [5]*entrance* [6]*heart* [7]*equipped* [8]*elsewhere* [9]*extinct* [10]*bears* [11]*wolves* [12]si… *faces* [13]*attract*

L'ITALIA VIRTUALE

For Internet links and additional activities to learn more about **Abruzzo,** visit the *In giro per l'Italia* website at www.mhhe.com/ingiro.

Grammatica

Lezione 3

C. Pronomi di oggetto diretto

ANNAMARIA: Mi inviti alla festa?

CLARA: Certo che ti invito!

ANNAMARIA: Inviti anche Marco?

CLARA: Certo che lo invito!

ANNAMARIA: E Maria?

CLARA: Certo che la invito!

ANNAMARIA: Compri le pizze e le bibite?

CLARA: Certo che le compro!

ANNAMARIA: Prepari panini per tutti?

CLARA: Certo che li preparo. Così mangiamo bene e ci divertiamo!

1. A direct object is the direct recipient of the action of a verb.

   I invite the boys. Whom do I invite? *The boys.*
   He reads the newspaper. What does he read? *The newspaper.*

   The nouns *boys* and *newspaper* are direct objects. They indicate *what* or *whom.* Verbs that take a direct object are called transitive. Verbs that do not take a direct object (*she walks, I sleep*) are intransitive.
   Direct-object pronouns replace direct-object nouns.

   I invite **the boys.** I invite **them.**
   He reads **the newspaper.** He reads **it.**

2. The direct-object pronouns (**i pronomi di oggetto diretto**) are as follows:

SINGOLARE		PLURALE	
mi	*me*	ci	*us*
ti	*you (fam.)*	vi	*you (fam.)*
La	*you (form., m. and f.)*	Li	*you (form., m.)*
		Le	*you (form., f.)*
lo	*him, it*	li	*them (m.)*
la	*her, it*	le	*them (f.)*

   a. A direct-object pronoun immediately precedes a conjugated verb, even in a negative sentence.

   —Se compro la frutta, **la** mangia Mario?   *If I buy the fruit, will Mario eat it?*

   —No, non **la** mangia.   *No, he won't eat it.*

ANNAMARIA: Are you inviting me to the party? CLARA: Of course I'm inviting you! ANNAMARIA: Are you inviting Marco too? CLARA: Of course I'm inviting him! ANNAMARIA: And Maria? CLARA: Of course I'm inviting her! ANNAMARIA: Are you buying the pizzas and the sodas? CLARA: Of course I'm buying them! ANNAMARIA: Are you making sandwiches for everybody? CLARA: Of course I'm making them. We'll eat well and have fun!

—Se vedi i ragazzi, **li** inviti? *If you see the boys, will you invite them?*

—No, non **li** invito. *No, I won't invite them.*

b. An object pronoun attaches to the end of an infinitive. Note that the final **-e** of the infinitive is dropped.

È importante mangiar**la** ogni giorno. *It is important to eat it every day.*
È una buon'idea invitar**li**. *It's a good idea to invite them.*

If the infinitive is preceded by a form of **dovere, potere,** or **volere,** the object pronoun may either attach to the infinitive or precede the conjugated verb.

Voglio mangiar**la.** *I want to eat it.*
La voglio mangiare.

Quando posso invitar**li?** *When can I invite them?*
Quando **li** posso invitare?

—L'ho comprato solo per nascondere[a] una brutta macchia[b] di umidita sul muro.

[a]*hide* [b]*spot*

c. Singular direct-object pronouns may elide before verbs that begin with a vowel, and before forms of **avere** that begin with an **h.** The plural forms **li** and **le** are never elided.

M'ama, non **m'ama. (Mi** ama, non **mi** ama.) *He loves me, he loves me not.*
Il tuo passaporto? Non **l'ho.** *Your passport? I don't have it.*
—Inviti Tina e Gloria? *Are you inviting Tina and Gloria?*
—No, non **le** invito. *No, I'm not inviting them.*

3. A few Italian verbs that take a direct object (**ascoltare, aspettare, cercare, guardare**) correspond to English verbs that are used with prepositions (*to listen to, to wait for, to look for, to look at*).

—Cerchi il tuo ragazzo? *Are you looking for your boyfriend?*

—Sì, **lo** cerco. *Yes, I'm looking for him.*

Esercizi

A. La risposta giusta. Select the best answer for each question.

1. Mangi la pizza?
   a. Sì, lo mangio. **b.** No, non le mangio. **c.** No, non la mangio.
2. Cercate le riviste?
   a. Sì, le cerchiamo. **b.** No, non li cerchiamo. **c.** Sì, vi cerchiamo.
3. Mamma, mi vedi?
   a. No, non vi vedo. **b.** No, non ci vedo. **c.** Sì, ti vedo.
4. Signor Maller, mi chiama stasera?
   a. Sì, lo chiamo senz'altro (*definitely*). **b.** No, non la chiamo.
   c. Sì, La chiamo alle 8.00.
5. Fai il letto tutti i giorni?
   a. No, non li faccio. **b.** No, lo non faccio. **c.** No, non lo faccio.
6. Professor Cerchi, posso vederLa oggi pomeriggio?
   a. Sì, ti posso vedere. **b.** Sì, mi potete vedere. **c.** Sì, mi puoi vedere.

Grammatica **97**

B. Come sei miope (*nearsighted*)! Mauro can't believe how nearsighted his roommate Vincenzo is, so he decides to test his vision. With a classmate, play the two roles as in the model. Use the following words and any others you can think of.

ESEMPIO: la casa →
MAURO: Vedi la casa?
VINCENZO: No, non la vedo!

1. la frutta
2. il disco
3. gli autobus
4. le automobili
5. i treni
6. il cinema

C. Le domande giuste. Provide appropriate questions for the following answers.

ESEMPIO: Sì, li ho. → Hai i libri?

1. No, non la compro. 2. Sì, vi scrivo. 3. No, non li mangio. 4. Sì, posso incontrarLa oggi. 5. No, non voglio vederlo. 6. Ti aspetto in classe. 7. Non la pulisco perché non ho tempo oggi. 8. Certo che vi invito alla festa.

D. Domande personali. Ask your partner questions, adding questions of your own using the verbs provided. Your partner should answer using a pronoun.

ESEMPIO: scrivere lettere
S1: Scrivi lettere?
S2: Sì, le scrivo. (No, non le scrivo.)

1. leggere il giornale tutti i giorni
2. fare esercizi d'aerobica
3. cucinare spesso la pasta
4. guardare molto la televisione
5. scrivere racconti o poesie
6. ascoltare…
7. pulire…
8. mangiare…
9. suonare…
10. fare…

D. L'ora

Ottobre

Lunedì

1

8.00	studiare
10.30	chimica
11.45	il bar
1.00	pranzare
2.20	studiare
4.00	giocare a calcio
7.30	pizza con Gabriella

Oggi Luca ha una giornata piena. Alle otto di mattina deve studiare per gli orali di fisica prima di andare al corso di chimica alle dieci e mezzo. Poi, a mezzogiorno meno un quarto, va al bar a prendere un caffè e a chiacchierare con gli amici. All'una tutti vanno a pranzare insieme alla mensa. Dopo pranzo, circa alle due e venti, Luca va in biblioteca a studiare fino alle quattro, quando va a giocare a calcio. Alle sette e mezzo, va a mangiare la pizza con la sua ragazza Gabriella. Che bella giornata!

Today Luca has a full day. At eight A.M. he has to study for his orals in physics before going to his chemistry class at 10:30. Then at 11:45 he'll go to the café to have coffee and chat with his friends. At 1 P.M. all of them will go to lunch together at the cafeteria. After lunch, around 2:20, Luca will go to the library to study until 4 P.M., when he'll go to play soccer. At 7:30, he'll go eat a pizza with his girlfriend Gabriella. What a nice day!

Sono le sette e un quarto (e quindici). Susanna fa colazione.

Sono le otto meno cinque. Arriva all'università.

Sono le nove. È a lezione di chimica.

È mezzogiorno. (Sono le dodici.) Mangia un panino con gli amici.

È l'una. Studia in biblioteca.

Sono le quattro e tre quarti (e quarantacinque). (Sono le cinque meno un quarto [meno quindici].) Va a nuotare in piscina.

Sono le sette e mezzo (e trenta). Guarda la TV.

È mezzanotte. Studia di nuovo (*again*).

È l'una. Va a letto.

1. The question *What time is it?* can be expressed in two interchangeable ways. **Che ora è?** or **Che ore sono?** (literally, *What hour is it?* or *What hours are they?*)

   a. In most responses to this question, a definite article precedes the hour: **È l'una.** (*It's one o'clock*). Hours after one are expressed in the plural: **Sono le cinque** (*It's five o'clock*). Only **È mezzogiorno** (*It's noon*) and **È mezzanotte** (*It's midnight*) do not have an article.

   b. Fractions of an hour can be expressed with **e** + minutes elapsed: **È l'una e quindici** (*It's one fifteen*). **Sono le cinque e quarantacinque** (*It's five forty-five*). For times after the half-hour, it is common to use the next hour + **meno** (*minus*) + *minutes remaining before the next hour:* **È mezzanotte meno dieci** (*It's ten minutes to midnight*). **Un quarto** (*a quarter*) and **mezzo** (or **mezza**) (*a half*) often replace **quindici** and **trenta**.

Sono le due e un quarto.	*It's two-fifteen.*
È mezzogiorno e mezzo.	*It's twelve-thirty.*
Sono le cinque meno un quarto.	*It's quarter to five.*

2. To indicate A.M., add **di mattina** to the hour; to indicate P.M., add **del pomeriggio** (12 P.M. to 5 P.M.), **di sera** (5 p.m. to midnight), or **di notte** (midnight to early morning) to the hour.

3. *At what time?* is expressed as **A che ora?** The response uses **alle** + *the hour*, except for **all'una, a mezzogiorno,** and **a mezzanotte.**

A che ora mangi?	*What time do you eat?*
Faccio colazione **alle** otto di mattina.	*I eat breakfast at eight in the morning.*
Pranzo **all'una.**	*I have lunch at one.*
Ceno **alle** otto.	*I eat dinner at eight.*
Prendo un caffè **a** mezzogiorno.	*I have a coffee at noon.*

Esercizi

A. **Dov'è Michele?** You have to find your friend Michele. He's not in his room, but you find his schedule. Can you figure out where he is at the following times? (Note that Italian uses a period instead of a colon to separate hours from minutes.)

	LUNEDÌ	MARTEDÌ	MERCOLEDÌ	GIOVEDÌ	VENERDÌ
9.00	Chimica		Chimica		Chimica
10.00		Storia moderna		Storia moderna	
11.00	Italiano	Italiano	Italiano	Italiano	Italiano
1.00	Letteratura americana		Letteratura americana		Letteratura americana
2.00		Psicologia		Psicologia	

ESEMPIO: lunedì / 9.00 →
È lunedì, sono le nove. Michele è a lezione di chimica.

1. venerdì / 1.30
2. mercoledì / 9.15
3. lunedì / 1.20
4. martedì / 10.45
5. giovedì / 11.05
6. martedì / 2.50

B. **Che fai?** Ask a classmate what he/she does at the following times.

ESEMPIO: 8.00 A.M. →
S1: Che fai alle otto di mattina?
S2: Alle otto di mattina vado in palestra.

1. 3.00 A.M.
2. 7.00 P.M.
3. 1.15 P.M.
4. 10.00 P.M.
5. 12.00 A.M.
6. 12.00 P.M.
7. 2.30 P.M.
8. 9.45 A.M.
9. 5.00 P.M.

Piccolo ripasso

A. Il giovedì. Restate the following paragraph three times, using these subjects: **noi, Carlo,** and **Laura e Stefania.**

Il giovedì io sono molto occupato (*busy*). Seguo corsi tutta la mattina, poi mangio un panino e prendo un caffè con gli amici. Nel pomeriggio, vado in biblioteca e studio per il mio corso di storia. Se posso, corro o faccio sollevamento pesi. Preferisco cucinare a casa ma qualche volta devo mangiare alla mensa. Non vado quasi mai al ristorante perché non voglio spendere troppi (*too much*) soldi! La sera finisco i compiti, pulisco un po' la camera e, se ho tempo, qualche volta (*sometimes*) scrivo una lettera. Vado a letto dopo mezzanotte e dormo 6 o 7 ore.

B. La settimana di Claudio. Read the following passage carefully.

Claudio è uno studente di architettura con molti interessi. Lui dice che ha troppe cose da fare e poco tempo a disposizione. In effetti (*Actually*), ha ragione! Il lunedì pomeriggio va in barca a vela con suo padre. Il martedì insegna musica ai bambini. Il mercoledì nuota per due ore e la sera prende lezioni di ballo. Il giovedì dipinge tutto il giorno. Il venerdì va sempre a teatro o al cinema con la sua ragazza. Il sabato mattina fa un giro con la sua nuova moto Guzzi e alla sera va in discoteca con i suoi amici. La domenica finalmente riposa (*he rests*): legge e fa un giro a piedi. Non perde mai tempo a guardare la televisione e trova anche il tempo per cucinare e studiare! Che energia!

List Claudio's activities on each day of the week. Then tell a classmate whether your week resembles Claudio's. Use expressions from this passage and from the **Vocabolario.**

ESEMPIO: Il lunedì pomeriggio Claudio va in barca a vela. Il martedì…

C. I preparativi. Complete the conversation between Marco's friends using the correct direct-object pronouns.

GEMMA: Dobbiamo fare i preparativi per la festa di compleanno (*birthday*) di Marco.

SERGIO: Va bene. Che devo fare?

GEMMA: Puoi comprare i regali (*presents*)?

SERGIO: Sì, _____ compro volentieri.

GEMMA: Sandra, vuoi preparare le lasagne?

SANDRA: Certo, _____ preparo domani.

GEMMA: Loretta, dobbiamo invitare Domenico, il cugino di Marco. _____ inviti tu?

LORETTA: Va bene, _____ chiamo stasera.

GEMMA: Milena, puoi fare una torta (*cake*)? Sei brava in cucina.

MILENA: Sì, _____ faccio al cioccolato. È quella preferita da Marco.

SERGIO: E tu, Gemma, che fai?

GEMMA: Vi guardo (*I'll supervise*)!

Lezione 4

Prospettive

Invito alla lettura

Gli sport più amati dagli italiani

Il calcio è la passione degli italiani. L'italiano, soprattutto maschio,[1] ama vedere giocare[2] al calcio, ama parlare di calcio ed ama anche giocare al calcio.

La domenica, molti italiani seguono[3] i risultati del campionato[4] di calcio alla televisione o li ascoltano alla radio, se si trovano fuori casa.[5] Il lunedì, in tutta Italia, la gente discute[6] delle partite della domenica perché ogni italiano è molto attaccato alla propria «squadra del cuore.[7]»

Quasi tutti gli italiani maschi, ma oggi anche alcune[8] donne, giocano al calcio: ci sono squadre per ogni età[9] in tutti i paesi e città di Italia. Anche chi[10] non gioca con una squadra è sempre pronto[11] a fare una partita con gli amici. Quando c'è un pallone,[12] qualsiasi[13] giardino o piccola piazza diventa[14] uno stadio.

Ma gli italiani, specialmente i più giovani, amano anche altri sport. In inverno, molte famiglie vanno a sciare sulle Alpi o sugli Appennini dove ci sono località ben attrezzate[15] per gli sport invernali. In Italia ci sono montagne quasi in ogni regione, soprattutto del Nord, ma si può[16] sciare anche al Sud, in particolare in Abruzzo. La passione per lo sci, negli ultimi anni, è aumentata[17] anche per merito di[18] grandi campioni[19] come Alberto Tomba.

Anche l'automobilismo e il ciclismo sono grandi passioni degli italiani. Quando c'è il Gran Premio di Formula 1 tutti fanno il tifo[20] per la rossa Ferrari. E molti seguono con grande interesse il Giro di Francia e il Giro d'Italia, due corse di ciclismo molto famose, e, naturalmente, fanno il tifo per il grande campione italiano Marco Pantani.

In Italia si possono[21] comunque[22] praticare tutti gli sport, dal basket alla pallavolo al nuoto all'atletica al tennis all'ippica,[23] e ci sono campioni italiani in quasi tutte le discipline, anche se dicono[24] che gli italiani sono pigri[25] e amano più guardare che fare lo sport.

Il Milan ha vinto il campionato

[1]soprattutto... *mostly males* [2]ama... *likes to watch it played* [3]*watch* [4]*championship* [5]se... *if they find themselves away from home* [6]la... *people discuss* [7]*heart* [8]*some* [9]*age* [10]*whoever* [11]*ready* [12]*ball* [13]*any* [14]*becomes* [15]*equipped* [16]si... *one can* [17]è... *has grown* [18]per... *thanks to* [19]*champions* [20]fanno... *cheer* [21]si... *one can* [22]*besides* [23]*horse racing* [24]*they say* [25]*lazy*

E ora a te

Capire

Vero o falso?

	V	**F**
1. Lo sport più amato (*loved*) dagli italiani è il calcio.	☐	☐
2. Solo chi (*he/she who*) sta a casa, la domenica, segue il calcio.	☐	☐
3. In Italia ci sono squadre di calcio per bambini e per adulti.	☐	☐
4. Gli italiani amano giocare a calcio con gli amici.	☐	☐
5. In Italia si può sciare solo sulle montagne del Nord.	☐	☐
6. Le località di montagna sono poco attrezzate per lo sci.	☐	☐
7. Gli italiani amano molto l'automobilismo.	☐	☐
8. Marco Pantani è un campione della bicicletta.	☐	☐
9. Molti sport hanno campioni italiani.	☐	☐

Scrivere

Write a short paragraph about your favorite sport, using the following questions as an outline.

Qual è il tuo sport preferito? Perché?
Segui solo gli spettacoli sportivi o pratichi anche lo sport?
Quanto tempo dedichi (*do you devote*) allo sport?
È importante per te praticare uno sport?
Hai un campione o una squadra «del cuore»?
Sogni (*Do you dream*) di diventare un campione?

In ascolto

Che fai adesso (*now*)? What are Chiara and Stefania doing? Listen carefully and then answer the following questions.

1. Perché Chiara ha fretta?
2. Dove va?
3. Dove va invece Stefania?
4. Quanti autobus deve prendere Chiara?
5. Come sono le lezioni che prende Chiara?

Videoteca

L'appuntamento mancato

Peppe meets his sister Cinzia at a **caffè.** They agree to invite some friends to listen to music. Peppe telephones Laura, who can't come because she has a date with Dino. Cinzia advises Peppe what to say the next time he calls Laura.

ESPRESSIONI UTILI

Scusa il ritardo. Sorry I'm late.
Non tengo conto dell'ora. I don't keep track of the time.
Non mi dire...! Don't tell me . . . !
Lasciamo stare! Let's not talk about it!
Che cos'hai in mente? What've you got in mind?

Dove vai di bello? Where are you going?
un appuntamento a date
un night a nightclub
un sacco di persone a bunch of people
Non ne parliamo! Let's not talk about it!

Funzione: Inviting someone to go somewhere

DAL VIDEO

PEPPE: Pronto! Posso parlare con Laura? Grazie. Ciao, Laura, sono Peppe! Bene, grazie. Senti! Vuoi venire stasera a casa mia verso le dieci?… Allora, forse per un'altra volta. Ciao.

PREPARAZIONE

1. Peppe arrives late because
   a. he hurt his arm.   **b.** he was at the gym.
   c. he was playing soccer.   **d.** he changed a tire on his **motorino.**
2. Peppe suggests listening to music
   a. at a nightclub.   **b.** at a **discoteca.**   **c.** on the terrace.   **d.** at a **trattoria.**
3. Cinzia urges Peppe to invite Laura next time to go to
   a. a nightclub.   **b.** a party.   **c.** a restaurant.   **d.** the gym.

COMPRENSIONE

1. What does Peppe say to Laura?
2. What does Laura tell Peppe?
3. What does Cinzia advise Peppe?

ATTIVITÀ

Using a pen as a telephone, place a call to your partner. Identify yourself and ask if he/she wants to (**volere**) do something together. Your partner has to (**dovere**) do something else instead and can't (**potere**) come.

Parole da ricordare

VERBI

andare in palestra	to go to the gym
andare via	to go away
aprire	to open
bere	to drink
capire (isc)	to understand
cenare	to eat dinner
chiudere	to close
correre	to run
cucinare	to cook
dipingere	to paint
dire	to say, tell
disegnare	to draw
dormire	to sleep
dovere (+ *inf.*)	to have to, must (*do something*)
essere nebbioso/sereno	to be foggy/clear weather
finire (isc)	to finish
guardare	to watch, look at
invitare	to invite
lasciare	to leave (something, someone)
leggere	to read
mettere	to put, place
nascere	to be born
nevicare	to snow
offrire	to offer
partire	to leave, depart
perdere	to lose; to waste; to miss
piovere	to rain
potere (+ *inf.*)	to be able to (can, may) (*do something*)
pranzare	to eat lunch
preferire (isc) (+ *inf.*)	to prefer (*to do something*)
prendere	to take
pulire (isc)	to clean
ricevere	to receive
rimanere	to remain
rispondere	to answer, reply
salire	to get on, climb up
scrivere	to write
seguire	to follow; to take a course
sentire	to hear
servire	to serve
tenere	to keep, hold
tirare vento	to be windy
uscire	to go out, exit
vedere	to see
venire	to come
viaggiare	to travel
vincere	to win
volere (+ *inf.*)	to want (*to do something*)

ESPRESSIONI CON *FARE*

fare l'aerobica	to do aerobics
fare sollevamento pesi	to lift weights
fare un giro in bici (in macchina, a piedi)	to go for a bike ride (car ride, walk)
fare un programma	to plan, make plans
fare/praticare uno sport	to play a sport

NOMI

l'appuntamento	appointment, date
le arti marziali	martial arts
il ballo	dancing
il calcio	soccer
la camera	bedroom
la cassetta	cassette
il CD (*pl.* i CD)	compact disc
la chiave	key
la chitarra	guitar
il computer	computer
il concerto	concert
il disco (*pl.* i dischi)	record, disk
il frigo (*from* frigorifero)	refrigerator
la gara	competition, match
il giocatore, la giocatrice	player
il giornale	newspaper
la lettera	letter
la musica	music
la nebbia	fog
la neve	snow
la novità	novelty, something new
il nuoto	swimming
la palla	ball
la pallacanestro	basketball
la partita	game, match
il passatempo	pastime, amusement
il piano	piano
la pioggia	rain
la poesia	poetry, poem
la posta elettronica	e-mail
il programma	plan
il racconto	short story
la rivista	magazine
il sassofono	saxophone
la squadra	team
lo strumento	instrument
il teatro	theater
la televisione (la TV)	television
il tempo	time; weather
il tennis	tennis
il vento	wind
la verità	truth
la volta	time (occasion, incidence)

AGGETTIVI

lento	slow
pieno	full
rotto	broken
solito	usual
solo	single, only
troppo	too much, too many
veloce	fast

L'ORA

a che ora?	at what time?
che ora è? / che ore sono?	what time is it?
è mezzogiorno	it's noon
è mezzanotte	it's midnight
mezzo, mezza	half
un quarto	a quarter

PRONOMI DI OGGETTO DIRETTO

mi	me
ti	you (*fam.*)
La	you (*form., m.* and *f.*)
lo	him, it
la	her, it
ci	us
vi	you (*fam.*)
Li	you (*form., m.*)
Le	you (*form, f.*)
li	them (*m.*)
le	them (*f.*)

ALTRE PAROLE ED ESPRESSIONI

adesso	now, right now
anch'io	I also, me too
circa	approximately, about, around
da solo/a	alone
di solito	usually
insieme	together
invece	instead, on the other hand
qualche volta	sometimes
quante volte?	how many times?
solo	only
subito	soon, immediately
tutti	everybody, everyone

Capitolo 5
Prendiamo un caffè?

Palermo, 15 febbraio

Cara sorella,

come stai? Come sta la tua famiglia? Noi siamo tutti bene, inclusa nonna Elvira che quest'anno fa cento anni. Prepariamo una bellissima festa con una grande torta, con la ricotta e i canditi. Facciamo anche tanti dolci di pasta di mandorle. Hai promesso di venire in vacanza, ricordi? Qui è già primavera e, come vedi dalla foto, il mare e il sole sono sempre meravigliosi. Aspetto con ansia di poterti riabbracciare dopo tanti anni.

Saluta tutti
Rosaria

Il porto di Palermo

IN BREVE

LEZIONE 1:
VOCABOLARIO
Qualcosa da mangiare, qualcosa da bere
- Le bevande
- Nelle bevande
- A colazione e per uno spuntino
- Chi pagare, come pagare

LEZIONE 2:
GRAMMATICA
A. Preposizioni articolate
B. Passato prossimo con **avere**

LEZIONE 3:
GRAMMATICA
C. Passato prossimo con **essere**
D. **Conoscere** e **sapere**
Piccolo ripasso

LEZIONE 4:
PROSPETTIVE
Invito alla lettura: *Caffè ristretto*
In ascolto
Videoteca: *Vita di un privilegiato*

SALUTI E BACI
Ritratto: Luigi Pirandello
In giro per le regioni: La Sicilia

Vocabolario

Lezione 1

Dialogo-Lampo

Al bar

ANDREA: Silvia… cosa prendi?

SILVIA: Un cappuccino.

ANDREA: Non mangi? Non fare complimenti.* Io mangio sempre!

SILVIA: No, di solito non faccio colazione la mattina.

ANDREA: (*alla cassiera*) Allora†… un cappuccino, un caffè e… tre paste.

SILVIA: Tre paste?! Hai proprio fame!

Al banco

IL BARISTA: Desiderano?

ANDREA: Un cappuccino, un caffè e tre paste. Ecco lo scontrino.‡

1. Che cosa mangia Silvia? Perché?
2. Che cosa bevono?
3. Cosa mangia Andrea?
4. Di che cosa hanno bisogno Andrea e Silvia per ordinare la colazione al banco?
5. Secondo voi, che momento del giorno è questo?

Qualcosa da mangiare, qualcosa da bere

LE BEVANDE (*BEVERAGES*)

l'**acqua (minerale / gassata / naturale)** water (mineral / carbonated / noncarbonated)

la **bibita** soda, soft drink

il **caffè macchiato** espresso with cream

il **cappuccino** espresso infused with steamed milk

la **cioccolata** hot chocolate

l'**espresso** strong Italian coffee

la **lattina** aluminum can

la **spremuta** freshly squeezed juice

il **succo d'arancia** orange juice

il **tè freddo** iced tea

NELLE BEVANDE

il **ghiaccio** ice

il **latte** milk

il **limone** lemon

lo **zucchero** sugar

A COLAZIONE E PER UNO SPUNTINO (*SNACK*)

il **biscotto** cookie

la **brioche, il cornetto** sweet roll

il **burro** butter

la **colazione** breakfast

la **fetta di pane** slice of bread

la **marmellata** marmalade, jam

la **merenda** mid-afternoon snack

il **pane** bread

*Non… No need to be polite.
†Well, then
‡receipt

una pasta piece of pastry
la pasticceria pastry shop
i salatini snacks, crackers, munchies

essere a dieta to be on a diet

al banco at the counter
al tavolino at a table

CHI PAGARE, COME PAGARE (WHO TO PAY, HOW TO PAY)

il/la barista bar attendant
il cameriere / la cameriera waiter / waitress

la cassa cashier's desk
il cassiere / la cassiera cashier
il conto bill, check
lo scontrino receipt

fare lo scontrino to get a receipt
offrire to offer (to pay), to "treat"
pagare (in contanti / con un assegno / con la carta di credito) to pay (in cash / by check / with a credit card)

Parole-extra

Panini all'italiana
(*Italian Sandwiches*)

il panino sandwich
  al formaggio cheese sandwich
  al prosciutto ham sandwich
  al salame salami sandwich
il tramezzino multilayer sandwich on thin bread

Colazione all'americana
(*American Breakfast*)

i cereali cereal
la pancetta bacon
la salsiccia sausage
il toast
l'uovo (*pl.* **le uova**) egg
le uova strapazzate scrambled eggs
lo yogurt

Esercizi

A. Che cosa ordiniamo? What drink do you order in the following situations?

1. Nevica e fa freddo.
2. Sono le otto di mattina.
3. in palestra
4. durante (*during*) una dieta
5. Hai un raffreddore (*a cold*).
6. in una calda giornata di agosto
7. a Londra, alle 5 del pomeriggio
8. a Roma, per pranzo (*for lunch*)

B. Cosa bevi e mangi a colazione e a merenda? Interview three classmates to find out what they eat and drink for breakfast and as a snack. Report your findings to the class.

Parole utili: le patatine (*potato chips*), i popcorn, le noccioline (*peanuts*), i salatini, robaccia (*junk food*)

C. Cosa prendi? First read the dialogue, then fill in the blanks with logical completions. Use the **Dialogo-Lampo** as a model.

SILVIA: _____?

ANDREA: _____ e una pasta.

SILVIA: Io preferisco il cappuccino. L'espresso è troppo amaro (*bitter*) per me!

ANDREA: _____?

SILVIA: Non mangio mai dolci (*sweets*) la mattina. Piuttosto (*Instead*) prendo _____.

ANDREA: Non prendi qualcosa da bere (*something to drink*)?

SILVIA: Sì, ma non un caffè, _____.

ANDREA: Vado a fare _____ alla cassa.

SILVIA: Oh no, offro io!

Grammatica

Lezione 2

A. Preposizioni articolate

Tutte le mattine vado al bar alle otto di mattina. Faccio colazione di fretta, prendo un espresso al banco, e poi prendo l'autobus delle otto e un quarto per l'università. Frequento i corsi e all'una del pomeriggio mangio alla mensa universitaria con i miei amici. Dopo pranzo, andiamo al bar a prendere un caffè e poi andiamo a studiare in biblioteca. Verso le quattro ho voglia di uno spuntino. Vado al bar e di solito prendo un tè caldo. Metto del miele nel tè e mangio un tramezzino. Verso le cinque prendo l'autobus e torno a casa.

Due studentesse romane studiano all'aperto

1. You have already encountered the simple Italian prepositions (**le preposizioni semplici**).

I CAFFE' D'ITALIA. LA SECONDA CASA DEGLI ITALIANI.

a	*at, to*	Vado **a** Milano.
da	*from*	Parto **da** New York.
di	*of*	Questa è la macchina **di** Gina.
in	*in, to, into*	Vado a Milano **in** aereo.
su	*on, over*	Metto il libro **su** questo tavolo.
con	*with*	Vado a Milano **con** mio fratello.
per	*for*	Parto **per** Milano domani.
		Compro un regalo **per** la nonna.

2. When the prepositions **a, di, da, in,** and **su** are followed by a definite article, they contract to form one word, called an articulated preposition (**preposizione articolata**). Each contraction has the same ending as the article. When the definite article begins with an **l**, the contraction has two **ll**s.

SINGOLARE	PLURALE
a + il ragazzo = **al** ragazzo	a + i ragazzi = **ai** ragazzi
a + lo zio = **allo** zio	a + gli zii = **agli** zii
a + l'aeroporto = **all'**aeroporto	a + gli aeroporti = **agli** aeroporti
a + la ragazza = **alla** ragazza	a + le ragazze = **alle** ragazze
a + l'amica = **all'**amica	a + le amiche = **alle** amiche

Ricordate:

andare + **a** + una città → Vado a Parigi.
andare + **in** + un paese → Vado in Francia.
andare + **in** + bicicletta (macchina, treno, aereo, barca) → Vado a casa in bicicletta.

3. In contractions, **di** and **in** change form, becoming **de-** and **ne-**.

di + la: Quali sono i giorni **della** settimana?   *What are the days of the week?*

di + il: Quali sono i libri **del** ragazzo?   *Which are the boy's books?*

in + i: Il ghiaccio è **nei** bicchieri.   *The ice is in the glasses.*

in + il: Il latte è **nel** frigo.   *The milk is in the refrigerator.*

Every morning I go to the bar at eight A.M. I eat breakfast in a hurry, I have an espresso at the counter, and then I take the 8:15 bus to the university. I go to my classes and at 1 P.M. I eat at the university cafeteria with my friends. After lunch we go to the bar to have coffee and then we go study in the library. Around four I get a craving for a snack. I go to the bar and usually I have a hot tea. I put honey in the tea and I eat a sandwich. Around five I catch the bus and go home.

4. The forms of **di** + *article* can also express an unspecified or undetermined quantity. The English equivalent is *some* or *any* or simply an unaccompanied noun.

Prendo **dei** salatini.	*I'm having some snacks.*
Gino mette **dello** zucchero nel caffè.	*Gino puts sugar in coffee.*
Beviamo **della** birra.	*We are drinking some beer.*

The use of **di** meaning *some* or *any* is optional. It is almost always omitted from questions and negative sentences.

Avete salatini?	*Do you have snacks?*
No, non abbiamo salatini.	*No, we don't have snacks.*

5. Remember: to indicate at what time an action occurs, use **a** + *article*.

Esco **alle** undici stasera.	*I go out at eleven tonight.*
Vanno alla partita di calcio **all'**una.	*They go to the soccer game at one.*

Except: Mangio **a mezzogiorno,** vado a dormire **a mezzanotte.**

6. **Con** has two contracted forms—**col (con + il)** and **coi (con + i)**—but they are rarely used.

C'è un uomo **con il (col)** cane in giardino.	*There's a man with a dog in the garden.*
Chi sta a casa **con i (coi)** bambini?	*Who is at home with the kids?*

7. The preposition **per** is never contracted.

Compro il regalo **per la** mia amica.	*I buy the gift for my friend.*
Silvia parte **per l'**Europa domani.	*Silvia leaves for Europe tomorrow.*

8. **Usi speciali:** Ordinarily, no article is used with the preposition **in** before words designating rooms in a house, certain buildings, or areas of the city.

Paola va **in** centro **in** macchina.

Paola va **in** biblioteca a cercare dei libri.

Paola va **in** banca a prendere dei soldi.

Paola va **in** ufficio a lavorare.

Paola incontra degli amici **in** piazza.

Paola guarda la televisione **in** salotto.

La domenica Paola va **in** chiesa.

Esercizi

A. Trasformazioni. Create new sentences by substituting the words in parentheses for the italicized words.

1. Carlo va alla *stazione*. (supermercato / stadio / festa / concerti)
2. Ricordi (*Do you remember*) il nome del *professore*? (professoressa / zio di Marco / profumo / bambine / acqua minerale)
3. L'aeroplano vola (*flies*) sull'*aeroporto*. (case / città / ospedale / stadio)
4. Vengono dall'*università*. (ufficio / stadio / biblioteca / stazione / aeroporto)

B. Scambi. With a partner, complete the dialogue using simple or articulated prepositions.

A

1. S1: Vai a mangiare _____ mensa _____ gli amici?
   S2: No, non posso. Prima (*First*) devo andare _____ banca e poi vado _____ biblioteca a studiare _____ un esame.
2. S1: Ricordi il nome _____ profumo che mi piace (*I like*) tanto (*so much*)?
   S2: No, ma possiamo andare _____ profumeria qui vicino a cercarlo.
3. S1: Di chi è quella giacca _____ letto?
   S2: È la giacca _____ studentessa straniera, quella _____ Parigi.
4. S1: C'è _____ burro nel frigo?
   S2: No, ma c'è _____ margarina e _____ panna (*cream*).
5. S1: Dove mangiate? _____ cucina (*kitchen*)?
   S2: Di solito _____ salotto, davanti alla (*in front of*) TV.

B

C. Un tè (*tea party*). Lisa is in a panic before her tea party. Complete the paragraph with the appropriate **preposizioni articolate.**

Lisa, prima di (*before*) un tè importante: Vediamo, il latte è (**in** + **il**)^1 frigo. Devo mettere lo zucchero (**su** + **il**)^2 carrello (*cart*). I signori Cardini prendono il tè (**con** + **il**)^3 miele? (**A** + **i**)^4 loro bambini offro una cioccolata. E che cosa offro (**a** + **la**)^5 dottoressa Marconi? Vediamo se (*if*) ricordo… lei preferisce le paste (**a** + **i**)^6 salatini e il caffè (**a** + **la**)^7 spremuta. E (**a** + **gli**)^8 zii che cosa offro? E (**a** + **il**)^9 professor Morelli? Santo cielo (*Heavens!*), che confusione!

C

B. Passato prossimo con *avere*

Associate le frasi con i disegni a sinistra.

D

1. Marcello ha bevuto l'espresso.
2. Il barista ha preparato un espresso.
3. Marcello ha pagato alla cassa.
4. Marcello ha deciso di entrare (*go into*) nel bar.
5. Marcello ha dato lo scontrino al barista.

1. The **passato prossimo** is a past tense that reports an action or event that was completed in the past. It consists of two words: the present tense of **avere** or **essere** (called the *auxiliary* or *helping verbs*) and the past participle of the verb.

E

> *passato prossimo = presente di* **avere / ẹssere** + *participio passato*

In this section you will learn how to form the past participle and the **passato prossimo** with **avere**.

2. The past participle of regular verbs is formed by adding **-ato, -uto,** and **-ito** to the infinitive stems of **-are, -ere,** and **-ire** verbs respectively.

INFINITO	PARTICIPIO PASSATO	
-are	**-ato**	lavor**are** → lavor**ato**
-ere	**-uto**	ricẹv**ere** → ricev**uto**
-ire	**-ito**	cap**ire** → cap**ito**

IL PASSATO PROSSIMO

LAVORARE		RICẸVERE		CAPIRE	
ho lavorato	*I worked*	ho ricevuto	*I received*	ho capito	*I understood*
hai lavorato	*you worked*	hai ricevuto	*you received*	hai capito	*you understood*
ha lavorato	{ *you worked* / *he/she worked*	ha ricevuto	{ *you received* / *he/she received*	ha capito	{ *you understood* / *he/she understood*
abbiamo lavorato	*we worked*	abbiamo ricevuto	*we received*	abbiamo capito	*we understood*
avete lavorato	*you worked*	avete ricevuto	*you received*	avete capito	*you understood*
hanno lavorato	{ *you worked* / *they worked*	hanno ricevuto	{ *you received* / *they received*	hanno capito	{ *you understood* / *they understood*

3. The **passato prossimo** has several English equivalents.

Ho mangiato.
I ate. (simple past)
I did eat. (emphastic past)
I have eaten. (present perfect)

4. When **avere** is the auxiliary, the past participle always ends in **-o** regardless of the subject of the verb.

Oggi Anna non lavora perché
  ha lavoro ieri.
Anche gli altri hanno lavorato.

Today Anna isn't working
  because she worked yesterday.
The others worked, too.

5. In negative sentences, **non** precedes the auxiliary verb.

—Ha ordinato un tè?
—No, non ho ordinato un tè.

Did you order a tea?
No, I didn't order a tea.

6. Some verbs have irregular past participles. Most are **-ere** verbs stressed on the stem, such as **LEGgere.**

   a. Irregular **-are** and **-ire** verbs:
   fare

   dire

Abbiamo **fatto** un corso di
  biologia l'anno scorso (*last*).
Ho **detto** la verità a mia madre.

Si dice così:
prẹndere vs. portare

■ ■ ■ ■ ■ ■ ■ ■ ■ ■ ■ ■ ■ ■

Prẹndere means *to take.*

Ho preso l'autobus. *I took the bus.*

Mario ha preso i soldi. *Mario took the money.*

It also has idiomatic usages, such as:

Le ragazze hanno preso il sole al mare. *The girls sunbathed at the beach.*

Abbiamo preso un caffè al bar. *We had a coffee at the bar.*

Prẹndere is not used to mean *to take someone/ something somewhere.* **Portare** (*to bring*) is used instead.

Sandra ha portato Enrica all'università in macchina. *Sandra took Enrica to the university in her car.*

Gli amici hanno portato le bibite alla festa. *Friends brought the drinks to the party.*

■ ■ ■ ■ ■ ■ ■ ■ ■ ■ ■ ■ ■ ■

b. Irregular **-ere** verbs:

chiẹdere (*to ask for*)	Marco ha **chiesto** il conto.
cọrrere	Ho **corso** per 2 chilometri.
decịdere	Marzia ha **deciso** di partire.
dipịngere	Tina ha **dipinto** un bel quadro.
lẹggere	Tu e Massimo avete **letto** un bel libro.
mẹttere	Maria ha **messo** il bicchiere sul tavolo.
pẹrdere	Purtroppo (*Unfortunately*), abbiamo **perso** i biglietti.
prẹndere	Ieri (*Yesterday*) abbiamo **preso** il treno per andare a Firenze.
rispọndere	Non hai **risposto** alla domanda.
scrịvere	Salvatore ha **scritto** una lettera a sua madre.
vedere	Ho **visto** il film. *or* Ho **veduto** il film.

The past participle of **bere** (from the Latin *bevere*) is based on the Latin form:

Ho **bevuto** un bicchiere d'acqua.

7. The **passato prossimo** is often accompanied by these and similar time expressions.

ieri, ieri sera	*yesterday, last night*
stamattina	*this morning*

due giorni una settimana un mese un anno } fa	*two days a week a month a year* } *ago*

lunedì il mese } scorso l'anno	*last* { *Monday month year*

domenica la settimana } scorsa/passata	*last* { *Sunday week*

Hai parlato con Rita alla festa ieri sera? *Did you talk to Rita at the party last night?*

Hanno avuto l'influenza la settimana scorsa. *They had the flu last week.*

8. Common adverbs of time, such as **già** (*already*), **sempre,** and **mai** (*ever*), are placed between **avere** and the past participle.

Ho sempre avuto paura dei cani. *I've always been afraid of dogs.*

Hai mai mangiato paste italiane? *Have you ever eaten Italian pastries?*

Il postino ha già portato la posta. *The mail carrier already brought the mail.*

Esercizi

A. Trasformazioni. Replace the subject with each subject in parentheses, and change the verb form accordingly.

1. Roberto ha mangiato troppe patatine. (loro / io / tu / voi)
2. Non abbiamo dormito bene. (io / la signora / i bambini / tu)
3. Hai ricevuto una lettera? (chi / voi / loro / Lei)
4. Hanno chiesto un cappuccino. (il dottore / io / io e Roberto / tu e Silvana)
5. Ho messo il ghiaccio nei bicchieri. (Lei / noi / le ragazze / voi)

B. Pierino è un bambino terribile... Continue the description of Pierino's bad habits, beginning with **Anche ieri...** Use the **passato prossimo** as in the example.

ESEMPIO: Non dice «Grazie!» → Anche ieri non ha detto «Grazie!»

1. Non studia.
2. Non fa gli esercizi.
3. Non risponde alle domande.
4. Non finisce il compito.
5. Non mangia la verdura (*vegetables*).
6. Non prende la medicina.

C. Trovate le persone che... In pairs, circulate to find other pairs who have had the following experiences.

ESEMPIO: vedere un film italiano →
    A: Avete mai visto un film italiano?
    B: Sì, abbiamo visto *Cinema Paradiso.* / No, non abbiamo mai visto un film italiano.

1. viaggiare in Europa/Asia/ Alaska/Wisconsin
2. leggere *Moby Dick*
3. perdere i biglietti
4. avere un incidente (*accident*) di macchina
5. bere un caffè espresso
6. vedere una persona famosa

Nota culturale
Il bar italiano

Interno di un bar romano

An Italian **bar** is very different from an American bar. Italians of all ages frequent bars for coffee or light drinks and snacks, including **dolci, panini, pizzette,** and regional specialties. The most common drink is coffee (**espresso** or **cappuccino**).

There are two ways to order at an Italian bar. First you decide whether you want to stand at the counter (**al banco**) or sit at a table (**al tavolo**). You will pay more at a table because a **cameriere** serves you. Ordinarily, Italians prefer to stand at the counter. If you decide to stand **al banco**, it is customary to pay in advance **alla cassa.** You will receive a small receipt called **lo scontrino.** You then go to the counter and place your order with **il/la barista.** When you receive your order, you give **lo scontrino** to the **barista.** It is customary to give a small tip (**la mancia**) for good service.

Saluti e baci

Cappuccino e giornale in un caffè
italiano a Montreal.

Montreal, 1 Marzo

Carissima Rosaria,

grazie per la bella cartolina. Qui fa un gran freddo e io penso
sempre al sole italiano. Luca ed io passiamo molto tempo nei bar
italiani e ti mando una foto di Luca nel nostro bar preferito.
Per fortuna alla fine di giugno partiamo per la Sicilia.
Finalmente il sole, i bagni, i gelati, le granite, le chiacchierate in
siciliano...! Dall'aeroporto vengo direttamente a casa tua: aspettami
con un caffè, un bel caffè ristretto come sappiamo fare solo noi!
Non vedo l'ora di essere da voi!

Baci
Anna

English equivalents of the correspondence
appearing in *In giro per l'Italia* are available
on the website at www.mhhe.com/ingiro.

Ritratto

Luigi Pirandello
scrittore siciliano, 1867–1936

Nasce in una zona di campagna[1] vicino ad Agrigento. Dopo la laurea va a vivere a Roma, dove insegna e comincia a scrivere romanzi, racconti e opere teatrali.[2]

Fra le sue opere più famose[3] ci sono le bellissime *Novelle per un anno*, ambientate[4] soprattutto in Sicilia. Mentre il più conosciuto[5] fra i romanzi è certamente *Il fu Mattia Pascal*.[6]

Ma è soprattutto il teatro che dà a Pirandello un successo mondiale[7]: scrive 44 opere, molto rappresentate[8] anche oggi. *Sei personaggi in cerca d'autore*[9] è considerata l'opera che rinnova[10] il teatro italiano. Riceve nel 1934 il premio Nobel per la letteratura.

[1]*zona… countryside* [2]*opere… theatrical works* [3]*Fra… Among his most famous works* [4]*set* [5]*il… the most well-known* [6]*Il… The Late Mattia Pascal* [7]*worldwide* [8]*performed* [9]*Sei… Six Characters in Search of an Author* [10]*renews*

In giro per le regioni

La Sicilia

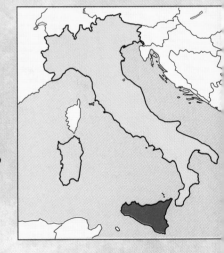

La Sicilia è la più grande regione italiana ed anche la più grande isola del Mediterraneo.

Poche regioni italiane offrono tante bellezze artistiche e naturali come la Sicilia. Le coste sono bellissime e molte sono le isole minori con mare azzurro e pulito come Lampedusa, Vulcano e Stromboli. All'interno ci sono campagne quasi desertiche[1] e dolci colline[2] profumate di agrumi.[3] Il clima caldo favorisce,[4] nelle zone costiere,[5] la crescita[6] di bellissime piante, anche tropicali. Ma sul monte Etna cadono abbondanti nevicate,[7] e d'inverno si può sciare. L'Etna è un vulcano ancora attivo; spesso lascia uscire colate[8] di lava incandescente, ed offre uno spettacolo naturale magnifico ma pauroso[9] per i paesi e le città, come Catania, che si trovano[10] ai suoi piedi.

La Sicilia è anche una regione ricchissima di arte. Ci sono aree[11] archeologiche interessantissime, fra le quali[12] c'è la valle dei Templi di Agrigento, e celebri monumenti dove si può leggere la storia di quest'isola. La Sicilia, in passato, è stata infatti dominata da popoli diversi (greci, romani, arabi, normanni eccetera) che hanno lasciato tracce[13] dei loro diversi stili in palazzi e chiese come il bellissimo Duomo di Monreale.

[1]*campagne… nearly desertlike country* [2]*hills* [3]*citrus* [4]*fosters* [5]*coastal* [6]*growth* [7]*cadono… lots of snow falls* [8]*flows* [9]*frightening* [10]*si… are situated* [11]*areas* [12]*fra… among them* [13]*traces*

L'ITALIA VIRTUALE

For Internet links and additional activities to learn more about **Sicilia,** visit the *In giro per l'Italia* website at www.mhhe.com/ingiro.

Lezione 3

C. Passato prossimo con *essere*

MARIANNA: Sei andata al cinema ieri sera, Carla?

CARLA: No, Marianna. Gli altri sono andati al cinema; io sono stata a casa e ho studiato tutta la santa sera!

1. Most verbs use **avere** to form the **passato prossimo,** but many common verbs use **essere.*** The past participle of a verb that forms the **passato prossimo** with **essere** always agrees in gender and number with the subject of the verb. It can therefore have four endings: **-o, -a, -i, -e.**

PASSATO PROSSIMO OF **andare**			
sono andato/a	*I went / have gone*	siamo andati/e	*we went / have gone*
sei andato/a	*you went / have gone*	siete andati/e	*you went / have gone*
è andato/a	*you went / have gone* *he, she, it went / has gone*	sono andati/e	*you went / have gone* *they went / have gone*

Anna è andata a teatro.   *Anna went to the theater.*
Gli altri non sono andati a teatro.   *The others didn't go to the theater.*

MARIANNA: Did you go to the movies last night Carla?   CARLA: No, Marianna. The others went to the movies; I stayed home and studied the whole blessed evening!

*In vocabulary lists beginning with this chapter, an asterisk (*) will indicate verbs conjugated with **essere.**

2. Most verbs that form the **passato prossimo** with **essere** are verbs of locomotion and inactivity, such as **andare, venire, partire, arrivare, entrare, rimanere,** and **stare,** and verbs indicating changes in state of being, such as **nascere** (*to be born*) and **morire** (*to die*). As illustrated above, verbs that take **essere** also describe actions and states associated with home. Notice that **venire, morire, rimanere,** and **nascere** have irregular past participles.

Sono venuta a casa alle sette.	*I came home at seven.*
Il cane è morto ieri.	*The dog died yesterday.*
Marco e Luca sono rimasti in casa tutta la sera.	*Marco and Luca stayed home all evening.*
Il bambino di Giulia è nato il mese scorso.	*Giulia's baby was born last month.*
Quando è partita la signora?	*When did the woman leave?*

3. Note that the verbs **essere** and **stare** have identical forms in the **passato prossimo. Sono stato/a** can mean either *I was* or *I stayed,* depending on the context.

Mario è stato ammalato tre volte questo mese.	*Mario has been sick three times this month.*
Mario è stato a casa una settimana.	*Mario stayed home for a week.*

—Sei stato fortunato!

Andrea
è nato a Milano il 19 dicembre 2001. Figlio di Claudia e Piero Caslini, saluta i nonni e tutti gli zii e le zie.

Sofia
è nata a Forlì il 1° luglio 2000. Ha portato una grande gioia a mamma Marina e papà Renato Cappelli, ai nonni e allo zio Roberto.

Esercizi

A. Trasformazioni. Replace the subject with each subject in parentheses, and make all necessary changes.

1. Noi siamo andati a un concerto. (Carlo / Silvia / le tue amiche / tu, mamma)
2. Mario è stato ammalato. (la zia di Mario / i bambini / le ragazze / tu, zio)
3. Laura è venuta alle otto. (il professore / gli studenti / anche noi / tu, papà)

B. Scambi. Working with a partner, complete the conversations.

1. s1: Grazie, professore, è stat_____ molto gentile!
   s2: Anche Lei, signorina, è stat_____ molto gentile!

2. S1: Hai vist_____ Luisa quando è entrat_____?
   S2: Sì; è andat_____ subito dal (*to the*) direttore.
3. S1: Vittorio e Daniela sono tornat_____ dalle vacanze in Umbria?
   S2: Sì, ieri. Sono arrivat_____ a casa stanchi. Quante chiese hanno visitat_____! Hanno dett_____ che hanno fatt_____ molte foto.
4. S1: Io sono andat_____ a Venezia in treno, ma le ragazze sono andat_____ in aereo. E la nonna?
   S2: È andat_____ in macchina con la zia Silvia.
5. S1: Chi ha fatt_____ da mangiare (*cooked*) quando la mamma è stat_____ ammalata?
   S2: Papà.
   S1: Come avete mangiat_____?
   S2: Abbiamo mangiat_____ bene!

D. *Conoscere e sapere*

LUIGI: Conosci Marco?

ANTONIO: No, non lo conosco, ma so che suona il piano e che sa dipingere— è artista e musicista.

LUIGI: Conosci Maria?

ANTONIO: No, non la conosco, ma so che gioca bene a calcio e che sa giocare anche a football.

LUIGI: Tu non conosci molta gente, vero?

ANTONIO: No, questo è vero, ma so molte cose di molte persone*!

Conoscere and **sapere** both correspond to the English verb *to know*, but they have different meanings.

Conoscere is regular; **sapere** is irregular.

conoscere		sapere	
PRESENTE		PRESENTE	
conosco	conosciamo	so	sappiamo
conosci	conoscete	sai	sapete
conosce	conoscono	sa	sanno
PASSATO PROSSIMO		PASSATO PROSSIMO	
ho conosciuto		ho saputo	

LUIGI: Do you know Marco? ANTONIO: No, I don't know him, but I know that he plays the piano and that he knows how to paint—he's an artist and musician. LUIGI: Do you know Maria? ANTONIO: No, I don't know her, but I know that she plays soccer well and that she knows how to play American football too. LUIGI: You don't know many people, right? ANTONIO: No, this is true, but I know a lot of things about a lot of people!

*Two Italian words correspond to the English *people*: **la gente** and **le persone**. **Gente** is a feminine singular noun. **Persone** is feminine plural.

C'è molta gente. } *There are many people.*
Ci sono molte persone.

Nota bene: la coniugazione di *sapere*

Note the similarity of **sapere** to the conjugations of **dare**, **stare**, and **avere**.

sapere	dare
so	do
sai	dai
sa	dà
sappiamo	diamo
sapete	date
sanno	danno

stare	avere
sto	ho
stai	hai
sta	ha
stiamo	abbiamo
state	avete
stanno	hanno

1. **Conoscere** means *to know* in the sense of *to be acquainted with someone or something*. It can also mean *to make the acquaintance of, to meet.*

Conosci l'amico di Giovanna?	*Do you know Giovanna's friend?*
Non **conosciamo** la città.	*We don't know the city.*
Voglio **conoscere** quella ragazza.	*I want to meet that girl.*

2. **Sapere** means *to know* a fact, *to have knowledge of* something. When followed by an infinitive, it means *to know how to* do something.

Scusi, **sa** dov'è il ristorante Stella?	*Excuse me, do you know where the Ristorante Stella is?*
Non **so** perché i bambini non mangiano.	*I don't know why the kids aren't eating.*
Sanno tutti i nomi degli studenti.	*They know all the names of the students.*
Sapete ballare voi?	*Do you know how to dance?*

3. The pronoun **lo** must be used with **sapere** to express the object of the verb. This object is understood (but not expressed) in English.

—Sapete dov'è Monza?	*Do you know where Monza is?*
—Non **lo** sappiamo.	*We don't know.*

4. In the **passato prossimo,** these verbs have more precise meanings: **conoscere** means *to meet*, and **sapere** means *to find out (to hear).*

Abbiamo conosciuto una signora molto simpatica dai Guidotti.	*We met a very nice woman at the Guidottis'.*
Ieri ho saputo che i Mincuzzi sono partiti.	*Yesterday I found out (heard) that the Mincuzzis left.*

Esercizi

A. I fatti. Do you know the answers to the following questions? Working with a partner, respond by saying you do (**Sì, lo so**) or do not (**No, non lo so**). If you do know, give the answer.

ESEMPIO: S1: Sai dov'è la Statua della Libertà?
S2: No, non lo so. (Sì, lo so; è a New York.)

1. Sai chi ha inventato la radio?
2. Sai quanti anni ha Robert Redford?
3. Sai dov'è il Teatro alla Scala?
4. Sai quanti sono i segni dello zodiaco?
5. Sai quante sono le regioni italiane?
6. Sai quanti partiti (*political parties*) ci sono in Italia?
7. Sai quali sono gli ingredienti della pizza?

B. Scambi. Complete the conversations with the appropriate verb.

1. S1: (Sa / Conosce) Roma, signorina?
   S2: Sì, ma non (so / conosco) dove trovare un ristorante giapponese.
2. S1: Paolo, non (sai / conosci) cucinare?
   S2: No, ma (so / conosco) molti buoni ristoranti!

3. S1: (Sapete / Conoscete) il ragazzo di Antonella?

S2: Sì: è simpatico, è intelligente e (sa / conosce) anche suonare la chitarra.

4. S1: Ragazzi, (sapete / conoscete) chi è il presidente della Repubblica Italiana?

S2: Sì, ma non (sappiamo / conosciamo) bene il sistema politico italiano.

5. S1: Signora, Lei (sa / conosce) perché i musicisti non sono arrivati?

S2: No, non lo (so / conosco).

Piccolo ripasso

A. A letto; al bar. Restate the following paragraph using the subjects indicated in parentheses at the end of the passage.

Giorgio non è venuto a lezione perché è stato ammalato. Ha avuto l'influenza ed è stato a letto tre giorni. Oggi è uscito per la prima volta (*the first time*) ed è andato un po' in bicicletta. Ha incontrato degli amici al bar a fare due chiacchiere (*to chat*). Ha preso una spremuta, poi è tornato a casa, ha letto per un paio (*a couple*) d'ore ed è andato a letto presto. (Marisa / io / Gino e Laura)

B. L'avvocato (*lawyer*) **Togni.** Complete the following conversation using the appropriate forms of **conoscere** or **sapere.**

S1: _____[1] l'avvocato Togni?

S2: No, non lo _____[2] personalmente ma _____[3] chi è; _____[4] dove abita e che cosa fa, e _____[5] sua moglie Sandra. La _____[6] da due anni.

S1: Com'è?

S2: È una donna in gamba (*capable, "with it"*): _____[7] cucinare molto bene, _____[8] ballare, _____[9] cantare e _____[10] la storia e la letteratura di molti paesi (*countries*).

S1: _____[11] da quanto tempo sono sposati (*married*)?

S2: No, non lo _____.[12]

C. La giornata degli zii. Complete with the appropriate **preposizioni** and **preposizioni articolate.**

La zia Claudia fa colazione _____[1] sei di mattina ed esce _____[2] casa subito dopo perché deve prendere l'autobus per andare _____[3] centro. La sveglia (*alarm clock*) _____[4] zio, invece, suona _____[5] otto. Lui può andare _____[6] ufficio tardi, se vuole, perché è un architetto molto famoso. È molto simpatico e porta spesso _____[7] paste _____[8] persone con cui (*whom*) lavora. La zia torna _____[9] casa presto, _____[10] quattro. Aspetta lo zio e, quando lui torna vanno _____[11] bicicletta per mezz'ora e poi mangiano insieme. Dopo cena leggono il giornale o telefonano _____[12] amici e vanno _____[13] letto presto.

Lezione 4

Invito alla lettura

Caffè ristretto°

Caffè... Strong coffee

Il caffè segna[1] la giornata degli italiani. Gli italiani si svegliano[2] con un caffè, fanno pause di lavoro con un caffè, discutono di argomenti importanti o parlano con gli amici davanti ad un caffè e, con un caffè, prolungano[3] il piacere[4] di stare a tavola. L'italiano prende un caffè se è di cattivo umore,[5] se è stanco, se ha bisogno di energia, se è depresso, se ha male di testa,[6] se ha mangiato troppo per aiutare la digestione... insomma[7] c'è un caffè per ogni occasione, e ogni scusa è buona per bere un caffè!

I bar italiani servono caffè ad ogni ora del giorno, dall'alba[8] fino alle ultime ore della notte, e quasi sempre la gente beve il caffè velocemente ed in piedi.[9]

L'italiano che si reca all'estero[10] può trovare dappertutto[11] piatti italiani, come la pasta e la pizza, ma si dispera[12] sempre per la mancanza[13] del «suo» caffè, quello che in Italia prende più volte al giorno: ristretto, nero, bollente e poco zuccherato.[14] Il vero caffè italiano si chiama «ristretto» o «basso» perché è forte e di una quantità assai[15] modesta, raccolta[16] nel fondo della tipica tazzina.[17]

Ma agli stranieri «l'espresso» (altro nome famoso del caffè italiano) sembra troppo forte e per questo preferiscono, di solito, il cappuccino. Nel cappuccino si aggiunge[18] all'espresso del latte, e il latte attenua[19] il sapore forte del caffè.

Non in tutta l'Italia comunque[20] il caffè è ristretto allo stesso modo. Nelle varie regioni cambia il clima e cambia anche il caffè. Al Nord, in genere, il caffè è meno ristretto, più «alto» che al Sud. Talvolta si «corregge»[21] con il brandy o altro liquore, oppure si «macchia»[22] con pochissimo latte. A Napoli il caffè è quasi un mito[23] ed è ristrettissimo. In casa i napoletani preparano il caffè con un tipo di caffettiera[24] particolare che si chiama, appunto,[25] napoletana.

Baristi in un grande bar di Milano

Anche in Sicilia c'è una grande cultura del caffè. In tutte le città possiamo bere buonissimi caffè, forti, neri e bollenti, ma possiamo assaggiare[26] anche una specialità freschissima: la granita[27] di caffè. Se poi la granita di caffè si accompagna con la panna montata,[28] il gusto è veramente indimenticabile[29]!

[1]punctuates [2]si... wake up [3]prolong [4]pleasure [5]di... in a bad mood [6]male... headache [7]quite simply [8]from dawn [9]in... standing up [10]si... goes abroad [11]everywhere [12]si... despairs [13]lack [14]bollente... boiling and with little sugar [15]quite [16]collected [17]tiny cup [18]si... is added [19]dilutes [20]however [21]Talvolta... Sometimes it is "corrected" [22]oppure... or it is "spotted" [23]myth [24]coffeemaker [25]appropriately [26]taste [27]milkshake [28]panna... whipped cream [29]unforgettable

E ora a te

Capire

Choose the best answer from the possibilities given.

1. Come è un vero caffè italiano?
   a. Forte, bollente e abbondante.
   b. Scarso di quantità, forte e bollente.
   c. Ristretto, abbondante e bollente.
2. Quando prendono il caffè gli italiani?
   a. La mattina.
   b. A tutte le ore.
   c. Dopo pranzo.
3. Perché gli stranieri di solito preferiscono il cappuccino al caffè?
   a. Perché il cappuccino contiene più calcio e vitamine.
   b. Perché il cappuccino è più abbondante e più dolce.
   c. Perché nel cappuccino si sente meno il sapore forte del caffè.
4. Che cosa è il caffè macchiato?
   a. Un espresso con poche gocce (*drops*) di liquore.
   b. Un espresso con poche gocce di latte.
   c. Un caffè meno ristretto dell'espresso.
5. Dove si può bere il caffè più ristretto?
   a. Nelle regioni del Sud.
   b. Nelle grandi città.
   c. Nelle regioni del Nord.

Scrivere

Complete the sentences below. Write what you drink at different times of day or in different situations. If your answer is **caffè** more than three times, you should feel a little bit Italian!

Che cosa bevo…

1. la mattina al risveglio (*when I wake up*): _____
2. la mattina, durante la pausa: _____
3. dopo pranzo: _____
4. a metà pomeriggio (*in mid-afternoon*): _____
5. dopo cena: _____
6. quando sono stanco/a: _____
7. quando ho male di testa: _____
8. quando sono depresso/a: _____
9. quando mi incontro con gli amici: _____

In ascolto

Al tavolino o no? Valentina and Giacomo can't seem to agree. Listen carefully and then correct the false statements.

1. Valentina è stanca e ha sete.
2. Giacomo non vuole andare al caffè Gilli perché è lontano.
3. Valentina vuole leggere il giornale al tavolino.
4. Secondo Valentina, possono passare (*spend*) due ore al caffè.
5. Giacomo preferisce prendere un tè freddo al banco.

Videoteca

Vita di un privilegiato

Peppe has just returned from vacation. While having breakfast at his neighborhood **bar,** he tells Sandro, the **barista,** about his trip.

ESPRESSIONI UTILI

mica not at all

Mi è quasi successo un disastro. A disaster almost happened to me.

una grossa macchina mi ha tagliato la strada a huge car cut me off

dici sul serio? are you serious?

Ti sei fatto male? Did you hurt yourself?

stordito stunned

mi hanno subito caricato in macchina they loaded me into the car right away

di corsa running, in a hurry

al pronto soccorso to the emergency room

mi hanno controllato da capo a piedi they checked me out from head to foot

mi hanno dimesso they released me

DAL VIDEO

SANDRO: Hai conosciuto almeno qualche ragazza?

PEPPE: Tante! In più, mi è quasi successo un disastro.

SANDRO: Davvero?

PEPPE: Sì, una sera sono uscito in motorino e al primo angolo una grossa macchina mi ha tagliato la strada.

PREPARAZIONE

1. Number the following foods in the sequence in which Peppe orders them.

   _____ orange juice _____ coffee _____ sweet roll _____ sandwich

2. Number the following events in the order in which they occurred.

   _____ A car cut Peppe off. _____ Peppe went to the emergency room.
   _____ Peppe went to Elba. _____ Peppe went out one evening on his scooter.

Funzione: Talking about past events

COMPRENSIONE

1. Did Peppe meet any girls on Elba?
2. What did the emergency-room doctors do to Peppe?
3. When was he released from the hospital?

ATTIVITÀ

You and two other students will jointly play the role of an Italian with a big appetite. Take turns naming something that you ate (**Ho mangiato...**) or drank (**Ho bevuto...**) at each of your four daily meals: at breakfast (**a colazione**), at lunch (**a pranzo**), at snacktime (**a merenda**), and at dinner (**a cena**).

Parole da ricordare

VERBI

chiẹdere (*p.p.* **chiesto**)	to ask for
conọscere	to know, be acquainted with; to meet
*entrare	to enter, go in
*ẹssere a dieta	to be on a diet
fare due chiạcchiere	to chat
fare lo scontrino	to get a receipt
mẹttere (*p.p.* **messo**)	to put
*morire (*p.p.* **morto**)	to die
*nạscere (*p.p.* **nato**)	to be born
offrire (*p.p.* **offerto**)	to offer (to pay), to "treat"
ordinare	to order
pagare (in contanti, con un assegno, con la carta di credito)	to pay (in cash, by check, with a credit card), to pay for
ricordare	to remember
sapere	to know; have knowledge of; to know how to

NOMI

l'acqua (minerale/gassata/ naturale)	water (mineral/ carbonated/noncarbonated)
il banco	counter
il/la barista	bar attendant
la bịbita	soda, soft drink
il bicchiere	(drinking) glass
il bịscotto	cookie
la brioche	sweet roll
il burro	butter
il caffè macchiato	espresso with cream
il cameriere / la cameriera	waiter/waitress
il cappuccino	espresso infused with steamed milk
la cassa	cashier's desk
il cassiere / la cassiera	cashier
il centro	center
in centro	downtown
la cioccolata	hot chocolate
il conto	bill, check
il cornetto	sweet roll
la cucina	kitchen; cuisine
la dieta	diet
l'espresso	strong Italian coffee
la fetta di pane	slice of bread
la gente	people
il ghiạccio	ice
il latte	milk
la lattina	aluminum can
il limone	lemon
la marmellata	marmalade, jam
la merenda	mid-afternoon snack

il miele	honey
la nocciolina	peanut
il paese	country; small town
il paio (*pl.* **le paia**)	pair; couple
il pane	bread
una pasta	piece of pastry
la pasticceria	pastry shop
la patatina	potato chip
il postino	mail carrier
il pranzo	lunch
la robaccia	junk food
i salatini	snacks, crackers, munchies
il salotto	living room
lo scontrino	receipt
la spremuta	freshly squeezed juice
lo spuntino	snack
il succo d'arancia	orange juice
la sveglia	alarm clock
il tạvolo	table
il tavolino	café table, small table
il tè freddo	iced tea
il tramezzino	sandwich
lo zụcchero	sugar

AGGETTIVI

ammalato	sick
passato	last (*with time expressions*)
scorso	last (*with time expressions*)

ALTRE PAROLE ED ESPRESSIONI

al banco	at the counter
al tavolino	at a table
davanti a	in front of
di fretta	in a hurry, hurriedly
dopo	after, afterward
fa	ago
fino a	until
già	already
ieri	yesterday
ieri sera	last night
in gamba	capable, "with it"
mai	ever
piuttosto	rather, instead
prima	first
prima di	before
la prima volta	the first time
purtroppo	unfortunately
qualcosa da bere / da mangiare	something to drink / to eat
stamattina	this morning
su	on, upon, above
tardi	late

---

*Words identified with an asterisk (*) are conjugated with **essere**.

Capitolo 6
Pronto in tavola!

La spiaggia di Rimini

Reggio Emilia, 8 aprile

Cara Isolde,

come state, tu e i bambini? Hai pensato, quest'inverno, alle belle giornate passate a Rimini? Allora ci ritroviamo il 15 giugno allo stesso Bagno Sirena? Spero di sì. Hai provato a fare le piadine con la mia ricetta? E i tortellini? Ricordati sempre di lavorare bene la pasta.
Puoi mandarmi la ricetta dello strudel che ti sei dimenticata di darmi?

Tanti saluti affettuosi a tutti
Maria Vittoria

IN BREVE

SALUTI E BACI
Ritratto: Federico Fellini
In giro per le regioni: L'Emilia-Romagna

Lezione 1

Dialogo-Lampo

Che facciamo per cena?

IRENE: Che fame, Fabio! Sono già le sette e mezzo. Cosa facciamo per cena?

FABIO: Non lo so… E poi il frigo è quasi vuoto*! Perché non andiamo fuori† a mangiare?

IRENE: Buona idea! Ti va una pizzeria? Ho proprio voglia di una pizza…

FABIO: Anch'io… o di un bel piatto di spaghetti! Invitiamo anche Marco e Alessandra?

IRENE: Se non hanno già cenato! Possiamo anche ordinare delle pizze a casa, fare solo un primo e invitare Marco e Alessandra qui!

1. Che ore sono?
2. Cosa vuole mangiare Irene?
3. Perché Fabio e Irene non vogliono stare a casa stasera?
4. Qual è l'idea di Irene per la cena?

Cucinare e cenare

AL RISTORANTE

il conto bill, check
la prenotazione reservation
il servizio, il coperto cover charge

cenare to eat dinner
pagare il conto to pay the bill
portare il conto to bring the bill
pranzare to eat lunch
prenotare, fare una prenotazione to make a reservation
preparare, apparecchiare la tavola to set the table

IL MENÙ ITALIANO

l'antipasto appetizer
 l'antipasto misto mixed appetizers (olives, marinated and roasted vegetables, cold cuts)
 i crostini canapés
 il prosciutto e melone cured ham and melon (canteloupe)

 i salumi (prosciutto, salame) cold cuts (ham, salami)
il primo (piatto) first course
 gli gnocchi dumplings
 il minestrone hearty vegetable soup
 la pasta (le fettuccine, le lasagne, le penne, i ravioli, gli spaghetti, i tortellini)
 in brodo in broth
 alla carbonara *with a sauce of eggs, bacon, and grated cheese*
 al forno baked
 al pesto *with a sauce of basil, garlic, grated parmesan, and pinenuts*
 al ragù, alla bolognese with meat sauce
 al sugo di pomodoro with tomato sauce
 il riso rice
 il risotto a creamy rice dish

---
*empty
†out

il **secondo (piatto)** main course
  l'**arrosto** roast
    di maiale pork
    di manzo beef
    di pollo chicken
    di vitello veal
  la **bistecca alla griglia** grilled
    steak
  il **pesce** fish
il **contorno** side dish
  l'**insalata mista** mixed salad
  le **patate (fritte)** (fried) potatoes
  i **pomodori** tomatoes

la **verdura** vegetables
il **formaggio** cheese
  la **mozzarella** mozzarella
  il **parmigiano** parmesan cheese
il **dolce** dessert
  la **crostata** pie
  la **frutta fresca** fresh fruit
  il **tiramisù** ladyfingers soaked in
    espresso and layered with
    cream cheese, whipped cream,
    and chocolate
  la **torta** cake

Parole-extra

le posate e i piatti
  silverware and
  dishes
  il **coltello** knife
  il **cucchiaio** spoon
  la **forchetta** fork
  il **piatto piano** plate
  la **scodella** bowl
  la **tazza** cup

E s e r c i z i

A. Al ristorante. Marco e Alessandra non hanno accettato l'invito di Irene e Fabio perché erano già al ristorante. Completa la loro conversazione con il cameriere. (*Marco and Alessandra didn't accept Irene and Fabio's invitation because they were already at a restaurant. Complete their conversation with the waiter.*)

MARCO: Alessandra, che cosa _____?

ALESSANDRA: Non so, ho molta _____. Probabilmente un _____, un primo e un _____.

MARCO: Mmmm, non so se posso mangiare tanto. Per me solo un antipasto e un _____.

CAMERIERE: I signori desiderano?

ALESSANDRA: Per me, prosciutto e melone, _____ e _____ alla griglia.

CAMERIERE: Con _____?

ALESSANDRA: Sì, grazie, un'insalata.

CAMERIERE: (*a Marco*) E lei?

MARCO: Per me _____ e spaghetti alla carbonara.

B. Indovinelli. Ecco alcuni indovinelli da risolvere. (*Here are some riddles for you to solve.*)

1. È rosso con la carne (*meat*) e bianco con il pesce.
2. È una frutta che mangiamo con un tipo di carne di maiale, ma non alla fine del pranzo.
3. È un tipo di formaggio fresco, uno degli ingredienti principali della pizza.
4. Beviamo questa bevanda (*drink*) molto fredda, ma mai con il ghiaccio.
5. Accompagnano spesso la bistecca, e vengono da una pianta (*plant*) portata in Italia da Cristoforo Colombo.
6. Si dice che Marco Polo ha portato questa pasta in Italia.
7. Il suo nome significa (*means*) *pick-me-up.*

Ristorante

VIA DELLA VIGNA VECCHIA 40/r
(ANGOLO VIA DELL'ACQUA)
50122 FIRENZE
Tel.: 055/284170
Chiuso il lunedì

Grammatica

Lezione 2

A. Pronomi di oggetto indiretto

ALBERTO: Siamo quasi a Natale: cosa regaliamo quest'anno alla nonna?

ELISABETTA: Semplice: le regaliamo il dolce tradizionale, il panettone.

ALBERTO: Benissimo! E allo zio Augusto?

ELISABETTA: Perché non gli compriamo un libro di cucina? Cucinare è il suo hobby preferito.

ALBERTO: Buona idea! E tu, cosa vuoi?

ELISABETTA: Puoi comprarmi una macchina per fare la pasta: così ci facciamo delle belle tagliatelle!

1. As you saw in Chapter 4, direct-object nouns and pronouns answer the question *what?* or *whom?* Indirect-object nouns and pronouns answer the question *to whom?* or *for whom?* In English the word *to* is often omitted: *We gave a cookbook to Uncle Giovanni.* → *We gave Uncle Giovanni a cookbook.* In Italian, the preposition **a** (or **per**) is always used before an indirect-object noun.

Abbiamo regalato un libro di cucina **allo** zio Giovanni.	*We gave a cookbook to Uncle Giovanni.*
Ho comprato il regalo **per** Maria.	*I bought the gift for Maria.*
Puoi spiegare questa ricetta **a** Paolo?	*Can you explain the recipe to Paolo?*

2. Indirect-object pronouns (**i pronomi di oggetto indiretto**) replace the indirect-object nouns. They are identical in form to direct-object pronouns except for the third-person forms **gli, le,** and **loro.**

SINGOLARE			PLURALE		
mi	(to/for)	*me*	ci	(to/for)	*us*
ti	(to/for)	*you*	vi	(to/for)	*you*
Le	(to/for)	*you (form., m. and f.)*	Gli (Loro)	(to/for)	*you (form., m. and f.)*
gli	(to/for)	*him*	gli (loro)	(to/for)	*them*
le	(to/for)	*her*			

ALBERTO: It's almost Christmas. What shall we give Grandma this year? ELISABETTA: (That's) Easy. We'll give her the traditional cake, panettone. ALBERTO: Fine! And for Uncle Augusto? ELISABETTA: Why don't we buy him a cookbook? Cooking is his favorite hobby. ALBERTO: Good idea! And you, what would you like? ELISABETTA: You can buy me a pasta machine; that way we can make ourselves some nice tagliatelle!

a. In contemporary usage, **Loro/loro** has been replaced by **Gli/gli,** which precedes the verb. **Loro/loro** always follows the verb.

Gli parliamo domani. *or (rarely)*	*We'll talk to them tomorrow.*
Parliamo **loro** domani.	

b. Indirect-object pronouns (except **Loro/loro**) precede the verb even in negative sentences.

—**Le** hai dato le ricette?	*Did you give her the recipes?*
—No, non **le** ho dato le ricette.	*No, I didn't give her the recipes.*

c. Indirect-object pronouns attach to the infinitive, and the **-e** of the infinitive is dropped.

Non ho più tempo di parlar**gli.**	*I no longer have time to talk to him.*

If the infinitive is preceded by a form of **dovere, potere,** or **volere,** the indirect-object pronoun can either attach to the infinitive (after the **-e** is dropped) or precede the conjugated verb.

Voglio parlar**gli** da solo.	*I want to talk to him alone.*
Gli voglio parlare da solo.	

d. **Le** and **gli** *never* elide before a verb.

Le offro un caffè.	*I offer her a cup of coffee.*
Gli hanno detto «Ciao!»	*They said "Ciao!" to him.*

3. The following common Italian verbs are used with indirect-object nouns or pronouns. You already know many of them.

consigliare (*to recommend*)	portare
dare	preparare (*to prepare*)
dire (*p.p.* detto)	regalare *to give (as a gift)*
domandare	rẹndere (*p.p.* reso) *to return, give back*
(im)prestare *to lend*	
insegnare	riportare *to bring back*
mandare *to send*	rispọndere (*p.p.* risposto)
mostrare *to show*	scrịvere (*p.p.* scritto)
offrire (*p.p.* offerto)	telefonare

—Non gli telefona mai nessuno[a]!   [a]*no one*

Esercizi

A. Scambi. Con un compagno / una compagna, completate le seguenti conversazioni con un pronome di oggetto indiretto. (*Working with a partner, complete the following conversations with indirect-object pronouns.*)

1. S1: Professore, posso far_____ una domanda?
   S2: Certo, signorina. Cosa _____ vuole chiedere?
2. S1: Come parlate bene! Chi _____ ha insegnato il francese?
   S2: _____ ha insegnato il francese una signora parigina (*Parisian*) molto brava.
3. S1: Io non sono mai a casa: non puoi telefonar_____.
   S2: E allora, _____ devo scrivere una lettera?
4. S1: Quando (*When*) i bambini hanno fame, _____ preparo gli spaghetti. E tu, cosa prepari per tua moglie?
   S2: Di solito _____ preparo un'insalata o della verdura cotta (*cooked*). Tutto cibo (*food*) genuino!
5. S1: Signore, posso consigliar_____ una di questa paste?
   S2: Per carità! (*Spare me!*) Sono a dieta. Non può portar_____ della frutta fresca?

B. L'insegnante. Stai parlando ad un amico del tuo professore/della tua professoressa. Scegli il pronome di oggetto diretto o indiretto appropriato, **lo/la** o **gli/le.** (*You are talking to a friend about your instructor. Choose the appropriate direct- or indirect-object pronoun, **lo/la** or **gli/le.**)

1. _____ vedo ogni giorno.
2. _____ domando «Come sta?»
3. _____ ascolto con attenzione.
4. _____ capisco quasi sempre.
5. _____ faccio molte domande.
6. _____ trovo intelligente.
7. _____ rispondo gentilmente.
8. _____ offro un caffè ogni giorno.

C. La storia di Maria. Leggi il seguente brano. Poi, scrivi o ripeti il brano e sostituisci a **Maria** i pronomi appropriati. (*Read the following story, then rewrite or repeat it, replacing **Maria** with the appropriate pronouns.*)

Voi non conoscete Maria, ma io conosco Maria da molti anni. È veramente (*truly*) una buon'amica. Ogni giorno vedo Maria al supermercato e parlo a Maria. Quando abbiamo tempo, offro un caffè a Maria. Maria non sa cucinare, così io do molte ricette a Maria e spiego a Maria cosa deve fare. Spesso telefono a Maria e invito Maria a pranzo. Anche Maria mi invita molto spesso, non a pranzo ma al cinema. Trovo Maria divertente e generosa. Per Natale voglio regalare un profumo a Maria. Ieri ho domandato a Maria quale profumo preferisce e Maria ha detto: «Obsession. Perché?» Io ho risposto a Maria: «Ho bisogno di un'idea per un regalo... »

Ora ripeti il brano e sostituisci a **Maria** il nome **Enrico**. Poi sostituisci a **Enrico** i pronomi appropriati. (*Now retell the story, substituting **Enrico** for **Maria**. Then replace **Enrico** with the appropriate pronouns.*)

B. Accordo del participio passato nel passato prossimo

SARA: Hai apparecchiato la tavola?

GINO: Sì, l'ho apparecchiata.

SARA: Hai incartato i regali per Massimo?

GINO: Sì, li ho incartati.

SARA: Hai preparato gli antipasti?

GINO: Sì, li ho preparati.

SARA: Hai comprato tutto? Hai ricordato il primo e il secondo e la frutta?

GINO: Sì, ho comprato tutto. Ho ricordato tutto. Tutto è pronto. È già pronto da due giorni! Tutti gli amici sanno che devono arrivare alle sette in punto. Rilassati—tutto andrà benissimo e per Massimo sarà una bella sorpresa.

SARA: Un'ultima domanda. Hai invitato Massimo?

GINO: Oh, no!

As you know, the **passato prossimo** of most verbs is formed with the present tense of **avere** plus a past participle.

1. When a direct-object pronoun is used with the **passato prossimo,** it directly precedes **avere.** The past participle must agree in gender and number with the preceding direct-object pronoun (**lo, la, li,** or **le**).

Hai visto Massimo?	→ Sì, **l'ho** (**lo** ho) vist**o.**
Hai visto Giovanna?	→ Sì, **l'ho** (**la** ho) vist**a.**
Hai visto i bambini?	→ Sì, **li** ho vist**i.**
Hai visto le bambine?	→ Sì, **le** ho vist**e.**

   Remember that singular object pronouns (**lo** and **la**) can elide with the forms of **avere** that follow, but the plural forms (**li** and **le**) *never* elide.

   The agreement (**l'accordo**) of the past participle with the other direct-object pronouns (**mi, ti, ci,** or **vi**) is optional.

Mamma, chi ti ha visto (vist**a**)?	*Mother, who saw you?*
Ragazze, chi vi ha visto (vist**e**)?	*Girls, who saw you?*

2. When an indirect-object pronoun is used with the **passato prossimo,** it also precedes **avere.** However, the past participle *never* agrees with it.

—Hai visto Laura?	*Did you see Laura?*
—**L'**ho vist**a** [*agreement*] ma non **le** ho parlat**o** [*no agreement*].	*I saw her, but I didn't speak to her.*

SARA: Did you set the table? GINO: Yes, I set it. SARA: Did you wrap the presents for Massimo? GINO: Yes, I wrapped them. SARA: Did you make the appetizers? GINO: Yes, I made them. SARA: Did you buy everything? Did you remember the first course and second course and the fruit? GINO: Yes, I bought everything. I remembered everything. Everything's ready. It's been ready for two days! All our friends know that they should get here at seven on the dot. Relax— everything will go smoothly and it'll be a wonderful surprise for Massimo. SARA: One last question. Did you invite Massimo? GINO: Oh, no!

3. As you already know, the past participle of a verb conjugated with **essere** always agrees with the *subject* in gender and number.

Elena è andat**a** al parco.   *Elena went to the park.*
I **ragazzi** sono rientrat**i** tardi.   *The kids came home late.*

Esercizi

A. Accordi. Con un compagno / una compagna, completate le conversazioni. Fornite la vocale finale del participio passato. (*Working with a partner, complete the conversations. Provide the appropriate ending for the past participle.*)

1. s1: Chi ha ordinat_____ i fiori (*flowers*)?
   s2: Non so. Non li hai ordinat_____ tu?
2. s1: Dove hai mess_____ le riviste?
   s2: Le ho mess_____ sul tavolo.
3. s1: Hai dat_____ la mancia alla cameriera?
   s2: Sì, le ho dat_____ cinque dollari.
4. s1: Hai comprat_____ le paste?
   s2: No, ho dimenticat_____ di comprarle!
5. s1: Hai vist_____ la professoressa d'italiano ieri?
   s2: Sì, l'ho vist_____ in biblioteca ma non le ho parlat_____.
6. s1: Hai telefonat_____ ai nonni?
   s2: Sì, gli ho già telefonat_____.
7. s1: Avete finit_____ il libro?
   s2: Abbiamo finit_____ la prima parte.
8. s1: Siamo andat_____ al ristorante Da Luigi ieri sera.
   s2: Avete mangiat_____ bene?

B. Dov'è? Dove sono? Susanna non riesce a trovare certe cose e chiede alla sua compagna di stanza, Alessandra, dove sono. Alessandra spiega perché non ci sono. A turni, con un compagno / una compagna, fate domande e risposte. (*Susanna can't find certain things and asks her roommate Alessandra where they are. Alessandra explains why they aren't there. Taking turns with a partner, ask and answer questions.*)

ESEMPIO: il libro di informatica (prestare a Giancarlo) →
   s1: Dov'è il libro di informatica?
   s2: L'ho prestato a Giancarlo.

1. le foto (mandare ai miei genitori)
2. la tua vecchia bicicletta (vendere, *to sell*)
3. il tavolino (mettere in cucina)
4. i giornali (buttare via, *to throw away*)
5. le vitamine (finire)

C. Una cena. Usando le frasi fornite, chiedi al compagno / alla compagna se ha preparato tutto per la cena di stasera. Il compagno / La compagna deve rispondere usando pronomi di oggetto diretto e indiretto in modo appropriato. (*Ask your partner if he/she has completed certain preparations for your dinner party tonight, using the phrases supplied below. Your partner must respond using direct- or indirect-object pronouns as appropriate.*)

ESEMPIO: telefonare a Marco →
S1: Hai telefonato a Marco?
S2: Sì, gli ho telefonato.
S1: Hai preparato i crostini?
S2: Sì li ho preparati.

apparecchiare la tavola
riempire (*to fill*) i bicchieri d'acqua
domandare a tua madre come
  fare il sugo per la pasta
mettere il pollo nel forno

parlare a Maria
comprare i regali
preparare gli antipasti
telefonare agli amici

D. Una brutta settimana. Marilena ha passato una brutta settimana. Completa le frasi usando il passato prossimo del verbo appropriato. (*Marilena has had a bad week. Complete each sentence using the **passato prossimo** of the appropriate verb.*)

I verbi: andare, essere, leggere, telefonare, uscire, vedere

Che settimana tremenda (*terrible*)! Ho portato a casa dei libri dalla bibioteca ma non li _____.[1] Non _____[2] venerdì e sabato sera perché ho dovuto studiare. So che c'è una mostra (*exhibit*) molto bella all'università ma non l' _____ ancora _____.[3] Mercoledì _____[4] a casa tutto il giorno con l'influenza. Giovedì ho litigato (*argued*) con Gina: le _____[5] e abbiamo preso appuntamento (*made a date*) per andare in centro, ma lei, invece, _____[6] a giocare a tennis con Paolo. Accidenti!

Nota culturale
I pasti italiani

La mattina gli italiani sono abituati[1] a prendere solamente un caffè, un cappuccino o un caffellatte insieme ad una brioche. La prima colazione degli italiani è quindi molto leggera[2] e si fa[3] a casa o al bar; per questo alcuni[4] fanno poi uno spuntino, fra le dieci e le undici.

Pizza per tutti sul lago di Garda

Verso l'una molti italiani tornano a casa per il pranzo, che tradizionalmente consiste in un primo piatto di pasta (spaghetti, lasagne, ecc.) e in un secondo piatto di carne o pesce con contorno di verdure cotte o insalata. Dopo il secondo, si mangia in genere[5] una frutta e si prende[6] un caffè, mentre il dolce arriva sulla tavola nei giorni di festa o in particolari occasioni. Il pasto è sempre accompagnato da vino e acqua minerale.

Negli ultimi anni,[7] a causa dei cambiamenti degli orari[8] di lavoro e delle distanze fra le abitazioni e gli uffici, molti italiani, all'ora di pranzo, mangiano qualcosa alle tavole calde o prendono un panino al bar.

La cena, che si fa verso le otto e mezzo d'estate e verso le otto d'inverno, è di solito leggera. Si può mangiare una minestra calda, delle uova con verdure, oppure formaggio e affettati[9] (prosciutto, salame, ecc.), a seconda delle[10] stagioni e delle preferenze individuali.

Le persone che il giorno mangiano solo un panino, la sera fanno però un pasto completo, con un bel piatto di pasta e un secondo con contorno.

[1]*accustomed* [2]*quindi... thus very light* [3]*it is eaten* [4]*per... therefore some people* [5]*si... one eats in general* [6]*one has* [7]*Negli... In recent years* [8]*cambiamenti... changes in the hours* [9]*cold cuts* [10]*a... depending on the*

Saluti e baci

Mele, prodotto tipico del Trentino-Alto Adige

Bolzano, 20 aprile

Cara Maria Vittoria,

la tua lettera e la foto mi hanno riportato al sole e al mare! Qui il tempo è piuttosto brutto e non abbiamo ancora deciso niente per le vacanze. I bambini mi chiedono sempre di cucinare le piadine: grazie alla tua ricetta, sono diventata un'esperta!

Per lo strudel fai così: prepara una bella pasta sfoglia con del burro e riempila di mele (belle mele trentine, come quelle della foto che ti mando), uvetta, pinoli e un po' di zucchero; arrotola la sfoglia e mettila a cuocere in forno.

Buon appetito!
Isolde

Puoi trovare gli equivalenti inglesi delle corrispondenze contenute nel *In giro per l'Italia* sul nostro sito Internet a www.mhhe.com/ingiro.

Ritratto

Federico Fellini
regista[1] romagnuolo, 1920–1993

Nato a Rimini, Fellini è una delle figure artistiche più originali del dopo-guerra.[2] Più di ogni altro[3] regista è riuscito a rappresentare la realtà della vita nell'arte cinematografica con uno stile altamente[4] poetico.

I film di Fellini sono tutti capolavori[5] del cinema mondiale. Con *La dolce vita* comincia a lavorare con l'attore preferito, Marcello Mastroianni, e vince la Palma d'Oro del Festival del Cinema di Cannes. Vince l'Oscar con *8 e mezzo*[6] e con *Giulietta degli spiriti*.[7] Nel 1993, poco prima di morire, riceve l'Oscar alla carriera.[8]

[1]*director* [2]*post-war period (after 1945)* [3]*Più… More than any other* [4]*highly* [5]*masterpieces* [6]*8… 8 ½* [7]*Giulietta… Juliet of the Spirits* [8]*alla… for lifetime achievement*

In giro per le regioni

L'Emilia-Romagna

L'Emilia-Romagna è una delle regioni più ricche d'Italia, con servizi sociali e amministrativi che funzionano molto bene. Gli asili nido (per i bambini da 0 a 3 anni) e le scuole materne (per i bambini da 3 a 6 anni) sono ottimi: insegnanti e studiosi[1] di tutto il mondo li considerano un vero modello educativo.

Alcune città sono ricche di storia e di monumenti, come Bologna con le sue torri e la sua famosa Università, che è nata nel XII (dodicesimo) secolo ed è una delle più antiche d'Europa.

L'arte di mangiare bene è in Emilia-Romagna una regola[2] di vita ed anche una fiorente[3] industria. Molti dei prodotti alimentari tipici dell'Emilia sono famosi in tutto il mondo: il prosciutto, la mortadella, i tortellini o il pregiato[4] formaggio parmigiano.

La Romagna offre ai turisti 150 km di coste attrezzate,[5] con città famose come Rimini, dove si può passare una vacanza al mare, ricca di occasioni di divertimento per ogni età e per ogni ora del giorno e della notte.

[1]*scholars* [2]*rule* [3]*flourishing* [4]*esteemed* [5]*well-equipped*

L'ITALIA VIRTUALE

Per indirizzi di vari siti Internet ed ulteriori esercizi per imparare di più sull'**Emilia-Romagna,** visita il sito Internet di *In giro per l'Italia* a www.mhhe.com/ingiro.

Lezione 3

C. *Piacere*

Gianni è avvocato. Lavora tutto il giorno e mangia spesso nei buoni ristoranti con i clienti. Gli piace il vino italiano, come antipasto gli piacciono i crostini, ma non gli piacciono i salumi. Dopo cena, gli piace fumare una sigaretta. Nel week-end, quando non deve lavorare, gli piace stare a casa, leggere dei libri e ascoltare musica.

Gianna è artista e musicista. Ha gusti semplici. La mattina le piace bere un caffellatte e mangiare una brioche. Le piacciono molto i panini al prosciutto. Quando va in un ristorante, le piace ordinare solamente un primo e un bicchiere di vino. La sera le piace dipingere e suonare il piano, ma nel week-end è molto attiva. Le piace giocare a tennis, scalare montagne e pattinare.

1. The Italian verb that expresses *to like* is similar in structure to the English phrase *to be pleasing to*.

   Gianni likes meat. → *Meat is pleasing to Gianni.*
   Gianni doesn't like potatoes. → *Potatoes are not pleasing to Gianni.*

2. The thing or person liked (*meat, potatoes*) is the subject of the sentence; the person who likes it (*Gianni*) is the indirect object.

   a. The verb **piacere** agrees with its subject; consequently, it is often in the third-person singular or plural: **piace, piacciono.** (Note that when the indirect object is a noun, it must be preceded by the preposition **a.**)

   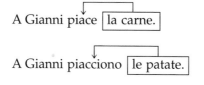

   A Gianni piace la carne.

   A Gianni piacciono le patate.

   Gianni likes meat. (Meat is pleasing to Gianni.)

   Gianni likes potatoes. (Potatoes are pleasing to Gianni.)

   b. The person to whom someone/something is pleasing is the indirect object, often replaced by a pronoun.

   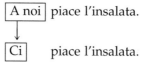

   A noi piace l'insalata.

   Ci   piace l'insalata.

   We like salad. (Salad is pleasing to us.)

Gianni is a lawyer. He works all day and often eats at good restaurants with his clients. He likes Italian wine, he likes **crostini** as an appetizer, but he doesn't like cold cuts. After dinner he likes to smoke a cigarette. On weekends, when he doesn't have to work, he likes to stay home, read books, and listen to music.

Gianna is an artist and musician. She has simple tastes. In the morning she likes to drink a **caffellatte** and eat a sweet roll. She likes ham sandwiches a lot. When she goes to a restaurant, she likes to order just a first course and a glass of wine. In the evening she likes to paint and play the piano, but on the weekend she's very active. She likes to play tennis, climb mountains, and skate.

A Francesca piacciono i ravioli.

↓

Le piacciono i ravioli.

Francesca likes ravioli. (Ravioli are pleasing to Francesca.)

c. In the **passato prossimo, piacere** is conjugated with **essere.** Its past participle thus agrees in gender and number with the subject.

I ragazzi hanno mangiato le verdure, ma non gli sono piaciu**te.**
Maria ha ordinato un dolce e le è piaciu**to** molto.

The boys ate the vegetables, but they didn't like them.
Maria ordered dessert and she liked it a lot.

3. When the subject is expressed as an infinitive (*I like to eat.* → *Eating is pleasing to me.*), **piacere** is used in the third-person singular.

A Sergio piace mangiare bene, ma non gli piace cucinare tutte le sere.

Sergio likes to eat well, but he doesn't like to cook every night.

4. Notice that in expressions such as **Ti piace?** (*Do you like it?*) or **Ti piacciono?** (*Do you like them?*), Italian has no equivalent for the English *it* and *them*, which are expressed by the singular and plural verb endings.

5. *To dislike* is expressed with the negative of **piacere.**

Non mi piace il caffè.

I dislike coffee. (Coffee is not pleasing to me.)

Quali dolci non ti piacciono?

Which desserts do you dislike? (Which desserts are not pleasing to you?)

Dispiacere means *to be sorry* and is used in the same way as **piacere.**

Non possiamo venire; ci dispiace.

We can't come; we're sorry.

6. Notice the use of the Italian article to express general likes and dislikes. The corresponding English article is not used.

Non mi piace **il** vitello.
Gli piacciono **i** ravioli?

I don't like veal.
Does he like ravioli?

> **Nota bene:**
> *mancare*
>
> Several other verbs are conjugated like **piacere,** including **mancare** (*to miss*). The Italian equivalent of *I miss you* is *You are missing to me.* (**Manchi a me.** → **Mi manchi.**) Here are some more examples:
>
> Gianni mi manca. *I miss Gianni. (Gianni is missing to me.)*
>
> I bambini ti mancano. *You miss the kids. (The kids are missing to you.)*
>
> Gli manca la sua ragazza. *He misses his girlfriend. (His girlfriend is missing to him.)*
>
> How do you think *I like you* (or *you are pleasing to me*) is phrased in Italian?

Esercizi

A. Piace o no? Crea delle frasi con **piacere** o **non piacere.** (*Create sentences with* **piacere** *or* **non piacere.**)

ESEMPI: i bambini / la frutta →
Ai bambini piace la frutta.
i bambini / i crostini →
Ai bambini non piacciono i crostini.

1. gli studenti di questa classe / gli esami
2. i miei genitori / pagare le tasse
3. il mio compagno / la mia compagna di camera / fare baccano (*noise*) tutta la notte
4. l'insegnante d'italiano / dare bei voti (*grades*) agli studenti
5. i miei amici / gli gnocchi al sugo
6. tutti / le vacanze

B. Perché no? Dopo una cena ad un ristorante molto elegante, tuo cugino ha tante domande. Con un compagno / una compagna, fate le domande e rispondete secondo il modello. (*After a family outing to an elegant restaurant, your cousin is full of questions. Working with a partner, ask and answer each question as in the example.*)

ESEMPIO: non mangiare l'antipasto / i nonni →
    S1: Perché non hanno mangiato l'antipasto i nonni?
    S2: Perché non gli piace mangiare l'antipasto.

1. non mangiare la verdura / i bambini
2. non fare il risotto / lo chef
3. non essere a dieta / lo zio Marco
4. non ordinare il secondo / la mamma
5. non prendere il caffè / Mariangela

C. Ti è piaciuto? Il tuo amico è appena tornato dall'Europa. Chiedi se gli sono piaciute le seguenti cose. (*Your friend has just returned from Europe. Find out whether he/she liked the following things.*)

ESEMPI: l'Italia → Ti è piaciuta l'Italia?
    gli italiani → Ti sono piaciuti gli italiani?

1. la cucina italiana
2. i musei di Firenze
3. il Teatro di Taormina
4. le fontane (*fountains*) di Roma
5. la pizza napoletana
6. i gelati siciliani
7. le fettuccine al pesto
8. viaggiare in treno

—Non mi è piaciuta: posso cambiarla[a]?

[a]*exchange it*

D. Interrogativi

LIDIA: Chi è?

LORENZO: Sono Lorenzo.

LIDIA: Che vuoi?

LORENZO: Ti voglio parlare.

LIDIA: Perché?

LORENZO: Perché voglio parlare dell'altra sera.

LIDIA: Non voglio parlare con te ora.

LORENZO: Quando possiamo vederci?

LIDIA: Torna fra mezz'ora.

LIDIA: Who is it? LORENZO: It's Lorenzo. LIDIA: What do you want? LORENZO: I want to talk to you. LIDIA: Why? LORENZO: Because I want to talk about the other night. LIDIA: I don't want to talk to you now. LORENZO: When can we see each other? LIDIA: Come back in half an hour.

INVARIABLE INTERROGATIVES		
chi?	who? whom?	Chi è?
che cosa? (che?) (cosa?)	what?	Che dici?
che?	what kind of?	Che macchina hai?
quanto?	how much?	Quanto costano?
come?	how?	Come prepari la torta?
dove?	where?	Dov'è la biblioteca?
		Dove sono i libri?
perché?	why?	Perché dormi?
quando?	when?	Quando vengono?

VARIABLE INTERROGATIVES		
quale/quali?	which?	Quali piatti preferisci?
quanto/a/i/e?	how much/many?	Quanti primi ci sono?

Si dice così: *dov'è... ?, com'è... ?*

The interrogatives **dove** and **come** are elided before the verb **è**. So **dove è = dov'è** and **come è = com'è**.

1. In questions beginning with an interrogative word, the subject is usually placed at the end of the sentence.

> Quando guarda la TV Mike?   *When does Mike watch TV?*

2. Prepositions such as **a, di, con,** and **per** always precede the interrogative **chi.** In Italian, a question never ends with a preposition.

> A chi scrivono?   → Scrivono a Michele.
>
> Di chi è questa chiave? → È la chiave di Marcella.
>
> Con chi esci?   → Esco con Tina.

3. **Che?** and **cosa?** are abbreviated forms of **che cosa?** (*what?*) The three forms are interchangeable except when the meaning is *what type of?*, in which case only **che** is appropriate.

> Che cosa bevi?   *What are you drinking?*
> Che fai?   *What are you doing?*
> Cosa cucini?   *What are you cooking?*
> Che computer hai?   *What type of computer do you have?*

4. The variable interrogatives **quale** and **quanto** are adjectives. They thus agree in gender and number with the nouns they modify.

> Quali parole ricordi?   *Which words do you remember?*
> Quante ragazze vengono?   *How many girls are coming?*

—Mamma, papà, che cosa è il *blackout*?

5. **Che cos'è... (Che cosa è..., Cos'è...)?** expresses the English *What is . . . ?* in a request for a definition or an explanation.

> Che cos'è la semiotica?   *What is semiotics?*

Qual è... ? expresses *What is . . . ?* when the answer calls for a choice, or when one requests information such as a name, telephone number, or address.*

> Qual è la tua materia preferita?   *What's your favorite subject?*
> Qual è il numero di Roberto?   *What is Roberto's number?*

---

*__Quale__ is frequently shortened to **qual** before forms of **essere** that begin with **e.**

Esercizi

A. Ho bisogno di informazioni... Completa le domande con l'espressione interrogativa appropriata. (*Complete each question with the appropriate interrogative expression.*)

1. (Quanti / Quante) automobili hanno i Rossi?
2. (Come / Cosa) parla inglese Lorenzo?
3. (Cos'è / Qual è) la differenza tra **arrivederci** e **arrivederLa?**
4. (Quale / Quali) università sono famose?
5. (Quali / Quanti) dischi compri, uno o due?
6. (Quando / Quanto) latte bevi?
7. (Che / Chi) facciamo stasera?
8. (Che / Chi) poesie leggete?

B. Qual è? Che cosa è? Completa con l'equivalente italiano di *what is*. (*Complete the questions with the appropriate Italian equivalent of* what is?)

1. _____ il nome di quel bel ragazzo?
2. _____ la data (*date*) di oggi?
3. _____ questo?
4. _____ la chiave giusta?
5. _____ l'astrologia?
6. _____ *Il Corriere della Sera?*

C. La domanda? Fornisci una domanda per ogni risposta. (*Ask the question that each sentence answers.*)

ESEMPIO: Giocano a tennis *con Paolo.* →
           Con chi giocano a tennis?

1. Vengono *in treno.*
2. Perugia è *in Umbria.*
3. *Vittoria* deve studiare.
4. Abbiamo *cinque* chitarre.
5. Escono con *gli amici.*
6. Nuotano da *molto* tempo.
7. Gli zii arrivano *domani.*
8. Puliscono *il frigo.*
9. Carlo paga per *tutti.*
10. Non ricordiamo le parole *difficili.*

D. Conversazione.

1. Qual è il tuo racconto preferito?   2. Quanti libri leggi in un mese? E quali?   3. Chi è il tuo scrittore (*writer*) preferito / la tua scrittrice preferita?   4. Quali sono i tuoi passatempi? Dipingi? Cucini? Corri? Da quanto tempo?   5. Con chi esci di solito?

—Pronto, chi parla?

Piccolo ripasso

■ ■

A. Gli amici di Giulia. Giulia ha molti amici che le fanno molti favori. Completa le seguenti frasi con **Giulia** o **a Giulia.** (*Giulia has lots of friends who do many things for her. Complete the following sentences with* **Giulia** *or* **a Giulia.**)

ESEMPIO: Fabrizio invita _____ al cinema →
Fabrizio invita Giulia al cinema.

1. Anna telefona _____ ogni sera.
2. Claudio aiuta (*helps*) _____ a fare il pesto.
3. Enrica insegna _____ lo yoga.
4. Marco porta sempre _____ i suoi appunti (*notes*).
5. Giancarlo scrive spesso lunghe lettere _____.
6. Luca aspetta _____ alla fine (*end*) della lezione.
7. Luigina accompagna _____ a casa in macchina.
8. Mirella presta _____ le sue cassette.

Now do the exercise again, completing the sentences with **la** or **le.**

B. Un ristorante chic. Ieri, un tuo amico è andato ad un ristorante italiano molto elegante e ha provato dei piatti nuovi. Tu sei curioso/a di sapere quali piatti ha provato e se gli sono piaciuti. Con un compagno / una compagna, create tre domande e risposte ciascuno/a. (*A friend went to an elegant Italian restaurant yesterday and ate dishes he never tried before. You are curious to know what your friend ate and if he liked it. Working with another student, ask and answer three questions each.*)

ESEMPI: S1: Hai provato il prosciutto col melone?
S2: Sì, l'ho provato e (non) mi è piaciuto.
S2: Hai provato le melanzane (*eggplant*) alla parmigiana?
S1: Sì, le ho provate e (non) mi sono piaciute.

Parole utili: l'aragosta (*lobster*), i calamari (*squid*), il salmone, gli scampi (*prawns*), il cervello (*brains*), i carciofi ripieni (*stuffed artichokes*), i funghi (*mushrooms*), le melanzane alla parmigiana, i tortellini in brodo, il prosciutto col melone

C. Quando? Sandra chiede a Monica se ha fatto certe attività; Monica dice che non le ha ancora fatte e quando intende farle. Con un compagno / una compagna, create le loro conversazioni. (*Sandra asks Monica whether she has done certain things; Monica says that she hasn't and tells Sandra when she intends to do them. With a partner, create their conversations as in the example.*)

ESEMPIO: parlare con la professoressa (domani pomeriggio)
SANDRA: Hai parlato con la professoressa?
MONICA: No, non le ho ancora parlato. Le parlo domani pomeriggio.

1. telefonare al dottore (domani)
2. scrivere agli zii (questo week-end)
3. invitare la signora Palazzese (sabato prossimo)
4. riportare i libri in biblioteca (dopo la lezione)
5. finire la tesi (*thesis*) (fra [*in*] due mesi)
6. prendere le vitamine (alla fine del pasto)
7. parlare all'avvocato (la settimana prossima)
8. rispondere alla nonna (domani mattina)

Lezione 4

Invito alla lettura

La pasta, regina° della cucina italiana

queen

Prospettive

La pasta è la regina della cucina italiana. Anche se[1] è vero che gli spaghetti li hanno inventati i cinesi e che la pasta la si può mangiare ormai[2] in tutto il mondo, l'Italia è senz'altro la patria[3] di questo alimento.

La fantasia[4] degli italiani ha creato centinaia[5] di tipi di pasta: corta, lunga, grande, piccola. Ci sono le forme più semplici e più conosciute, come spaghetti, penne e tagliatelle, che variano solo nella misura,[6] e ci sono forme più strane[7] con nomi altrettanto[8] strani come gli strozzapreti, i fusilli, le zite o i fischiotti. Nello stesso tipo di pasta, oltre alla[9] grandezza, può variare il colore, dovuto agli[10] ingredienti dell'impasto:[11] pasta verde (con gli spinaci), rossa (con il peperoncino[12]), nera (con nero di seppia[13]) e, in alcune zone di montagna, marrone (con farina di castagne[14]).

La pasta migliore è sicuramente quella fatta a mano,[15] preparata in famiglia, ma è ottima[16] anche quella dei piccoli pastifici artigianali[17] o quella dei più di 200 pastifici industriali che ci sono in Italia. I pastifici italiani producono ogni anno migliaia di tonnellate[18] di pasta per il grande consumo interno e per l'esportazione. Tutti gli italiani mangiano, almeno una volta al giorno, un piatto di pasta, che è il «primo» del tipico pasto italiano.

I piatti a base di pasta della cucina italiana sono molto gustosi[19] anche per la varietà di condimenti,[20] che è davvero infinita ed è legata[21] alle tradizioni delle diverse regioni. In ogni regione condiscono[22] la pasta con i propri[23] prodotti tipici. Al Sud usano condimenti piuttosto semplici a base di olio d'oliva, pomodoro, verdure o pesce, mentre al Centro-Nord è più facile trovare pasta condita[24] con salse di carne, funghi, burro o panna.

Tra i tanti buonissimi piatti di pasta, ricordiamo anche le paste ripiene (di carne, di verdure e formaggi): sono i ravioli, i cappelletti e i famosissimi tortellini, tipici della cucina dell'Emilia-Romagna.

Un bel piatto di ravioli

[1]Anche... *Even if* [2]*by now* [3]*homeland* [4]*imagination* [5]*hundreds* [6]*size* [7]*strange* [8]*just as* [9]*oltre... besides* [10]dovuto... *owing to the* [11]*of the dough* [12]*red pepper* [13]*squid* [14]farina... *chestnut flour* [15]fatta... *made by hand* [16]*excellent* [17]pastifici... *small family-owned pasta factories* [18]migliaia... *thousands of tons* [19]*tasty* [20]*sauces* [21]*linked* [22]*they season* [23]i... *their own* [24]*seasoned*

E ora a te

Capire

Ti diamo una serie di informazioni sulla pasta. Non tutte queste informazioni sono nel testo che hai letto. Quali informazioni *non* sono nel testo?

_____ **1.** L'Italia è la vera patria della pasta.
_____ **2.** Ci sono moltissimi tipi di pasta.
_____ **3.** La pasta si prepara con farina di grano duro.
_____ **4.** La pasta verde si prepara con gli spinaci.
_____ **5.** In Italia ci sono numerosi pastifici industriali.
_____ **6.** La pasta è un alimento che fa parte della dieta mediterranea.
_____ **7.** Ogni italiano consuma ogni anno circa 30 chili (*kilograms*) di pasta.
_____ **8.** Ci sono tanti modi diversi di condire la pasta.
_____ **9.** Molti condimenti sono tipici delle diverse regioni.
_____ **10.** La pasta al pesto è un piatto tipico della Liguria.
_____ **11.** Il modo di condire la pasta è più semplice al Sud che al Nord.
_____ **12.** Dentro ai ravioli si mettono ricotta e spinaci.

Scrivere

La pasta è un piatto tipico italiano, però anche negli Stati Uniti e nel Canada si mangia pasta, e certamente tu sai cucinare un piatto di spaghetti al pomodoro. Scrivi gli ingredienti e il procedimento che segui per preparare gli spaghetti. Confronta poi la tua ricetta con quella dei tuoi compagni. Per aiutarti, ti diamo alcuni verbi che indicano azioni che si fanno abitualmente quando si cucina e il nome di alcuni oggetti (utensili) che si usano per cucinare.

Verbi: aggiungere, bollire (*boil*), cuocere, girare (*stir*), mescolare (*mix*), mettere, sbattere (*beat*), spezzare (*slice, chop*), tagliare (*cut*)

Oggetti: coltello, cucchiaio, forchetta, forchettone, mestolo (*ladle*), padella (*pan*), pentola, tegame (*saucepan*)

> **Spaghetti al pomodoro**
> *Ingredienti per 5 persone:* mezzo chilo di spaghetti, ...
>
> *Procedimento:* Metto sul fuoco (*burner*) una pentola con abbondante acqua salata, ...

In ascolto

In cucina. Lucia, Marco e Francesco, tre compagni di stanza, discutono della cena. Completa il menu della serata e nota chi prepara ogni piatto. (*Lucia, Marco, and Francesco, three roommates, discuss dinner. Complete the menu for the evening and note who will prepare each dish.*)

	ANTIPASTO	PRIMO	SECONDO	DOLCE
Lucia				
Marco				
Francesco				

Videoteca

Pronto in tavola!

Peppe e Cinzia pranzano in un ristorante fiorentino. Peppe, molto esigente per quanto riguarda il mangiare, vuole sapere come sono fatti tutti i piatti da lui ordinati!

ESPRESSIONI UTILI

mi riempie abbastanza fills me up enough
vorrei per antipasto... I would like
    as antipasto . . .
una bistecca al sangue a rare steak
le uova sbattute beaten eggs
la panna cream

non l'abbiamo mai messa we have never put it in
Che cosa ci mettete? What do you put in it?

il coperto cover charge
Mi metti in imbarazzo. You will embarrass me.

Funzione: Fare ordinazioni al ristorante

DAL VIDEO

CAMERIERE: E per secondo?
CINZIA: Un'insalata mista, per favore. Che cosa ci mettete?
CAMERIERE: Il solito—lattuga, radicchio, basilico e pomodoro.
PEPPE: Veramente, mi piace l'insalata senza pomodoro.

PREPARAZIONE

Vero o falso?

1. Come primo, Peppe ordina gli spaghetti al pomodoro.
2. Cinzia non ordina un primo piatto.
3. Peppe chiede il conto.

COMPRENSIONE

1. Perché Peppe vuole prendere gli spaghetti alla carbonara?
2. Che cosa prende Cinzia per pranzo?
3. Come piace l'insalata a Peppe?

ATTIVITÀ

Da fare in coppia. Immagina di invitare il tuo compagno / la tua compagna e la sua famiglia a cena a casa tua. Sai che sono molto esigente per quanto riguarda il mangiare e allora devi chiedere se gli piacciono certe cose. Potrai fare al tuo compagno / alla tua compagna queste ed altre domande. Piace a tutti il risotto agli asparagi? A tuo figlio piacciono le uova? Gli piace l'insalata? Alla fine, decidi un menu che piace a tutti.

Parole da ricordare

VERBI

apparecchiare la tavola	to set the table
consigliare	to recommend
discutere	to discuss
dispiacere	to be sorry
fumare	to smoke
litigare	to argue
mancare	to miss
mandare	to send
mostrare	to show
pagare il conto	to pay the bill
*piacere	to please, be pleasing to
portare il conto	to bring the bill
prenotare, fare una prenotazione	to make a reservation
preparare	to prepare
prestare	to lend
regalare	to give (as a gift)
rendere (*p.p.* reso)	to return, give back
riempire	to fill
riportare	to bring back

NOMI

l'antipasto	appetizer
l'arrosto	roast
la bistecca	steak
la carne	meat
il cibo	food
il compleanno	birthday
il contorno	side dish
la crostata	pie
il crostino	canapé
la cucina	cooking
il dolce	dessert
la fine	end
il fiore	flower
il formaggio	cheese
la frutta	fruit
gli gnocchi	dumplings
l'insalata	salad
il libro di cucina	cookbook
il maiale	pork
il manzo	beef
il melone	melon, cantaloupe
il minestrone	hearty vegetable soup
la mostra	show, exhibit
la mozzarella	mozzarella
il parmigiano	parmesan cheese
la pasta	pasta
la patata	potato
il pesce	fish
il piatto	plate, dish

il pollo	chicken
il pomodoro	tomato
la prenotazione	reservation
il primo (piatto)	first course
il prosciutto	cured ham
il regalo	gift
la ricetta	recipe
il riso	rice
il risotto	a creamy rice dish
i salumi	cold cuts
il secondo (piatto)	main course
il servizio, il coperto	cover charge
la sigaretta	cigarette
il tiramisù	*ladyfingers soaked in espresso and layered with whipped cream, cream cheese, and chocolate*
la torta	cake
la verdura	vegetables
il vitello	veal

AGGETTIVI

fresco	fresh
fritto	fried
misto	mixed
semplice	simple, easy
vuoto	empty

ALTRE PAROLE ED ESPRESSIONI

alla carbonara	*with a sauce of eggs, bacon, and grated cheese*
alla griglia	grilled
al forno	baked
al pesto	*with a sauce of basil, garlic, grated parmesan, and pinenuts*
al ragù, alla bolognese	with meat sauce
al sugo di pomodoro	with tomato sauce
in brodo	in broth
che?	what? what kind of?
chi?	who? whom?
come?	how
di solito	usually
dove?	where
fuori	outside, out
perché?	why?
quale? (*pl.* quali?)	which, which one? (which ones?)
qual è... ?	What is . . . ?
quando?	when?
quanto? (*pl.* quanti?)	how much, how many?
quasi	almost
solamente	only

---

*Words identified with an asterisk (*) are conjugated with **essere**.

Capitolo 7
Fare bella figura°

DA: Micia@virgilio.com

A... Marco@virgilio.com

Cc...

Oggetto:

Ciao Marco,

Come va la vita militare? Ti scrivo questa mail solo per farti un breve saluto e per mandarti una foto divertente: come vedi, sono io in mezzo ai cappelli… Comunque ci vediamo tra pochi giorni a Roma. Io ho comprato il vestito per il matrimonio di mia sorella. E' semplice ma bello e mi sta molto bene. Però ho bisogno di un paio di scarpe rosse con un bel tacco alto ed una borsa un po' «stravagante». Voglio anche comprare una collana e degli orecchini di stile antico e una sciarpa di tanti colori. Che dici? Troverò qualcosa a Roma? Come sai, i negozi di Ancona non offrono molta scelta…

Baci e abbracci
Gianna

Fare spese: che divertimento!

IN BREVE

LEZIONE 1:
VOCABOLARIO
La vita di tutti i giorni
- Le attività
- L'abbigliamento

LEZIONE 2:
GRAMMATICA
A. Verbi riflessivi
B. Costruzione reciproca
C. Presente + **da** + espressioni di tempo

LEZIONE 3:
GRAMMATICA
D. Avverbi
E. Numeri superiori a 100
Piccolo ripasso

LEZIONE 4:
PROSPETTIVE
Invito alla lettura:
Dalle 8.00 alle 20.00
In ascolto
Videoteca: *Che mi metto?*

SALUTI E BACI
Ritratto: Giacomo Leopardi
In giro per le regioni: Le Marche

Fare… To look good

Dialogo-Lampo

Mai un minuto

NICOLA: Finalmente domenica! La vita di tutti i giorni* è così† stressante! Uscire di casa, andare al lavoro, andare qua e là,‡ essere attivi, mai un minuto per stare a casa e rilassarsi…

SIMONE: Ma la domenica che fai a casa? Dormi?

NICOLA: Dalle otto alle dieci curo§ il giardino, poi lavo la macchina, a mezzogiorno cucino e poi pranzo, per due ore pulisco la casa, poi guardo lo sport in televisione, poi ascolto la musica mentre faccio l'aerobica, poi…

SIMONE: Questa non è una giornata di lavoro, secondo te?!

1. Perché la vita di tutti i giorni è stressante, secondo Nicola?
2. Cosa fa Nicola la domenica?
3. Secondo Simone, com'è la domenica di Nicola?

La vita di tutti i giorni

LE ATTIVITÀ

addormentarsi to fall asleep
alzarsi to stand up, get up
annoiarsi to get bored
arrabbiarsi to get angry
chiamarsi to call oneself, be named
diplomarsi to graduate (*high school*)
divertirsi to enjoy oneself, have a good time
fermarsi to stop
lamentarsi (di) to complain (*about*)
laurearsi to graduate (*college*)
lavarsi to wash (*oneself*)
mettersi to put on (*clothes*)
portare to wear
sbagliarsi to make a mistake
sentirsi (bene, male, stanco, contento) to feel (good, bad, tired, happy)
specializzarsi in to major in; to specialize in
sposarsi to get married

svegliarsi to wake up
vestirsi to get dressed; to dress

L'ABBIGLIAMENTO (CLOTHING)

l'abito, il vestito dress (*women*); suit
il bottone button
i calzini socks
la camicia shirt
il cappotto coat
la cintura belt
la cravatta tie
la felpa sweatshirt; sweatsuit
la giacca jacket
il giubbotto jacket
l'impermeabile raincoat
la maglia sweater
la maglietta, la t-shirt t-shirt
le scarpe shoes

*La… *Everyday life*
†*so*
‡qua… *here and there*
§*I take care of*

Parole-extra

Altre azioni quotidiane
(Other daily activities)

abbottonare, abbottonarsi to button up

allacciarsi to buckle *(clothing, seatbelt)*

asciugarsi to dry oneself

fare il bagno to take a bath

fare il bucato to do laundry

fare la doccia to take a shower

farsi la barba to shave

guardarsi allo specchio to look in the mirror

lavarsi la faccia / i capelli / i denti to wash one's face / to brush one's hair / teeth

mettersi il rossetto / le lenti a contatto to put on lipstick / contact lenses

stirare to iron

truccarsi to put on makeup

Esercizi

A. Fare bella/brutta figura. È importante anche da noi fare bella figura? Tra i tuoi amici, quali di questi comportamenti significano fare bella figura? brutta figura?

ESEMPIO: Tra i miei amici, ballare bene significa fare bella figura.

1. addormentarsi in classe
2. andare a letto molto tardi
3. ascoltare la musica classica
4. bere troppo
5. dimenticarsi del compleanno del compagno / della compagna di stanza
6. non farsi la barba
7. guidare velocemente *(fast)*
8. lamentarsi dei compiti
9. laurearsi in tre anni
10. laurearsi dopo sei anni di studi
11. portare i jeans
12. prendere voti *(grades)* alti
13. non pulire mai la camera
14. sposarsi subito dopo la laurea

B. Un piacere o una scocciatura *(nuisance)*? Completa le seguenti frasi con elementi dalle liste A e B, o esprimi le tue proprie *(your own)* opinioni.

Per me…
Per i professori…

Per gli studenti…

A	B
avere studenti intelligenti	è una scocciatura
ricordare i verbi irregolari	è una fatica *(effort)*
stare zitto	è un piacere
svegliarsi presto	è un'arte
scrivere bene	è un dovere *(duty)*
fare la spesa	
pulire la casa	
correggere gli esercizi	
dare un esame	
pagare le tasse *(taxes)*	
mettersi la cintura di sicurezza *(seatbelt)*	
andare dal dentista	

C. Chi porta i calzini gialli? Descrivi come è vestito/a oggi un compagno / una compagna di classe. Gli altri studenti indovineranno *(will guess)* chi è.

ESEMPIO: Questa persona porta una maglietta nera con i jeans e scarpe da tennis…

Fare bella figura

«Fare bella figura»—un'espressione molto utile in Italia, un paese molto formale. Gli italiani, infatti, vogliono sempre «fare bella figura»: vestirsi bene, fare una buona impressione, lasciare un buon ricordo, mostrare di essere «all'altezza» di *(on top of)* una situazione. La «bella figura» non significa solo essere eleganti, cioè *(in other words)* avere il vestito giusto, essere alla moda, essere ammirati, ma fare le cose come si deve *(as they should be done)*.

A. Verbi riflessivi

SIGNORA ROSSI: Nino è un ragazzo pigro: ogni
mattina si sveglia tardi e non ha
tempo di lavarsi e fare colazione. Si
alza presto solo la domenica per
andare in palestra a giocare a pallone.

SIGNORA VERDI: Ho capito: a scuola si annoia e in
palestra si diverte.

1. A reflexive verb (**verbo riflessivo**) is a transitive
verb whose action is directed back to its subject.
The subject and object are the same: *I consider*
myself *intelligent;* **we** *enjoy* ***ourselves*** *playing cards;* **he** *hurt* **himself.** In both
English and Italian, the object is expressed with reflexive pronouns.

    Reflexive pronouns are identical to direct-object pronouns, except for
si (the third-person singular and plural form): **mi, ti, si; ci, vi, si.**

ALZARSI (to get up, stand up)			
mi alzo	*I get up*	**ci** alziamo	*we get up*
ti alzi	*you get up*	**vi** alzate	*you get up*
si alza	*you (form.) get up* *he gets up* *she gets up*	**si** alzano	*you (form.) get up* *they get up*

2. Like direct-object pronouns, reflexive pronouns precede a conjugated verb
or attach to the infinitive.

    If the infinitive is preceded by a form of **dovere, potere,** or **volere,** the
reflexive pronoun either attaches to the infinitive (which drops its final **-e**)
or precedes the conjugated verb. Note that the reflexive pronoun agrees
with the subject even when attached to the infinitive.

Mi alzo.	*I'm getting up.*
Voglio alzar**mi.** **Mi** voglio alzare.	*I want to get up.*

3. Most reflexive verbs can also be used as nonreflexive verbs if the action
performed by the subject affects someone or something else.

chiamarsi *to be called*
chiamare *to call (someone)*

lavarsi *to wash (oneself)*
lavare *to wash (someone or
something)*

fermarsi *to stop (oneself)*
fermare *to stop (someone or
something)*

svegliarsi *to wake up*
svegliare *to wake (someone else)*

MRS. ROSSI: Nino is a lazy boy. Every morning he wakes up late and doesn't have time to wash
and eat breakfast. He gets up early only on Sundays to go to the gym to play ball.   MRS. VERDI: I
get it: at school he's bored and at the gym he has a good time.

Si chiama Antonio, ma tutti lo **chiamano** Toni.	*His name is Antonio, but everybody calls him Toni.*
Vuole **lavare** la macchina e poi **lavarsi.**	*He wants to wash the car and then wash up.*
Dovete **fermarvi** allo stop: se no, vi **ferma** un vigile!	*You must stop at the stop sign; otherwise a cop will stop you!*
Ci svegliamo alle sette ma **svegliamo** i bambini alle otto.	*We wake up at seven but wake the children at eight.*

4. The **passato prossimo** of reflexive verbs is formed with the present tense of **essere** and the past participle. As always with **essere,** the past participle must agree with the subject in gender and number.

<table>
<tr><th colspan="4">ALZARSI</th></tr>
<tr><td>mi sono alzato/a</td><td>*I got up*</td><td>ci siamo alzati/e</td><td>*we got up*</td></tr>
<tr><td>ti sei alzato/a</td><td>*you got up*</td><td>vi siete alzati/e</td><td>*you got up*</td></tr>
<tr><td>si è alzato</td><td>{ *you got up*
 { *he got up*</td><td>si sono alzati</td><td>{ *you got up*
 { *they got up*</td></tr>
<tr><td>si è alzata</td><td>{ *you got up*
 { *she got up*</td><td>si sono alzate</td><td>{ *you got up*
 { *they got up*</td></tr>
</table>

Paolo si è divertit**o** alla festa, ma Laura non si è divertit**a** per niente!	*Paolo had a good time at the party, but Laura didn't enjoy herself at all!*
—Quando vi siete alzat**i**?	*When did you get up?*
—Ci siamo alzat**i** tardi.	*We got up late.*

Si dice così: *fermarsi* vs. *smettere*

Fermarsi is a reflexive verb meaning *to stop oneself* (*from moving*). The nonreflexive form **fermare** means *to stop someone or something.*

Mi fermo a guardare i vestiti in vetrina. *I stop (myself) to look at the clothes in the shop window.*

Fermo la macchina all'incrocio. *I stop the car at the intersection.*

Smettere (di) is a nonreflexive verb meaning *to stop doing something.* In Italian, unlike English, the action stopped is expressed with the infinitive.

Smettiamo di lavorare alle sei. *We stop working at six.*

Bambini, smettete di urlare! *Kids, stop yelling!*

Esercizi

A. Nino. Decidi se Nino fa le seguenti attività in modo logico. Se non è logico, cambia l'ordine delle azioni.

ESEMPIO: Prima stira le camicie e poi fa il bucato. →
No, non è logico. Prima fa il bucato e poi stira le camicie.

1. Prima si lava la faccia e poi si fa la barba.
2. Prima si mette le scarpe e poi si mette i calzini.
3. Prima si laurea e poi si diploma.
4. Prima si alza e poi si addormenta.
5. Prima si arrabbia e poi i bambini fanno capricci (*pranks*).
6. Prima va dal dottore e poi si sente male.
7. Prima va in vacanza e poi si prenota la camera in albergo.
8. Prima si mette la cravatta e poi si mette la camicia.

B. Trasformazioni. Sostituisci il soggetto della frase con gli elementi tra parentesi e cambia la forma del verbo.

1. Mi lavo le mani (*hands*) prima di mangiare. (Luigi / i bambini / noi due / anche voi)

2. A che ora vi addormentate voi? (tu / loro / Marcella / io)
3. Che cosa si mette Lei? (loro / voi / tu / io)
4. Mi sono sbagliato. (i bambini / la signora / voi / noi)
5. Peggy Sue si è sposata molto giovane. (la nonna / Roberto / gli zii / le cugine della mamma)
6. Perché si è fermato il treno? (la macchina / voi / tu / gli autobus)

C. Conversazioni. Con un compagno / una compagna, completate i mini-dialoghi con la forma corretta di un verbo della lista. Fate attenzione al contesto per capire quale tempo del verbo usare.

VERBI: alzarsi, annoiarsi, laurearsi, lavarsi

1. S1: Lorenzo _____ alle sei ogni giorno. E tu?
S2: Anch'io _____ alle sei.
2. S1: Loro _____ alla festa ieri sera. E voi?
S2: Noi non _____!
3. S1: Marco _____ in francese molti anni fa. E Luisa?
S2: Luisa _____ in ingegneria.
4. S1: Lia, _____? Dobbiamo partire subito.
S2: Non ancora (*Not yet*). Vado a _____ adesso.

Arriva l'inverno. **Come mi vesto?**

D. La mia giornata. Prendi appunti mentre il tuo compagno / la tua compagna descrive la sua giornata di ieri. Poi, racconta le sue esperienze ad un altro gruppo di studenti o alla classe.

ESEMPIO: S1: Che hai fatto ieri dalla mattina alla sera?
S2: Mi sono alzato/a alle sette. Poi…

B. Costruzione reciproca

Giulio e Anna si conoscono da tanti anni—sono amici di infanzia. Si vedono tutti i giorni a scuola e tutte le sere si parlano al telefono. Discutono sempre i loro problemi l'uno con l'altra perché si capiscono benissimo. Secondo te, un giorno si sposeranno? Perché sì/no?

1. Most verbs can express reciprocal actions (*we see each other, you know each other, they speak to one another*) by means of the plural reflexive pronouns **ci, vi,** and **si,** used with first-, second-, and third-person plural verbs respectively. This is called the **costruzione reciproca.**

Ci vediamo ogni giorno.	*We see each other every day.*
Da quanto tempo **vi conoscete?**	*How long have you known each other?*
Si parlano al telefono.	*They talk to each other on the phone.*

Giulio and Anna have known each other for many years—they are childhood friends. They see each other every day at school and every evening they talk to each other on the phone. They always discuss their problems with each other because they understand each other very well. In your opinion, will they get married one day? Why / why not?

2. The auxiliary **essere** is used to form the compound tenses of verbs expressing reciprocal actions. The past participle agrees with the subject in gender and number.

Non ci **siamo** capi**ti.**   *We didn't understand each other.*
Le ragazze si **sono** telefona**te.**   *The girls phoned each other.*

3. For clarification or emphasis, the phrases **l'un l'altro (l'un l'altra), tra (di) noi, tra (di) voi,** or **tra (di) loro** may be added.

Si guardano **l'un l'altro** in silenzio.   *They look at each other in silence.*
Si sono aiutati **tra di loro.**   *They helped each other.*

4. The following commonly used verbs express reciprocal actions.

abbracciarsi	*to embrace (each other)*
aiutarsi	*to help each other*
baciarsi	*to kiss (each other)*
capirsi	*to understand each other*
conoscersi	*to meet*
farsi regali	*to exchange gifts*
guardarsi	*to look at each other*
incontrarsi	*to run into each other*
innamorarsi	*to fall in love with each other*
salutarsi	*to greet each other*
scriversi	*to write to each other*
telefonarsi	*to phone each other*
vedersi	*to see each other*

Esercizi

A. Dalla festa alla chiesa. Completa la storia del rapporto tra Luigina e Salvatore secondo i disegni.

Luigina e Salvatore si sono conosciuti ad una _____.[1] Il giorno dopo, si sono telefonati e hanno parlato per _____[2] ore. Il giorno dopo sono andati al _____[3] insieme. Dopo qualche mese, Luigina ha dovuto fare un _____[4] molto lungo per motivi di lavoro. Tutti i _____[5] si sono scritti lettere di amore. Finalmente Luigina è ritornata e si sono baciati appena (*as soon as*) si sono visti all' _____.[6] Due settimane dopo si sono sposati in _____.[7]

A   B   C   D

E F G

B. Trasformazioni. Sostituisci il soggetto della frase con gli elementi tra parentesi e fa' tutti i cambiamenti necessari.

1. Quando ci vediamo, ci abbracciamo. (le ragazze / voi / gli zii)
2. Roberto e Carla si conoscono da molto tempo. (io e Alvaro / tu e Luigi / le due famiglie)
3. Perché non vi siete salutati? (le due signore / i bambini / noi)
4. Ci siamo incontrati al bar della stazione. (gli amici / le amiche / voi due)
5. Non si telefonano, si scrivono! (Daniela ed io / voi / le professoresse)
6. Mia sorella ed io ci siamo sempre aiutate. (i fratelli / tu e Massimo / quelle ragazze)

C. Un colpo di fulmine (*A bolt of lightning / Love at first sight*). Completa il dialogo con le forme appropriate dei verbi tra parentesi.

s1: In che anno _____[1] (sposarsi) i tuoi genitori?
s2: Nel 1975 (millenovecentosettantacinque).
s1: Come _____[2] (conoscersi) e dove?
s2: _____[3] (vedersi) per la prima volta al supermercato: _____[4] (parlarsi), poi _____[5] (telefonarsi), _____[6] (vedersi) spesso e dopo solo due mesi _____[7] (sposarsi)!

C. Presente + *da* + espressioni di tempo

RICCARDO: Ho un appuntamento con Paolo a mezzogiorno in piazza. Vogliamo andare a mangiare insieme. Io arrivo puntuale ma lui non c'è. Aspetto e aspetto, ma lui non viene. Finalmente, dopo un'ora, Paolo arriva e domanda: «Aspetti da molto tempo?» E io rispondo: «No, aspetto solo da un'ora!»

RICCARDO: I have an appointment with Paolo at noon in the square. We want to go eat together. I arrive on time, but he isn't there. I wait and wait, but he doesn't come. Finally, after an hour, Paolo arrives and asks, "Have you been waiting long?" And I reply, "No, I've only been waiting for an hour!"

1. Italian uses *present tense* + **da** + *time expressions* to indicate an action that began in the past and is still going on in the present. English, by contrast, uses the present perfect tense (*I have spoken, I have been working*) + *for* + *time expressions.*

> *verb in the present tense* + **da** + *length of time*

Scio da un anno.	*I've been skiing for a year.*
Prendi lezioni di karatè da molti mesi?	*Have you been taking karate lessons for many months?*

2. To find out how long something has been going on, use **da quanto tempo** + *verb in the present tense.*

—Da quanto tempo leggi questa rivista?	*How long have you been reading this magazine?*
—Leggo questa rivista da molto tempo.	*I've been reading this magazine for a long time.*

3. If an action both began and ended in the past, and is not continuing in the present, the following construction is used.

> *verb in the past tense* + **per** + *length of time*

Ho lavorato in quel negozio di abbigliamento per dieci anni. Ora lavoro in un grande magazzino.	*I worked in that clothing store for ten years. Now I work in a department store.*

ATTENZIONE! Note the difference in form and meaning between the following.

Sara **ha studiato** l'italiano **per** due anni.	*Sara studied Italian for two years. (action is completed)*
Sara **studia** l'italiano **da** due anni.	*Sara has been studying Italian for two years. (action is still going on)*

Esercizi

A. **Da quanto tempo?** Crea frasi secondo l'esempio.

ESEMPIO: (io) studiare l'italiano / quattro settimane →
Io studio l'italiano da quattro settimane.

1. (lei) correre / molti anni
2. (noi) aspettare l'autobus / venti minuti
3. (i bambini) prendere lezioni di piano / un anno
4. (tu) suonare la chitarra / molti mesi
5. (il bambino) disegnare / un quarto d'ora
6. (io) uscire con Giorgio / sei mesi

B. Tutto sull'insegnante. Vuoi trovare informazioni sul tuo insegnante per il giornale universitario. Fa' domande appropriate per scoprire (*discover*) da quanto tempo l'insegnante fa le seguenti attività.

ESEMPIO: leggere romanzi (*novels*) italiani →
           Da quanto tempo legge romanzi italiani?

1. insegnare in quest'università
2. abitare in questa città
3. bere vini italiani

4. parlare italiano
5. giocare a tennis
6. scrivere racconti

C. La gioventù (*Childhood*). Racconta al tuo compagno / alla tua compagna quattro o cinque cose che facevi una volta (*used to do*) ma che non fai più (**non... più** = *no longer*). Il compagno / la compagna prende appunti e poi racconta tutto ad un altro gruppo o alla classe.

ESEMPIO: S1: Io ho giocato a calcio per cinque anni, ma ora non gioco più.
           S2: Laura ha giocato a calcio per cinque anni, ma ora non gioca più.

Nota culturale
La moda° italiana

fashion

La moda italiana è tra la più ricercata[1] del mondo, soprattutto[2] nell'abbigliamento femminile. Vestire alla moda è importante per quasi tutti gli italiani, e in Italia si spende in[3] vestiti, scarpe ecc., più che negli altri paesi. Sono soprattutto gli adulti che seguono la moda italiana, mentre ai giovani piace anche vestire all'americana, con jeans, magliette e giubbotti.

Le marche[4] italiane di abbigliamento sono conosciute e vendute in tutto il mondo e i dati[5] economici confermano che l'Italia è al primo posto in questo settore. Ci sono molti stilisti[6] italiani assai[7] famosi come Armani, Valentino, Dolce e Gabbana, Ferragamo, Ferré, Prada, Gucci, Trussardi, Versace.

Il centro della moda italiana è Milano, dove a marzo e ottobre si tengono[8] numerose sfilate[9] che presentano le nuove collezioni degli stilisti più importanti. C'è poi Firenze, che ha un'Università Internazionale della Moda e offre, nella splendida cornice[10] di Palazzo Pitti, sfilate e mostre, dedicate soprattutto alla moda maschile. A Roma è infine famosa la "sfilata sotto le stelle," che si tiene ogni anno in luglio, verso le dieci di sera, sulla scalinata[11] di Trinità dei Monti. In quest'occasione tutti gli stilisti più famosi presentano le loro collezioni autunno-inverno, e si possono ammirare le bellissime modelle che, anche se fa caldo, scendono le scale vestite di eleganti cappotti e pellicce.

Una sfilata degli stilisti Dolce e Gabbana

[1]*sought after*   [2]*especially*   [3]*si... people spend for*   [4]*labels, brands*   [5]*data*   [6]*designers*   [7]*quite*   [8]*si... are held*   [9]*fashion shows*   [10]*setting*   [11]*staircase*

Saluti e baci

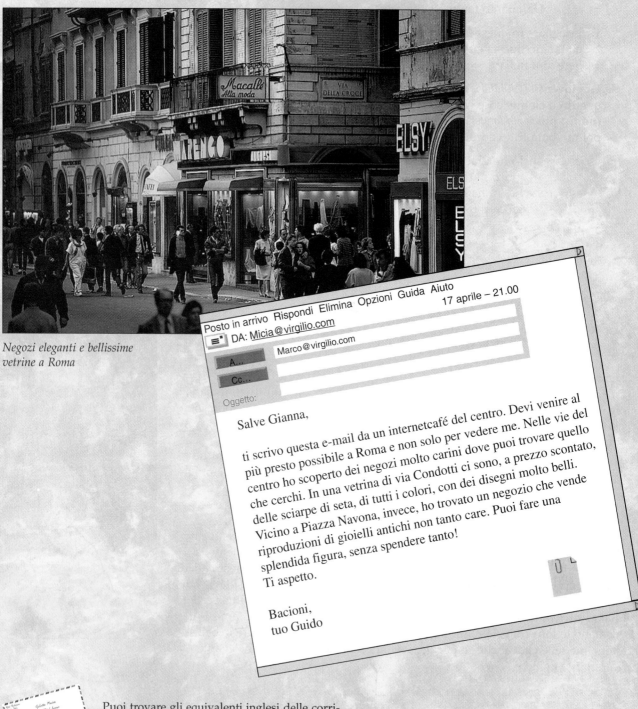

Negozi eleganti e bellissime
vetrine a Roma

Posto in arrivo Rispondi Elimina Opzioni Guida Aiuto
17 aprile – 21.00

DA: Micia@virgilio.com

A...   Marco@virgilio.com

Cc...

Oggetto:

Salve Gianna,

ti scrivo questa e-mail da un internetcafé del centro. Devi venire al
più presto possibile a Roma e non solo per vedere me. Nelle vie del
centro ho scoperto dei negozi molto carini dove puoi trovare quello
che cerchi. In una vetrina di via Condotti ci sono, a prezzo scontato,
delle sciarpe di seta, di tutti i colori, con dei disegni molto belli.
Vicino a Piazza Navona, invece, ho trovato un negozio che vende
riproduzioni di gioielli antichi non tanto care. Puoi fare una
splendida figura, senza spendere tanto!
Ti aspetto.

Bacioni,
tuo Guido

Puoi trovare gli equivalenti inglesi delle corrispondenze contenute nel *In giro per l'Italia* sul
nostro sito Internet a www.mhhe.com/ingiro.

Ritratto

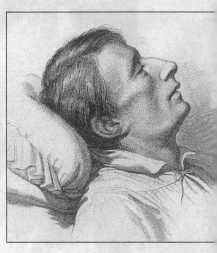

Giacomo Leopardi
poeta marchigiano, 1798–1837

Giacomo Leopardi nasce a Recanati, nelle Marche. Intelligente e sensibile, fin da piccolo, studia moltissimo e presto sviluppa gravi problemi di salute.[1] Scrive tragedie, saggi,[2] discorsi[3] e, soprattutto, opere poetiche.

Le sue poesie esaltano la bellezza[4] della natura, esprimono il rimpianto[5] per l'amore e i sogni giovanili[6] perduti. Alcune di esse[7] (*L'infinito*, *Le ricordanze*, *Il sabato del villaggio*) sono tra le più belle pagine della letteratura italiana di tutti i tempi.

[1]sviluppa... *he develops serious health problems* [2]*essays* [3]*speeches, discourses* [4]esaltono... *exalt the beauty* [5]esprimono... *express regret* [6]sogni... *dreams of youth* [7]*these*

In giro per le regioni

Le Marche

Le Marche sono una piccola regione che si affaccia[1] sul mare Adriatico. Il paesaggio è dolce, con colline coltivate, soprattutto a grano e vigneti.[2]

I marchigiani sono un popolo di grandi lavoratori che hanno visto, negli ultimi anni, una evidente trasformazione e un notevole sviluppo[3] economico della propria regione.

Le Marche non sono molto conosciute dagli appassionati di città d'arte, ma offrono la possibilità di visitare veri gioielli[4] come Urbino, che è stata una delle capitali del Rinascimento.[5]

Urbino è una piccola città ventosa,[6] situata su due colli,[7] dai quali si vede un bellissimo panorama. Il centro storico è circondato da vecchie mura[8] ed è interamente costruito con mattoni[9] rosati, che riflettono al tramonto[10] una luce[11] magica. E magico appare pure il grandioso palazzo dei Montefeltro, che conserva opere[12] di pittori famosi come Piero della Francesca, Paolo Uccello e Raffaello. Sono interessanti città delle Marche anche Ascoli Piceno e Camerino o la piccola Recanati, dove è nato Giacomo Leopardi, uno dei più grandi poeti italiani.

[1]si... *faces* [2]grano... *grain and vineyards* [3]notevole... *noteworthy development* [4]*jewels* [5]*Renaissance* [6]*breezy* [7]*hills* [8]*walls* [9]*bricks* [10]*sundown* [11]*light* [12]*works*

L'ITALIA VIRTUALE

Per indirizzi di vari siti Internet ed ulteriori esercizi per imparare di più sulle **Marche,** visita il sito Internet di *In giro per l'Italia* a www.mhhe.com/ingiro.

Lezione 3

D. Avverbi

Sandro gioca molto bene a tennis. È un buon giocatore che ha molte racchette e tante scarpe da tennis.

Felice gioca male a golf. È un cattivo giocatore che non ha le proprie mazze* e scarpe da golf.

1. You already know that adjectives modify nouns, and that they agree in gender and number with the noun they modify. Adverbs, by contrast, are invariable (their endings don't change) and they can modify verbs, adjectives, or other adverbs. Adverbs indicate *how* an action is performed. Some common adverbs are **bene, male,** and **molto.**

Maddalena parla **bene** l'italiano.	*Maddalena speaks Italian well.*
Giacomo legge **male.**	*Giacomo reads badly.*
I ragazzi corrono **molto.**	*The boys run a lot.*

   Do not confuse these adverbs with the adjectives **buono** and **cattivo** or the variable forms of **molto.**

Maddalena ha una **buona** macchina.	*Maddalena has a good car.*
Giacomo ha **cattivo** gusto.	*Giacomo has bad taste.*
I ragazzi corrono in **molte** gare.	*The boys run in many races.*

2. Many adverbs are formed by attaching **-mente** to the feminine form of the adjective. They correspond to English adverbs ending in **-ly.**

vero	→	vera	→	veramente	*truly*
fortunato	→	fortunata	→	fortunatamente	*fortunately*

   If the adjective ends in **-le** or **-re** preceded by a vowel, the final **-e** is dropped before adding **-mente.**

gentile	→	gentil-	→	gentilmente	*kindly*
regolare	→	regolar-	→	regolarmente	*regularly*

3. Adverbs usually follow directly after a simple verb form.

Parla sempre di lavoro.	*He always talks about work.*
La vedo raramente.	*I rarely see her.*

Nota bene: *molto, poco, troppo*

Like **molto** (*many / a lot*), **poco** (*few / little*) and **troppo** (*too many / too much*) can be both adjectives and adverbs. When modifying a noun, they precede it and agree with it in number and gender. As adverbs, they follow a simple verb and precede an adjective.

AGGETTIVO
Sara ha molti libri.
Riccardo ha pochi amici.
Nina ha troppi regali.

AVVERBIO
Tina e Sara parlano molto al telefono.
Carlo suona poco il pianoforte.
Maria parla troppo.
Rita guida molto velocemente.

Sandro plays tennis very well. He is a good player who has many rackets and a lot of tennis shoes. Felice plays golf badly. He is a bad player who doesn't have his own clubs and golf shoes.

4. With compound verbs, most adverbs follow the past participle. However, some common adverbs (**già, mai, ancora** [*still*], **sempre**) are placed between the auxiliary verb and the past participle.

Sei arrivata tardi in palestra.	*You arrived at the gym late.*
Non ho capito bene la lezione.	*I didn't understand the lesson well.*
Avete già visto il parco?	*Have you already seen the park?*
Il nostro professore non ha mai parlato del femminismo.	*Our professor never talked about feminism.*

Esercizi

A. Domande personali. Decidi se le seguenti proposizioni personali sono vere o false. Correggi le frasi false.

1. Ho sempre avuto fortuna in amore.
2. Ho già preparato la lezione per domani.
3. Sono arrivato/a tardi a lezione oggi.
4. Scrivo velocemente.
5. Mi lamento spesso dei professori.
6. Faccio sempre i compiti.
7. Vado a lezione regolarmente.
8. Parlo gentilmente con i miei genitori / con i miei amici / con i miei fratelli.

B. Come sono? Descrivi le seguenti persone con un avverbio che corrisponde all'aggettivo usato nella prima parte della frase.

ESEMPIO: La signora Crespi è elegante: si veste sempre *elegantemente.*

1. Luigino è un bambino molto attento: ascolta tutto _____.
2. Rita e Mario sono persone tranquille: fanno tutto _____.
3. A Gina non danno fastidio (*bother*) le visite inaspettate (*unexpected*): è contenta anche quando gli amici arrivano _____.
4. Le lettere di Gregorio sono molto rare: scrive _____.
5. Mara è una persona molto onesta: mi risponde sempre _____.
6. Sandro è una persona molto gentile: tratta (*treats*) tutti _____.
7. La mia amica Francesca è molto intelligente: risponde _____ alle domande.
8. Elena, Marilena e Francesca sono persone allegre: fanno tutto _____.

C. Bene e male. Completa le seguenti frasi con un avverbio (**bene/male, molto, troppo, poco**) o un aggettivo (**molto, poco, buono, o cattivo**).

1. Sono andata al parco a giocare a frisbee con amici, ma non so giocare molto _____.
2. Conosco Salvatore da quando ho otto anni. Lui è un _____ amico.
3. Sandro va in palestra due volte al giorno. Secondo me, si allena (*works out*) _____.
4. Milena si è trasferita a Milano da Palermo due settimane fa. Conosce solo la sua vicina (*neighbor*) di casa. Lei ha _____ amici a Milano.
5. Anche se (*Even though*) Rocco prende lezioni di ballo tre volte alla settimana, balla _____.
6. Mariella canta e balla bene, ma non recita bene—è una _____ attrice.

E. Numeri superiori a 100

MONICA: Mi sono diplomata nel 1989, mi sono laureata nel 1993, mi sono sposata nel 1994, ho avuto un figlio nel 1995 e una figlia nel 1996, ho accettato un posto all'università nel 1997...

SILVIA: Quando pensi di fermarti?!

1. The numbers one hundred and above are

100	cento	600	seicento	1.100	millecento
200	duecento	700	settecento	1.200	milleduecento
300	trecento	800	ottocento	2.000	duemila
400	quattrocento	900	novecento	1.000.000	un milione
500	cinquecento	1000	mille	1.000.000.000	un miliardo

2. The indefinite article is not used with **cento** (*hundred*) or **mille** (*thousand*), but it is used with **milione** (*million*).

cento favole	*a hundred fables*
mille notti	*a thousand nights*
un milione di dollari	*a million dollars*

3. **Cento** has no plural form. **Mille** has the plural form **-mila.**

cento lire, duecento lire
mille lire, duemila lire

4. **Milione** (plural **milioni**) and **miliardo** (plural **miliardi**) require **di** when they directly precede a noun.

| In Italia ci sono 57 milioni di abitanti. | *In Italy there are 57 million inhabitants.* |
| Il governo ha speso molti miliardi di dollari. | *The government has spent many billions of dollars.* |

5. The masculine singular definite article **il** is used when specifying a calendar year.

Il 1916 (millenovecentosedici)* è stato un anno molto buono.	*Nineteen-sixteen was a very good year.*
La macchina di Dino è del 1999.	*Dino's car is a 1999 model.*
Sono nato nel 1982.	*I was born in 1982.*
Siamo stati in Italia dal 2000 al 2001.	*We were in Italy from 2000 to 2001.*

6. The exchange rate fluctuates, but one dollar is usually equivalent to 2.000–2.200 Italian lire or 1.00–1.25 euro. **ATTENZIONE!** In Italian, a period is used instead of a comma in numbers over 999: 1,000 (*one thousand*) = **1.000 (mille).**

MONICA: I graduated from high school in 1989, graduated from college in 1993, got married in 1994, had a boy in 1995 and a girl in 1996; I took a job at the university in 1997 . . .
SILVIA: When do you think you'll stop?!

*There is no Italian equivalent for *eleven hundred, twelve hundred,* etc. One says **millecento, milleduecento,** etc.

Esercizi

A. Operazioni matematiche. A turni (*Taking turns*), fate le domande e trovate le risposte per le seguenti operazioni matematiche.

Espressioni utili: più (+), meno (−), diviso (÷), per (×), fa (=).

ESEMPIO: $120 + 230 \rightarrow$
S1: Quanto fa centoventi più duecentotrenta?
S2: Fa trecentocinquanta.

1. $900 - 25$	**4.** $1200 + 300$	**7.** $800 - 250$
2. $1000 \div 2$	**5.** $1.000.000 \times 100$	**8.** $1000 + 1750$
3. 2000×100	**6.** $600 \div 3$	**9.** 10.000×5

B. Domande. Chiedi ad un compagno / una compagna…

1. in che anno è nato/a   **2.** in che anno si è diplomato/a   **3.** in che anno ha preso la patente (*driver's license*)   **4.** in che anno si sono sposati i suoi genitori   **5.** se sa in che anno è morta la principessa Diana

Piccolo ripasso

A. La vita quotidiana (*daily*). Qual è la tua routine giornaliera (*daily*)? Prova a descrivere cosa fai durante la prima ora della tua giornata, quando ti alzi. Poi, più generalmente, descrivi una giornata tipica. Confronta la tua descrizione con quella di un compagno / una compagna di classe.

1. Quando mi alzo…	**5.** Alle 7 di sera…
2. Alle 10.00 di mattina…	**6.** Alle 10.30 di sera…
3. A mezzogiorno…	**7.** A mezzanotte…
4. Alle 3 del pomeriggio…	

B. La giornata del signor Rossi. Cambia il seguente brano. Comincia con **Ieri il signor Rossi…** e usa il passato prossimo. Poi, cambia il brano una seconda volta. Comincia con **la signora Rossi** e fai tutti i cambiamenti necessari.

Ogni mattina il signor Rossi si alza alle sei, si mette la felpa, e va a correre per quaranta minuti. Ritorna a casa, fa la doccia, si fa la barba, si veste e fa colazione.

C. Quanto costa? Quanto costano? Chiedi ad un compagno / una compagna quanto costano secondo lui/lei, i seguenti prodotti.

ESEMPIO: S1: Quanto costano i Levi?
S2: Costano ottantacinque dollari.

1. una Porsche	**5.** un volo per Roma
2. una camicia di seta (*silk*)	**6.** i libri per il corso di chimica
3. un litro di latte	**7.** un computer
4. un paio di calzini	**8.** orecchini d'oro (*gold earrings*)

Lezione 4

Invito alla lettura

- -

Dalle 8.00 alle 20.00

- -

L'Italia è un paese latino, ma il ritmo[1] di vita degli italiani è più simile a quello dei paesi del nord che a quello dei paesi latini.

La sveglia[2] degli italiani suona molto presto e alle 8.00 sono tutti già al lavoro. Le lezioni nelle scuole cominciano alle 8.30. Nelle grandi città gli spostamenti richiedono[3] molto tempo e ci vogliono[4] ore per accompagnare i figli a scuola e raggiungere[5] il posto di lavoro.

La famiglia italiana fa una prima colazione tranquilla solo nei giorni di festa. Durante la settimana l'italiano beve un caffè in fretta e va al lavoro, perché non c'è tempo di stare a tavola.

La colazione vera e propria[6] è rinviata[7] a metà mattina. Dalle 10.00 alle 11.00 i bar sono affollati di lavoratori[8] che bevono il loro secondo caffè, o un cappuccino, accompagnato da un «cornetto» (il *croissant* dei francesi) o da un altro piccolo dolce.

Gli italiani, come si sa,[9] amano molto mangiare e considerano lo stare a tavola un grande piacere. Perciò si adattano male[10] a ritmi di lavoro che spesso li costringono[11] a mangiare fuori casa e a consumare panini o pasti veloci. Dalle 13.00 alle 14.00, quelli che possono fanno in modo di[12] tornare a casa a pranzare e non rinunciano ad[13] un bel piatto di pasta calda e ad un bicchiere di vino, anche se alle 14.30 devono essere nuovamente a lavorare.

Nei pomeriggi liberi, gli italiani si dedicano soprattutto alla casa e alla famiglia. Donne e uomini curano[14] il giardino, accompagnano i figli a fare sport, vanno a fare la spesa al supermercato. I più giovani si dedicano anche alla cura del corpo[15]: vanno in palestra, a correre o a fare passeggiate in bicicletta.

Milano. Muoversi in fretta

Verso le 20.00 le famiglie si riuniscono[16] per la cena. Nei finesettimana gli italiani cenano spesso con gli amici e poi fanno lunghe chiacchierate oppure[17] vanno insieme al cinema o a teatro o a qualche concerto. In genere i più giovani vanno a ballare in discoteca. Ultimamente, molte persone, in tutte le regioni, hanno riscoperto[18] il ballo «liscio»,[19] che prima si ballava soprattutto nelle regioni adriatiche come l'Emilia-Romagna e le Marche. E così tante coppie di tutte le età, la sera del sabato o della domenica, vanno nelle sale da ballo a divertirsi a tempo di valzer,[20] tango e polka.

[1]*rhythm* [2]*alarm clock* [3]*gli... getting around takes* [4]*ci... it takes* [5]*arrive at* [6]*vera... good and proper* [7]*postponed* [8]*affollati... crowded with workers* [9]*come... as is well known* [10]*Perciò... Thus they adjust badly* [11]*compel* [12]*fanno... manage to* [13]*rinunciano... go without* [14]*take care of* [15]*body* [16]*si... gather* [17]*chiacchierate... chats or* [18]*hanno... have rediscovered* [19]*ballo... ballroom dancing* [20]*waltzes*

- -

E ora a te
Capire

Completa le seguenti frasi. Scegli i completamenti giusti fra quelli che ti diamo sotto.

Possibilità: va in discoteca
fa colazione al bar
cena con gli amici
pranza con un panino
va al cinema
fa colazione a casa
è a scuola
pranza a casa
beve un tè
va a ballare il «liscio»
si sveglia
raggiunge il posto di lavoro
accompagna i figli a scuola
è in palestra

1. Giacomo è impiegato (*clerk*) in un ufficio postale. Per andare al lavoro, deve prendere due autobus. Sono le 7.30 di un lunedì. Giacomo _____.
2. Mario è un bambino di 10 anni: frequenta la IV (quarta) classe. Sono le 9 di un martedì; Mario _____.
3. Giulia è impiegata in una banca. Sono le 10.30 di un mercoledì: Giulia _____.
4. Antonio lavora in uno studio commerciale del centro e vive in periferia (*outskirts*); finisce di lavorare alle 13 e ricomincia alle 14. Sono le 13.30 di un venerdì: Antonio _____.
5. Elena è una studentessa universitaria. Tutti i giorni segue le lezioni e studia in biblioteca fino alle 17. Sono le 18 di un giovedì: Elena _____.
6. Valentina ha 18 anni. Frequenta il liceo. Sono le 22 di un sabato: Valentina _____.
7. Luigi lavora in una biblioteca. Vive con la moglie in centro, non molto distante dalla biblioteca; esce dal lavoro alle 13 e rientra alle 15. Sono le 13.30 di un lunedì. Luigi _____.
8. Marco ha 30 anni e fa l'insegnante come la moglie. Sono le 20 di una domenica: Marco _____.

Scrivere

E tu cosa fai dalle 8 alle 20? Scrivi le tue azioni abituali di un lunedì mattina e di un sabato pomeriggio.

LUNEDÌ
ore 8
ore 9
ore 10
ore 11
ore 12
ore 13

SABATO
ore 14
ore 15
ore 16
ore 17
ore 18
ore 19
ore 20

In ascolto

Che mi metto stasera? Luisa è una persona incontentabile (*never satisfied*). Si lamenta sempre dei suoi vestiti. Ascolta con attenzione e poi rispondi alle domande seguenti.

1. Perché Luisa non vuole uscire stasera?
2. Che cosa ha comprato due giorni fa?
3. Che cosa ha comprato ieri?
4. Secondo lei, di che cosa ha bisogno?

Videoteca

■ ■

Che mi metto?

Peppe deve decidere come vestirsi per il suo appuntamento con Laura.
Cinzia cerca di aiutarlo, ma vede che ha bisogno di vestiti nuovi.

■ ■

ESPRESSIONI UTILI

Dunque, cosa mi metto? So, what should I wear?
qualcosa di fine something of good quality
visto che seeing that, given that
quella l'abbaglia! that will blind her!
Quando mai vado... ? When do I ever go . . . ?

fino ad oggi until today
ti sei visto you have gone out
come ti capitava however it occurred to you
costa un occhio della testa it costs an arm and a leg
a proposito speaking of which

■ ■

DAL VIDEO

CINZIA: Se vuoi fare bella figura, devi proprio cambiare le tue abitudini!
Fino ad oggi, ti sei visto con gli amici fino a tarda notte, ti sei
sempre alzato tardi, non ti sei mai fatto la barba e ti sei vestito
come ti capitava.

PEPPE: Hai ragione. Però un abito nuovo costa un occhio della testa! E
chi ha tutti questi soldi?!

PREPARAZIONE

Vero o falso?

1. Cinzia consiglia a Peppe di vestirsi sportivo per il suo appuntamento.
2. Di solito, Peppe si veste elegantemente.
3. Peppe non ha molti soldi per comprare dei vestiti nuovi.

Funzione: Descrivere
le abitudini riguardo
all'abbigliamento

COMPRENSIONE

1. Va spesso nei ristoranti chic Peppe?
2. Quando si alza Peppe di solito?
3. Secondo Cinzia, cosa deve comprare Peppe?

ATTIVITÀ

Da fare in coppia. Spiega al tuo compagno / alla tua compagna come deve
cambiare le sue abitudini adesso che vive nel tuo paese. Tu sei italiano/a e il
tuo compagno / la tua compagna è americano/a / canadese. Comincia con
«Fino ad oggi ti sei sempre… » e poi consiglia nuove abitudini: «Adesso
devi… »

Parole da ricordare

VERBI

abbracciare	to embrace
addormentarsi	to fall asleep
alzarsi	to stand up, get up
annoiarsi	to get bored
arrabbiarsi	to get angry
baciare	to kiss
chiamarsi	to call oneself, be named
diplomarsi	to graduate (*high school*)
divertirsi	to enjoy oneself, have a good time
fermarsi	to stop (*moving*)
incontrare	to run into (*someone*)
lamentarsi (di)	to complain (*about*)
laurearsi	to graduate (*college*)
lavarsi	to wash (*oneself*)
mettersi	to put on (*clothes*)
portare	to wear
rilassarsi	to relax
sbagliarsi	to make a mistake
sentirsi	to feel
smettere (di)	to stop (*doing something*)
specializzarsi	to major in; to specialize in
sposarsi	to get married
svegliarsi	to wake up
vestirsi	to get dressed

NOMI

l'abbigliamento	clothing
l'abito	dress (*women*); suit
il bottone	button
i calzini	socks
la camicia	shirt
la camicia da notte	nightgown
il cappotto	coat
il capriccio	prank, caper
la cintura	belt
la cravatta	tie
il dovere	duty
la fatica	effort, trouble
la favola	fable
la felpa	sweatshirt; sweatsuit
la giacca	jacket
la gioventù	childhood; youth
il giubbotto	jacket
l'impermeabile (*m.*)	raincoat
l'infanzia	childhood
la maglia	sweater
la maglietta, la t-shirt	t-shirt
la mano (*pl.* le mani)	hand
il miliardo	billion
il milione	million
le scarpe	shoes
la scocciatura	nuisance, annoyance, bore
le tasse	taxes
il vestito	dress (*women*); suit (*men*)
il voto	grade, mark (*school*)

AGGETTIVI

giornaliero	daily, everyday
quotidiano	daily

ALTRE PAROLE ED ESPRESSIONI

anche se	even though
ancora	again, still
così	this way, like this; thus; so
da quanto tempo?	how long?
di tutti i giorni	everyday
non... più	not anymore, no longer
non... ancora	not yet
ora	now
poco	little, not much
tra (di) loro	each other
troppo	too much
l'un l'altro	each other
velocemente	rapidly, fast

Capitolo 8
C'era una volta...

DA: Doge@kataweb.it

A... Jimmy@yahoo.com

Cc...

Oggetto:

Ciao Jimmy!

Ti piace il mio nuovo soprannome? Il Doge governava Venezia quando la città era una potente Repubblica marinara e, per amore della mia città, ho scelto questo nome. Qui fanno già le preparazioni per il nostro Festival del Cinema. Aspetto il tuo racconto della «Notte degli Oscar» e l'articolo che hai scritto per il tuo giornale. In Italia, la vittoria di Benigni di qualche anno fa è diventata quasi una festa nazionale! Molta gente ha seguito la premiazione in televisione e ha visto la sua forte esplosione di gioia. «La vita è bella» è un film fantastica e, secondo me, Benigni ha meritato gli Oscar. Tu che ne pensi? E cosa ha detto la critica americana?

Rispondi presto...saluti dalla laguna...Luigi

Il Festival del Cinema di Venezia

IN BREVE

SALUTI E BACI
Ritratto: Antonio Vivaldi
In giro per le regioni: Il Veneto

C'era... Once upon a time

Lezione 1

Dialogo-Lampo

Televisione o cinema?

ROSSANA: Che dice il giornale sui programmi di stasera? Che danno alla televisione?

FABRIZIO: C'è una partita di calcio su Rai Uno, se vuoi vedere lo sport. Gioca l'Italia…

ROSSANA: Telefilm interessanti?

FABRIZIO: Non credo*, ma ci sono due bei film su Rai Tre e Canale Cinque più tardi, dopo il telegiornale.

ROSSANA: E adesso che c'è?

FABRIZIO: È l'ora del telegiornale. Possiamo vedere una videocassetta.

ROSSANA: Ma no, andiamo al cinema invece. Ho letto una recensione† molto positiva dell'ultimo film di Spielberg…

1. Che cosa danno su Rai Uno?
2. Che cosa c'è su Rai Tre e su Canale Cinque?
3. Cosa propone Fabrizio a Rossana?
4. Cosa vuole vedere Rossana? Perché?

Il linguaggio (*Jargon*) dei mass media

LE PUBBLICAZIONI

l'articolo article
la cronaca local news
il/la cronista reporter
il giornale newspaper
il/la giornalista journalist
l'intervista interview
il mensile monthly magazine
le notizie news
la pubblicità advertisement; advertising
il quotidiano daily newspaper
la recensione review
il redattore / la redattrice editor
la redazione editorial staff
la rivista magazine
il settimanale weekly magazine

il sondaggio poll, survey
la stampa press; the press

pubblicare to publish
recensire to review
stampare to publish, to print

IL CINEMA E LA TELEVISIONE

l'attore / l'attrice actor
il canale (televisivo) TV channel
la colonna sonora soundtrack
il doppiaggio dubbing
il produttore / la produttrice producer
il/la regista director
la rete network

*Non… *I don't think so*
†*review*

lo schermo screen
il telefilm, la serie televisiva TV
  series, serial
il telegiornale TV news
la videocassetta videocassette
il videoregistratore VCR

dare in televisione to show on
  television

doppiare to dub
girare to film, to shoot film
produrre (*p.p.* **prodotto**) to produce
seguire to follow, watch regularly
trasmettere (*p.p.* **trasmesso**),
  mandare in onda to broadcast

in diretta live

Esercizi

A. Il linguaggio dei media. Abbina (*Match*) parole e definizioni.

1. _____ la redazione
2. _____ doppiare
3. _____ la stampa
4. _____ il cronista
5. _____ girare
6. _____ l'intervista
7. _____ la trasmissione
8. _____ il produttore
9. _____ trasmettere in diretta

a. tradurre
b. trasmettere live
c. filmare
d. chi finanzia un film
e. una serie di domande
f. chi scrive le cronache in un
   giornale
g. l'insieme (*totality*) dei redattori
h. l'insieme delle pubblicazioni
i. il programma

B. La parola esatta. Leggi il brano seguente, poi completalo con le espressioni che seguono. Più risposte sono possibili.

attori, canali, colonna sonora, doppiaggio, doppiato, girato, recensire, regista, schermo, trasmettere, videocassetta

Il mio giornale mi ha dato l'incarico (*task*) di _____[1] l'ultimo film di Bertolucci. Sono un appassionato di musica e quindi ero (*so I was*) molto interessato alla _____[2]. Il _____[3] ha fatto un ottimo (*excellent*) lavoro, anche nella scelta (*choice*) degli _____[4], tutti molto bravi. Bertolucci ha _____[5] il film in inglese, quindi qui in Italia è _____[6], ma il _____[7] non interferisce con la bellezza del film. Il film era (*was*) anche molto lungo, ma i miei occhi sono rimasti incollati (*glued*) allo _____[8]. Il successo (*success*) di questo film in _____[9] è assicurato, e certo molti _____[10] televisivi italiani e stranieri hanno già comprato i diritti (*rights*) di _____[11].

C. Conversazione. Chiedi a un compagno / una compagna...

1. qual è il film più bello che ha visto negli ultimi due o tre mesi
2. se conosce film italiani, e quali ha visto
3. dove vede più spesso i film, se alla televisione, al cinema o in videocassetta, e perché
4. cosa mangia e cosa beve quando va al cinema
5. il suo regista preferito / la sua regista preferita
6. se ha mai visto un film muto (*silent*) e quale
7. se ha una colonna sonora preferita e quale
8. se ha un attore preferito / un'attrice preferita

MARTEDÌ 31

TMC TMC

Tmc News-Sport (12,25/19,25/22,25)
7.00 Casa amore e fantasia Attualità
  Conduce Ilaria Moscato
10.00 Film **L'idolo della canzone**
  Drammatico, Usa, 1958
12.00 Questione di stile Attualità
12.50 Soldi soldi Attualità
  Con Claudio Pavoni, Caterina Stagno
14.05 Film **Un bikini per Didi**
  Commedia, Usa, 1966
16.00 Tappeto volante Varietà
18.05 Zap Zap Tv Varietà per ragazzi
19.50 Forte Fortissima Musicale
  Con Rita Forte e Claudio G. Fava
20.45 Film **La conquistatrice**
  Commedia, Usa, 1951
23.05 Film **Vivere nel terrore**
  Horror, Usa, 1988

Grammatica

Lezione 2

A. Imperfetto

LUIGINO: Papà, mi racconti una favola?

PAPÀ: Volentieri! C'era una volta una bambina che si chiamava Cappuccetto Rosso perché portava sempre una mantella rossa col cappuccio. Viveva vicino a un bosco con la mamma…

LUIGINO: Papà, perché mi racconti sempre la stessa storia?

PAPÀ: Perché conosco solo una storia!

1. The **imperfetto** (*imperfect*) is another past tense. It is used to describe habitual actions and states of being in the past. It is formed by dropping the **-re** of the infinitive and adding the same set of endings to verbs of all conjugations: **-vo, -vi, -va, -vamo, -vate,** and **-vano.**

LAVORARE	SCRIVERE	DORMIRE	CAPIRE
lavora**vo**	scrive**vo**	dormi**vo**	capi**vo**
lavora**vi**	scrive**vi**	dormi**vi**	capi**vi**
lavora**va**	scrive**va**	dormi**va**	capi**va**
lavora**vamo**	scrive**vamo**	dormi**vamo**	capi**vamo**
lavora**vate**	scrive**vate**	dormi**vate**	capi**vate**
lavora**vano**	scrive**vano**	dormi**vano**	capi**vano**

2. The verb **essere** is irregular in the **imperfetto.**

ESSERE	
ero	eravamo
eri	eravate
era	erano

The verbs **bere, dire,** and **fare** have irregular stems in the **imperfetto.**

BERE (*bev-*)	DIRE (*dic-*)	FARE (*fac-*)
bevevo	dicevo	facevo
bevevi	dicevi	facevi
beveva	diceva	faceva
bevevamo	dicevamo	facevamo
bevevate	dicevate	facevate
bevevano	dicevano	facevano

—Secondo me guarda-vano la televisione!

LUIGINO: Daddy, will you tell me a story? DAD: Sure! Once upon a time, there was a little girl who was called Little Red Riding Hood because she always wore a red cloak with a hood. She lived near a forest with her mother. . . . LUIGINO: Daddy, why do you always tell me the same story? DAD: Because I only know one story!

3. The **imperfetto** has several English equivalents.

Si dice così:
allora vs. poi

Stampavano solo libri per bambini

{
They used to publish only books for children.
They were only publishing books for children.
They published only books for children.
}

It has the following uses:

a. It describes habitual actions in the past: what people used to do or things that used to happen.

Da bambino seguivo *Sesame Street.*   *As a kid I watched* Sesame Street.

b. It describes past actions that were in progress when something else happened or while something else was going on.

Mangiavamo quando è andata via la luce.   *We were eating when the lights went out.*

c. It describes physical, mental, and emotional states in the past. It also expresses weather, time, and age in the past.

Mi sentivo stanco.   *I felt tired.*
I miei nonni non volevano uscire.   *My grandparents didn't want to go out.*
Quando avevo sei o sette anni, mi sedevo proprio vicino allo schermo.   *When I was six or seven, I sat really close to the screen.*
—Che ore erano?   *What time was it?*
—Era mezzogiorno.   *It was noon.*
C'era molta gente nei negozi.   *There were a lot of people in the stores.*
Continuava a piovere.   *It went on raining.*

Allora means *at that time* or *in that case.*

Allora ci vedevamo spesso. *At that time we saw each other often.*

Non ci sono più autobus, allora rimaniamo qui. *There aren't any more buses, so let's stay here.*

Poi means *then.* It is used when describing a series of events.

Sono andata a casa, poi ho mangiato qualcosa e poi ho telefonato a Riccardo. *I went home, then I ate something and then I called Riccardo.*

4. Time expressions such as **di solito, sempre, una volta** (*once upon a time, some time ago*), and **il lunedì (il martedì...)** are frequently used with the **imperfetto.**

Una volta non trasmettevano la pubblicità in TV.   *Some time ago they didn't broadcast advertisements on TV.*
Non capisco perché ero sempre stanco.   *I don't understand why I was always tired.*

—Una volta era più romantico: suonava il violino.

Esercizi

A. Trasformazioni. Sostituisci il soggetto della frase con gli elementi tra parentesi e cambia il verbo in modo adeguato.

1. Leggevi il giornale a 12 anni? (i bambini / Lei / voi / io)
2. Il sabato sera guardavamo i telefilm fino a tardi. (Guglielmo / io / tutti / tu)
3. Luigi parlava italiano quando aveva 7 anni. (tu / noi / anche le mie sorelle / voi)
4. Quando ero piccola, volevo diventare giornalista. (noi / lei / voi / loro)

B. Avere o essere. Completa la storia di Margherita con l'imperfetto di **essere** o **avere**.

Quando ____¹ un anno Margherita ____² biondissima e ____³ gli occhi azzurri. ____⁴ una bambina molto simpatica ed ____⁵ sempre allegra. A tredici anni Margherita ____⁶ i capelli castani e gli occhi grigi, ____⁷ spesso triste e depressa, e ____⁸ molti problemi, come tanti ragazzi della sua età. A vent'anni Margherita ____⁹ i capelli verdi. ____¹⁰ moltissimi amici, ____¹¹ una vita abbastanza (*enough*) interessante e non ____¹² tempo per pensare se ____¹³ triste o se ____¹⁴ allegra.

C. La mia infanzia. Che cosa facevi quando eri bambino? Dove andavate in vacanza tu e la tua famiglia? Quali programmi televisivi seguivi? Quale era il tuo libro preferito? Quali sport facevi? Cosa facevi d'estate? Parla della tua infanzia con un compagno / una compagna. Lui/Lei prende appunti e poi dà le informazioni ad un altro gruppo o alla classe.

Come eravamo *50 anni fa*

B. Imperfetto e passato prossimo

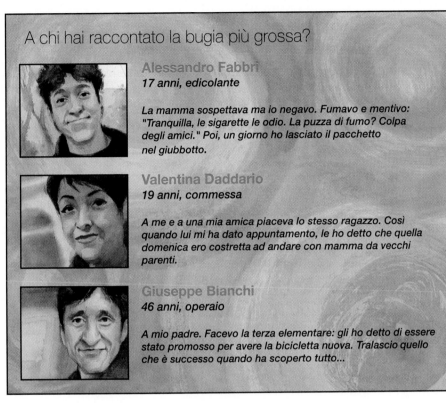

A chi hai raccontato la bugia più grossa?

Alessandro Fabbri
17 anni, edicolante

La mamma sospettava ma io negavo. Fumavo e mentivo: "Tranquilla, le sigarette le odio. La puzza di fumo? Colpa degli amici." Poi, un giorno ho lasciato il pacchetto nel giubbotto.

Valentina Daddario
19 anni, commessa

A me e a una mia amica piaceva lo stesso ragazzo. Così quando lui mi ha dato appuntamento, le ho detto che quella domenica ero costretta ad andare con mamma da vecchi parenti.

Giuseppe Bianchi
46 anni, operaio

A mio padre. Facevo la terza elementare: gli ho detto di essere stato promosso per avere la bicicletta nuova. Tralascio quello che è successo quando ha scoperto tutto...

The **passato prossimo** and the **imperfetto** are often used together in accounts of past events. They express different kinds of actions in the past, and cannot be used interchangeably.

1. The **passato prossimo** is used to describe specific events in the past. It tells *what happened* at a given moment.

    Ieri ho ricevuto tre lettere.   *Yesterday I received three letters.*
    Siamo usciti alle otto.   *We went out at eight.*

2. The **imperfetto** describes habitual actions in the past: (*what used to happen*).

    Giocavamo a tennis ogni sabato.   *We played tennis every Saturday.*

To whom have you told the biggest lie?   **Alessandro Fabbri** *17 years old, works in a kiosk* My mother suspected but I denied it. I smoked and I lied. "Don't worry, I hate cigarettes. The smell of smoke? It's my friends' fault." Then one day I left a pack in my jacket pocket.   **Valentina Daddario** *19 years old, salesperson* My friend and I liked the same guy. So when he asked me out, I told her that that Sunday I had to visit elderly relatives with my mother.   **Giuseppe Bianchi** *46 years old, blue-collar worker* To my father. I was in the third grade: I told him I had passed the third grade so I could get a new bike. I won't tell you what happened when he discovered everything . . .

It also describes ongoing actions in the past; *what was going on* while something else was going on (two verbs in the **imperfetto**) or what was going on when something else happened (one verb in the **imperfetto**, the other in the **passato prossimo**).

Io studiavo mentre mio cugino guardava la partita.	*I was studying while my cousin was watching the game.*
Mangiavate quando ho telefonato?	*Were you eating when I called?*

The **imperfetto** also relates conditions or states—physical or mental—in the past, such as appearance, age, feelings, attitudes, beliefs, time, and weather.

Sognavo di diventare una regista.	*I dreamed of becoming a director.*
Avevo un appuntamento con il redattore.	*I had an appointment with the editor.*
Erano le otto di sera.	*It was eight P.M.*
Pioveva ma non faceva freddo.	*It was raining but it wasn't cold.*
Non ricordavano l'indirizzo giusto.	*They didn't remember the right address.*

3. Because the **passato prossimo** expresses what happened at a particular moment, whereas the **imperfetto** expresses a state of being, the **passato prossimo** is used to indicate a change in a state of being.

Avevo paura dei topi.	*I was afraid of mice.* (*description of a mental state*)
Ho avuto paura quando ho visto il topo.	*I got scared when I saw the mouse.* (*what happened at a given moment*)

Esercizi

A. Da completare. Completa le seguenti frasi con la parola o la frase appropriata.

1. Quando era giovane, Giacomo andava in vacanza con la famiglia (ogni estate / una volta).
2. Giacomo giocava a tennis (tutti i giorni / una volta).
3. Giacomo è andato in Italia (per un'estate / tutte le estati).
4. Giacomo mangiava (sempre / due volte) i piselli.
5. Da giovane, Giacomo (è stato / era) molto energico.
6. L'anno scorso (sono andata / andavo) al teatro tre volte.
7. Quando (ha avuto / aveva) un anno, Maria (ha imparato / imparava) a camminare.
8. (Ha fatto / Faceva) bel tempo quando (partivamo / siamo partiti) per il viaggio.

B. Trasformazioni. Sostituisci le parole in corsivo (*italics*) con l'imperfetto dei verbi tra parentesi.

1. Giuseppina *guardava* una telenovela quando Angela è arrivata. (leggere un mensile / fare un'intervista / lavare i piatti / scrivere una recensione / servire il caffè)

Nota bene: *dovere, sapere, conoscere*

These three verbs have different meanings in the **passato prossimo** and the **imperfetto**.

dovevo = *I was supposed to* Dovevo lavare i piatti, ma ho deciso di non lavarli.

ho dovuto = *I had to* Non sono uscita ieri perché ho dovuto fare i compiti.

sapevo = *I knew* Sapevo che Sergio era giornalista.

ho saputo = *I found out* Ho saputo che Maria e Tonino sono insieme.

conoscevo = *I knew* Conoscevo quell'attore quando ero piccolo.

ho conosciuto = *I met* Ho conosciuto quell'attore ad una festa.

2. Gli studenti *ascoltavano* mentre la professoressa spiegava. (prendere appunti [*notes*] / scrivere / fare attenzione / stare zitti / giocare con la matita)

C. **Un'americana a Firenze.** Judy ha passato le sue vacanze a Firenze. Racconta la sua storia al passato.

È il 25 aprile. Arrivo a Firenze. La mia amica italiana Silvana mi aspetta alla stazione. Prendiamo un tassì. Vedo che c'è molta gente nelle vie e che i negozi sono chiusi. Domando a Silvana perché la gente non lavora. Silvana mi risponde che il 25 aprile è l'anniversario della Liberazione.* Arriviamo a casa di Silvana. Io vado subito a dormire perché sono stanca e ho sonno. La sera esco con Silvana. Sono contenta di essere a Firenze.

D. **Che dovevi fare?** Chiedi al tuo compagno / alla tua compagna cosa doveva fare tutti i giorni della settimana passata. Il compagno / La compagna dice quello che ha fatto invece dei suoi doveri.

ESEMPIO: A: Che cosa dovevi fare lunedì?
B: Dovevo studiare, ma sono uscito/a con gli amici.

—Mi hanno arrestato mentre uscivo da un camino[a] con un sacco!

[a]*chimney*

---

*On April 25, 1945, World War II came to an end.

Nota culturale
La TV italiana

La televisione italiana è nata nel 1954. Per molti anni dopo la sua nascita, essa[1] ha avuto un solo canale, controllato dallo stato. Fino al 1975 la pubblicità veniva fatta solo prima dell'inizio dei programmi principali, verso le nove di sera. Si presentava una serie consecutiva di sei o sette annunci pubblicitari, in un breve programma chiamato «Carosello», ma dopo non c'era nessuna interruzione degli spettacoli.

Oggi la RAI, o Radiotelevisione italiana, ha tre reti televisive nazionali, che trasmettono, durante tutto il giorno, numerosi telegiornali (fra cui, nel pomeriggio, un telegiornale per ragazzi), dibattiti, film e documentari, spettacoli di varietà, giochi, avvenimenti sportivi in diretta, rubriche[2] scientifiche e di attualità.

Tutti i cittadini che hanno la TV sono obbligati a pagare una tassa annuale con cui viene in parte finanziata[3] la produzione dei programmi pubblici.

Dagli anni '80 si sono aggiunte[4] alle reti pubbliche alcune reti private nazionali e numerosissime reti locali. Le reti private trasmettono soprattutto film, telenovele, serial polizieschi,[5] spettacoli di varietà e giochi a premi,[6] ma ci sono anche dei telegiornali e degli spettacoli sportivi. Si possono vedere alcuni programmi acquistati in America e doppiati in italiano, come ad esempio «X-Files», «Bay-watch» e «I Simpson».

Con l'arrivo delle TV private, la pubblicità, come negli Stati Uniti, interrompe spesso le trasmissioni e talvolta entra dentro ad esse.

L'annunciatrice della RAI Maria de Lourdes Jesus, che è immigrata dalle isole di Capo Verde, con due colleghi, a Roma

[1]*it* [2]*features* [3]*viene… is partly financed* [4]*si… were added* [5]*serial… police dramas* [6]*giochi… game shows with prizes*

Saluti e baci

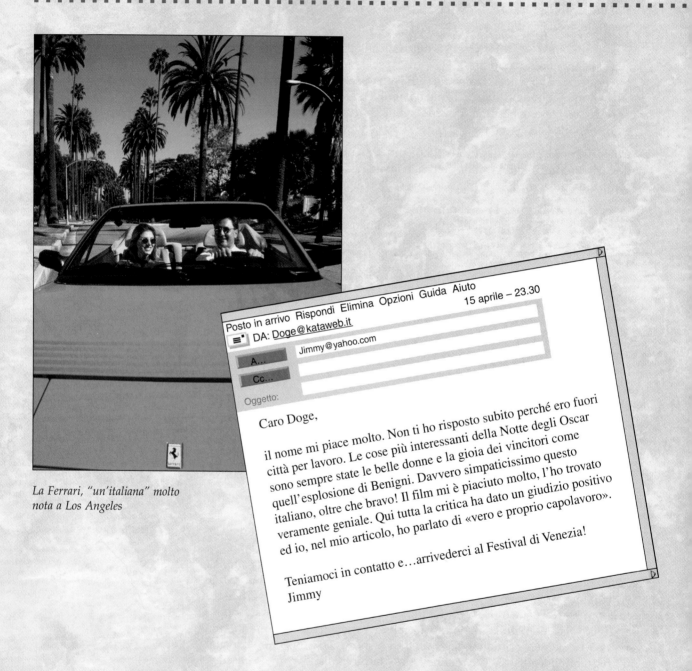

La Ferrari, "un'italiana" molto nota a Los Angeles

Posto in arrivo Rispondi Elimina Opzioni Guida Aiuto
15 aprile – 23.30
DA: Doge@kataweb.it

A...   Jimmy@yahoo.com

Cc...

Oggetto:

Caro Doge,

il nome mi piace molto. Non ti ho risposto subito perché ero fuori città per lavoro. Le cose più interessanti della Notte degli Oscar sono sempre state le belle donne e la gioia dei vincitori come quell'esplosione di Benigni. Davvero simpaticissimo questo italiano, oltre che bravo! Il film mi è piaciuto molto, l'ho trovato veramente geniale. Qui tutta la critica ha dato un giudizio positivo ed io, nel mio articolo, ho parlato di «vero e proprio capolavoro».

Teniamoci in contatto e…arrivederci al Festival di Venezia!
Jimmy

Puoi trovare gli equivalenti inglesi delle corrispondenze contenute nel *In giro per l'Italia* sul nostro sito Internet a www.mhhe.com/ingiro.

Ritratto

EFFIGIES ANTONII VIVALDI.

Antonio Vivaldi
musicista veneto, 1678–1714

Antonio Vivaldi nasce a Venezia da un padre violinista. Diventa lui stesso violinista e si dedica alla composizione. Ma, per vivere, fa l'insegnante di violino a Venezia.

La sua musica è formalmente perfetta ed ha ispirato[1] molti compositori, fra cui[2] Bach. Ma in vita non ha avuto grande successo.[3] Tra le sue opere più importanti ci sono le notissime[4] *Quattro Stagioni*.

[1]*inspired* [2]*fra... including* [3]*non... he was not very successful* [4]*very well-known*

In giro per le regioni

Il Veneto

Il Veneto è una bellissima regione che offre paesaggi molto diversi. In Veneto c'è la possibilità di fare vacanze in montagna, sulle splendide Dolomiti, al mare e anche sul lago di Garda, il più grande lago d'Italia.

Tra le città del Veneto la più conosciuta in tutto il mondo è certamente Venezia, ma anche molte delle altre città del Veneto sono belle e ricche di monumenti e di arte: ricordiamo Verona, Vicenza, Treviso e Padova.

Verona è certamente famosa per la sua arena,[1] dove si rappresentano[2] ogni anno, in estate, bellissimi spettacoli di opera lirica. Ma è anche famosa per essere la città di Romeo e Giulietta; folle[3] di turisti vanno ogni giorno a vedere il piccolo balcone di un antico palazzo del centro.

Nelle campagne venete si possono ammirare delle bellissime ville, costruite da grandi architetti del passato, con giardini curati e ricchi di sorprese: teatri all'aperto,[4] labirinti e fantastici giochi d'acqua.

[1]*amphitheater* [2]*si... are staged* [3]*crowds* [4]*outdoor*

L'ITALIA VIRTUALE

Per indirizzi di vari siti Internet ed ulteriori esercizi per imparare di più sul **Veneto**, visita il sito Internet di *In giro per l'Italia* a <u>www.mhhe.com/ingiro</u>.

Lezione 3

C. Trapassato

Luigi aveva capito che l'appuntamento con Susanna era alle 8.00, ma Susanna aveva capito che era alle 7.00. Alle 7.30 Susanna era stanca di aspettare Luigi ed era molto arrabbiata. Così è andata al cinema con la sua compagna di stanza. Luigi è arrivato alle 8.00 in punto, ma quando è arrivato Susanna era già uscita. Povero Luigino!

1. The **trapassato** is the exact equivalent of the English past perfect (*I had worked, they had left*). It expresses a past action (point 1 on the timeline) that took place before another past action or point in time (point 2). The more recent past event may be expressed in the **passato prossimo** or the **imperfetto**.

TRAPASSATO	PASSATO PROSSIMO
↓	IMPERFETTO
1	**2**

————————————————————————→ PRESENTE

erano usciti	ho telefonato
avevo nuotato	ero stanca
era partita	8,00
avevo imparato a sciare	avevo 8 anni

I nonni erano già usciti quando ho telefonato.	*My grandparents had already left when I called.*
Perché avevo nuotato tutta la mattina, ero stanca.	*Because I had been swimming all morning, I was tired.*
Mia zia era partita prima delle otto.	*My aunt had left before eight.*
Avevo già imparato a sciare quando avevo otto anni.	*I had already learned to ski by the time I was eight.*

2. The **trapassato** is formed with the **imperfetto** of the auxiliary verb (**avere** or **essere**) plus the past participle. Note that the past participle agrees with the subject when the verb is conjugated with **essere**.

VERBI CONIUGATI CON **avere**		VERBI CONIUGATI CON **essere**	
avevo		ero	
avevi		eri	partito/a
aveva	lavorato	era	
avevamo		eravamo	
avevate		eravate	partiti/e
avevano		erano	

Luigi had thought that his date with Susanna was at 8:00, but Susanna had thought that it was at 7:00. At 7:30 Susanna was tired of waiting for Luigi and she was very angry. So she went to a movie with her roommate. Luigi arrived exactly at 8:00, but when he arrived Susanna had already gone out. Poor little Luigi!

Esercizi

A. Domande personali. Decidi se le seguenti affermazioni personali sono vere. Correggi le frasi false.

1. Quando avevo 16 anni, mi ero già diplomato/a.
2. Quando aveva 22 anni, mia madre si era già sposata.
3. Quando avevo 12 anni, ero già stato/a a Disney World.
4. Quando avevo 10 anni, avevo già visto un film al cinema.
5. Quando avevo 18 anni, avevo già visto un film straniero.
6. Quando avevo 16 anni, avevo già preso la patente (*driver's license*).
7. Quando avevo 18 anni, ero già andato/a all'estero (*abroad*).

B. Troppo tardi. Quando queste persone sono arrivate, era già troppo tardi. Descrivi la situazione; segui il modello.

ESEMPIO: Maria telefona a Franca. Franca è uscita. →
Quando Maria ha telefonato a Franca, Franca era già uscita.

1. Entriamo nel cinema. Il film è incominciato.
2. Il cameriere porta il conto. I clienti sono usciti.
3. Il nonno arriva a casa. I nipotini hanno finito di mangiare.
4. Mirella arriva all'aeroporto. L'aereo è partito.
5. Le ragazze tornano a casa. La mamma è andata a dormire.
6. Voi ci invitate. Noi abbiamo accettato un altro invito (*invitation*).
7. Mi alzo. Le mie sorelle hanno fatto colazione.

C. A sedici anni... Chiedi ad un compagno / una compagna di parlare di tre esperienze che aveva già avuto a 16 anni.

ESEMPIO: A sedici anni, ero già stato/a in Europa...

D. Suffissi

Ha visto passare il mio fratellino? È un bambino con un nasino tanto carino, due manine graziose e due piedini piccolini piccolini.

1. By adding different suffixes to Italian nouns (including proper names) and adjectives, they can be made to express various shades of meaning.

   cas**etta** *little house*   temp**accio** *bad weather*
   nas**one** *big nose*   fratell**ino** *little brother*

   When a suffix is added, the final vowel of the word is dropped.

2. The suffixes **-ino/a/i/e, -etto/a/i/e, -ello/a/i/e,** and **-uccio, -uccia, -ucci, -ucce** indicate smallness or express endearment.

naso *nose*	→	nas**ino** *cute little nose*
case *houses*	→	cas**ette** *little houses*
cattivo *bad, naughty*	→	cattiv**ello** *a bit naughty*
Maria *Mary*	→	Mari**uccia** *little Mary*

Did you see my little brother go by? He's a kid with such a cute little nose, two sweet little hands and two tiny little feet.

—Come si chiama questa tua amichetta?

3. The suffix **-one/a/i/e** indicates largeness.*

libro *book*	→	lib**rone** *big book*
lettera *letter*	→	letter**ona** *long letter*
pigro *lazy*	→	pig**rone** *very lazy*
Beppe *Joe*	→	Bep**pone** *big Joe*

4. The suffix **-accio/a/i/e** conveys badness or ugliness.

libro *book*	→	lib**raccio** *bad book*
tempo *weather*	→	temp**accio** *awful weather*
parola *word*	→	parol**accia** *dirty word*
ragazzo *boy*	→	ragazz**accio** *bad boy*

Since it is impossible to guess which suffix(es) a noun may take, it is advisable to use only forms that you have read in Italian books or heard used by native speakers.

E s e r c i z i

A. Sinonimi. Esprimi (*Express*) lo stesso concetto usando un nome o un aggettivo con un suffisso.

ESEMPIO: un grosso libro → un librone

1. una brutta parola
2. una lunga lettera
3. carta (*paper*) di cattiva qualità
4. un brutto affare
5. due ragazzi un po' cattivi
6. un grosso bacio

B. Brutta roba (*stuff*). Con un compagno / una compagna rispondete a ogni domanda in modo negativo. Segui il modello.

ESEMPIO: giornale / bello →
S1: È un bel giornale?
S2: No, è un giornalaccio!

1. giornata / bello
2. parola / bello
3. ragazzi / bravo
4. film / bello
5. strada / in buone condizioni
6. lettera / bello

C. Conversazione.

1. Di solito scrivi letterine o letterone?
2. Hai mai ricevuto una letteraccia? Da chi? Per quale motivo (*reason*)?

---

*Many feminine nouns become masculine when the suffix **-one** is added:

la palla *ball*	→	il pall**one** *soccer ball*
la porta *door*	→	il port**one** *front door / main entrance*
la finestra *window*	→	il finest**rone** *big window*

3. Come sono gli esami in questo corso, esamini o esamoni?
4. Quali persone nel mondo della televisione o del cinema sono famose per il loro nasone?

Piccolo ripasso

....

A. **Ricordi.** Patrizia ricorda quando aveva 17 anni. Completa la sua storia con un verbo della lista all'imperfetto. Si possono usare alcuni verbi più di una volta.

andare
avere
essere
piacere
preferire
studiare
volere

Quando _____^{1} diciassette anni, io e mio fratello _____^{2} al liceo. Io _____^{3} brava e _____^{4} molto perché _____^{5} ricevere dei bei voti. A mio fratello, invece, non _____^{6} studiare e così non _____^{7} mai e _____^{8} uscire con gli amici. E voi, a diciassette anni, come _____^{9}? _____^{10} voglia di studiare?

B. **Un delitto** (*crime*). Riscrivi il seguente brano (tratto e adattato da un testo di Carlo Manzoni) al passato prossimo. Usa il passato prossimo e l'imperfetto in modo appropriato.

La villa sembra disabitata (*uninhabited*). Mi avvicino (*I go near it*). Metto il dito (*finger*) sul campanello e sento il suono (*sound*) nell'interno. Aspetto ma nessuno (*no one*) viene ad aprire. Suono ancora, e ancora niente (*nothing*). Controllo (*I check*) il numero sulla porta: è proprio il 43 B e corrisponde al numero che cerco. Suono per la terza (*third*) volta. Siccome (*As*) non viene nessuno, metto la mano sulla maniglia (*handle*) e sento che la porta si apre. Entro piano (*quietly*). Mi trovo in una grande sala. Silenzio. Chiudo la porta e faccio qualche passo (*a few steps*). Vedo un'altra porta ed entro in una specie (*kind*) di biblioteca. La prima cosa che vedo appena (*as soon as*) entro è un uomo che sta steso (*stretched out*) per terra in una grande macchia di sangue (*blood stain*). Deve essere morto. Guardo l'ora. Sono esattamente le undici e dodici minuti.

C. **C'era una volta...** Con un compagno / una compagna continuate la storia di Cappuccetto Rosso a pagina 172. Poi, raccontate la vostra versione della storia ad un altro gruppo o alla classe.

D. **Conversazione.**

1. Dove abitavi quando avevi 16 anni?
2. Abitavi con i tuoi genitori?
3. Chi era il tuo parente preferito?
4. Quale scuola frequentavi?
5. Con chi studiavi?
6. Che cosa facevi in una giornata tipica?

Lezione 4

Invito alla lettura

Cinema a Venezia

Venezia è forse[1] la città italiana più famosa nel mondo per il suo patrimonio[2] artistico e il suo grande fascino[3] di città sull'acqua. Ma questa città offre anche importantissimi appuntamenti[4] culturali.

Nei palazzi più belli della città, dal Palazzo Ducale a Palazzo Grassi, ci sono spesso mostre di grande rilievo[5] e Venezia è anche sede[6] di una Biennale d'arte che richiama[7] tanti visitatori. Nei suoi teatri, soprattutto nel periodo del famoso Carnevale, è possibile vedere spettacoli di ottimo livello.[8]

Alla fine dell'estate Venezia diventa poi la capitale del cinema internazionale, con il suo Festival che è uno dei festival del cinema più importanti d'Europa, insieme a quelli di Cannes e di Berlino.

In Italia il cinema è molto amato e tanti registi italiani hanno fatto la storia[9] del cinema. Ricordiamo, ad esempio, Rossellini e il suo *Roma città aperta*, che è stato uno dei film più belli del «neorealismo,» o Fellini, il grande maestro, ammirato in tutto il mondo. Ma anche oggi ci sono registi italiani che hanno fama mondiale,[10] come Bertolucci e Tornatore. E dobbiamo pure ricordare Roberto Benigni, grande attore comico, che con la regia[11] del suo film, *La vita è bella*, ci ha regalato un vero e proprio capolavoro.[12] Tutti conoscono poi i grandi attori italiani come Marcello Mastroianni o Sofia Loren che di recente ha ricevuto il premio alla carriera.[13]

A Los Angeles si danno gli Oscar, a Cannes le Palme e a Venezia i Leoni d'oro e d'argento, poiché[14] il Leone di San Marco è il simbolo della città. Per un regista o un attore è molto importante vincere un Leone al Festival di Venezia, e i film premiati[15] hanno in genere grande successo. Il Festival organizza anche proiezioni particolari,[16] dedicate ad argomenti[17] speciali e ai giovani registi, che hanno così la possibilità di farsi conoscere.[18]

Il Ponte di Rialto sul Canal Grande a Venezia

Il Festival può essere una buona occasione per una visita a Venezia per gli appassionati di cinema, ed anche per i curiosi o i fans delle star. Nei giorni in cui si svolge[19] il Festival, è infatti facile incontrare personaggi famosi e bellissime dive per le «calli»[20] e nelle piazze della città.

---

[1]*perhaps* [2]*heritage* [3]*fascination* [4]*programs* [5]*mostre... prominent exhibits* [6]*site* [7]*attracts* [8]*level* [9]*hanno... have contributed to the history* [10]*worldwide* [11]*production* [12]*masterpiece* [13]*premio... lifetime achievement award* [14]*d'oro... gold and silver, because* [15]*award-winning* [16]*proiezioni... special showings* [17]*subjects* [18]*farsi... make themselves known* [19]*in... when takes place* [20]*narrow streets*

E ora a te

Capire

Sì o no?

1. Il Carnevale di Venezia è uno spettacolo teatrale?
2. A Venezia si fa ogni due anni una mostra d'arte molto importante?
3. Il Festival del Cinema di Venezia è il più importante d'Europa?
4. Rossellini è stato un regista del periodo del neorealismo?
5. Roberto Benigni è sempre stato un grande regista?
6. Di recente, a Venezia, hanno premiato Sofia Loren?

Scrivere

Fa' una breve recensione di un film italiano o di un regista italiano / una regista italiana o italo-americano/a (Lina Wertmüller, Pier Paolo Pasolini; Martin Scorsese, Francis Ford Coppola, eccetera) che hai visto, e che ti è particolarmente piaciuto. Completa la recensione con il titolo del film, il/la regista, gli interpreti principali, una breve presentazione del contenuto ed un giudizio personale.

Piazza San Marco: pro-spettiva est (*sec. XVIII*), *Canaletto* (*foto The Metro-politan Museum of Art, New York*)

In ascolto

Recensioni e interviste... Sandra e Claudia discutono le recensioni e le interviste a Roberto Benigni, un famoso attore comico e regista italiano. Ascolta con attenzione e rispondi alle domande seguenti.

1. Cosa c'è sul giornale di oggi?
2. Cosa ha letto Claudia su un settimanale?
3. Perché Sandra è contenta della lettura del giornale?
4. Cosa ha intenzione di fare Sandra stasera? Perché?

Videoteca

Il principe azzurro

Peppe esce con Laura. Dopo pranzo, Peppe le racconta della sua infanzia. Quando Peppe le chiede di uscire ancora, Laura risponde di no e gli chiede di accompagnarla a casa.

ESPRESSIONI UTILI

ci si mangiava molto meglio one ate much better there
il principe azzurro Prince Charming
recitavo degli spettacoli I used to act in shows
Non mi pare. Not in my opinion.
un pagliaccio a clown

davanti al teleschermo, in diretta in front of the TV camera, live
Non ti sapevo... I didn't know you were . . .
Mi accompagni a casa? Will you take me home?
Si fa tardi. It's getting late.
Figurati! Of course!

DAL VIDEO

Funzione: Descrivere un avvenimento del passato

PEPPE: Una volta ho chiesto se potevo recitare una piccola parte nel suo spettacolo. Chiaramente non voleva. Allora, mentre era occupato in altre cose, mi sono vestito come un pagliaccio, con un nasone rosso, e sono apparso tra i ballerini davanti al teleschermo, in diretta!
LAURA: Davvero?

PREPARAZIONE

1. Da bambino Peppe voleva diventare
   a. attore. **b.** regista. **c.** giornalista. **d.** principe.
2. Una volta Peppe si è vestito da
   a. regista. **b.** ballerino. **c.** pagliaccio. **d.** principe.
3. Dopo l'apparizione di Peppe nello spettacolo, suo padre era
   a. deluso. **b.** contento. **c.** arrabbiato. **d.** orgoglioso.

COMPRENSIONE

1. Da bambino a chi credeva di assomigliare Peppe?
2. Adesso che cosa pensa Peppe di se stesso?
3. Perché suo padre si era arrabbiato con lui?

ATTIVITÀ

Da fare in coppia. Racconta al tuo compagno / alla tua compagna cosa sognavi di fare da grande, quando eri bambino/a e perché. Poi, spiega/inventa come hai cambiato idea quando è successa una certa cosa.

ESEMPIO: Da piccola volevo diventare medico perché mio zio faceva il medico. Ma ho cambiato idea quando la mia amica si è fatta male e ho visto sangue che le usciva dalla gamba.

Parole da ricordare

VERBI

continuare (a + *inf.*)	to continue (*doing something*)
dare in televisione	to show on television
doppiare	to dub
girare	to film; to shoot film
mandare in onda	to broadcast
produrre (*p.p.* **prodotto**)	to produce
pubblicare	to publish
recensire	to review
seguire	to follow, watch (*a program*) regularly
sognare (**di** + *inf.*)	to dream (*of doing something*)
stampare	to publish; to print
trasmettere (*p.p.* **trasmesso**)	to broadcast

NOMI

gli appunti	notes
l'articolo	article
l'attore / l'attrice	actor
il canale (televisivo)	TV channel
la carta	paper
la colonna sonora	soundtrack
la cronaca	local news
il/la cronista	reporter
i diritti	rights
il doppiaggio	dubbing
il/la giornalista	journalist
l'incarico	task
l'insieme (di)	the totality (of), all (of)
l'intervista	interview
il linguaggio	jargon, specialized language
il mensile	monthly magazine

il motivo	reason, purpose
il naso	nose
le notizie	news
la patente	driver's license
il piede	foot
il produttore / la produttrice	producer
la pubblicità	advertisement; advertising
la pubblicazione	publication
il quotidiano	daily newspaper
la recensione	review
il redattore / la redattrice	editor
la redazione	editorial staff
il/la regista	director
la rete	network
la roba	stuff
la scelta	choice
lo schermo	screen
la serie televisiva	TV series, serial
il settimanale	weekly magazine
il sondaggio	poll, survey
la stampa	press; the press
il telefilm	TV series, serial
il telegiornale	TV news
la videocassetta	videocassette
il videoregistratore	VCR

AGGETTIVI

grosso	big
ottimo	excellent; best

ALTRE PAROLE ED ESPRESSIONI

allora	at that time; in that case
c'era una volta	once upon a time there was
in diretta	live
una volta	some time ago

Capitolo 9
Come ti senti?

25 maggio – 14.30

DA: Francesco@libero.it

A... Giulia@inwind.it

Cc...

Oggetto:

Cara zia Giulia,

hai saputo del mio incidente? Può sembrare strano, ma sono caduto mentre camminavo per la strada e mi sono rotto una gamba! Una caduta molto banale. Chissà a cosa pensavo! Mi sono trovato per terra, non riuscivo ad alzarmi e la gamba mi faceva molto male. All'ospedale mi hanno messo il gesso e mi hanno detto di tornare fra 30 giorni. Così devo stare fermo, in casa, e mi annoio molto. Non conosci, per caso, un rimedio per farmi guarire rapidamente?

Un bacione da Francesco

Il pronto soccorso di un ospedale

IN BREVE

LEZIONE 1:
VOCABOLARIO
La salute
- Le parti del corpo
- La salute e le malattie

LEZIONE 2:
GRAMMATICA
A. Pronomi tonici
B. Comparativi

LEZIONE 3:
GRAMMATICA
C. Superlativi relativi
D. Comparativi e superlativi irregolari
Piccolo ripasso

LEZIONE 4:
PROSPETTIVE
Invito alla lettura: *La salute degli italiani*
In ascolto
Videoteca:*Sono più in gamba io!*

SALUTI E BACI
Ritratto: Gianni Versace
In giro per le regioni: La Calabria

Dialogo-Lampo

All'ospedale

ROBERTA: E allora, che cosa è successo?

ANTONELLA: Non ricordo proprio bene. Sciavo molto veloce e poi— improvvisamente* ho perso il controllo degli sci, e mi sono svegliata all'ospedale…

ROBERTA: Io mi sono rotta la gamba sinistra lo scorso inverno, una vera scocciatura…

ANTONELLA: Pensa a me allora. I dottori hanno detto che non posso scrivere per almeno† due mesi!

ROBERTA: Una bella scusa‡ per non fare i compiti, eh?

1. Che cosa è successo ad Antonella?
2. Come si è fatta male?
3. Che cosa è successo a Roberta lo scorso inverno?
4. Cosa hanno detto i dottori ad Antonella?

La salute

LE PARTI DEL CORPO

la bocca mouth
il dente tooth
la gola throat
il naso nose
l'occhio eye
l'orecchio (*pl.* **le orecchie / gli orecchi**) ear
la testa head

il cuore heart
il polmone lung
la schiena back
lo stomaco stomach

il braccio (*pl.* **le braccia**) arm
il dito (*pl.* **le dita**) finger
la gamba leg

la mano (*pl.* **le mani**) hand
il piede foot

destro right
sinistro left

LA SALUTE E LE MALATTIE

l'alimentazione (*f.*) nutrition
il dottore / la dottoressa doctor
l'incidente (*m.*) accident
la medicina medicine, drug
il medico doctor
la ricetta prescription

ammalarsi to get sick
***andare all'ospedale** to go to the hospital, be hospitalized

---

*suddenly
†at least
‡excuse

*Words identified with an asterisk (*) are conjugated with **essere**.

Parole-extra

Il viso (*face*)

il ciglio (*pl.* **le ciglia**)
eyelash
la faccia face
il labbro (*pl.* **le labbra**)
lip
il sopracciglio (*pl.* **le
sopracciglia**)
eyebrow

Il corpo

il ginocchio (*pl.* **le
ginocchia**) knee
il gomito elbow
il petto chest
la spalla shoulder

La salute

il dolore pain
il farmaco medicine,
drug
la tosse cough

avere il raffreddore, la febbre to
have a cold, fever
**avere mal di... (testa, denti,
stomaco)** to have a . . .
(headache, toothache,
stomachache)
controllare to check, check up on
curare to care for, treat, heal
curarsi to take care of oneself
***essere sano/malato** to be
healthy/sick
fare male to hurt
farsi male to hurt oneself,
get hurt
***guarire (isc)** to heal

**portare gli occhiali, le lenti a
contatto** to wear glasses,
contact lenses
prendere il raffreddore to catch a
cold
rompersi (*p.p.* **rotto**) **una gamba,
un piede** to break one's leg,
foot
***sopravvivere** (*p.p.* **sopravvissuto**)
to survive
***succedere** (*p.p.* **successo**) to
happen
***vivere** (*p.p.* **vissuto**) to live

grave serious, grave

Esercizi

A. Indovinelli. A quali parti del corpo si riferiscono queste frasi?

1. Fa male quando mangiamo troppo.
2. Long John Silver l'ha di legno (*wood*).
3. Dracula li ha lunghi.
4. Se sono lunghe, possiamo correre velocemente.
5. In una canzone (*song*) di Elton John sono blu.
6. Cresce (*It grows*) quando Pinocchio dice una bugia.
7. Se sono lunghe, possiamo suonare bene il piano.
8. Dumbo le usa per volare (*fly*).
9. Quelli di Cenerentola (*Cinderella*) sono molto piccoli.

B. Associazioni. Quali verbi (Quali azioni) puoi associare a queste parti del corpo?

1. il dito
2. il piede
3. la bocca
4. l'occhio
5. la testa
6. la mano
7. il braccio
8. la gola
9. le orecchie
10. lo stomaco

C. Conversazione.

1. «Quando c'è la salute, c'è tutto.» Siete d'accordo con questa affermazione? Perché?
2. Vi ammalate spesso? Di solito, come vi ammalate? Prendete il raffreddore? Avete un mal di stomaco, una febbre?
3. Siete mai andati all'ospedale? Che cosa è successo?
4. Avete mai avuto un incidente? Vi siete mai rotti una gamba o un'altra parte del corpo?
5. Controllate mai la vostra pressione (*blood pressure*)? Com'è? Alta, bassa, regolare?

A. Pronomi tonici

—Quando L'ho visto due settimane fa, mi ha detto che non avevo problemi con la vista.

—Mi dispiace, ma non credo di averLa visitata. Ha visto me, o forse un altro medico?

—Sono sicurissima, ho visto Lei… Oh, mi sbaglio, non ho visto Lei. Ho visto un medico alto, grasso, con capelli neri e occhiali.

1. Unlike the other object pronouns you have learned, disjunctive (stressed) pronouns (**i pronomi tonici**) follow a preposition or a verb. They usually occupy the same position in a sentence as their English equivalents.

SINGOLARE		PLURALE	
me	*me*	noi	*us*
te	*you*	voi	*you*
Lei	*you*	Loro	*you*
lui, lei	*him, her*	loro	*them*
sé	*yourself, oneself, himself, herself*	sé	*yourselves, themselves*

2. Disjunctive pronouns are used

    a. after a preposition

La ricetta è **per** te.	*The prescription is for you.*
Non voglio uscire **con** loro.	*I don't want to go out with them.*
Avete ricevuto un regalo **da** lei.	*You received a present from her.*
Amano parlare **di** sé.	*They like to talk about themselves.*
Secondo me, i fratelli Berardo sono molto sportivi.	*In my opinion, the Berardo brothers are very athletic.*

Four prepositions (**senza** [*without*], **dopo, sotto,** and **su**) require **di** when followed by a disjunctive pronoun.

Vengo senza mio marito: vengo **senza di** lui.	*I'm coming without my husband; I'm coming without him.*
Sono arrivati all'ospedale dopo il dottore: sono arrivati **dopo di** lui.	*They got to the hospital after the doctor; they got there after him.*
Non vuole nessuno **sotto di** sé.	*He doesn't want anyone below him.*
Il medico conta **su di** noi.	*The doctor is counting on us.*

—When I saw you two weeks ago, you told me that I didn't have problems with my eyesight.
—I'm sorry, but I don't believe I examined you. Did you see me, or maybe another doctor?
—I'm sure I saw you . . . Oh, I'm mistaken, I didn't see you. I saw a tall, heavy doctor with black hair and glasses.

b. after a verb, to give greater emphasis to the object (direct or indirect)

Lo amo. (*unemphatic*)	*I love him.*
Amo solamente lui. (*emphatic*)	*I love only him.*
Ti cercavo. (*unemphatic*)	*I was looking for you.*
Cercavo proprio te. (*emphatic*)	*I was looking just for you.*
Le davano del tu. (*unemphatic*)	*They addressed her as **tu**.*
Davano del tu anche a lei. (*emphatic*)	*They also addressed her as **tu**.*

Note that the emphatic construction is often accompanied by **anche, proprio** or **solamente** for further emphasis.

c. when there are two direct or two indirect objects in a sentence, or when a distinction is being made between the two objects.

Hai parlato con me o con Mirella?	*Did you talk to me or to Mirella?*

Esercizi

A. Sii chiaro! (*Be clear!*) Completa le frasi con il pronome tonico appropriato per essere più chiaro.

ESEMPIO: S1: Ti diverti con i miei amici?
S2: No, non mi diverto proprio con _loro_ .

1. S1: È vero che Alessandra non va d'accordo (*doesn't get along*) con Luciano?
   S2: Sembra di sì (*It seems like it*); Alessandra dice che non vuole più vivere con _____.
2. S1: Venite a giocare a tennis con Patrizia?
   S2: No, veniamo senza di _____! Non vinciamo mai quando gioca lei!
3. S1: Ci troviamo (*Are we meeting*) da Danilo e Leo stasera?
   S2: Sì, ci troviamo da _____ alle otto.
4. S1: Io e Claudio abbiamo cominciato ad andare a cavallo (*go horseback riding*).
   S2: Allora, venite con _____! Ho cominciato anch'io due settimane fa!
5. S1: Ti piace correre con me e Dario?
   S2: No, non mi piace proprio correre con _____! Siete troppo veloci!

B. Situazioni. Come diresti... (*How would you tell . . .*)

1. your friends that you need them?   **2.** a mechanic (**meccanico**) that you need him?   **3.** two children that they have to skate without you?   **4.** a young woman/man that you can't play tennis with her/him?   **5.** a professor that you are counting on him?   **6.** a grandmother that the flowers are for her? and that she has to go to the doctor's office, not the hospital?

B. Comparativi

Io ho due gemelli. Sandra è più sportiva di Michele, ma Michele è più interessato alla musica di Sandra. Sandra è meno timida di Michele; lei è molto più estroversa di lui. Michele è carino e gentile come Sandra—sono due ragazzi simpaticissimi.

1. Comparisons are expressed in Italian with these words:

(così)... come	*as . . . as*
(tanto)... quanto	*as . . . as; as much . . . as*
più... di (che)	*more . . . than; -er than*
meno... di (che)	*less . . . than*

2. The comparison of equality of adjectives is formed by placing **così** or **tanto** before the adjective and **come** or **quanto** after the adjective. **Così** and **tanto** are usually omitted.

    Sergio è (così) alto come Roberto.   *Sergio is as tall as Roberto.*
    Roberto è (tanto) intelligente   *Roberto is as intelligent as*
      quanto Sergio.   *Sergio.*
    Sergio è simpatico come Roberto.   *Sergio is as nice as Roberto.*

    Comparisons of equality with verbs are expressed with (**tanto**) **quanto.**

    Sergio nuota (tanto) quanto Roberto.   *Sergio swims as much as Roberto.*

    A personal pronoun that follows **come** or **quanto** is a disjunctive pronoun.

    Il bambino è sano come te.   *The child is as healthy as you.*

SERGIO   ROBERTO

3. The comparisons of superiority and inferiority are formed by placing **più** or **meno** before the adjective or noun. *Than* is expressed with **di** (or its contraction with an article) before nouns or pronouns.

Chiara è **più** alta   *Chiara is taller*
  di Nella.   *than Nella.*
Nino è **meno** alto   *Nino is less tall*
  di Maria.   *(shorter) than*
              Maria.

Nella è **più** simpatica   *Nella is nicer*
  di Chiara.   *than Chiara.*
Chiara legge **più**   *Chiara reads*
  di Nino.   *more than*
              Nino.

CHIARA   NELLA   NINO   MARIA

I have twins. Sandra is more athletic than Michele, but Michele is more interested in music than Sandra. Sandra is less shy than Michele; she is a lot more extroverted than he is. Michele is sweet and polite like Sandra—they're two really likeable kids.

4. The expressions *more than / less than* followed by numbers are **più di / meno di** + *number* in Italian.

Ci sono stati **più di dieci** incidenti in quella strada il mese scorso.	*There were more than ten accidents on that street last month.*

5. **Che** is used when directly comparing two of the same construction or part of speech: two adjectives, two infinitives, two nouns, or two nouns preceded by a preposition. **Di** is used when comparing a particular quality of two nouns.

L'equitazione è più **costosa** che **difficile.**	*Horseback riding is more expensive than difficult.*
È più facile **nuotare** che **pattinare?**	*Is it easier to swim than to skate?*
Di solito ho più **raffreddori** che **mal di testa.**	*I usually have more colds than headaches.*
Gioco più **a tennis** che **a calcio.**	*I play more tennis than soccer.*
Tiziana è più timida **di** Gina.	*Tiziana is more timid than Gina.*
L'aereo è più caro **del** treno.	*The plane is more expensive than the train.*

Esercizi

A. Scontrini a confronto. C'è differenza tra negozi e supermercati? Paragona i prezzi nella tabella.

ESEMPIO: Il latte all'ipermercato costa meno del latte al supermercato.

Scontrini a confronto

MEDIA	Latte	Acqua	Yogurt	Spaghetti	Mozzarella	Detersivo
Iper– mercato	**1.430** al litro	**379** al litro	**6.743** al kg	**1.793** al kg	**13.494** al kg	**2.987** al kg
Super– market	**1.563** al litro	**439** al litro	**7.153** al kg	**1.834** al kg	**14.008** al kg	**3.265** al kg
Negozio	**1.753** al litro	**502** al litro	**7.655** al kg	**1.997** al kg	**14.838** al kg	**3.647** al kg

B. Come sono? Paragona (*Compare*) i seguenti elementi secondo il modello. Esprimi la tua opinione e usa **più, meno** o **come**.

ESEMPIO: (energico) Picabo Street / Tara Lipinski → Picabo Street è (così) energica come Tara Lipinski.

1. (faticoso, *tiring*) il canottaggio / il nuoto
2. (noioso) il football / il baseball
3. (difficile) il ciclismo / lo sci di fondo
4. (bravo) gli Yankees / i Red Sox
5. (facile) il calcio / il golf
6. (importante) la salute / il lavoro

C. Che dici? Completa ogni frase con **più/meno... di, più/meno... che,** or **così... come.**

ESEMPIO: Per me, gli occhiali sono **meno** comodi (*comfortable*) **delle** lenti a contatto.

1. La mia gamba è _____ lunga _____ mio braccio.
2. Per me, la chimica è _____ divertente _____ italiano.
3. Il mal di testa è _____ noioso _____ grave.
4. Secondo me, l'alimentazione è _____ importante _____ attività fisica.
5. L'influenza è _____ grave _____ raffreddore.
6. Non sono mai stata _____ stanca _____ in questo periodo.
7. Il mio occhio è _____ grande _____ orecchio.
8. I tuoi piedi sono _____ larghi _____ miei piedi.

Nota culturale

Le erboristerie[1] e le medicine naturali

Negli ultimi anni, gli italiani hanno imparato l'uso di cure alternative alla medicina tradizionale e diverse persone preferiscono i farmaci omeopatici[2] piuttosto che quelli chimici.

I medici omeopati tuttavia[3] non sono molti e solo una parte delle farmacie, a differenza degli altri paesi europei, vendono medicine omeopatiche. Lo Stato non pubblicizza l'omeopatia e l'assistenza sanitaria nazionale[4] non paga le cure omeopatiche. Così molti italiani vanno dal medico tradizionale, ma spesso curano i piccoli disturbi[5] con le erbe.[6]

L'Italia è stata, fino a non molto tempo fa, un paese contadino[7] dove era normale usare i prodotti della terra per nutrirsi[8] e per curare il corpo. Adesso gli italiani riscoprono[9] l'importanza dei cibi genuini e le proprietà curative delle erbe.

In ogni città italiana, ci sono molte erboristerie dove si vendono prodotti fatti con erbe, fiori, fanghi,[10] sali e altre cose naturali, per la cura estetica[11] del corpo e per risolvere[12] problemi come il mal di testa, la colite,[13] l'insonnia, la depressione, la gastrite.[14] Tutti possono prendere queste medicine naturali senza paura di intossicarsi,[15] come succede[16] con i farmaci chimici.

Erbe aromatiche da portare al mercato, Vieste (Puglia)

[1]*Le... Herbalists' shops* [2]*farmaci... homeopathic medicines* [3]*nonetheless* [4]*l'assistenza... national health care* [5]*ailments* [6]*herbs* [7]*rural* [8]*per... to nourish oneself* [9]*are rediscovering* [10]*muds* [11]*cura... aesthetic care* [12]*per... to resolve* [13]*colitis* [14]*gastritis* [15]*poison oneself* [16]*happens*

Saluti e baci

Fiori di camomilla e papaveri

Posto in arrivo Rispondi Elimina Opzioni Guida Aiuto·
25 maggio – 18.00

DA: Giulia@inwind.it

A... Francesco@libero.it

Cc...

Oggetto:

Caro Francesco,

mi dispiace molto per il tuo incidente. Vediamo di trovare un rimedio naturale. Naturalmente devi tenere il gesso e quindi stare in casa. Ti allego però la ricetta di una tisana per allevare il prurito alla gamba: con il caldo può essere specialmente terribile. Devi andare in erboristeria e comprare della camomilla naturale, come quella che vedi nella foto.

Quando poi ti togli il gesso devi fare la riabilitazione, perché la gamba è state ferma per molto tempo. Ma stai tranquillo, io conosco dei fisioterapisti bravissimi. Intanto tu cerca di mangiare molta verdura cruda: i sali minerali aiutano i muscoli a non perdere forza. E… devi avere pazienza!

Ti abbraccio forte, zia Giulia

Puoi trovare gli equivalenti inglesi delle corrispondenze contenute nel *In giro per l'Italia* sul
nostro sito Internet a www.mhhe.com/ingiro.

Ritratto

Gianni Versace
stilista[1] calabrese, 1946–1997

Nasce a Reggio Calabria dove studia e lavora nella sartoria[2] della madre. Nel 1978, a Milano, firma la sua prima collezione di alta moda da donna[3] e presto diventa uno degli stilisti più famosi e apprezzati in tutto il mondo. Durante la sua carriera Versace apre boutique esclusive nelle più importanti cittá, inclusa New York.

È stato ucciso[4] a Miami, mentre rientrava nella casa dove viveva gran parte dell'anno.

[1]*fashion designer*   [2]*tailor shop*   [3]*alta... high fashion for women*   [4]*È... he was killed*

In giro per le regioni

La Calabria

La Calabria è la regione dell'Italia peninsulare che si trova più a sud. È, a sua volta,[1] una penisola, circondata da un bellissimo mare, ma nell'interno ci sono anche zone montuose come l'Aspromonte o la Sila, ricca di verdi foreste.

La Calabria, come tutte le regioni del Sud, è rimasta indietro[2] nello sviluppo economico rispetto al Centro-Nord. Ricordiamo infatti che prima dell'Unità d'Italia, avvenuta poco più di un secolo fa, il Sud aveva condizioni economiche e sociali molto più difficili del Nord, e per alcune regioni non è stato semplice risolvere i propri problemi.

La Calabria è la regione meno industrializzata d'Italia, e la mancanza[3] di lavoro ha costretto tanti Calabresi, dall'Unità d'Italia fin quasi ad oggi,[4] ad emigrare. Una parte di essi sono andati all'estero, specialmente in paesi europei come la Svizzera, il Belgio e la Germania, ma molti, tra il 1950 e il 1970, si sono trasferiti nelle città industrializzate del Nord d'Italia, soprattutto a Torino, dove la loro vita di «stranieri in patria» non è stata sempre facile.

[1]*a... in turn*   [2]*backward*   [3]*lack*   [4]*fin... almost until today*

L'ITALIA VIRTUALE

Per indirizzi di vari siti Internet ed ulteriori esercizi per imparare di più sulla **Calabria,** visita il sito Internet di *In giro per l'Italia* a www.mhhe.com/ingiro.

Lezione 3

C. Superlativi relativi

— «Ho camminato tutto il giorno senza incontrare il più piccolo animale... »

1. The relative superlative (*the fastest; the most elegant; the least interesting*) is formed in Italian by using the comparative with the definite article.

Di tutti gli sport, il calcio è il più popolare.	*Of all sports, soccer is the most popular.*
Giorgio è il meno sportivo dei fratelli.	*Giorgio is the least athletic of the brothers.*

2. When the relative superlative is accompanied by a noun, the construction of the sentence depends on whether the adjective normally precedes or follows the noun it modifies.

    > Adjectives that precede: *article* + **più** / **meno** + *adjective* + *noun*

Il più bello sport è il calcio.	*The finest sport is soccer.*

    > Adjectives that follow: *article* + *noun* + **più** / **meno** + *adjective*

Giorgio è **il fratello meno sportivo**.	*Giorgio is the least athletic brother.*

3. In English the superlative is usually followed by *in*. In Italian it is normally followed by **di**, with the usual contractions.

È lo studente più spiritoso **del** dipartimento.	*He is the wittiest student in the department.*
Questi giocatori sono i più veloci **della** squadra.	*These players are the fastest on the team.*

Esercizi

A. Votiamo. Completa le seguenti frasi secondo la tua opinione. Poi paragona le tue risposte con quelle dei tuoi compagni di classe.

1. _____ è il più bravo attore del cinema americano.
2. _____ e _____ sono gli sport più pericolosi.
3. _____ è il programma televisivo più divertente.
4. _____ è la malattia più pericolosa nel mondo di oggi.
5. _____ è la telenovela più bella alla TV.

6. _____ è la squadra di baseball più brava di quest'anno.

7. _____ e _____ sono gli autori italiani più conosciuti nel mondo.

8. _____ è il computer più efficiente.

B. Gente in gamba. A turni con un compagno / una compagna, fate domande sulle seguenti persone. Rispondete usando *il superlativo relativo* + **di tutti / di tutte.** (Non è necessario limitarvi agli aggettivi presentati.)

ESEMPIO: Shaquille O'Neal →
            s1: È bravo Shaquille O'Neal?
            s2: Sì, è il più bravo di tutti.

Aggettivi: agile, dotato (*gifted*), elegante, forte (*strong*), veloce...

1. Tara Lipinski
2. Bill Gates
3. Leonardo di Caprio
4. Barry Bonds
5. Picabo Street
6. Aretha Franklin

C. Conversazione.

1. Qual è la festa più importante dell'anno per te? E per la tua famiglia?
2. Sai quali sono i libri più venduti in questo momento? 3. Secondo te, chi è l'uomo più importante degli Stati Uniti? Chi è la donna più importante degli Stati Uniti? Perché? 4. Qual è il programma televisivo più seguito?

D. Comparativi e superlativi irregolari

MAMMA: Ti senti meglio oggi, Carletto?

CARLETTO: No, mamma, mi sento peggio.

MAMMA: Poverino! Ora ti do una medicina che ti farà bene.

CARLETTO: È buona?

MAMMA: È buonissima, migliore dello zucchero!...

CARLETTO: Mamma, hai detto una bugia! È peggiore del veleno!

1. Some common adjectives have irregular comparative and superlative forms as well as regular forms.

AGGETTIVO	COMPARATIVO	SUPERLATIVO
buono *good*	**migliore (più buono)** *better*	**il/la migliore (il più buono)** *the best*
La torta è buona.	La torta è migliore della crostata.	La torta è il migliore di tutti i dolci.
cattivo *bad*	**peggiore (più cattivo)** *worse*	**il/la peggiore (il più cattivo)** *the worst*
La torta è cattiva.	La torta è peggiore della crostata.	La torta è il peggiore di tutti i dolci.

MOTHER: Are you feeling better today, Carletto? CARLETTO: No, Mom, I'm feeling worse. MOTHER: Poor thing! Now I'll give you some medicine that will be good for you. CARLETTO: Is it good? MOTHER: It's very good, better than sugar! CARLETTO: Mom, you told me a lie! It's worse than poison!

Simona e Marco

2. The adjectives **grande** and **piccolo/a** have regular comparative and superlative forms, **più grande** and **più piccolo/a,** which mean *bigger* and *smaller* respectively. These adjectives also have irregular forms, **maggiore** and **minore,** which mean *greater* and *lesser.** Both the regular and the irregular forms can be used in reference to people (especially brothers and sisters) to mean *older* and *younger.* **Il/La maggiore** means *the oldest* (in a family, for example), and **il/la minore** means *the youngest.*

COMPARATIVO	SUPERLATIVO
maggiore (più grande) *older*	**il/la maggiore (il/la più grande)** *the oldest*
Simona è più grande di Marco.	Simona è la più grande della famiglia.
Simona is older than Marco.	*Simona is the oldest in the family.*
Simona è la sorella maggiore di Marco.	Simona è la figlia maggiore.
Simona is Marco's older sister.	*Simona is the oldest child.*
minore (più piccolo) *younger*	**il/la minore (il/la più piccolo)** *the youngest*
Marco è più piccolo di Simona.	Marco è il più piccolo della famiglia.
Marco is younger than Simona.	*Marco is the youngest in the family.*
Marco è il fratello minore di Simona.	Marco è il figlio minore.
Marco is Simona's younger brother.	*Marco is the youngest child.*

3. Some adverbs have irregular comparatives.

AVVERBIO	COMPARATIVO
bene *well*	**meglio** *better*
Sandra canta bene.	Sandra canta meglio di Tina.
male *badly*	**peggio** *worse*
Marco cucina male.	Marco cucina peggio di Luca.

The superlative of these adverbs is most commonly expressed by adding the expression **di tutti** to the comparative forms.

Lucia gioca meglio di tutti. — *Lucia plays better than anyone.*
Marcella parla meno di tutti. — *Marcella talks less than anyone.*

Esercizi

A. Opinioni. Scegli la parola che esprime la tua opinione.

1. Pavarotti canta meglio / peggio delle Spice Girls.
2. Io ballo meglio / peggio del professore / della professoressa.

Nota bene: avverbi vs. aggettivi

In English, *good* and *bad* are adjectives (modifying nouns) and *well* and *badly* are adverbs (modifying verbs). In Italian, the corresponding forms are **buono/cattivo** and **bene/male.**

Sergio è un buono/cattivo studente. *Sergio is a good/bad student.*

Sergio gioca bene/male a frisbee. *Sergio plays frisbee well/badly.*

English uses the same comparative forms, *better* and *worse,* for both adjectives and adverbs. In Italian, **migliore** and **peggiore** modify nouns, **meglio** and **peggio** modify verbs.

Sergio è un migliore/peggiore studente di Renata. *Sergio is a better/worse student than Renata.*

Sergio gioca meglio/peggio a frisbee di Renata. *Sergio plays frisbee better/worse than Renata.*

***Il/La maggiore** is often used to mean *greatest:* **Chi è il maggiore romanziere italiano?** (*Who is the greatest Italian novelist?*)

3. Tara Lipinski pattina meglio / peggio di Michelle Kwan.
4. Keanu Reeves recita peggio / meglio di tutti.
5. Il pesce è migliore / peggiore della carne.
6. I biscotti sono migliori / peggiori delle caramelle (*candy*).
7. La chimica è migliore / peggiore della matematica.
8. L'università è migliore / peggiore del liceo.

B. Scambi. Con un compagno / una compagna, completa le conversazioni con l'espressione giusta.

1. S1: Lisa, secondo te, qual è il dolce _____ (meglio / migliore): la crostata di frutta o il gelato?
   S2: Io preferisco la crostata, ma per la festa va _____ (meglio / migliore) il gelato perché Paolo non può mangiare la frutta.
2. S1: La piscina di Giorgio e Rita è _____ (più grande / maggiore) della nostra; chi l'ha costruita?
   S2: Il loro figlio _____ (grandissimo / maggiore), Claudio.
3. S1: Gina, chi canta _____ (meglio / migliore) secondo te, Mariah Carey o Alanis Morrisette?
   S2: Alanis Morrisette, senz'altro! Mariah Carey è brava, ma le sue canzoni sono _____ (peggio / peggiori).
4. S1: Funziona _____ (buono / bene) la tua Mercedes?
   S1: Benissimo, ma preferisco una macchina _____ (più piccola / minore).

—Ti ho donato i migliori secoli[a] della mia vita... e adesso vuoi lasciarmi?...
[a]*centuries*

Piccolo ripasso

A. Come sei? Chiedi al tuo compagno / alla tua compagna di paragonarsi ad altre persone. Seguite il modello.

ESEMPIO: alto / tua madre →
   S1: Sei più alta di tua madre?
   S2: Sì, sono più alta di lei. (No, non sono più alta di lei.) E tu?

1. pigro / i tuoi compagni
2. romantico / il tuo ragazzo (la tua ragazza)
3. bravo in matematica / i tuoi genitori
4. sportivo / tuo padre
5. energico / il professore (la professoressa) d'italiano
6. puntuale / le tue amiche

B. Due allenatori (*trainers*). L'allenatore Ranzoni e l'allenatore Frich parlano di due loro giocatori. Completa la conversazione con la forma corretta di **bravo, bene, meglio, migliore, peggie** o **peggiore.**

R: Secondo me, Danilo è più _____[1] di Simone; il suo stile è _____[2] e anche la sua tecnica è _____[3].

F: Io penso che Simone sia (*is*) _____[4] come Danilo. È vero, nell'ultima partita non ha giocato _____[5] come Danilo: ha giocato decisamente (*decidedly*) _____[6] di Danilo, ma non possiamo dire chi dei due è il giocatori _____[7]. Nell'insieme, Danilo e Simone sono i _____[8] giocatori della squadra!

Lezione 4

Invito alla lettura

La salute degli italiani

In generale, gli italiani stanno molto attenti alla salute e cercano di tenere comportamenti[1] che li aiutano a star bene.[2] Sappiamo che gli italiani amano la buona cucina, e che mangiare molto può essere dannoso.[3] La cucina italiana, però, anche se è molto saporita[4] e varia, ha per base alimenti[5] molto sani.[6] La famosa «dieta mediterranea» a base di pasta, verdura, frutta e olio d'oliva è consigliata da tutti i medici del mondo, perché è equilibrata[7] e fa bene alla salute.

A confermare questa opinione ci sono i dati[8] sulla salute degli abitanti della Calabria. In Calabria la cucina è proprio «mediterranea», è cioè povera di grassi[9] e semplicissima; ai cibi si dà sapore[10] soprattutto con l'aglio e il peperoncino. E proprio in questa regione il numero degli ammalati[11] di tumore è il più basso d'Italia ed è fra i più bassi quello degli ammalati di cuore.

L'organizzazione sanitaria italiana è generalmente di buon livello. L'assistenza è garantita da grandi ospedali e cliniche con un alto numero di medici, oppure da piccoli ambulatori ai quali[12] cittadini possono rivolgersi[13] per controlli e cure. La ricerca medica è avanzata, e ci sono cliniche specialistiche che praticano trattamenti curativi d'avanguardia.[14]

Gli italiani fanno molto uso dei farmaci, ma amano anche curarsi in modo naturale. Ultimamente molti hanno cominciato a far uso di prodotti omeopatici, o ad andare nelle stazioni termali.[15] In Italia ci sono tantissime località con acque termali che curano molte malattie. Nei centri termali i pazienti possono tonificare,[16] disintossicare[17] e rilassare il corpo con trattamenti di vario tipo: bere tanti bicchieri di acque particolari che fanno bene al fegato[18] o ai reni,[19] nuotare in piscine con acqua calda, fare dei fanghi,[20] degli idromassaggi ed altre terapie naturali. Quando una persona va in un centro termale per curare delle vere malattie, come le allergie o i reumatismi, il servizio sanitario nazionale paga, almeno in parte, il soggiorno.[21]

Ci sono località termali importanti in tutto il territorio italiano. Al nord c'è la conosciutissima Merano, vicino a Bolzano, o la famosa zona veneta delle Terme Euganee; al centro Italia c'è Salsomaggiore che si trova in Emilia, Montecatini e Chianciano, famosissima per le cure del fegato, in Toscana. Al sud, proprio nel meraviglioso golfo di Napoli, si trova un'isola, Ischia, dalla cui terra sgorgano[22] acque calde e benefiche. Ischia è un vulcano spento[23] e le alte temperature del sottosuolo[24] favoriscono una vegetazione quasi tropicale e la possibilità di fanghi, massaggi e saune naturali durante tutto l'anno.

Le Terme di Saturnia, in Toscana

[1]*behaviors* [2]*star... stay well* [3]*harmful* [4]*flavorful* [5]*foods* [6]*healthful* [7]*balanced* [8]*data* [9]*povera... low in fat* [10]*ai... it gives flavor to foods* [11]*ill* [12]*ambulatori... walk-in clinics to which* [13]*apply* [14]*advanced* [15]*stazioni... thermal facilities* [16]*strengthen themselves* [17]*detoxify* [18]*liver* [19]*kidneys* [20]*fare... take mudbaths* [21]*sojourn, stay* [22]*flow* [23]*extinct* [24]*subsoil*

Prospettive

E ora a te

Capire

Completa.

1. Gli italiani mangiano molto, ma
   a. seguono i consigli dietetici del medico.
   b. mangiano cibi che non fanno male alla salute.
   c. fanno spesso delle cure per disintossicarsi.
2. La dieta mediterranea è
   a. una dieta dimagrante che si fa nel Mediterraneo.
   b. il modo di mangiare tipico degli abitanti della Calabria.
   c. il modo di mangiare tipico dei popoli mediterranei.
3. La Calabria è la regione che ha
   a. meno ammalati di cuore di tutta l'Italia.
   b. meno ammalati di tumore di tutta l'Europa.
   c. meno ammalati di tumore di tutta l'Italia.
4. In Italia si possono avere buone cure mediche
   a. negli ospedali e negli ambulatori.
   b. soprattutto nelle cliniche private.
   c. solo negli ospedali delle grandi città.
5. Gli italiani si curano
   a. soprattutto con prodotti omeopatici.
   b. con i farmaci e con cure naturali.
   c. sempre con molti farmaci.
6. I centri termali sono
   a. cliniche speciali, dove i medici usano solo metodi naturali.
   b. località di vacanza dove ci sono piscine con acqua calda.
   c. luoghi dove si trovano acque che fanno bene alla salute.

Scrivere

Scrivi un breve testo (80 parole circa) sulla tua salute. Segui la traccia delle domande.

1. Il tuo modo di mangiare è corretto o sbagliato per la salute? **2.** La tua dieta è simile a quella mediterranea? **3.** Fai una vita sana o non molto salutare (*healthy*)? **4.** Quando non stai bene, ti curi con metodi naturali o prendi dei farmaci? **5.** Vai spesso dal medico? **6.** Fai dei controlli (*checkups*) periodici?

In ascolto

Un'escursione. Alessandra e Alberto programmano (*plan*) una gita per il fine-settimana. Ascolta con attenzione, poi correggi le frasi sbagliate.

1. Alessandra e Alberto vogliono andare in montagna domenica prossima.
2. Alberto non ha molto appetito.
3. Alessandra ha bisogno di rilassarsi.
4. A Paolo non piace la montagna perché non gli piace camminare.
5. Alberto cerca (*tries*) di convincere Paolo ad andare in montagna.

Videoteca

Sono più in gamba io!

Peppe parla con Cinzia del suo appuntamento con Laura del giorno precedente. Peppe si paragona a Dino. Cinzia gli chiede come si sente e gli consiglia di andare dal dottore.

ESPRESSIONI UTILI

tanto confuso quanto adesso as confused as now
un giorno di anticipo the day before
senz'altro for sure, definitely
vanno molto di moda they are very fashionable
Sono più in gamba io di lui! I'm more with it than he is!
ho sempre goduto di ottima salute I've always been extremely healthy

penso di sopravvivere! I think I'll survive!
Fatti controllare anche la testa! Have your head checked too!
ci saprai fare! you'll know what to do!
Molto spiritosa! Very clever!

Funzione: Paragonare

DAL VIDEO

PEPPE: Senz'altro esce con Dino. Che cosa ci vede in quello?! Ha un naso grandissimo, dei denti storti… Poi gli occhiali da vista che porta sono cose dell'altro mondo!
CINZIA: Sei un po' geloso. I suoi occhiali vanno molto di moda.
PEPPE: Non sono geloso! Sono più in gamba io di lui!

PREPARAZIONE

Vero o falso?

1. Laura vuole uscire con Peppe stasera.
2. A Cinzia piace Dino.
3. A Peppe fa male la testa.

COMPRENSIONE

1. Come descrive Peppe il ristorante dove è andato a mangiare con Laura?
2. Peppe che cosa pensa di Dino?
3. Peppe ha mangiato bene ieri sera?

ATTIVITÀ

Da fare in sei. Giocate a indovinare (*guess*) la persona X (*the mystery person*). Qualcuno sceglie un compagno / una compagna di classe senza dire agli altri chi ha scelto. Gli altri studenti provano ad indovinare la persona X. Possono fare delle domande solo paragonando (*comparing*) la persona X a loro stessi.

ESEMPIO: «È più (alto/basso/vecchio/giovane…) di me?» Continuate fino a quando la persona X viene scoperta.

Parole da ricordare

■ ■

VERBI

ammalarsi	to get sick
*andare all'ospedale	to go to the hospital, be hospitalized
avere mal di... (testa, denti, stomaco)	to have a . . . (headache, toothache, stomachache)
cercare (di)	to try (to)
contare su (qualcuno)	to count on (someone)
controllare	to check, check up on
curare	to care for, treat, heal
curarsi	to take care of oneself
dare del tu (a)	to address (someone) as **tu**
fare male	to hurt
farsi male	to hurt oneself, get hurt
*guarire (isc)	to heal
paragonare	to compare
prendere il raffreddore	to catch a cold
programmare	to plan
rompersi (*p.p.* **rotto**)	to break (*a bone*)
*sopravvivere (*p.p.* **sopravvissuto**)	to survive
*succedere (*p.p.* **successo**)	to happen
*vivere (*p.p.* **vissuto**)	to live

NOMI

l' alimentazione (*f.*)	nutrition
la bocca	mouth
il braccio (*pl.* **le braccia**)	arm
il corpo	body
il cuore	heart
il dente	tooth
il dito (*pl.* **le dita**)	finger
il dottore / la dottoressa	doctor
la febbre	fever
la gamba	leg
i gemelli, le gemelle	twins
la gola	throat
l'incidente (*m.*)	accident
le lenti a contatto	contact lenses
la malattia	disease
la medicina	medicine, drug

il medico	doctor
gli occhiali	eyeglasses
l'orecchio (*pl.* **le orecchie / gli orecchi**)	ear
il polmone	lung
il premio	prize
il raffreddore	cold (*infection*)
la ricetta	prescription
la salute	health
la schiena	back
la scusa	excuse
lo stomaco	stomach
la testa	head
la vista	eyesight; view

AGGETTIVI

chiaro	clear
comodo	comfortable; convenient
destro	right
faticoso	tiring
forte	strong
grave	serious, grave
maggiore	greater; older
malato	sick
migliore	better
minore	lesser; younger
peggiore	worse
sano	healthy
sinistro	left

ALTRE PAROLE ED ESPRESSIONI

almeno	at least
(così)... come	as . . . as
peggio	worse
meno... di (che)	less . . . than
meglio	better
più... di (che)	more . . . than; -er than
senza	without
tanto	that much, so much
(tanto)... quanto	as . . . as; as much . . . as
Tocca a me/te/lui/lei!	It's my/your/his/her turn!

---

*Words identified with an asterisk (*) are conjugated with **essere**.

Capitolo 10

Buon viaggio!

Posto in arrivo Rispondi Elimina Opzioni Guida Aiuto   20 settembre – 22.15

DA: Luisa@inwind.it

A...   Katy@hotmail.com

Cc...

Oggetto:

Ciao Katy!

Sei partita solo da una settimana e già ci manchi…a me e a tutti gli amici di Perugia. Com'è andato il viaggio di ritorno? Come hai trovato la tua famiglia? E Londra? Fa già freddo? Io riprenderò presto le lezioni all'Università ma qui fa ancora caldo e non ho tanta voglia di studiare. Tornerai, a primavera, come hai promesso? Questa volta non dovrai frequentare le lezioni di lingua e così ti porteremo in giro per la nostra bella regione. Ti faremo conoscere Assisi, Spello, Gubbio, Spoleto e la verde campagna umbra. Per una golosa come te, Perugia in primavera sarà indimenticabile: c'è la festa della cioccolata!

Aspetto notizie e ti mando tanti baci
Luisa

Primavera a Perugia

IN BREVE

LEZIONE 1:
VOCABOLARIO

Viva le vacanze!
- In vacanza
- Le feste

LEZIONE 2:
GRAMMATICA

A. Futuro semplice
B. Usi speciali del futuro

LEZIONE 3:
GRAMMATICA

C. Si impersonale
D. Formazione dei nomi femminili
Piccolo ripasso

LEZIONE 4:
PROSPETTIVE

Invito alla lettura:
L'agriturismo
In ascolto
Videoteca:
Buongiorno, Silvana! / Un albergo sul mare

SALUTI E BACI
Ritratto: San Francesco d'Assisi
In giro per le regioni: L'Umbria

Dialogo-Lampo

Programmi per l'estate

MARIO: Allora, che programmi hai per l'estate?

DANIELE: Ma, a dire il vero* non ho ancora deciso. Forse† vado al mare in Sicilia… E tu, niente di speciale‡ questa volta?

MARIO: Quest'estate non vado in vacanza. L'anno scorso sono andato in crociera in Grecia, quest'inverno a sciare in Francia, e poi ho fatto un viaggio in Olanda.

DANIELE: Ora capisco perché non vai in vacanza! O hai finito i giorni di ferie o i soldi per viaggiare all'estero!

1. Dove ha intenzione di andare Daniele quest'estate?
2. Quali nazioni ha visitato Mario?
3. Che cosa ha fatto in Grecia? E in Francia?
4. Che programmi ha Mario per quest'estate?
5. Cosa dice Daniele sui programmi di Mario?

Viva le vacanze!

IN VACANZA

l'albergo (di lusso / di costo medio / economico) hotel (deluxe / moderately priced / inexpensive)

la camera room
 doppia double
 matrimoniale with a double bed
 singola single
 con bagno / doccia / aria condizionata with bath / shower / air conditioning

la cartolina postcard

l'itinerario itinerary

l'ostello hostel

il paesaggio landscape

la pensione inn, bed-and-breakfast
 la mezza pensione half board
 la pensione completa full board

il posto place

la tappa stopover; leg (of a journey)

affittare / prendere in affitto una casa to rent a house

*andare in campagna to go to the country
 in campeggio to go camping
 all'estero to go abroad
 in ferie / in vacanza to go on vacation
 al mare to go to the seashore
 in montagna to go to the mountains
 in spiaggia to go to the beach

avere intenzione (di) to intend (to)

avere programmi to have plans

fare programmi to make plans

fare una crociera to go on a cruise

fare le ferie / le vacanze to go on vacation

lasciare / pagare un deposito to leave / pay a deposit

---

*a… *to tell the truth*
†*Maybe*
‡niente… *nothing special*
*words identified with an asterisk (*) are conjugated with **essere**.

Parole-extra

fare le valige to pack
disfare le valige to unpack

All'aeroporto

arrivi arrivals
partenze departures

check-in
imbarco boarding
sbarco de-boarding

voli nazionali
domestic flights
voli internazionali
international flights
coincidenze connecting
flights

**noleggiare / prendere a nolo una
macchina, una barca** to rent a
car, a boat
prenotare, fare una prenotazione
to make a reservation

tutto compreso including all costs
fisso fixed, set

libero free; unoccupied (room,
seat, etc.)
o… o either . . . or

LE FESTE (*HOLIDAYS*)

Capodanno New Year's Day
Natale Christmas
Pasqua Easter

Esercizi

A. Una vacanza in Italia. Siete in Italia e volete vedere molti posti, conoscere gli italiani e divertirvi. Raccontate alla classe cosa pensate di fare e di non fare in ogni situazione.

ESEMPIO: dormire negli ostelli o in un albergo di lusso →
Penso di dormire negli ostelli perché costa poco. Non penso proprio di prenotare un albergo di lusso.

1. viaggiare in bicicletta o noleggiare una macchina **2.** affittare una casa al mare per un mese o viaggiare per l'Italia **3.** pagare in contanti o usare la carta di credito **4.** viaggiare in treno o in aereo **5.** scrivere cartoline agli amici o telefonare

B. Viva le vacanze! In coppia, spiegate se vi piacciono o no queste possibilità.

ESEMPIO: andare al mare →
S1: Ti piace andare al mare?
S2: Sì, mi piace perché mi piace stare al sole e abbronzarmi (*get tan*). / No, non mi piace perché non so nuotare.

1. dormire in campeggio **2.** andare in montagna **3.** fare una crociera **4.** andare in vacanza con i genitori **5.** visitare i musei **6.** affittare una casa in campagna **7.** seguire gli itinerari fissi **8.** fare molte tappe

C. Come scoprire (*discover*) **l'America.** Amici italiani hanno appena (*just*) deciso di fare le vacanze negli Stati Uniti e hanno bisogno di consigli (*advice*). Preparate con un compagno/una compagna un elenco (*list*) di informazioni utili sui posti da vedere, come viaggiare e sulle precauzioni da prendere. Giustificate le vostre affermazioni (*statements*). Scegliete, per i vostri suggerimenti (*suggestions*) città come New York o Chicago, o i parchi nazionali, o Disneyland e la Florida. Sono queste le mete (*destinations*) più comuni dei turisti italiani. Ma suggerite anche luoghi poco frequentati!

ESEMPIO: S1: Se venite all'Ovest, dovete vedere il Grand Canyon, in Arizona, e il Parco di Yosemite in California.
S2: È possibile viaggiare in macchina o in autobus, e dormire in campeggio nei parchi nazionali.

A. Futuro semplice

Progetti per le vacanze*

JEFF: Alla fine di giugno partirò per l'Italia con i miei genitori e mia sorella. Prenderemo l'aereo a New York e andremo a Roma. Passeremo una settimana insieme a Roma, poi i miei genitori noleggeranno una macchina e continueranno il viaggio con mia sorella. Io, invece, andrò a Perugia dove studierò l'italiano per sette settimane. Alla fine di agosto ritorneremo tutti insieme negli Stati Uniti.

The future tense is used to express an action that will take place in the future.

1. In Italian, the future (**il futuro semplice**) is formed by adding the endings **-ò, -ai, -à, -emo, -ete, -anno** to the infinitive minus the final **-e**. A good way to remember the future-tense endings is to note their relationship to the verb **avere** (**ho, hai, ha, abbiamo, avete, hanno**), from which they are derived. Verbs ending in **-are** change the **a** of the infinitive ending to **e** (**lavorar → lavorer-**).

LAVORARE	SCRIVERE	FINIRE
lavor**erò**	scriv**erò**	finir**ò**
lavor**erai**	scriv**erai**	finir**ai**
lavor**erà**	scriv**erà**	finir**à**
lavor**eremo**	scriv**eremo**	finir**emo**
lavor**erete**	scriv**erete**	finir**ete**
lavor**eranno**	scriv**eranno**	finir**anno**

Vacation plans   JEFF: At the end of June I'll leave for Italy with my parents and my sister. We'll get a plane in New York and go to Rome. We'll spend a week together in Rome, then my parents will rent a car and (will) continue the trip with my sister. I, on the other hand, will go to Perugia, where I'll study Italian for seven weeks. At the end of August, we'll all return to the United States together.

*The plural form **vacanze** is generally used to refer to vacations. Note, however, the expression **andare in vacanza.**

Nota bene: il presente e il futuro

To refer to a definite event in the immediate future, the present tense is used:
A: Dove vai domani?
B: **Vado** dal dottore.
To express tentative plans, by contrast, the future tense is used:
A: Che fai per il compleanno la settimana prossima?
B: Non lo so, forse **farò** un viaggio con Mariella.

2. In English the future is expressed with the auxiliary verb *will* or the phrase *going to*, but in Italian a single verb form is used.

> Quanto tempo **resterai** in Italia?   *How long are you going to stay in Italy?*
>
> **Faremo** una tappa in Grecia.   *We'll stop over in Greece.*

3. The spelling changes that you learned for the present tense of verbs such as **giocare, pagare, cominciare,** and **mangiare** apply to all persons in the future tense.

GIOCARE	PAGARE	COMINCIARE	MANGIARE
gio**che**rò	pa**ghe**rò	comin**ce**rò	man**ge**rò
gio**che**rai	pa**ghe**rai	comin**ce**rai	man**ge**rai
gio**che**rà	pa**ghe**rà	comin**ce**rà	man**ge**rà
gio**che**remo	pa**ghe**remo	comin**ce**remo	man**ge**remo
gio**che**rete	pa**ghe**rete	comin**ce**rete	man**ge**rete
gio**che**ranno	pa**ghe**ranno	comin**ce**ranno	man**ge**ranno

4. Some two-syllable verbs that end in **-are** keep the characteristic **-a** of the infinitive ending. Their conjugation is similar to that of **essere** in the future.

ESSERE	DARE	FARE	STARE
(**sar-**)	(**dar-**)	(**far-**)	(**star-**)
sar**ò**	dar**ò**	far**ò**	star**ò**
sar**ai**	dar**ai**	far**ai**	star**ai**
sar**à**	dar**à**	far**à**	star**à**
sar**emo**	ecc.	ecc.	ecc.
sar**ete**			
sar**anno**			

5. Some verbs—mostly **-ere** verbs stressed on the infinitive ending, such as **avEre** and **potEre**—have irregular future stems that drop the stressed **e**.

ANDARE	AVERE	DOVERE	POTERE	VEDERE	VENIRE	VOLERE
(**andr-**)	(**avr-**)	(**dovr-**)	(**potr-**)	(**vedr-**)	(**verr-**)	(**vorr-**)
andrò	avrò	dovrò	potrò	vedrò	verrò	vorrò
andrai	avrai	dovrai	potrai	vedrai	verrai	vorrai
andrà	avrà	dovrà	potrà	vedrà	verrà	vorrà
ecc.	ecc.	ecc.	ecc.	ecc.	ecc.	ecc.

—Io vivrò a lungo perché sono protetto dalla società per la protezione degli animali rari.

Compare these verbs to the conjugation of **ricEvere,** which is not stressed on the infinitive ending: **riceverò, riceverai, riceverà, riceveremo, riceverete, riceveranno.**

Esercizi

A. L'anno 2222. Secondo te, esisteranno le seguenti condizioni nell'anno 2222?

ESEMPIO: Le macchine non avranno bisogno di benzina (*gasoline*). → Non sono d'accordo. Secondo me, le macchine avranno ancora bisogno di benzina.

1. Tutti gli aerei saranno veloci come il Concorde. **2.** Non ci sarà più bisogno di soldi. **3.** Non mangeremo più la carne, solo la verdura. **4.** Tutti i cittadini (*citizens*) potranno votare da casa con il computer. **5.** Non ci saranno più scuole; tutti studieranno a casa. **6.** Nessuno scriverà più lettere e nessuno userà più il telefono; tutti comunicheranno con la posta elettronica.

B. Cosa farò? Cambia al futuro tutti i verbi in corsivo.

1. Io *passo* un sabato molto tranquillo. Mi *alzo* tardi, *faccio* una bella colazione, ed *esco* per fare le spese.ᵃ Il pomeriggio *prendo* l'autobus e *vado* a trovare la nonna. *Mangiamo* insieme in una trattoria, vicino a casa sua; se *abbiamo* tempo, *andiamo* a vedere un bel film o *facciamo* una passeggiata nel parco.
2. La sera, gli amici mi *vengono* a trovare. *Portano* qualcosa da mangiare: *fanno* dei panini o *comprano* un pizza. Pino *porta* dei dischi nuovi e Maurizio *suona* la chitarra. Forse Anna *vuole* giocare a carte; se no, *stiamo* tutti intorno al caminoᵇ e *prepariamo* un itinerario per le prossimeᶜ vacanze. *È* una serata piacevole e rilassante.

ᵃ*shopping* ᵇ*fireplace* ᶜ*upcoming*

C. La cartomante (*fortune teller*). Fa' una lista di domande sul tuo futuro e poi telefona a Raffaella Girardo per sapere le risposte. È un bel futuro o un brutto futuro? Un compagno / Una compagna farà la parte di Raffaella.

ESEMPIO: S1: Conoscerò un bel ragazzo?
S2: (Raffaella Girardo): Sì! Lo conoscerai stasera.

Suggerimenti: fare un lungo viaggio, ammalarsi, vincere alla lotteria, conoscere un attore famoso / un'attrice famosa, perdere tutti i soldi, trovare un bel lavoro, avere 10 figli

IL FUTURO AL TELEFONO
Venerdì 20 marzo, dalle 15 alle 18, il consuetoᵃ appuntamento con Raffaella Girardo, che interrogherà le carte o il pendolinoᵇ per ciascuna di voi, e risponderà a tutte le vostre domande. Telefonate al numero 02/710047.

ᵃ*usual* ᵇ*pendulum*

B. Usi speciali del futuro

—È un regalo di quel tuo amico indiano: che cosa sarà mai?

1. In Italian, the future tense is often used to express what is *probably* true or to speculate or guess about what *could be* true. This usage is called the future of probability (**il futuro di probabilità**). In English, probability is expressed with such words as *probably, can,* or *must;* in Italian the future tense alone is used.

    —Non vedo Zara da molto tempo. Dove **sarà?**
    —**Sarà** in vacanza.

    I haven't seen Zara for a long time. Where could she be?
    She must be on vacation.

    I signori **vorranno** una camera con bagno, vero?

    The gentlemen probably want a room with a bath, right?

2. The future is commonly used in dependent clauses with **quando** and **appena,** and frequently after **se,** when the verb of the main clause is in the future tense. In English, by contrast, the present tense is used in the dependent clause.

    Quando arriverà, sarà stanco.
    Se farà caldo, ci sederemo all'ombra.
    Scriveranno **appena potranno.**

    When he gets here, he'll be tired.
    If it's hot, we'll sit in the shade.
    They'll write as soon as they can.

Esercizi

A. **I programmi.** Completa le seguenti affermazioni personali.

1. Stasera, appena tornerò a casa,... **a.** mangerò. **b.** andrò a letto.
2. Quando andrò in Italia,... **a.** resterò sempre in albergo. **b.** visiterò Roma.
3. Se avrò soldi la settimana prossima,... **a.** li risparmierò (*I will save*). **b.** li spenderò.
4. Se farà bel tempo questo week-end,... **a.** studierò l'italiano. **b.** non studierò. Uscirò con gli amici.
5. Appena (*As soon as*) avrò 40 anni,... **a.** farò un bel viaggio. **b.** smetterò di lavorare.
6. Se mi sposerò,... **a.** avrò figli. **b.** non avrò figli.
7. Appena mi laureerò,... **a.** troverò un bel lavoro. **b.** andrò in Europa.

B. Scambi. Trasformate le seguenti frasi al futuro.

1. S1: Se non arrivi per le sei, cuciniamo noi.
   S2: Grazie; quando torno dal lavoro ho fame e sono stanca.
2. S1: Appena esce il sole, potete andare sul lago.
   S2: E se fa brutto, stiamo in casa e guardiamo un film.
3. S1: Vi piace questo lavoro?
   S2: Siamo contenti quando ci pagano!
4. S1: Appena Giulia mette piede in Italia, ti manda una cartolina.
   S2: Se mi scrive, io le rispondo.

C. Boh! (*Who knows!*) A turni con un compagno / una compagna, fate le seguenti domande e rispondete usando il futuro di probabilità.

ESEMPIO: Quanto costa una crociera nel mare Egeo? →
   S1: Quanto costa una crociera nel mare Egeo?
   S2: Boh! Costerà almeno mille dollari.

1. Quanti studenti vanno in Italia?
2. Quanto costa affittare una casa a Roma?
3. Quanti ostelli ci sono in Toscana?
4. Cosa dice all'impiegato (*desk clerk*) chi arriva in albergo?
5. Cosa fanno i turisti a Firenze?
6. Cosa c'è nei tortellini bolognesi?

Nota culturale
Il Ferragosto

Il 15 agosto è un giorno di festa civile, chiamato Ferragosto, ed è anche una festa religiosa dedicata alla Madonna. Dal 15 fino al 20–25 agosto, la maggior parte delle attività lavorative si fermano, in Italia come in quasi tutta l'Europa, e questi giorni di vacanza si chiamano «ferie di Ferragosto».

In Italia anche un operaio ha il diritto[1] di prendersi[2] un mese di ferie, e più dell'80% degli italiani possono permettersi[3] di andare in vacanza. Così alla metà di agosto i luoghi di villeggiatura,[4] al mare e in montagna, sono affollatissimi,[5] mentre la maggior parte delle grandi città sono vuote, con molti bar, ristoranti e altri tipi di negozi chiusi.

Ferragosto al mare, Follonica (Toscana)

Il giorno di Ferragosto, o nei giorni immediatamente successive,[6] in alcune località italiane si svolgono[7] dei riti[8] e delle feste. Fra queste, la festa più bella e famosa è certamente il Palio di Siena, una festa medioevale che si svolge il 16 agosto. È una festa ricca di canti di colori e di emozioni, che ha il suo momento più importante in una corsa[9] di cavalli. Ogni cavallo corre per una contrada, cioè un quartiere della città.

[1]*right* [2]*di… to take* [3]*afford* [4]*holiday* [5]*very crowded* [6]*following* [7]*si… take place* [8]*ceremonies* [9]*race*

Saluti e baci

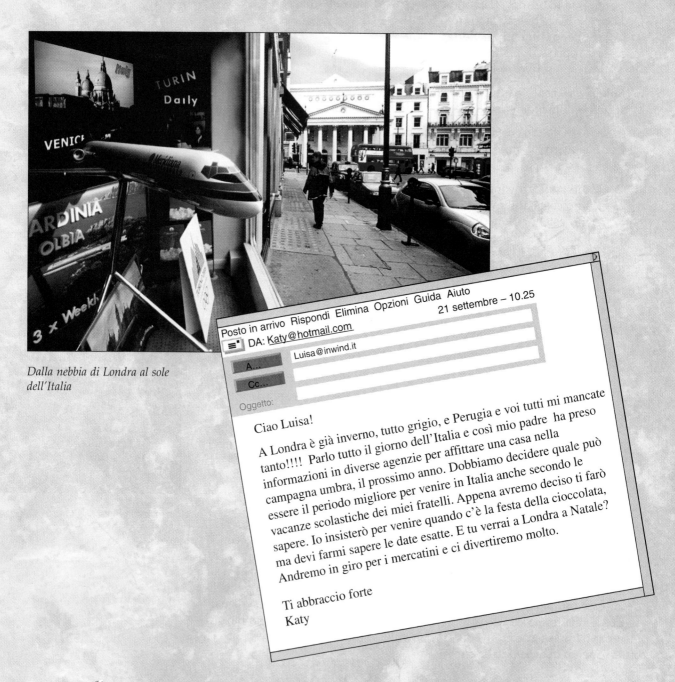

Dalla nebbia di Londra al sole dell'Italia

Posto in arrivo Rispondi Elimina Opzioni Guida Aiuto

21 settembre – 10.25

DA: Katy@hotmail.com

A... Luisa@inwind.it

Cc...

Oggetto:

Ciao Luisa!

A Londra è già inverno, tutto grigio, e Perugia e voi tutti mi mancate tanto!!!! Parlo tutto il giorno dell'Italia e così mio padre ha preso informazioni in diverse agenzie per affittare una casa nella campagna umbra, il prossimo anno. Dobbiamo decidere quale può essere il periodo migliore per venire in Italia anche secondo le vacanze scolastiche dei miei fratelli. Appena avremo deciso ti farò sapere. Io insisterò per venire quando c'è la festa della cioccolata, ma devi farmi sapere le date esatte. E tu verrai a Londra a Natale? Andremo in giro per i mercatini e ci divertiremo molto.

Ti abbraccio forte
Katy

Puoi trovare gli equivalenti inglesi delle corrispondenze contenute nel *In giro per l'Italia* sul nostro sito Internet a www.mhhe.com/ingiro.

Ritratto

San Francesco d'Assisi
santo[1] e scrittore umbro, 1182–1226

Francesco nasce ad Assisi da una ricca famiglia, ma a 24 anni rinuncia[2] a tutto e comincia a vivere in povertà e umiltà. Alcuni compagni lo seguono e, insieme a loro, predica il Vangelo[3] con parole semplici e con l'esempio dell'amore per tutti, anche per la natura e per gli animali.

Nelle sua bellissima poesia, *Il Cantico di Frate Sole*,[4] canta la natura come un prezioso dono[5] di Dio. È un santo molto conosciuto e amato.

[1]*saint* [2]*he renounces* [3]*predica… he preaches the Gospel* [4]*Il… The Canticle of the Sun (a canticle is a hymn or chant used in church services)* [5]*gift*

In giro per le regioni

L'Umbria

L'Umbria, una delle più piccole regioni d'Italia, si trova proprio in mezzo alla penisola. È coperta di boschi[1] e per questo è chiamata «cuore verde» d'Italia. Perugia, capoluogo di regione, e Assisi sono forse i centri più famosi, ma non sono certo meno belle le altre cittadine medioevali come Gubbio, Spoleto e Spello.

Perugia è conosciuta in tutto il mondo, oltre che per i suoi interessanti monumenti, soprattutto perché è sede[2] di una Università per Stranieri, in cui ogni anno studiano la lingua e la cultura italiana più di 6000 studenti. Gli studenti che si iscrivono[3] all'Università per Stranieri sono soprattutto giovani universitari (18–25 anni), ma non mancano professionisti e insegnanti di tutte le età. Vengono da oltre cento paesi diversi: Stati Uniti, Canada, Australia, Grecia, Svizzera, Germania, Francia, Inghilterra, Spagna, Giappone, paesi arabi e latino-americani.

Ad Assisi, nella chiesa dedicata a San Francesco, si possono ammirare gli splendidi affreschi[4] di Giotto, Lorenzetti, Cimabue e Simone Martini che narrano[5] la vita del santo. Questa chiesa è stata purtroppo gravemente danneggiata[6] dal terremoto[7] che nel 1997 ha colpito[8] il centro dell'Italia.

[1]*forests* [2]*home* [3]*si… enroll* [4]*frescoes* [5]*narrate* [6]*damaged* [7]*earthquake* [8]*ha… struck*

L'ITALIA VIRTUALE

Per indirizzi di vari siti Internet ed ulteriori esercizi per imparare di più sull'**Umbria**, visita il sito Internet di *In giro per l'Italia* a www.mhhe.com/ingiro.

Lezione 3

C. *Si* impersonale

Secondo Alberto, all'università si studia almeno sei ore al giorno, si frequentano tutte le lezioni, non si esce mai il venerdì o il sabato sera, non si parla mai al telefono, non si usa mai la carta di credito, non si comprano mai vestiti e CD perché si devono risparmiare i soldi per pagare le spese universitarie. Sei d'accordo?

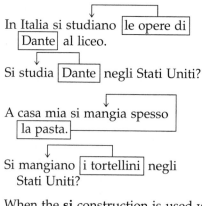

1. The **si** construction is used very commonly in Italian to express an impersonal or unspecified subject. This usage corresponds to the English *one, they, people,* or *we* or *they* used impersonally, as in *They should lower taxes* and *We avoid stereotypes.*

   a. Whether the verb is singular or plural depends on the noun that follows the verb.

   In Italia si studiano le opere di Dante al liceo. — *In Italy they study the works of Dante in high school.*

   Si studia Dante negli Stati Uniti? — *Do you study Dante in the United States?*

   A casa mia si mangia spesso la pasta. — *At my house we often eat pasta.*

   Si mangiano i tortellini negli Stati Uniti? — *Do people eat tortellini in the United States?*

   b. When the **si** construction is used with an infinitive, the conjugated verb is in the third-person singular or plural, depending on the object of the infinitive.

   Si può usare il telefono? — *Can one use the telephone?*
   Si possono comprare libri qui? — *Can one buy books here?*

   c. The **si** construction also expresses common knowledge in expressions such as **si sa che...**, **si capisce che...**, and **si vede che...**

   Si sa che trovare un volo economico è difficile in alta stagione. — *It's common knowledge that it's difficult to get a cheap flight in high season.*

—Si vede che è un principiante[a]...　[a]*beginner*

According to Alberto, at college you study at least six hours a day, you attend all your classes, you never go out Friday or Saturday nights, you never talk on the phone, you never use a credit card, you never buy clothes or CDs because you have to save money to pay tuition (*lit.,* university expenses). Do you agree?

Si capisce bene che i bambini non possono entrare nella macchina di Giorgio—non c'è posto.

Maria non è arrivata. Si vede che ha avuto altre cose da fare.

It's obvious that the kids can't fit in Giorgio's car—there's no room.

Maria hasn't arrived. It's clear that she had other things to do.

—Bisogna proprio dire che una volta si sapeva apprezzare la vera bellezza.

2. The phrase **ci si** must be used when a *reflexive* verb is used impersonally. (This construction developed to avoid **si si**.)

    Ci si dimentica delle usanze.   *People forget customs.*

3. Compound tenses of impersonal **si** constructions are formed using **essere.** If the verb is normally conjugated with **essere,** the past participle always ends in **-i** or **-e,** even if the verb is singular.

    Si è partiti subito.   *We left immediately.*
    Ci si è alzati presto.   *We got up early.*

If the verb is normally conjugated with **avere** and the sentence has a direct object, the past participle agrees with the direct object in gender and number.

    Si è mangiato bene.   *We ate well.*
    Si è mangiata **la pasta.**   *We ate pasta.*
    Si sono mangiati **gli spaghetti.**   *We ate spaghetti.*

> **Si dice così:**
> *la gente*
>
> In English, the word *people* is plural: *People go to the movies on the weekend.* The Italian equivalent, **la gente,** is always singular:
> La gente **va** al cinema nel week-end.

Esercizi

A. Che cosa si vede? Quali cose si vedono nei seguenti luoghi?

ESEMPIO: in un ristorante →
        s1: Che cosa si vede in un ristorante?
        s2: Si vedono i piatti e i bicchieri.

Che cosa si vede…?	Si vede / Si vedono…
in farmacia	una partita di calcio
in un museo	gli studenti
al cinema	turisti giovani
dal salumiere (*delicatessen*)	le medicine
allo stadio	le opere d'arte
all'università	i film
in un ostello	il prosciutto

B. Si trasformano le frasi. Trasforma le frasi; usa la costruzione impersonale.

ESEMPIO: Non accettiamo mance. → Non si accettano mance.

1. A chi paghiamo il deposito?
2. Non offriamo pensione completa.
3. Aspettavamo i risultati delle elezioni.
4. Non usiamo più questa parola.
5. Non facciamo confronti.
6. Conosciamo le buone maniere (*manners*).
7. Non accetteremo prenotazioni.
8. A chi dobbiamo chiedere?

D. Formazione dei nomi femminili

CLAUDIO: Oggi al ricevimento dai Brambilla c'è un sacco di gente interessante.

MARINA: Ah sì? Chi c'è?

CLAUDIO: Il pittore Berardi con la moglie, pittrice anche lei; dicono che è più brava del marito… la professoressa di storia dell'arte Stoppato, il poeta Salimbeni con la moglie scultrice, e un paio di scrittori…

MARINA: Che ambiente intellettuale! Ma i Brambilla cosa fanno?

CLAUDIO: Be', lui è un grosso industriale tessile e lei è un'ex-attrice.

1. Most nouns referring to people or animals have one form for the masculine and one for the feminine.

   a. Generally, the feminine is formed by replacing the masculine ending with **-a**.

ragazz**o** → ragazz**a**	camerier**e** → camerier**a**
signor**e** → signor**a**	gatt**o** → gatt**a**

   b. A few nouns, especially those indicating a profession or a title, use the ending **-essa** for the feminine.

dottore → dottor**essa**	poeta → poet**essa**
professore → professor**essa**	principe (*prince*) → princip**essa**

   c. Most nouns ending in **-tore** in the masculine end in **-trice** in the feminine.

pittore → pit**trice**	sciatore (*skier*) → scia**trice**
lettore (*reader*) → let**trice**	attore → at**trice**

   d. Nouns ending in **-e**, **-ga**, and **-ista** can be masculine or feminine, depending on the person referred to.

il cantante → **la** cantante	**il** regista → **la** regista
il mio collega → **la** mia collega	**il** dentista → **la** dentista

   e. Some nouns have a completely different form for the masculine and feminine.

fratello	sorella	padre	madre
marito	moglie	re	regina
maschio	femmina	uomo	donna

Esercizi

A. Metamorfosi. Trasforma le frasi dal femminile al maschile.

ESEMPIO: le gatte pigre → i gatti pigri

CLAUDIO: Today at the party at the Brambillas' there are a lot of interesting people. MARINA: Oh, yeah? Who's there? CLAUDIO: The painter Berardi and his wife, who is also a painter. They say she's better than her husband. . . . The art-history teacher Stoppato, the poet Salimbeni and his sculptor wife, and a pair of writers. MARINA: What an intellectual atmosphere! What do the Brambillas do? CLAUDIO: Well, he's a big textile tycoon and she's a former actress.

1. un'operaia (*blue-collar worker, f.*) comunista
2. una moglie stanca
3. una vecchia attrice
4. delle buone colleghe
5. una principessa straniera
6. una poetessa famosa
7. le grandi pittrici
8. delle donne simpatiche
9. delle sorelle ottimiste

B. No, ma... Con un compagno / una compagna, crea conversazioni secondo il modello.

ESEMPIO: uno sciatore italiano →
S1: Conosci uno sciatore italiano?
S2: No, ma conosco una sciatrice italiana!

1. dei cantanti tedeschi
2. un signore ospitale
3. dei bravi dentisti
4. un re (*king*) francese
5. un cameriere distratto
6. degli impiegati antipatici

Piccolo ripasso

A. Tante domande! Con un compagno / una compagna, fate le domande e rispondete usando il futuro del verbo e le espressioni di tempo (**stasera, domani, la settimana prossima, fra un mese, alla fine dell'anno**). Quando è possibile, usate un pronome diretto.

ESEMPIO: scrivere la lettera (Marco) →
S1: Ha scritto la lettera Marco?
S2: No, la scriverà domani.

1. riportare la mozzarella al salumiere (*delicatessen clerk*) (la nonna)
2. telefonare agli ospiti (*hosts*) italiani (tu)
3. visitare il museo (Laura)
4. mostrare le foto agli zii (i ragazzi)

B. Che si fa? Che cosa si fa in queste situazioni?

ESEMPIO: I genitori sono di buon umore. → Si chiedono dei soldi.

1. Un bambino ha la febbre e mal di stomaco.
2. La macchina non si mette in moto (*doesn't start*).
3. Piove e fa freddo durante Spring Break.
4. C'è il sole e fa caldo durante Spring Break.
5. Durante la visita medica, il dottore sembra perplesso e consulta un'enciclopedia.
6. Il cibo alla mensa universitaria non è buono.

C. Conversazione. Tuo zio ti darà mille dollari per un viaggio in Italia! Dove andrai? Che cosa farai?

1. Passerai quattro notti in un albergo di lusso o venti notti in un ostello? **2.** Come viaggerai? **3.** Quali città visiterai? **4.** Farai un itinerario fisso? **5.** Andrai al mare o resterai in città? **6.** Quante cartoline manderai allo zio?

Prospettive

Lezione 4

Invito alla lettura

- -

L'agriturismo

- -

Da alcuni anni, l'Italia offre un tipo di vacanza molto particolare. Invece di soggiornare[1] negli alberghi, i turisti possono alloggiare[2] in case di campagna.

Quando è nato questo turismo «alternativo», che si chiama *agriturismo,* i contadini o i proprietari di aziende agricole[3] offrivano alloggio nelle loro case. Gli ospiti[4] potevano anche curare gli animali, partecipare ai lavori agricoli e alla preparazione dei prodotti tipici come olio, vino e formaggi, L'agriturismo favorisce[5] il contatto con la natura e, all'inizio si è sviluppato[6] soprattutto in regioni dell'Italia che hanno paesaggi particolarmente dolci e belli, con colline coltivate a viti[7] e olivi, come la Toscana e l'Umbria.

Adesso si può fare agriturismo in tutta Italia e c'è la possibilità di alloggiare in campagne vicine a città d'arte, a località di mare o di montagna.

L'interesse suscitato[8] da questa novità[9] e la grande richiesta[10] dei turisti stranieri ha fatto cambiare i caratteri originali dell'agriturismo. Nelle campagne italiane i contadini sono ormai[11] pochi. Gente di città ha comprato tante vecchie case, le ha ristrutturate[12] e trasformate in appartamenti per le vacanze.

Il turista non ha più a disposizione[13] una stanza in una vera casa di campagna, ma miniappartamenti con tutte le comodità cittadine.[14] Non collabora più ai lavori agricoli, ma può andare a cavallo, fare il bagno in piscina o giocare a tennis e a golf. E purtroppo la costruzione di piscine e campi da gioco sta cambiando il paesaggio. I paesaggi italiani sono comunque così belli e diversi tra loro,[15] e le offerte dell'agriturismo così tante, che si può ancora fare una piacevole vacanza a contatto con la natura. L'importante è scegliere bene tra le moltissime possibilità che ogni regione offre.

Una casa circondata da vigne, nel cuore della Toscana

[1]*stay* [2]*lodge* [3]*aziende... rural businesses* [4]*guests* [5]*fosters* [6]*si... developed* [7]*grapevines* [8]*elicited* [9]*novelty* [10]*demand* [11]*by now* [12]*renovated* [13]*a... at his/her disposal* [14]*comodità... urban conveniences* [15]*diversi... different from each other*

E ora a te

Capire

Ti diamo una serie di informazioni sull'agriturismo. Non tutte queste informazioni sono nel testo che hai letto. Indica solo le informazioni che *sono* nel testo.

1. _____ L'agriturismo è un tipo di turismo alternativo.
2. _____ L'agriturismo è un tipo di turismo meno costoso di quello tradizionale.
3. _____ Sono soprattutto i tedeschi e gli inglesi che scelgono l'agriturismo.
4. _____ All'inizio chi (*whoever*) faceva agriturismo poteva anche fare i lavori della campagna.
5. _____ Sono state l'Umbria e la Toscana le prime regioni dove si è sviluppato l'agriturismo.
6. _____ L'agriturismo è oggi diffuso (*widespread*) in tutta Italia.
7. _____ Gli olivi delle colline toscane danno un olio di ottima qualità.
8. _____ Le case di campagna della Toscana e dell'Umbria hanno delle scale esterne.
9. _____ L'agriturismo oggi offre comodità e attività simili a quelle di altri centri di vacanza.
10. _____ Tutti i centri di agriturismo hanno una piscina.

Scrivere

Hai mai fatto un'esperienza di agriturismo? Ti piacerebbe (*Would you like*) farla? Scrivi una lettera alla Signora Anna Ferrari Lelli, che affitta delle strutture per agriturismo a Castellina in Chianti, in Toscana, per chiedere tutte le informazioni che ti interessano.

In ascolto

Progetti (*Plans*) **di vacanze.** Renata e Enrico hanno preparato un itinerario per una vacanza in Toscana. Ascolta con attenzione la loro conversazione su una parte del viaggio, poi completa le frasi seguenti.

1. A Firenze non è affatto (*at all*) facile _____.
2. Prato è meno _____ di Firenze.
3. A Prato c'è la possibilità di una camera _____, con _____, in una _____.
4. A Marina di Pietrasanta ci sono _____.
5. A Marina di Pietrasanta è possibile fare queste attività: _____.

Videoteca

Buongiorno, Silvana!
Un albergo sul mare

Con questo video, iniziamo una nuova serie di scene. Nelle prime due scene, viene presentata prima Silvana a Roma, e poi sua sorella Paola e il marito Franco a Vietri, vicino a Napoli.

ESPRESSIONI UTILI

Non ti stanca correre? Doesn't running make you tired?
dammi (*fam.*) give me
sani e salvi (*pl.*) safe and sound
bene arrivato welcome

il capocuoco head chef
Se non ti serve altro... If you don't need anything else . . .
va pazza per... (she) goes crazy for . . .
Buona permanenza! Have a nice stay!

Funzione: Parlare dei programmi per il futuro

DAL VIDEO

CARLA: Bene. La Sua camera è già pronta... una singola.
FRANCO: C'è il capocuoco che aspetta ordini. Se non ti serve altro, io andrò via...
CARLA: Scusa solo un momento. Devo dirti una cosa.

PREPARAZIONE

1. Silvana si ferma a comprare
   a. cibo per gatti. **b.** un caffè. **c.** il giornale.
2. Il padre del signor Giardina era di
   a. Napoli. **b.** Vietri. **c.** Milano. **d.** Roma.
3. Carla chiede a Franco di comprare
   a. del pesce. **b.** il giornale. **c.** la pasta.

COMPRENSIONE

1. Che cosa fa Silvana la mattina?
2. È mai stato a Vietri il signor Giardina?
3. Che cosa dovrà comprare Franco quando è fuori? Perché?

ATTIVITÀ

Racconta ad un compagno / una compagna i tuoi programmi per il tuo prossimo viaggio in Italia. Comincia con «Quando andrò in Italia... » e spiega le città che visiterai, gli alloggi dove starai, i monumenti che vedrai, e altri programmi personali.

Parole da ricordare

VERBI

affittare / prendere in affitto una casa	to rent a house
*andare in campagna	to go to the country
in campeggio	to go camping
all'estero	to go abroad
in ferie / in vacanza	to go on vacation
al mare	to go to the seashore
in montagna	to go to the mountains
in spiaggia	to go to the beach
avere intenzione (di)	to intend (to)
avere programmi	to have plans
fare programmi	to make plans
fare una crociera	to go on a cruise
fare le ferie / le vacanze	to go on vacation
lasciare/pagare un deposito	to leave/pay a deposit
mettersi in moto	to start (a car, a machine)
noleggiare	to rent
prendere a nolo	to rent
risparmiare	to save
scoprire	to discover

NOMI

l'affermazione (f.)	statement, assertion
l'albergo (di lusso / di costo medio / economico)	hotel (deluxe / moderately priced / inexpensive)
la barca	boat
la benzina	gasoline
la camera	room
doppia	double
matrimoniale	with a double bed
singola	single
con bagno	with bath
con doccia	with shower
con aria condizionata	with air conditioning
Capodanno	New Year's Day
la cartolina	postcard
il consiglio	advice
l'elenco	list
l'impiegato	clerk; desk clerk
l'itinerario	itinerary
la meta	destination
Natale	Christmas
l'ostello	hostel
il paesaggio	landscape
Pasqua	Easter
la pensione	inn, bed-and-breakfast
la mezza pensione	half-board
la pensione completa	full board
il posto	place; space, room
il progetto	plan
il suggerimento	suggestion
la tappa	stopover; leg (of a journey)

AGGETTIVI

diffuso	widespread
fisso	fixed, set
libero	free; unoccupied (room, seat, etc.)
tutto compreso	all costs included

ALTRE PAROLE ED ESPRESSIONI

a dire il vero	to tell the truth
appena	as soon as; just, barely, hardly
forse	maybe
niente di speciale	nothing special
o... o	either . . . or
un sacco (di)	a lot (of), lots

---

*Words identified with an asterisk (*) are conjugated with **essere**.

Capitolo 11
Quanto ne vuoi?°

Personaggi del Corteo storico del Palio di Siena

Posto in arrivo   Rispondi   Elimina   Opzioni   Guida   Aiuto   20 giugno – 9.20
DA: Luciano@tiscalinet.it
A...   Gustavo@tiscalinet.it
Cc...
Oggetto:

Caro Gustavo,

ti scrivo questa lettera perché ho bisogno del tuo aiuto. Tutte le 17 Contrade del Palio di Siena rinnoveranno quest'anno i costumi per i personaggi del corteo storico, quelli che sfilano nella Piazza prima della corsa di cavalli. Per questo la mia Contrada ha bisogno di trovare alcune stoffe particolari, per i colori e la tessitura. Ho pensato a te perché, per il tuo lavoro, conosci bene le stoffe e le aziende di Como produttrici di sete. Ti mando i disegni dei costumi e una foto dei personaggi di una contrada in costume come esempio. Ti prego di cercare una seta adatta. Quando l'hai trovata, scrivimi e io verrò a Como per fare l'acquisto.

Grazie per la collaborazione e tanti cordiali saluti
Luciano

IN BREVE

LEZIONE 1:
VOCABOLARIO
I negozi e i mercati
- La spesa e le spese
- Negozi e negozianti di alimentari
- Altri punti di vendita

LEZIONE 2:
GRAMMATICA
A. Usi di **ne**
B. Usi di **ci**

LEZIONE 3:
GRAMMATICA
C. Pronomi doppi
D. Imperativo (**tu, noi, voi**)
Piccolo ripasso

LEZIONE 4:
PROSPETTIVE
Invito alla lettura:
  Prodotti italiani
In ascolto
Videoteca: *Sveglia, pigrone! / Biglietti, prego!*

SALUTI E BACI
Ritratto: Roberto Benigni
In giro per le regioni: La Toscana

Quanto... *How much do you want?*

Dialogo-Lampo

Un vero affare... al mercato!

SILVANA: Sono andata in centro a fare le spese l'altro giorno. C'erano un sacco di sconti nelle boutique e allora non ho resistito*...

GIOVANNA: Cos'hai comprato?

SILVANA: Volevo un paio di scarpe eleganti e comode, come quelle che hai tu.

GIOVANNA: Dove le hai trovate?

SILVANA: In via Condotti[†]: un vero affare, solo 300 mila lire.

GIOVANNA: Io invece le ho comprate al mercato: 70 mila lire!

1. Cosa voleva Silvana?
2. Dove ha comprato le scarpe?
3. Quanto sono costate? E le scarpe di Giovanna?
4. Che differenza c'è tra fare le spese nei negozi del centro e al mercato?

I negozi e i mercati

LA SPESA E LE SPESE

il commesso / la commessa salesperson (in a shop)

il venditore / la venditrice vendor (on the street, at the market)

l'affare (*m.*) bargain

lo sconto discount

fare la spesa to go grocery shopping

fare le spese, le compere to go shopping

NEGOZI E NEGOZIANTI DI ALIMENTARI

Il **fruttivendolo** vende (*sells*) frutta—mele (*apples*), pere (*pears*), arance (*oranges*), uva (*grapes*)—e verdura e lavora in un **negozio di frutta e verdura.**

Il **gelataio** vende gelati e lavora in una **gelateria.**

Il **lattaio** vende latte, yogurt, burro e formaggi e lavora in una **latteria.**

Il **macellaio** vende carne—manzo, agnello, vitello e maiale— e lavora in una **macelleria.**

Il **panettiere** fa e vende il pane e lavora in una **panetteria.**

Il **pasticciere** fa e vende paste e dolci e lavora in una **pasticceria.**

Il **pescivendolo** vende pesci e lavora in una **pescheria.**

---

*non... *I couldn't resist.*

[†]The following streets are among Italy's most renowned for high-fashion shops: in Rome, **via Condotti, via del Babuino, via Margutta, via Nazionale, via Vittorio Veneto**; in Milan, **via Montenapoleone, via Spiga, via Manzoni, via S. Andrea, corso Vittorio Emanuele**; in Florence, **via Calzaiuoli, via Panzani, via De' Cerretani**; in Venice, **calle XXII Marzo, campo S. Maria del Giglio, calle Vallaresso, Piazza San Marco.**

Parole-extra

fare un affare to get a bargain
fare uno sconto to give a discount
la vetrina shop window
in saldo, in svendita on sale
la moda fashion
la casa di moda fashion house
di moda stylish
all'ultima moda in the latest style
fuori moda out of style

Il **salumiere** vende salumi e lavora in una **salumeria**.
Poi c'è un negozio chiamato **alimentari** che vende un po' di tutto: pane, salumi, formaggi, zucchero, vini, ecc.
Poi, naturalmente, ci sono i supermercati.

ALTRI PUNTI DI VENDITA (POINTS OF SALE)

la bancarella stand, stall
il grande magazzino department store
il mercato market
il negozio di abbigliamento clothing store

Esercizi

A. Dove li compro? Avete bisogno di alcuni prodotti e non sapete dove trovarli. Chiedetelo a un compagno / una compagna. Seguite l'esempio.

ESEMPIO: 1 litro di latte e 2 etti* di fontina (*a mild cheese*) →
S1: Ho bisogno di un litro di latte e di due etti di fontina. Dove li compro?
S2: Li compri in una latteria, dal lattaio.

1. mezzo chilo† di mele, 6 zucchine e 1 chilo di uva
2. 3 focacce e mezzo chilo di panini
3. 2 chili di cozze (*mussels*) e 1 chilo di vongole (*clams*)
4. 3 etti di prosciutto e 1 etto di salame
5. 5 bistecche di vitello
6. 1 torta e delle paste
7. 1 chilo di zucchero, 1 bottiglia di vino e 1 pacco di caffè
8. 1 gelato al cioccolato

B. Conversazione.

1. Dove lavora un commesso / una commessa? Come si chiama il negozio che vende solo vestiti (*clothes*)?
2. Hai bisogno di un orologio, di mutande (*underwear*) e di un paio di stivali (*boots*). Dove vai?
3. Vuoi comprarti una giacca elegante e un po' diversa. Dove vai?
4. C'è una strada nella tua città dove ci sono bancarelle, venditori e venditrici? Quale? I venditori ti fanno sempre degli sconti?
5. Dove fai le compere di solito? Compri solo quando ci sono le svendite? Chiedi lo sconto quando vai a far compere? Se sì, dove?
6. Hai fatto degli affari recentemente? Dove?
7. Secondo te, quale grande magazzino ha le vetrine più belle e originali?
8. Conosci alcune case di moda italiane? Quale preferisci?
9. Descrivi le gonne (*skirts*) all'ultima moda in questo momento. Descrivi anche i jeans che sono di moda, e quelli che sono fuori moda.
10. Quante volte alla settimana fai la spesa? Preferisci i supermercati o i piccoli negozi? Perché?

---

*An **etto** is 100 grams, just under a quarter-pound.
†A **chilo** or kilogram is just over two pounds.

A. Usi di *ne*

MAMMA: Marta, per favore mi compri il pane?

MARTA: Volentieri! Quanto ne vuoi?

MAMMA: Un chilo. Ah sì, ho bisogno anche di prosciutto cotto.*

MARTA: Ne prendo due etti?

MAMMA: Puoi prenderne anche quattro: tu e papà ne mangiate sempre tanto!

MARTA: Hai bisogno d'altro?

MAMMA: No, grazie, per il resto vado io al supermercato.

1. The pronoun **ne** replaces **di** (*of, about*) + *noun phrase*. **Ne** is also used to replace **di** + *infinitive* following such expressions as **avere bisogno di, avere paura di,** and **avere voglia di.**

—Luigi parla **degli amici?**	*Does Luigi talk about his friends?*
—Certo, **ne** parla sempre.	*Sure, he talks about them all the time.*
—Hai paura **dei topi?**	*Are you afraid of mice?*
—Sì, **ne** ho paura.	*Yes, I'm afraid of them.*
—Hai bisogno **di fare la spesa?**	*Do you need to go grocery shopping?*
—No, non **ne** ho bisogno.	*No, I don't need to.*

2. **Ne** also replaces nouns accompanied by a number or an expression of quantity, such as **quanto, molto, troppo, un chilo di,** and **un litro di. Ne** then expresses *of it, of them.*

—Quanta **pasta** mangiate?	*How much pasta do you eat?*
(—Mangiamo **molta pasta!**)	*(We eat a lot of pasta!)*
—**Ne** mangiamo **molta!**	*We eat a lot (of it)!*
—Quanti **fratelli** hanno?	*How many brothers do they have?*
(—Hanno **tre fratelli.**)	*(They have three brothers.)*
—**Ne** hanno **tre.**	*They have three (of them).*

The phrases *of it* and *of them* are optional in English, but **ne** *must* be used in Italian.

MOTHER: Marta, will you buy me some bread, please? MARTA: Sure! How much do you want?
MOTHER: One kilo. Oh yes, I also need some ham. MARTA: Shall I get a couple of **etti?** MOTHER:
You can get as many as four. You and Dad always eat so much (of it)! MARTA: Do you need anything else? MOTHER: No, thanks, I'm going to the supermarket for the rest.

*There are two kinds of **prosciutto: cotto** (*boiled, cooked*) and **crudo** (*cured*).

3. Like other object pronouns, **ne** precedes a conjugated verb or is attached
to the end of an infinitive.

—Perché parli sempre **di moda?**	*Why do you always talk about fashion?*
—**Ne** parlo sempre perché mi piace parlar**ne.**	*I always talk about it because I like to talk about it.*

4. When **ne** is used with an expression of quantity, the past participle must
agree in gender and number with the expression **ne** is replacing.

—Quante **pizze** avete ordinato?	*How many pizzas did you order?*
—**Ne** abbiamo ordinat**e** quattro.	*We ordered four.*

When it replaces expressions meaning *of* or *about*, however, there is no
agreement.

Abbiamo parlato **dei negozi; ne** abbiamo parlat**o.**	*We talked about the stores; we talked about them.*

—Di serpenti a sonagli[a] ne ho
visti tanti, ma come questo...

[a]serpenti... *rattlesnakes*

Esercizi

■ ■

A. Domande personali. Rispondi alle domande personali.

1. Quanti giornali leggi? **a.** Ne leggo _____. **b.** Non ne leggo
nessuno.
2. Quanti cugini hai? **a.** Ne ho _____. **b.** Non ne ho nessuno.
3. Quanti anni hai? **a.** Ne ho _____.
4. Quanti esami devi dare questo semestre? **a.** Ne devo dare _____.
b. Non ne devo dare nessuno.
5. Quanti fratelli hai? **a.** Ne ho _____. **b.** Non ne ho nessuno.
6. Quanti buoni amici hai? **a.** Ne ho _____. **b.** Non ne ho nessuno.
7. Quante lettere ricevi ogni mese? **a.** Ne ricevo _____. **b.** Non ne
ricevo nessuna.
8. Quante lettere scrivi ogni mese? **a.** Ne scrivo _____. **b.** Non ne
scrivo nessuna.
9. Quante domande fai in classe? **a.** Ne faccio _____. **b.** Non ne faccio
nessuna.

B. Conversazione. Usa **ne** nelle risposte.

1. Hai dischi italiani?
2. Scrivi lettere in classe?
3. Hai paura dei ragni (*spiders*)?
4. Mangi mai pere con il formaggio?
5. Bevi spumante (*sparkling wine*) a colazione?
6. Quanti libri leggi ogni settimana?
7. Regali dolci agli amici?
8. Metti limone nel tè?
9. Hai bisogno di un caffè?
10. Hai voglia di fare le spese in centro?

C. Fare domande. Fate domande che richiedono (*require*) il pronome **ne** nella risposta del compagno / della compagna.

ESEMPIO: S1: Parli di politica con gli amici?
S2: Sì, ne parlo.

Suggerimenti: avere paura di… , comprare vestiti nuovi, avere bisogno di… , mettere zucchero nel caffè, mangiare dolci, avere voglia di…

B. Usi di *ci*

■ ■

PAOLO: Rocco, vieni al cinema con noi domani sera?

ROCCO: No, non ci vengo.

PAOLO: Vieni allo zoo lunedì?

ROCCO: No, non ci vengo.

PAOLO: Vieni in discoteca venerdì sera? Facciamo una festa in onore di Giacomo che ritorna dagli Stati Uniti.

ROCCO: No, non ci vengo.

PAOLO: Ma perché non esci con noi questa settimana? Usciamo sempre insieme.

ROCCO: Vado in vacanza con Maddalena. Andiamo alle Bahamas.

PAOLO: Beh, potevi dirmelo anche prima!

■ ■

1. The word **ci** replaces nouns referring to places preceded by **a, in,** or **su;** in these constructions, its English equivalent is *there.* **Ci** also replaces **a** + *infinitive.* You have already used **ci** in the expressions **c'è** and **ci sono.**

—Vai **al mercato?** *Are you going to the market?*
—No, non **ci** vado oggi. *No, I'm not going (there) today.*

PAOLO: Rocco, are you coming to the movies with us tomorrow night?   ROCCO: No, I'm not coming.   PAOLO: Are you coming to the zoo on Monday?   ROCCO: No, I'm not coming.   PAOLO: Are you going to the disco Friday night? We're having a party to celebrate Giacomo's return from the United States.   ROCCO: No, I'm not going.   PAOLO: But why aren't you going out with us this week? We always go out together.   ROCCO: I'm going on vacation with Maddalena. We're going to the Bahamas.   PAOLO: Well, you could have said so sooner!

Andare da + **una persona** means *to go to a person's home or office.* The expression introduced by **da** can be replaced with the pronoun **ci.**

Vai **da Gina** stasera? *Are you going to Gina's house this evening?*

No, non **ci** vado. *No, I'm not going (there).*

Maria va **dal dottore** domani? *Is Maria going to the doctor tomorrow?*

Sì, **ci** va alle undici. *Yes, she's going at eleven.*

—Andate **in Italia** quest'estate? | *Are you going to Italy this summer?*
—Sì, **ci** andiamo a giugno. | *Yes, we're going (there) in June.*
—Quando andate **a fare la spesa?** | *When do you go grocery shopping?*
—**Ci** andiamo il sabato pomeriggio. | *We go (to do it) on Saturday afternoons.*

Note that the use of **ci** is required, whereas *there* and *to do it* are optional in English.

2. **Ci** can also replace **a** + *noun* (referring to things and ideas) in expressions such as **credere a** + *noun* (*to believe in something*) and **pensare a** + *noun* (*to think about something*).

—Lei crede **agli UFO?** | *Do you believe in UFOs?*
—Sì, **ci** credo. | *Yes, I believe in them.*

—Pensate **all'inflazione?** | *Do you think about inflation?*
—No, non **ci** pensiamo. | *No, we don't (think about it).*

3. **Ci** follows the rules for placement of object pronouns.

Mi hanno invitato **a quella festa,** ma non **ci** vado. Non ho voglia di andar**ci!** | *They invited me to that party, but I'm not going (there). I don't feel like going (there)!*

The pronoun **ci** in the colloquial expression **ce lo** + **avere** (*to have it*) carries no meaning.

ce l'ho = *I have it*
  ce l'hai = *you have it*, etc.

Esercizi

A. A cosa credi? Rispondi **Sì, ci credo/penso** o **No, non ci credo/penso** a queste domande personali.

1. Credi agli UFO?
2. Pensi spesso ai problemi del mondo?
3. Credi agli spiriti?
4. Pensi spesso al riciclaggio (*recycling*) e all'ambiente?
5. Credi alle streghe (*witches*)?
6. Credi all'oroscopo?
7. Credi agli angeli?
8. Pensi spesso all'economia e alla disoccupazione (*unemployment*)?

B. Abitudini (*Habits*). Con un compagno / una compagna fate le domande e rispondete. Nelle risposte sostituite **ci** alle espressioni evidenziate (*given*).

ESEMPIO: andare *al mercato* ogni giorno →
s1: Vai al mercato ogni giorno?
s2: Sì, ci vado ogni giorno. (No, ci vado poco.) E tu?
s1: Anch'io ci vado ogni giorno. (Anch'io ci vado poco.)

1. andare mai *al cinema* da solo/a
2. mangiare spesso *alla mensa*

3. andare *dal lattaio* per comprare lo yogurt
4. andare *in una panetteria* per comprare il pane
5. studiare volentieri *in questa università*
6. tornare spesso *nella città dove sei nato/a*
7. andare mai *ai grandi magazzini*
8. stare bene *in questa città*

C. Ci vuoi andare? A turni, chiedete se il compagno / la compagna è mai stato/a in questi posti e, se no, se ci vuole andare. Le risposte devono essere specifiche.

ESEMPIO:　in Inghilterra →
　　　　　S1: Sei mai stato/a in Inghilterra? Ci vuoi andare?
　　　　　S2: Sì, ci sono stato/a nel 1992. (No, non ci sono stato/a, e non ci voglio andare perché odio [*I hate*] la pioggia!) E tu?

1. a Napoli
2. nel Sud Africa
3. in Messico
4. a Pechino
5. in Egitto
6. in Australia

Nota culturale
Mercati e mercatini

In ogni città italiana, la tradizione dei mercati e mercatini all'aperto[1] è molto viva. C'è sempre, anche nei piccoli centri, un giorno fisso alla settimana in cui nelle piazze e nelle strade arrivano, al mattino molto presto, un gruppo di commercianti, chiamati «ambulanti»,[2] perché non stanno fermi in un negozio. Questi preparano velocemente i loro banchi (assi[3] di legno sostenute in modo precario), stendono la loro merce e cominciano a illustrarne, a voce molto alta, la straordinaria qualità e i bassi prezzi. In questi mercati si vende un po' tutto quello che serve per le necessità quotidiane: frutta e verdura, formaggi e salumi, oggetti per la casa (pentole, bicchieri, piatti, coltelli, ecc.), biancheria, tessuti, capi di abbigliamento,[4] scarpe. I prezzi sono buoni, certamente più bassi di quelli dei negozi e c'è sempre tanta gente che guarda, sceglie, discute animatamente per pagare di meno.

Ci sono, poi, in alcune città, dei mercati famosi, che si tengono[5] ogni giorno, dall'alba al tramonto.[6] Uno di questi è il mercato di San Lorenzo, a Firenze, che attira i turisti quasi quanto[7] la Galleria degli Uffizi.

Un mercato all'aperto nell'isola di Burano (Venezia)

[1]*outdoor* [2]*"wanderers"* [3]*boards, planks* [4]*biancheria... linens, textiles, clothing* [5]*si... take place* [6]*dall'alba... from dawn to dusk* [7]*quasi... almost as much as*

Saluti e baci

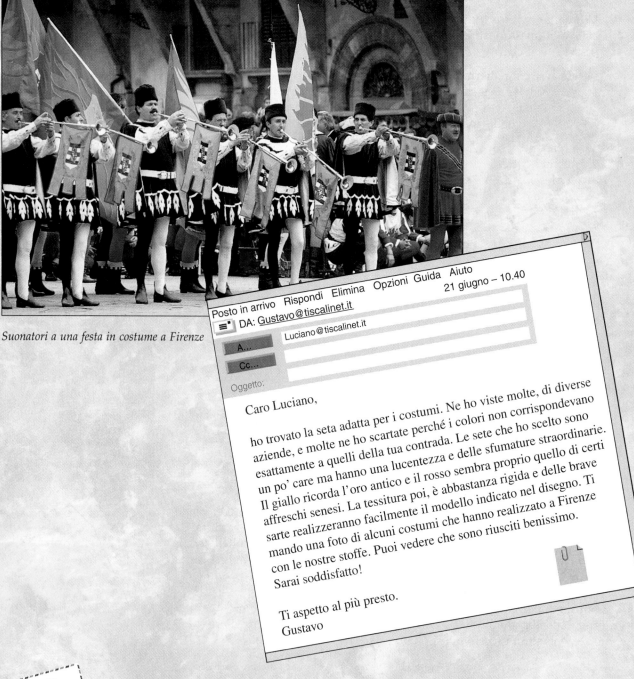

Suonatori a una festa in costume a Firenze

Posto in arrivo   Rispondi   Elimina   Opzioni   Guida   Aiuto
                                        21 giugno – 10.40

DA: Gustavo@tiscalinet.it

A...   Luciano@tiscalinet.it

Cc...

Oggetto:

Caro Luciano,

ho trovato la seta adatta per i costumi. Ne ho viste molte, di diverse aziende, e molte ne ho scartate perché i colori non corrispondevano esattamente a quelli della tua contrada. Le sete che ho scelto sono un po' care ma hanno una lucentezza e delle sfumature straordinarie. Il giallo ricorda l'oro antico e il rosso sembra proprio quello di certi affreschi senesi. La tessitura poi, è abbastanza rigida e delle brave sarte realizzeranno facilmente il modello indicato nel disegno. Ti mando una foto di alcuni costumi che hanno realizzato a Firenze con le nostre stoffe. Puoi vedere che sono riusciti benissimo. Sarai soddisfatto!

Ti aspetto al più presto.
Gustavo

Puoi trovare gli equivalenti inglesi delle corrispondenze contenute nel *In giro per l'Italia* sul nostro sito Internet a www.mhhe.com/ingiro.

Ritratto

Roberto Benigni
attore e regista toscano, 1952

Nasce a Misericordia, piccolo paese in provincia di Arezzo. È un regista e un attore comico straordinario. Ha grande fantasia e capacità di improvvisazione.

Per diversi anni alterna il cinema al teatro e alle apparizioni televisive e diventa uno degli attori più amati dagli italiani. Il suo successo diventa internazionale con il film *Il piccolo diavolo*.[1] Realizza nel 1998, come attore e regista, il suo capolavoro, *La vita è bella*,[2] e riceve per esso[3] tre Oscar.

[1]*Il...* The Little Devil   [2]*La...* Life is Beautiful   [3]*per... for it (the film)*

In giro per le regioni

La Toscana

La Toscana è una delle regioni italiane più conosciute nel mondo e più visitate dai turisti. Quasi tutte le città toscane sono ricche di opere d'arte; anche quelle più piccole e sconosciute[1] nascondono[2] spesso dei veri tesori.[3]

Firenze, il capoluogo,[4] è una città assai famosa per lo splendore dei suoi monumenti rinascimentali,[5] per la ricchezza dei suoi musei, per la vivacità della sua vita culturale. È anche uno dei centri internazionali della moda: nel bellissimo Palazzo Pitti si tiene[6] infatti la più importante sfilata di moda maschile.

Siena è un vero gioiello[7] medioevale. Le sue mura racchiudono[8] un vasto centro storico con magnifici palazzi, piazze, torri, chiese, fonti e incredibili spicchi[9] di campagna con orti[10] ed olivi. La sua Piazza del Campo, dove si svolge ogni anno la splendida festa del Palio, è considerata la piazza più bella del mondo. Anche a Siena c'è un'Università per Stranieri, frequentata da studenti di tutto il mondo. Tutto il paesaggio della Toscana è «magico»: l'armonia tra le sue campagne e le sue città lo rende[11] unico al mondo.

[1]*unknown*   [2]*conceal*   [3]*treasures*   [4]*capital city*   [5]*of the Renaissance*   [6]*si... is held*   [7]*jewel*   [8]*Le... Its walls enclose*
[9]*segments*   [10]*vegetable gardens*   [11]*lo... makes it*

L'ITALIA VIRTUALE

Per indirizzi di vari siti Internet ed ulteriori esercizi per imparare di più sulla **Toscana**, visita il sito Internet di *In giro per l'Italia* a www.mhhe.com/ingiro.

Lezione 3

C. Pronomi doppi

. . . .

In un negozio di abbigliamento

COMMESSA: Allora, signora, ha provato tutto? Come le stanno?

CLIENTE: La gonna è troppo stretta, ma la camicetta va bene. La prendo.

COMMESSA: Gliela incarto?

CLIENTE: No; me la può mettere da parte? Ora vado a fare la spesa e poi passo a prenderla quando torno a casa.

COMMESSA: Va bene, signora, gliela metto qui, dietro al banco.

. . . .

You already know how to use direct- and indirect-object pronouns.

> Scrivo **la lettera.** → **La** scrivo (*oggetto diretto*)
> Scrivo **a te.** → **Ti** scrivo. (*oggetto indiretto*)

It is also possible to use indirect and direct objects together, forming double object pronouns (**pronomi doppi**).

> *I write it* (*the letter*) *to you:* **Te la scrivo.**

1. To form **pronomi doppi:**
   a. the indirect-object pronoun precedes the direct-object pronoun or **ne.**
   b. the indirect-object pronouns **mi, ti, ci,** and **vi** change their final **i** to **e.**
   c. the indirect-object pronouns **gli, Gli, le,** and **Le** become **glie-** and *combine* with the direct-object pronoun or **ne** to form one word.
   Note: All other **pronomi doppi** are two separate words.

Marco dà la
   lettera **a me.** → **Me** la dà.
Marco dà la
   lettera **a te.** → **Te** la dà.
Marco dà la
   lettera **a Silvia.** → **Glie**la dà.
Marco dà la
   lettera **a Luigi.** → **Glie**la dà.
Marco dà la
   lettera **a Lei.** → **Glie**la dà.

Marco dà la
   lettera **a noi.** → **Ce** la dà.
Marco dà la
   lettera **a voi.** → **Ve** la dà.
Marco dà la
   lettera **a loro.** → **Glie**la dà.
Marco dà la
   lettera **a Loro.** → **Glie**la dà.

If you substitute **il pacco** for **la lettera,** how do the double object pronouns change? What happens when **le lettere** and then **i pacchi** are substituted for **la lettera**?

CLERK: Well, ma'am, have you tried on everything? How do they fit?   CUSTOMER: The skirt is too tight, but the blouse is fine. I'll take it.   CLERK: Shall I wrap it up for you?   CUSTOMER: No, can you put it aside for me? I'm going grocery shopping now and I'll come by to get it on my way home.   CLERK: Fine, ma'am, I'll put it here for you, behind the counter.

2. Double object pronouns (like single pronouns) follow and attach to infinitives to form one word.

   La cintura? Non **te la** vendo, preferisco regalar**tela**!

   The belt? I'm not going to sell it to you; I prefer to give it to you.

   La giacca? Non **gliela** vendo, preferisco regalar**gliela.**

   The jacket? I'm not going to sell it to them; I prefer to give it to them.

   When the infinitive is preceded by **dovere, potere,** or **volere,** the pronouns may attach to the infinitive or precede the conjugated verb.

   Ti voglio presentare **un'amica.**
   Voglio presentar**tela.** / **Te la** voglio presentare.

   I want to introduce a friend to you. I want to introduce her to you.

3. When the verb is in the **passato prossimo** or another compound tense, the past participle agrees in gender and number with the preceding direct-object pronoun, even when it is combined with an indirect-object pronoun.

   Hai comprato **i guanti** a Giulia?
   Li hai comprat**i** a Giulia?
   Glieli hai comprat**i**?

   Did you buy the gloves for Giulia?
   Did you buy them for Giulia?
   Did you buy them for her?

   Hai preso **due matite** per Maria?
   Ne hai pres**e** due per Maria?

   Did you get two pencils for Maria?
   Did you get two of them for Maria?

   Gliene hai pres**e** due?

   Did you get her two of them?

4. Reflexive pronouns can also combine with direct-object pronouns. The forms are identical to those in point 1c, with the exception of the third-person singular and plural forms: **se lo, se la, se li, se le,** and **se ne.**

   Mi metto le scarpe.
   Me le metto.

   I put my shoes on.
   I put them on.

   Mauro **si** mette la cravatta.
   Se la mette.
   Deve metter**sela.**

   Mauro puts his tie on.
   He puts it on.
   He has to put it on.

   Here too, the past participle agrees in gender and number with the direct-object pronoun:

   Anna, ti sei mess**a** il cappello?
   Te **lo** sei mess**o**?

   Anna, did you put your hat on?
   Did you put it on?

Esercizi

A. I negozianti. Rispondi alle domande, secondo il modello.

ESEMPIO: Chi ti ha venduto i salumi? → Me li ha venduti *il salumiere.*

1. Chi ti ha venduto il latte? —Me l'ha venduto _____.
2. Chi ti ha venduto la frutta? —Me l'ha venduta _____.
3. Chi ti ha venduto le paste? —Me le ha vendute _____.
4. Chi ti ha venduto i pesci? —Me li ha venduti _____.

B. **Al mercato.** Crea frasi nuove con pronomi doppi. Ricordati l'accordo tra il participio passato e il pronome di complemento diretto.

ESEMPIO: Chi ti ha venduto i salumi? → Chi te li ha venduti?

1. Chi vi ha portato le pere? **2.** Chi Le ha fatto lo sconto? **3.** Chi gli ha comprato le paste? **4.** Chi ti ha consigliato (*suggested*) la torta di mele? **5.** Chi gli ha venduto il pesce? **6.** Chi vi ha tagliato (*cut*) i formaggi?

C. **Volentieri.** A turno con un compagno / una compagna, fate le domande e rispondete secondo il modello.

ESEMPIO: comprarmi la frutta →
S1: Mi compri la frutta?
S2: Sì, te la compro volentieri!

1. prestarmi questo Cd **2.** prestarmi queste cassette **3.** portargli questa torta **4.** portargli questi biscotti **5.** offrirle un gelato **6.** offrirle dolci **7.** incartarci questo regalo **8.** incartarci queste paste

D. **Conversazione.** Fa' le seguenti domande ad un compagno / una compagna di classe. Nella risposta bisogna usare pronomi doppi.

ESEMPIO: S1: Ti lavi i denti la mattina e la sera?
S2: Sì, me li lavo la mattina, la sera e anche nel pomeriggio.

1. Ti lavi i capelli tutti i giorni? Ti fai la barba tutti i giorni? **2.** Ti metti mai la gonna per venire all'università? **3.** Ti piace metterti il cappello? **4.** Ti compri mai vestiti italiani? **5.** Ti sei comprato/a un maglione (*pullover*) recentemente? Una camicetta? Com'è?

D. Imperativo (*tu, noi, voi*)

Datemi consigli, per favore!

Com'è difficile vivere insieme col patrigno[a]

Ho 16 anni e frequento il liceo. Recentemente mia mamma si è risposata[b] era divorziata. Io vivo in casa sua, ma col suo nuovo marito non mi trovo bene.[c] Nei miei confronti[d] ha atteggiamenti da padre padrone[e] e la mia reazione è di non ubbidirgli.[f] Anche il mio vero padre ha una nuova famiglia, così non so proprio dove andare. Vorrei già essere grande, con una professione indipendente per non essere più soggetta a «tutele»[g] che mi disturbano. Ma cosa posso fare alla mia età?[h] Scappare[i] da casa, forse. E poi? Mi consigli lei. So che intorno a sé[j] ha molti giovani e conosce questi problemi.
Jennifer, Torino

Soprattutto non scappare da casa. Studia invece, fatti tanti amici, trova il modo di capire perché a tua madre quest'uomo piace, perché ha avuto bisogno di lui. Ti troverai meglio.

[a]*stepfather* [b]*remarried* [c]*non... I don't get along* [d]*Nei... Toward me* [e]*atteggiamenti... a domineering attitude* [f]*di... not to obey him* [g]*"guidance"* [h]*alla... at my age* [i]*Run away* [j]*intorno... around you*

1. The imperative (**l'imperativo**) is used to give orders, advice, and exhortations: *be good, stay home, let's go.* The affirmative imperative forms for **tu, noi,** and **voi** are identical to the present-tense forms, with one exception: the **tu** imperative of regular **-are** verbs ends in **-a.**

	LAVORARE	SCRIVERE	DORMIRE	FINIRE
(tu)	Lavora!	Scrivi!	Dormi!	Finisci!
(noi)	Lavoriamo!	Scriviamo!	Dormiamo!	Finiamo!
(voi)	Lavorate!	Scrivete!	Dormite!	Finite!

Note that the **noi** imperative forms correspond to the English *let's:* **Andiamo!** (*Let's go!*)

2. The negative imperative for **tu** in all conjugations is formed with **non** and the infinitive. The negative **noi** and **voi** forms are identical to those in the affirmative.

(tu)	Non lavor**are**!	Non scriv**ere**!	Non dorm**ire**!	Non fin**ire**!
(noi)	Non lavoriamo!	Non scriviamo!	Non dormiamo!	Non finiamo!
(voi)	Non lavorate!	Non scrivete!	Non dormite!	Non finite!

Paga in contanti, Luciano!   *Pay cash, Luciano!*
Non pagare con un assegno!   *Don't pay with a check!*

Partiamo oggi!   *Let's leave today!*
Non partiamo domani!   *Let's not leave tomorrow!*

Correte, ragazzi!   *Run, guys!*
Non correte, ragazzi!   *Don't run, guys!*

3. The verbs **avere** and **essere** have irregular imperative forms.

	AVERE	ESSERE
(tu)	abbi	sii
(noi)	abbiamo	siamo
(voi)	abbiate	siate

Abbi pazienza!   *Be patient! (lit., Have patience!)*
Siate pronti alle otto!   *Be ready at eight!*

il **Fatevi**
il **Bagno**

4. **Andare, dare, fare,** and **stare** have irregular **tu** imperatives that are frequently used instead of the present-tense form.

andare: **va'** or **vai**   Va' (Vai) ad aprire la porta!
dare: **da'** or **dai**   Da' (Dai) una mano a Luca!
fare: **fa'** or **fai**   Fa' (Fai) colazione!
stare: **sta'** or **stai**   Sta' (Stai) zitta un momento!

Dire has only one imperative **tu** form in the affirmative: **di'**.

Di' la verità!

5. Object and reflexive pronouns, when used with the affirmative imperative are attached to the end of the verb to form one word.

Marco, alza**ti** subito e vesti**ti**!   *Marco, get up right now and*
                                                get dressed!

Se vedete Cinzia, invitate**la**!   *If you see Cinzia, invite her!*
Il giornale? Sì, compra**melo**!   *The newspaper? Yes, buy me*
                                          one!

6. When a pronoun is attached to the short forms of the **tu** imperative of **andare, dare, dire, fare,** and **stare,** the apostrophe disappears and the first consonant of the pronoun is doubled, except in the case of **gli.**

Fa**mmi** un favore! Fa**mmelo**!   *Do me a favor! Do it for me!*
Di**lle** la verità! Di**gliela**!   *Tell her the truth! Tell it to*
                                          her!

Ti hanno invitato a casa loro e   *They've invited you to their*
    non ci vuoi andare? Va**cci**!   *house and you don't want to*
                                          go (there)? Go (there)!

—Dai,[a] rispondigli!

[a]*Go on*

7. Pronouns may either precede or follow a verb in the negative imperative.

Ivano vuole le paste? Non   *Does Ivano want the pastries?*
    gliele dare (Non dar**gliele**)!   *Don't give them to him!*

Esercizi

. . . .

A. I capricci (*Whims*). Cosa dice la madre ai figli che fanno questi capricci?

1. I figli dormono fino alle dieci. **a.** Alzatevi! **b.** Dormite tutto il giorno!
2. La figlia gioca con i fiammiferi (*matches*). **a.** Non giocare con i fiammiferi! **b.** Porta i fiammiferi a scuola!
3. Il bambino di tre anni mangia insetti (*insects*). **a.** Mangiali! Sono pieni di vitamine. **b.** Non mangiare gli insetti!
4. Il figlio vuole comprare 4 chili di prosciutto perché gli piace. **a.** Compra solo 3 etti! **b.** Comprane 50!

5. La figlia non vuole andare dal dentista.   **a.** Va bene, non andarci.
b. Vacci subito!
6. Il figlio non fa i compiti perché vuole andare a giocare con gli amici.
a. Va' a giocare fuori fino a mezzanotte.   **b.** Fa' i compiti prima di uscire e ritorna a casa all'ora di cena!

B. Quello che fa Carlo... Carlo è molto popolare e tutti vogliono fare le stesse cose che fa lui. Di' cosa dovete fare tu e i tuoi amici per essere come Carlo.

ESEMPIO: Carlo ordina l'antipasto. → Ordiniamo l'antipasto anche noi!

1. Carlo va a Capri.
2. Carlo suona la chitarra.
3. Carlo porta sempre un cappello.
4. Carlo fa lo yoga.
5. Carlo mangia al Biffi.
6. Carlo compra tutto all'ultima moda.

C. Ma dai! A turni con un compagno / una compagna, fate domande e poi rispondete con un'espressione imperativa appropriata. Usate **su, dai,** o **avanti*** nelle risposte.

ESEMPIO: mangiare →
S1: Posso mangiare?
S2: Su, mangia!

1. entrare
2. parlare
3. prendere una pasta
4. venire con voi
5. provare questo vestito
6. fare una domanda
7. dire qualcosa
8. vestirsi

Fate pure! Adesso, rifate l'esercizio con le forme plurali dei verbi (**noi-voi**) e l'espressione **pure.**[†]

ESEMPIO: mangiare →
S1: Possiamo mangiare?
S2: Mangiate pure!

D. Che fastidio! Il tuo compagno / La tua compagna di casa fa le seguenti attività che ti danno molto fastidio. Digli/dille di fare il contrario.

ESEMPIO: Il compagno / La compagna apre la porta. →
«Non aprire la porta!»

1. Suona la chitarra mentre parli al telefono.   **2.** Non ti lascia (*let*) studiare in pace.   **3.** Non lava i piatti.   **4.** Usa la tua macchina senza chiedere il permesso.   **5.** Porta gli amici in casa dopo mezzanotte.
6. Non ti aiuta con i preparativi (*preparations*) per le feste.   **7.** Non pulisce il bagno.

---

*These words are often used with the imperative to express encouragement, like English *Come on!*
[†]The imperative forms are often accompanied by **pure. Pure** softens the intensity of a command, like *go ahead* or *by all means.*

Piccolo ripasso

■ ■

A. Glielo, gliela... Sostituisci le frasi in corsivo con pronomi doppi.

ESEMPIO: Il cameriere serve *la crostata alla signora.* →
Il cameriere gliela serve.

1. Io mostro *le foto a Carlo.*
2. Tu regali *la camicetta a Maria.*
3. Noi offriamo *il caffè al dottore.*
4. Diamo *un gelato al bambino!*
5. Chi ha parlato *dell'esame a Maria?*
6. Chi ha parlato *di Adele a Carlo?*
7. Ripeti *la data al professore!*

B. Carletto. Carletto ha un nuovo babysitter che non lo conosce molto bene. Il babysitter (s1) usa le espressioni fornite per fare domande alla madre, e la madre (s2) dà risposte negative con **ci** o **ne** o un pronome di complemento diretto.

ESEMPIO: mangiare la frutta →
s1: Mangia la frutta?
s2: No, non la mangia!

1. pensare ai voti
2. bere il latte
3. fare i compiti
4. mettersi le scarpe

5. andare in piscina
6. mangiare molta verdura
7. fare dei disegni
8. tornare a casa prima dell'ora di cena

C. Rispondere. Usate pronomi doppi per rispondere alle domande.

ESEMPIO: s1: Avete preso delle banane per Riccardo?
s2: Sì, gliene abbiamo prese cinque.

1. Hai dato i libri a Marcella?
2. I ragazzi hanno scritto una lettera ai nonni?
3. Hai comprato cinque etti di prosciutto per la madre di Salvatore?
4. Avete portato la torta a Luigi?
5. I genitori hanno dato molti soldi ai bambini?
6. Marcello ha scritto una lettera ai suoi amici?

D. Gita in montagna. Paolo e il suo compagno di camera si preparano per un viaggio in montagna. Uno studente / Una studentessa (s1) fa le domande di Paolo e l'altro/a fa la parte del suo compagno che risponde (s2). Seguite l'esempio.

ESEMPIO: mettersi i pantaloni di lana (*wool*) →
s1: Ti sei messo i pantaloni di lana?
s2: Sì, me li sono messi.

1. comprarsi i calzini di lana
2. farsi la barba
3. mettersi i guanti
4. comprarsi dei maglioni pesanti (*heavy*)

Invito alla lettura

Prodotti italiani

I prodotti italiani, di qualsiasi genere,[1] sono conosciuti, apprezzati e ricercati[2] in tutto il mondo. Gli italiani hanno molto buon gusto non solo nel vestire, ma anche, per esempio, nel mangiare o nell'arredare[3] la casa. Per questo l'essere creati e realizzati[4] in Italia, essere cioè *made in Italy*, dà ai prodotti una garanzia in più.

Nel campo[5] della moda il made in Italy è stato un fenomeno straordinario sia per la quantità che[6] per la qualità. La moda italiana negli ultimi quaranta anni è diventata un grande business mondiale. I più grandi stilisti italiani sono conosciuti in tutto il mondo e ci sono negozi di Armani, Versace, Valentino, in tutte le città più importanti. Accanto all'alta moda ci sono poi grandi catene di abbigliamento[7] come Stefanel e Benetton, presenti ormai[8] in tutto il mondo, che fanno bei capi di vestiario[9] a prezzi abbastanza bassi. Oltre ai capi di abbigliamento producono anche accessori come scarpe, occhiali, cinture, foulard, borsette.[10]

Nell'arredamento gli italiani sembrano ispirarsi ai grandi maestri del passato e ad una tradizione artigiana[11] di falegnami,[12] restauratori e ceramisti che è ancora abbastanza viva. Molti giovani designer hanno saputo, negli ultimi anni, creare mobili e oggetti per la casa, di stile moderno, molto apprezzati. Gli architetti italiani sanno conciliare[13] il fascino[14] dell'antico con soluzioni ultramoderne di grande effetto.

E che dire delle automobili italiane? Sono certamente molto belle. Non solo le famosissime ed esclusive Ferrari, ma anche le piccole utilitarie[15] italiane si riconoscono per le forme semplici ed eleganti, disegnate spesso da disegnatori famosi.

Il "Made in Italy": vasi e bicchieri di vetro, fatti nell'isola di Murano (Venezia)

Tutti, infine, conoscono la bontà[16] dei prodotti alimentari italiani. In ogni parte del mondo si cucina pasta e nei supermercati esteri[17] si trova la pasta delle migliori marche italiane, l'olio d'oliva e il formaggio parmigiano. Ma il successo della cucina italiana e il grandissimo numero di ristoranti italiani nel mondo non è certo dovuto solo a pasta e pizza. Ci sono anche i vini, certamente tutti buoni, ma molti eccellenti e alcuni eccezionali come il Brunello, il Barolo, il Barbaresco e il Nebiolo. E c'è infine la maestria italiana nell'arte della tavola. Una cena italiana, infatti, come ogni altro prodotto tipico, deve unire creatività e buon gusto. I piatti devono essere belli da vedere e buoni da mangiare, leggeri, sani, preparati con prodotti di qualità e abbinati[18] ai vini giusti.

---

[1]*di... of whatever type*   [2]*sought out*   [3]*in furnishing*   [4]*l'essere... (the fact of) being created and carried out*   [5]*field*
[6]*sia... both for quantity and*   [7]*clothing chains*   [8]*by now*   [9]*capi... apparel*   [10]*cinture... belts, (silk) scarves, handbags*
[11]*of handicrafts*   [12]*carpenters*   [13]*to reconcile*   [14]*fascination*   [15]*compact cars*   [16]*goodness*   [17]*foreign*   [18]*coupled*

E ora a te
Capire

Il testo che segue, e che presenta alcuni buchi (*blanks, holes*), è una sintesi del testo che hai letto. Scegli le parole giuste fra le seguenti possibilità.

Possibilità: apprezza, aumenta, creati, creatività, cucina, disegnatori, eccezionale, eleganti, gusto, sapore, stilisti, tavola

Tutto il mondo conosce e _____[1] i prodotti italiani perché sono belli ed eleganti. I prodotti italiani si sono affermati in modo _____[2] soprattutto nel campo della moda. Tutti, in Europa come negli Stati Uniti e in Giappone, amano i grandi _____[3] italiani e tutti amano vestire secondo il _____[4] italiano. Non tutti naturalmente possono permettersi di acquistare i capi di abbigliamento _____[5] dall'alta moda, ma si trovano anche altri prodotti, belli ed _____.[6]

Anche per l'arredamento i _____[7] italiani sono molto conosciuti all'estero.

Il buon gusto degli italiani rende infine la loro _____[8] insuperabile e i loro ristoranti tanto famosi. A tavola, come nell'abbigliamento, il rispetto di certe regole di semplicità ed eleganza accompagna sempre la nota _____[9] italiana.

Scrivere

Sicuramente conosci alcuni prodotti tipici che si fanno in Italia. Scegline uno, quello che conosci meglio o ti piace di più (scarpe, maglieria (*knitwear*), automobili, cucina, ecc.) e descrivilo in un breve testo. Il testo dovrà avere uno scopo descrittivo-pubblicitario, dovrà cioè cercare di mettere in evidenza (*illustrate*) tutti gli aspetti positivi del prodotto descritto e risultare convincente nei confronti del lettore (*to the reader*).

In ascolto

Un po' di spesa. Sentirai tre brevi dialoghi. Indica il negozio corrispondente ad ogni dialogo e scrivi le informazioni che mancano nella tabella: che cosa compra il/la cliente e quanto costa.

	DIALOGO 1	DIALOGO 2	DIALOGO 3
dal fruttivendolo			
dal lattaio			
dal salumiere/macellaio			
che cosa?			
il prezzo (*price*)			

Acqua oligominerale

L'acqua minerale naturale PANNA stimola la digestione, può avere effetti diuretici, è indicata per l'alimentazione dei neonati, è indicata per la preparazione degli alimenti dei neonati.

Vendita autorizzata con Decreto del Ministero dell'Interno n. 136 del 16 gennaio 1929 e Delibera Giunta Regionale Toscana n. 8835 del 23.10.89

RISPETTA L'AMBIENTE VETRO A RENDERE

CONTENUTO **90 cl**

8 000815 301301

Videoteca

Sveglia, pigrone°!
Biglietti, prego!

lazybones

Nella prima scena vediamo due amici, Roberto e Enzo, che abitano insieme a Bologna e frequentano la stessa università. Nella seconda scena siamo sul treno per Bologna. L'azione del video si concentra su un controllore, Fabio, che è un appassionato di calcio.

ESPRESSIONI UTILI

Chi se ne frega! Who cares!
l'esercitazione review
cioè? so? meaning what?
si mettono in moto they get moving
la tromba pneumatica air horn
le batterie batteries

Mi dai il cambio You'll take my place
Non ti scordare Don't forget
Se stanno vincendo If they're winning
Meglio che non mi faccio vedere Better if I don't show up

DAL VIDEO

FABIO: No, assolutamente no. Siamo d'accordo, eh? Alle tre mi dai il cambio.

COLLEGA: Dove saremo?

FABIO: A un'ora da Roma, se non siamo in ritardo. Non ti scordare… io dalle tre non esisto più.

PREPARAZIONE

Vero o falso?

1. Roberto si ricorda che hanno l'esercitazione di chimica.
2. Fabio tira fuori una barca.
3. L'altro controllore dovrà dare il cambio a Fabio alle due.

Funzione: Fare richieste

COMPRENSIONE

1. Quando arriverà il treno a Bologna? Sarà in ritardo?
2. Secondo Fabio, chi è che viaggia in treno per tornare a casa per il fine-settimana?
3. Che cosa vuole vedere Fabio?

ATTIVITÀ

Da fare in tre. Tu e un tuo amico / una tua amica andate a una splendida festa di Carnevale a Venezia. Ma prima dovete decidere sui vostri costumi. Andate insieme in un negozio di costumi, dove dovete discutere molto perché non andate molto d'accordo. Ecco alcune richieste che potete fare alla commessa: «Non avrebbe un completo da… adatto a me?» «Non c'è qualcosa di più originale?» «Non ha dei costumi antichi? Del '400 o del '500?»

Parole da ricordare

VERBI

*costare	to cost
credere (a)	to believe (in)
fare la spesa	to go grocery shopping
fare le spese, le compere	to go shopping
incartare	to wrap
lasciare	to let, allow
*passare	to pass by, to stop in
pensare a (qualcosa)	to think about (something)
prendere	to take; to buy
provare	to try, try on
resistere	to resist
richiedere	to require
vendere	to sell

NOMI

l'affare (m.)	bargain
l'arancia	orange
la bancarella	stand, stall
la camicetta	blouse
il cappello	hat
il capriccio	whim
il fastidio	annoyance, bother
il/la cliente	customer, client
il commesso, la commessa	salesperson
il fiammiferi	matches
il fruttivendolo	fruit vendor
il gelataio	ice-cream maker/ vendor
la gelateria	ice-cream parlor
la gonna	skirt
il grande magazzino	department store
i guanti	gloves
la lana	wool
il lattaio	milkman
la latteria	dairy
il macellaio	butcher
la macelleria	butcher shop
il maglione	pullover, heavy sweater
la mela	apple
il mercato	market
il negoziante	shopkeeper
il negozio di abbigliamento	clothing store
il negozio di alimentari	grocery store
la panetteria	bread bakery
il panettiere	bread baker
la pasticceria	pastry shop
il pasticciere	pastry cook, confectioner
la pera	pear
la pescheria	fish market
il pescivendolo	fishmonger
i preparativi	preparations
il prezzo	price
il resto	the rest; change (from a transaction)
la salumeria	delicatessen
il salumiere	delicatessen clerk
lo sconto	discount
gli stivali	boots
la svendita	sale
l'uva	grapes
il venditore / la venditrice	vendor
lo yogurt	yogurt

AGGETTIVI

pesante	heavy
stretto	tight

ALTRE PAROLE ED ESPRESSIONI

altro	anything else
Avanti!	Go ahead!
Dai!	Come on!
da parte	aside
pure	by all means
Quanti ne abbiamo oggi?	What's today's date?
Quanto ne vuoi?	How much do you want?
Su!	Come on!

---

*Words identified with an asterisk (*) are conjugated with **essere**.

Capitolo 12
Arredare° la casa

Posto in arrivo   Rispondi   Elimina   Opzioni   Guida   Aiuto   30 ottobre – 11.00

DA: lucia@libero.it

A... elisa@virgilio.es

Cc...

Oggetto:

Ciao Elisa!

anche se tra poche settimane verrai a casa, non posso aspettare e ti scrivo per raccontarti della casa che, finalmente, Mario ed io abbiamo trovato. E' una casa antica, ma tutta ristrutturata. E' vicino al porto, nel vecchio quartiere dove abbiamo abitato da piccole. Ti ricordi? Ha un ingresso indipendente e si sviluppa su tre piani. Al pianterreno c'è solo l'ingresso e un ripostiglio, al primo piano ci sono un grande soggiorno, una bella cucina e un piccolo bagno. All'ultimo piano ci sono due camere luminose, un altro bagno e una stanzetta per i libri, la scrivania e il computer. Non vedo l'ora di fartela vedere!

Un abbraccio
Lucia

Una vista sul mare, a Trieste

IN BREVE

LEZIONE 1:
VOCABOLARIO
Case e appartamenti
- Abitazioni
- Posizioni nello spazio

LEZIONE 2:
GRAMMATICA
A. Aggettivi indefiniti
B. Pronomi indefiniti

LEZIONE 3:
GRAMMATICA
C. Negativi
D. Imperativo (**Lei, Loro**)
Piccolo ripasso

LEZIONE 4:
PROSPETTIVE
Invito alla lettura:
Il sogno della casa
In ascolto
Videoteca: *Dai, vieni! / Dall'architetto*

SALUTI E BACI
Ritratto: Pier Paolo Pasolini
In giro per le regioni: Il Friuli-Venezia Giulia

To furnish

Vocabolario

Lezione 1

Dialogo-Lampo

Quando manca la casa...

ANTONELLA: Ho saputo che vi sposate tra due settimane!

PATRIZIA: Eh sì, è quasi tutto pronto, ma ci manca solo la casa…

ANTONELLA: La casa!? E dove andate a abitare?

MASSIMO: Dai miei genitori… Non è la migliore soluzione ma, come sai, trovare casa oggi è quasi impossibile: costa troppo!

PATRIZIA: E loro hanno una casa di cinque stanze, con due bagni.

ANTONELLA: E le camere?

MASSIMO: Ce ne sono tre: due matrimoniali e una singola, per l'eventuale nipote, come dicono loro…

1. Dove vanno ad abitare Patrizia e Massimo quando si sposano?
2. Quale è il motivo principale?
3. Com'è la casa dei genitori di Massimo?
4. Per chi è la camera singola?

Case e appartamenti

ABITAZIONI

l'affitto rent
l'appartamento apartment
l'ascensore elevator
la camera da letto bedroom
la cantina cellar
la finestra window
l'indirizzo address
l'inquilino/l'inquilina tenant
il mobile piece of furniture
il monolocale studio apartment
il padrone / la padrona di casa landlord/landlady
il palazzo apartment building
il riscaldamento heat, heating
le scale stairs, staircase
i servizi facilities (kitchen and bath)
la soffitta, la mansarda attic

il soggiorno living room
la stanza room
lo studio study, office
il terrazzo, il balcone balcony
la villa, la villetta luxury home, country house; single-family house
la vista view

affittare to rent
cambiare casa, traslocare, fare un trasloco to move

ammobiliato furnished
al pianterreno on the ground floor*
al primo (al secondo, terzo) piano on the first (second, third) floor
in periferia on the outskirts, in the suburbs

---

*Italians distinguish the ground floor from the first floor (which Americans and Canadians call the second floor).

POSIZIONI NELLO SPAZIO

accanto (a), di lato (a) beside, next to

davanti (a) in front of
dietro (a, di) behind
sopra above, over
sotto below, under

Esercizi

A. Quiz sulla casa. Che cos'è? Trova una risposta a queste definizioni.

ESEMPIO: È un'abitazione di lusso, in campagna, al mare o in montagna. →
   È una villa.

1. È un edificio (*building*) con molti appartamenti.
2. Si usa per salire al terzo piano.
3. Abita in casa d'altri.
4. Un sinonimo di *traslocare*.
5. È il piano allo stesso livello della strada.
6. Può essere elettrico, a gas o a carbone (*coal*).
7. È l'abitazione di una sola famiglia.
8. La proprietaria di un'abitazione.
9. La stanza della casa che sta sopra tutte le altre.
10. La stanza della casa che sta sotto tutte le altre.
11. Sta sempre fuori casa.

B. Attività casalinghe (*domestic*). Quali sono le cose che facciamo più spesso nelle varie stanze della casa? Pensa almeno a due o tre attività; se fai qualcosa d'insolito (*unusual*), spiega il perché.

ESEMPIO: in cucina →
   In cucina preparo i pasti, lavo i piatti, guardo la televisione…

1. in sala da pranzo
2. in soffitta
3. in cantina
4. nello studio
5. in bagno
6. in camera da letto
7. in soggiorno
8. sul terrazzo

C. Dove lo metto? Avete appena traslocato, tutti i mobili sono sul camion (*truck*) e dovete decidere dove metterli. Con un compagno / una compagna, decidete dove volete i seguenti mobili.

ESEMPIO: lo specchio →
   S1: Dove mettiamo lo specchio?
   S2: Mettiamolo nel bagno.

1. la lavatrice
2. la lavastoviglie
3. il tavolo e le sedie
4. il divano e le poltrone
5. il computer
6. l'armadio
7. il televisore
8. il letto
9. la scrivania
10. lo scaffale per i libri

Grammatica

Lezione 2

A. Aggettivi indefiniti

PAOLA: Ciao, Claudia! Ho sentito che hai cambiato casa. Dove abiti adesso?

CLAUDIA: Prima vivevo in un appartamentino in centro, ma c'era troppo traffico e troppo rumore; così sono andata a vivere in campagna. Ho trovato una casetta che è un amore... È tutta in pietra, ha un orto enorme e qualche albero da frutta.

PAOLA: Sono contenta per te! Sai cosa ti dico? Alcune persone nascono fortunate!

Indefinite adjectives, such as *every, any,* and *some,* do not refer to a particular person or thing. For example: *Some people love steak. Every plate is broken. Any dessert is fine with me.*

1. In Italian, these adjectives always precede the noun. **Ogni** (*every*), **qualche** (*some, a few*), and **qualunque** (*any, any sort of*), are used only with a singular noun. **Alcuni/e** (*some, a few*) is only used with plural nouns.

Ogni anno traslochiamo.	*Every year we move.*
Qualunque lavatrice mi va bene.	*Any sort of washing machine is fine with me.*
Qualche appartamento è libero.	*Some apartments are vacant.*
Alcuni appartamenti sono liberi.	*Some apartments are vacant.*
Alcune camere sono piccole.	*Some bedrooms are small.*

   a. The indefinite adjective **tutto** (*all, every*) agrees with the modified noun and is always accompanied by the definite article.

Studio **tutto il** giorno.	*I study all day.*
Hanno finito **tutta la** torta.	*They finished all the cake.*
Tutti i mobili sono moderni.	*All the furniture (Every piece of furniture) is modern.*
Tutte le ville sono in campagna.	*All the villas are in the country.*

2. As you already know, another way to express *some* or *any* is to use **di** + article (**il partitivo**). (See **Capitolo 5.**)

Ci sono **dei** garage liberi.	*There are some garages available.*
Ci sono anche **delle** camere ammobiliate.	*There are also some furnished rooms.*

—Ed ora, cari telespettatori, qualche consiglio[a] per il vostro cane...

[a]*advice*

PAOLA: Hi, Claudia! I heard (that) you've moved. Where are you living now?   CLAUDIA: At first I was living in a small apartment downtown, but there was too much traffic, and too much noise, so I've moved to the country. I found a little house that's a real gem. . . . It's all stone, has an enormous vegetable garden and some fruit trees.   PAOLA: I'm happy for you! You know what? Some people are born lucky!

Esercizi

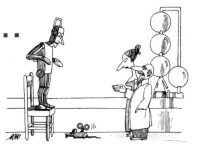

A. Mini-trasformazioni. Sostituisci **tutto** con **ogni** per fare frasi nuove.

ESEMPIO: Tutte le ville hanno una cantina. →
           Ogni villa ha una cantina.

1. Tutti i bambini hanno una camera.
2. Tutti gli appartamenti erano occupati.
3. Tutti i bagni hanno una doccia.
4. Tutte le camere sono ammobiliate.

—Per renderlo[a] più umano
gli ho creato delle paure.

[a]Per... *to make him*

B. Non generalizzare... Tu e il tuo compagno o la tua compagna di casa cercate una casa nuova. Correggi le sue generalizzazioni con **qualche.**

ESEMPIO: Tutti i palazzi hanno l'ascensore. →
           Qualche palazzo ha l'ascensore.

1. Tutte le mansarde hanno una bella vista.
2. Tutti i padroni di casa sono gentili.
3. Tutti gli inquilini pagano l'affitto.
4. Tutti i nostri amici abitano in centro.
5. Tutti gli appartamenti in periferia costano meno.
6. Tutti i monolocali sono carini.

B. Pronomi indefiniti

—Lassù[a] in cielo, qualcuno
deve aver lasciato aperto il
frigorifero...

[a]*Up there*

As you know, pronouns take the place of nouns. Indefinite pronouns (**i pronomi indefiniti**) do not refer to a particular person or thing. For example: *Someone turned off the lights. I hear something. I bought everything we need.* Some indefinite pronouns refer to a person or thing previously mentioned: *All the apartments are furnished, and some have balconies.*

1. The most common indefinite pronouns appear in the following list. Notice that their forms resemble those of the indefinite adjectives you learned in the preceding section.

AGGETTIVI	PRONOMI
Tutti i ragazzi traslocano.	**Tutti** traslocano. (*all, everybody*)
Tutte le camere sono piccole.	**Tutte** sono piccole. (*all*)
Ogni studente trasloca.	**Ognuno** trasloca. (*each, everyone*)
Ogni casa ha tre camere.	**Ognuna** ha tre camere. (*each one*)
Qualche palazzo è vecchio.	**Qualcuno** è vecchio. (*some*)
Qualche poltrona è rovinata (*fallen apart*).	**Qualcuna** è rovinata. (*some*)
Alcuni appartamenti sono liberi.	**Alcuni** sono liberi. (*some, a few*)
Alcune ville sono grandi.	**Alcune** sono grandi. (*some, a few*)
Ho mangiato **tutto il panino e tutta la torta.**	Ho mangiato **tutto.** (*all, everything*)
	Cerco **qualcosa** in centro. (*something*)

Tutti and **qualcuno** mean *everyone* and *someone*. By contrast, **tutto** means *everything* and **qualcosa** means *something*.

Tutti vengono alla villa in campagna.	*Everyone is coming to the villa in the country.*
Qualcuno bussa alla porta.	*Someone is knocking on the door.*
Ho portato **tutto.**	*I brought everything.*
Il bambino ha mangiato **qualcosa.**	*The baby ate something.*

Qualcosa is always treated as masculine for purposes of agreement.

È success**o qualcosa?**	*Did something happen?*

2. Another common indefinite expression is **un po' di**, which means *some*. It is used with nouns commonly expressed in the singular.

Dammi un po' di { limonata. / zucchero. / acqua. }   *Give me some* { *lemonade.* / *sugar.* / *water.* }

**Si dice così:
qualcosa di buono,
qualcosa da fare**

Note the following constructions.

qualcosa di + *masculine singular adjective:*

Abbiamo trovato **qualcosa di economico** vicino all'università. *We found something cheap near the university.*

qualcosa da + *infinitive:*

Ragazzi, c'è **qualcosa da mangiare?** *Guys, is there something to eat?*

Esercizi

A. Una bella serata. Completa il seguente testo con le espressioni appropriate.

_____¹ (Ogni / Ognuna) cosa era al suo posto (*in its place*). _____² (Tutti / Ognuno) si erano nascosti (nascondersi, *to hide*). Avevamo preparato _____³ (qualcuno / qualcosa) di molto buono per Claudio. C'erano _____⁴ (ogni / alcuni) fiori sul tavolo, ma a parte (*besides*) questo, _____⁵ (tutti / tutto) era come al solito. Venti minuti di silenzio. E poi quando è entrato Claudio, _____⁶ (ognuno / tutti) hanno gridato (*yelled*) «Auguri! Buon compleanno!»

B. Dite la vostra. Decidi se le seguenti cose sono **un bisogno, una necessità assoluta, qualcosa di inutile** (*useless*) o **qualcosa di piacevole** (*pleasant*).

ESEMPIO: il caffè →
Per me, il caffè è qualcosa di inutile.

1. il caffè
2. il lavoro
3. le vacanze
4. il sonno

5. il balcone
6. il riscaldamento
7. la musica
8. la libertà

C. Mini-dialoghi. Completate i dialoghi con le espressioni indefinite appropriate. Usa le preposizioni dove sono necessarie.

1. s1: Come avete trovato l'agenzia?
   s2: Ce l'ha indicata (*pointed out*) _____.
2. s1: Tutti gli studenti hanno trovato casa?
   s2: Certo, _____ ha il proprio appartamento.
3. s1: Ho sete.
   s2: Anch'io. Prendiamo _____ aranciata.
4. s1: Hai sentito cosa è successo tra Pia e Daniele?
   s2: Sì, un amico mi ha raccontato _____!
5. s1: Hai voglia di un caffè?
   s2: No, meglio mangiare _____.

Nota culturale
Regali di nozze[1]

Gli italiani amano festeggiare[2] il matrimonio con grandi feste. In genere si fa un pranzo o una cena dopo la cerimonia, con molti invitati,[3] oppure si fa una festa per gli amici e i parenti più lontani la settimana precedente e, il giorno delle nozze, si invitano solo i parenti stretti.[4]

Tutti gli invitati fanno un regalo agli sposi. Gli amici del cuore e i parenti più stretti fanno in genere regali di maggiore valore, mentre i parenti e gli amici più lontani fanno regali da poco prezzo. I genitori offrono la festa di nozze e partecipano alle spese per l'appartamento dove andrà a vivere la coppia.

Per i parenti lontani e per gli amici gli sposi preparano di solito una «lista di nozze»,[5] cioè un elenco delle cose desiderate. In alcuni negozi, che vendono oggetti per la casa, i negozianti tengono la lista e gli oggetti scelti dagli sposi a disposizione degli invitati fino alla data del matrimonio.

Negli ultimi anni, alcune coppie mettono nella lista anche il «viaggio di nozze»[6] dei sogni. Che vuole può andare all'agenzia di viaggi indicata dagli sposi e contribuire alla realizzazione del sogno!

Arredamenti per tutti i gusti

[1]*wedding, marriage* [2]*to celebrate* [3]*guests* [4]*close* [5]*lista… list of wedding presents* [6]*viaggio… honeymoon*

Saluti e baci

Le rovine di un anfiteatro
romano in Spagna

Posto in arrivo   Rispondi   Elimina   Opzioni   Guida   Aiuto
31 ottobre – 19.30

DA: elisa@virgilio.es

A...   lucia@libero.it

Cc...

Oggetto:

Cara Lucia,

ti sento così entusiasta della tua nuova casa!…. Sono proprio contenta… La parte vecchia di Trieste mi è sempre piaciuta molto e le finestre sul mare sono il massimo… Come sai, io in Spagna mi trovo bene ma ho comunque grande nostalgia dell'Italia e di Trieste. Solo il mare mi consola e mi fa sentire meno lontana: chiudo gli occhi, sento il profumo dell'aria marina, sento la brezza che mi passa tra i capelli… Ci sono poi le rovine romane (guarda la foto che ho allegato) che mi ricordano Roma e la storia dell'Italia antica. Bene, sorellina… presto sarò a casa e ti aiuterò a preparare il matrimonio e ad arredare la casa.

Un bacio a mamma e papà e uno speciale a te e Mario
tua Elisa

Puoi trovare gli equivalenti inglesi delle corrispondenze contenute nel *In giro per l'Italia* sul
nostro sito Internet a www.mhhe.com/ingiro.

Ritratto

Pier Paolo Pasolini
scrittore e regista friulano, 1922–1975

Vive gran parte della vita in un paesino del Friuli–Venezia Giulia, terra a cui è molto legato,[1] tanto da scrivere molte delle sue poesie in dialetto friulano. Per la sua vasta ed interessante produzione narrativa, poetica, saggistica e cinematografica, è considerato tra gli autori italiani più importanti del dopoguerra.

Un suo tema[2] importante, sia nella narrativa (*Ragazzi di vita*) che[3] nel cinema (*Accattone*),[4] è quello della vita dura[5] delle classi sociali più povere ed emarginate[6] della capitale.

[1]*tied*   [2]*theme*   [3]*sia… both in his novel [in English,* The Ragazzi] *and*   [4](The Beggar)   [5]*tough*   [6]*marginalized*

In giro per le regioni

Il Friuli–Venezia Giulia

Il territorio del Friuli–Venezia Giulia, che si trova al confine orientale[1] dell'Italia, è prevalentemente montuoso. Anche le zone di pianura[2] sono poco fertili perché è un tipo di terreno arido. Per questo, il paesaggio appare quasi desertico, di colore bianco-grigio e con pochi alberi.

La regione è formata dalle province friulane di Udine e Pordenone, e da quelle giuliane di Trieste e Gorizia, che sono assai diverse tra loro per tradizioni storiche e linguistiche. Il friulano è una vera e propria lingua a cui i friulani tengono molto[3] con una sua letteratura, interessante soprattutto per quanto riguarda la produzione di poesia popolare.

Trieste, il capoluogo, ha un territorio che si riduce alla sola[4] area cittadina ed è pertanto la provincia più piccola d'Italia. È una bella città, che è stata in passato, quando faceva parte dell'impero austriaco* il porto più importante del Mediterraneo.

L'economia di questa regione, tradizionalmente povera, si è assai sviluppata[5] negli ultimi anni, con l'affermazione di molte piccole e medie industrie.

[1]confine… *eastern border*   [2]zone… *lowland areas*   [3]a… *to which the people of Friuli are very attached*   [4]si… *is limited only to the*   [5]si… *has developed considerably*

L'ITALIA VIRTUALE

Per indirizzi di vari siti Internet ed ulteriori esercizi per imparare di più sul **Friuli–Venezia Giulia**, visita il sito Internet di *In giro per l'Italia* a www.mhhe.com/ingiro.

---

*Trieste e il Friuli per circa un secolo, dalla fine del XVIII secolo fino alla fine della Prima Guerra Mondiale, hanno fatto parte dell'impero austriaco.

Lezione 3

C. Negativi

MARITO: Sento un rumore in cantina: ci sarà qualcuno, cara…

MOGLIE: Ma no, non c'è nessuno: saranno i topi!

MARITO: Ma che dici? Non abbiamo mai avuto topi in questa casa. Vado a vedere.

(*Alcuni minuti dopo.*)

MOGLIE: Ebbene?

MARITO: Ho guardato dappertutto ma non ho visto niente di strano.

MOGLIE: Meno male!

As you already know, an Italian sentence is usually made negative by inserting **non** in front of the verb. Only object pronouns are placed between **non** and the verb.

Questa villa ha troppi scalini.	*This villa has too many steps.*
Quella villa non ha troppi scalini.	*That villa does not have too many steps.*
Quella villa non ne ha troppi.	*That villa doesn't have too many (of them).*

1. Other negative words or expressions are used in conjunction with **non**. When the negative expression follows the conjugated verb, **non** must precede the verb.

ESPRESSIONI AFFERMATIVE	ESPRESSIONI NEGATIVE
Hai comprato **qualcosa?** (*something*) Hai comprato **tutto?** (*everything*)	No, **non** ho comprato **niente/nulla.** (*nothing*)
Hai visto **qualcuno** alla festa? (*someone*) Hai visto **tutti** alla festa? (*everyone*)	No, **non** ho visto **nessuno.** (*no one, nobody*)
Canti **sempre** nella doccia? (*always*) Canti **qualche volta** nella doccia? (*sometimes*) Canti **mai** nella doccia? (*ever*)	No, **non** canto **mai.** (*never*)
Hai **già** preparato la cena? (*already*)	No, **non** ho **ancora** preparato la cena. (*not yet*)
Abiti **ancora** in via Rossi? (*still*)	No, **non** abito **più** in via Rossi. (*no longer*)
Studi l'italiano **e/o** la chimica? (*and/or*)	No, **non** studio **né** l'italiano **né** la chimica. (*neither/nor*)

—Carletto, ti ho detto mille volte che non devi indicare nessuno col dito[a]!

[a]*finger*

HUSBAND: I hear a noise in the cellar. There must be someone there, dear . . . WIFE: No, there's nobody there. It must be mice! HUSBAND: What are you talking about? We've never had any mice in this house. I'm going to have a look. (*A few minutes later.*) WIFE: Well? HUSBAND: I looked everywhere but I didn't see anything strange. WIFE: Thank goodness!

2. When **niente** or **nessuno** precedes the verb, **non** is omitted.

Niente era facile.	*Nothing was easy.*
Nessuno lo farà.	*No one will do it.*

Similarly, when a construction with **né... né** precedes the verb, **non** is omitted. Note that a plural verb is used in Italian.

Né Mario né Carlo hanno una cantina.	*Neither Mario nor Carlo has a cellar.*

3. Just like **qualcosa, niente** (**nulla**) takes **di** in front of an adjective and **da** before an infinitive.

Non ho niente di economico da affittare.	*I have nothing cheap to rent.*
C'è qualcosa di interessante nell'armadio?	*Is there anything interesting in the wardrobe?*

Nessuna scoperta° ha avuto tanta importanza come quella del fuoco

°*discovery*

Esercizi

A. Domande personali. Decidi se queste affermazioni personali sono vere o false. Correggi quelle false.

1. Non faccio niente venerdì sera; rimango a casa e guardo la TV.
2. Non sono mai stata in Italia/Spagna/Russia/Cina/Kansas.
3. Non mi sono ancora laureato/a.
4. Non ho ancora scelto una specializzazione.
5. Non ho né un soggiorno né uno studio in casa.
6. Non seguo più il corso di italiano.
7. Non conosco nessuno all'università / nel mio dormitorio / nella classe di italiano.

B. Un amico sfortunato. Paolo si è trasferito a Bari un mese fa e trova difficoltà a sistemarsi (*getting settled*). Recita la parte di Paolo e rispondi alle domande in modo negativo.

ESEMPIO: Hai già trovato casa? → No, non ho ancora trovato casa.

1. Hai visto qualcosa di bello?
2. Il tuo amico Giorgio abita ancora a Bari?
3. Hai fissato un appuntamento (*made an appointment*) per vedere un appartamento in affitto?
4. Conosci qualcuno a Bari?
5. Hai già fatto un giretto in campagna?
6. Gli amici di Roma ti telefonano qualche volta?

C. I viaggi. Chiedete ad un compagno / una compagna se è mai stato/a in questi posti. Il compagno / La compagna risponde che ci è già stato/a o che non ci è mai stato/a.

ESEMPIO: A: Sei mai stato a Parigi?
B: Sì, ci sono già stato. (No, non ci sono mai stato.)

Posti: Parigi, Londra, Brasile, Messico, Milano, Napoli, Sicilia, Alaska, Kansas, Mississippi

—Per un bel po' non potremo più incontrarci... Mio padre mi ha tagliato le trecce.[a]

[a]*braids*

D. Imperativo (*Lei, Loro*)

SEGRETARIA: Dottoressa, il signor Biondi ha bisogno urgente di parlarLe: ha già telefonato tre volte.

DOTTORESSA MANCINI: Che seccatore! Gli telefoni Lei, signorina, e gli dica che sono già partita per Chicago.

SEGRETARIA: Pronto!... Signor Biondi?... Mi dispiace, la dottoressa è partita per un congresso a Chicago... Come dice?... L'indirizzo? Veramente, non glielo so dire: abbia pazienza e richiami tra dieci giorni!

You learned the **tu, noi,** and **voi** forms of the imperative in **Capitolo 11.**

1. The formal **Lei** and **Loro** imperative is formed by adding **-i, -ino** endings to the first-person singular (**io**) present-tense stem of **-are** verbs, and **-a, -ano** endings to the stem of **-ere** and **-ire** verbs. The negative imperative is formed by inserting **non** before the affirmative form.

	LAVORARE (LAVOR-)	SCRIVERE (SCRIV-)	DORMIRE (DORM-)	FINIRE (FINISC-)
(Lei) (non)	lavo**ri**	scri**va**	dor**ma**	fin**isca**
(Loro) (non)	lavo**rino**	scri**vano**	dor**mano**	fin**iscano**

	BERE (BEV-)	DIRE (DIC-)	VENIRE (VENG-)	USCIRE (ESC-)	ANDARE (VAD-)	FARE (FACCI-)
(non)	be**va**	di**ca**	ven**ga**	es**ca**	va**da**	fac**cia**
(non)	be**vano**	di**cano**	ven**gano**	es**cano**	va**dano**	fac**ciano**

Signora, **aspetti! Non entri** ancora!

Ma'am, wait! Don't come in yet!

Signori, **finiscano** di mangiare e **paghino** alla cassa!

Gentlemen, finish eating and pay at the cash register!

Signora Bianchi, **beva** questa medicina e poi **venga** da me.

Mrs. Bianchi, drink this medicine and then come see me.

Signor Salvini, **esca** subito dal mio ufficio!

Mr. Salvini, leave my office at once!

SECRETARY: Doctor, Mr. Biondi needs to speak to you urgently. He has already called three times.
DR. MANCINI: What a nuisance! You call him, Miss, and tell him that I already left for Chicago.
SECRETARY: Hello! Mr. Biondi? I'm sorry, but the doctor left for a conference in Chicago . . . What was that? The address? Really, I couldn't tell you. Be patient and call back in 10 days!

2. Several verbs are irregular in the formal imperative.

	SAPERE	DARE	STARE	AVERE	ESSERE
(Lei) (non)	sappia	dia	stia	abbia	sia
(Loro) (non)	sappiano	diano	stiano	abbiano	siano

> **Nota bene: l'infinitivo invece dell'imperativo**
>
> The infinitive often replaces the imperative in directions, public notices, recipes, and so on.
>
> **Ritirare** lo scontrino alla cassa. *Get a receipt at the cash register.*
>
> **Cuocere** per un'ora. *Cook for an hour.*

3. With **Lei** and **Loro** commands, pronouns must always *precede* the verb.

Le telefoni subito! — *Call her immediately!*

Non **gli dica** quello che abbiamo deciso. — *Don't tell him what we've decided.*

Signori, **si accomodino.** — *Ladies and gentlemen, make yourselves comfortable.*

Non **si preoccupi,** professore. — *Don't worry, professor.*

Esercizi

A. A cena. Hai invitato a cena il tuo amico Tommaso e la tua professoressa del corso di Economia e Commercio. Devi dire alla tua professoressa le stesse cose che dici a Tommaso.

ESEMPIO: Vieni a tavola! →
Professoressa Zigiotti, venga a tavola!

1. Aspettami in soggiorno!
2. Dimmi cosa ne pensi!
3. Bevi un po' di vino!
4. Non preoccuparti del cane!
5. Finisci pure i ravioli!
6. Prendi una fetta di torta!
7. Guarda questo quadro!
8. Va' in giardino!
9. Non dimenticare il cappotto!
10. Salutami tua figlia!

Adesso ripeti l'esercizio e di' le stesse cose alla Professoressa Zigiotti e a suo marito.

ESEMPIO: Signori, vengano a tavola!

B. Questi turisti! Sei la guida per un gruppo di turisti in Italia. Gli devi dire di fare o non fare le seguenti attività.

ESEMPIO: Stiano attenti!

1. non lasciare niente sull'autobus
2. non comprare nulla in questo negozio
3. non fermarsi a fare troppe fotografie
4. bere acqua minerale
5. mettersi delle scarpe comode
6. dare una buona mancia all'autista (*driver*)
7. essere puntuali

—Pieghi[a] un po' la testa a sinistra, prego...

[a]*Turn*

Piccolo ripasso

. . . .

A. Contrari. Cambia le espressioni negative in espressioni positive e vice-
versa per creare frasi di significato contrario.

ESEMPI: Non ho ancora sistemato (*arranged*) i mobili. →
          Ho già sistemato i mobili.

          Condivide (*He shares*) l'appartamento con qualcuno. →
          Non condivide l'appartamento con nessuno.

1. Affittano ancora una mansarda.
2. Non uso mai la lavastoviglie.
3. Qualcuno ha il terrazzo.
4. Non hanno niente di interessante nell'armadio.
5. Donata ha già cambiato casa.
6. Abbiamo lo studio e la camera per gli ospiti (*guests*).

B. Scambi. Con un compagno / una compagna, completate i dialoghi con le
espressioni giuste.

1. s1: Giulia, come va la caccia (*hunt*) agli appartamenti? Avete trovato
       _____ (qualcosa / qualcuno)?
   s2: Niente, purtroppo. Ci sono _____ (qualche / alcuni) padroni di
       casa che non vogliono studenti e _____ (ognuno / tutti) chiedono
       troppo di affitto!
2. s1: Caro, mi dai _____ (qualche / un po' di) zucchero?
   s2: Ecco subito! Vuoi anche _____ (del / alcune) latte?
3. s1: Franco, com'era Palermo? Non mi ha mandato i saluti _____
       (qualche / nessuno).
   s2: Ci siamo divertiti un mondo (*a ton*)! E _____ (ognuno / tutti) ti
       mandano tanti saluti!
4. s1: Ragazzi, è _____ (successo / successa) qualcosa?
   s2: Niente, mamma. Carletto ha visto _____ (qualche / alcuni) topi nel
       garage e ha avuto paura.

C. Da completare. Completa con il pronome o l'aggettivo indefinito adatto.

1. Noi siamo molto sfortunati. _____ volta che andiamo alla nostra
   pizzeria preferita, è chiusa!
2. Non _____ gli amici vogliono andare al cinema. _____ vogliono andare
   a mangiare la pizza.
3. Nel gruppo, c'è _____ ragazza che gioca bene a tennis.
4. C'erano molte cose da mangiare alla festa e _____ i ragazzi hanno
   mangiato _____.
5. Tutti gli studenti hanno trovato casa? Sì, _____ ha il proprio
   appartamento.
6. Come avete trovato il museo? Ce l'ha indicato _____ per la strada.

Invito alla lettura

Il sogno della casa

Le case in cui vivono gli italiani sono quasi sempre appartamenti che fanno parte dei grandi palazzi. Le costruzioni isolate,[1] che si chiamano ville o villette, dove vive una sola famiglia, sono rare e si trovano soprattutto in campagna.

Essere proprietari della casa in cui si vive, comunque, è sempre stato il sogno degli italiani, e tante persone hanno fatto enormi sacrifici per realizzare questo sogno. Dagli anni '50, quando l'economia italiana ha cominciato a crescere e il futuro sembrava riservare[2] anni di benessere,[3] moltissimi italiani hanno lavorato quasi esclusivamente per la casa. Gli emigranti lavoravano in terra straniera per poter tornare al paese e costruirsi una casa; i contadini[4] lavoravano la terra per comprare la casa di campagna dove la loro famiglia abitava da tempo; le giovani coppie che si sposavano rinunciavano[5] a divertimenti e spese superflue[6] per comprare un appartamento in qualche nuovo palazzo delle periferie[7] delle città.

Fino agli anni '80 l'Italia è stata un immenso cantiere[8]: si costruiva dappertutto perché c'era grande richiesta di case. Tutti volevano una casa moderna e confortevole, e molte vecchie case di paese o dei centri storici delle città venivano abbandonate[9] perché non avevano il riscaldamento o l'acqua corrente.

Adesso le zone dove è ancora possibile costruire sono molto ridotte,[10] anche grazie alle leggi per la tutela[11] dell'ambiente, che impediscono[12] di costruire in luoghi in cui la natura deve essere rispettata e protetta.

Palazzi in ristrutturazione a Napoli

Il gusto degli italiani è cambiato e, dopo aver amato gli altissimi palazzi moderni, adesso c'è un ritorno alle vecchie case. Le case dei centri storici delle città italiane costano tuttavia[13] moltissimo: vecchie abitazioni nei centri di città come Venezia o Siena sono tra le più care del mondo, e anche gli affitti hanno talvolta[14] prezzi più alti di Parigi, Londra o New York. Le vecchie case inoltre, a differenza di quelle nuove, richiedono molti soldi per essere messe a posto.[15]

In Italia purtroppo può anche capitare di perdere facilmente la propria casa per eventi naturali disastrosi come frane,[16] alluvioni e terremoti. Ma gli italiani sono un popolo tenace[17] che sa affrontare anche le avversità. Negli anni '70, ad esempio, un violentissimo terremoto ha colpito il Nord-Est dell'Italia ed ha raso al suolo[18] interi paesi, soprattutto in Friuli–Venezia Giulia. In pochi anni gli abitanti della regione hanno ricostruito le case ed il Friuli–Venezia Giulia è oggi la regione italiana con il maggior numero di persone proprietarie della casa in cui abitano.

[1]*freestanding* [2]*to hold* [3]*well-being* [4]*farmers* [5]*gave up* [6]*unneccessary* [7]*outskirts* [8]*building site* [9]*venivano... were abandoned* [10]*constricted* [11]*leggi... laws for the protection* [12]*hinder* [13]*however* [14]*sometimes* [15]*messe... fixed up* [16]*landslides* [17]*stubborn* [18]*raso... razed to the ground*

E ora a te

Capire

Completa.

1. Negli ultimi trenta anni, tanti italiani hanno fatto grandi sacrifici per comprare
   a. una casa in campagna.
   b. una casa in cui abitare.
   c. un appartamento in città.
2. Negli anni passati gli italiani hanno lasciato le vecchie case perché
   a. avevano voglia di cambiare.
   b. esse (*they*) non erano abbastanza confortevoli.
   c. esse erano cadenti (*fallen down*) e pericolose.
   d. volevano investire i propri soldi in immobili (*real estate*).
3. Adesso gli italiani amano le vecchie case, ma
   a. è assai costoso acquistare e ristrutturare una vecchia casa.
   b. non è sempre consentito (*allowed*) ristrutturare le case dei centri storici.
   c. le case dei centri storici sono state tutte acquistate dagli stranieri.
   d. nessuno vende le vecchie case di campagna o dei centri storici.
4. In Friuli–Venezia Giulia ci sono più persone proprietarie della casa in cui abitano, anche se
   a. gli abitanti di questa regione non sono particolarmente tenaci.
   b. in questa regione ci sono continui terremoti e altri disastri.
   c. l'economia di questa regione non è tanto ricca.
   d. negli anni '70 un terremoto aveva distrutto molti edifici.

Scrivere

Sei proprietario/a di una casa a Venezia e hai deciso di affittarla per periodi settimanali a turisti americani. Scrivi il testo di un annuncio da inserire in una rivista specializzata. Dai tutte le indicazioni necessarie e descrivi le caratteristiche della tua offerta, compreso il prezzo.

Ecco alcune parole ed espressioni utili per aiutarti: **centro storico, zona silenziosa, miniappartamento, stanza, servizio, bagno, bagno con doccia, cucina, camera da letto, soggiorno, salotto, metro quadrato** (*square meter*), **affittare, dare in affitto, pagare, pagamento.**

In ascolto

La prima casa. Carla è alla ricerca di (*in search of*) un appartamento per lei e per un'altra studentessa. Risponde per telefono a un annuncio sul giornale. Ascolta con attenzione e poi correggi le frasi sbagliate.

1. L'appartamento è già affittato.
2. Ci sono tre stanze più bagno e cucina.
3. L'appartamento si trova al terzo piano.
4. Non c'è un balcone.
5. Il trasloco non è un problema perché c'è l'ascensore.
6. Carla e il signor Pini si incontreranno domani al numero 6 di via Manzoni, alle due del pomeriggio.

Videoteca

Dai, vieni!
Dall'architetto

Roberto e Enzo escono dall'università. Enzo non è contento di dovere seguire
la chimica e si lamenta con Roberto. Roberto gli chiede di accompagnarlo a
Napoli. In seguito siamo a Roma e Silvana, che si trova nello studio
dell'architetto Vanni, incontra una dottoressa del Comune di Roma.

ESPRESSIONI UTILI

Io che c'entro? What do I have to do with it?
il comune city government
l'apprendistato apprenticeship
a metà strada halfway in between
i bassorilievi bas-reliefs (sculpture)

si stavano rovinando they were becoming ruined
l'inquinamento pollution
i gas di scarico exhaust fumes
gli impianti di riscaldamento heating systems
i resti ruins, remnants

DAL VIDEO

ARCHITETTO: Guardi il nostro progetto…
MICHELA: Assomiglia alla (*It looks like the*) piramide sul Louvre, a Parigi…

Funzione: Fare le richieste
con cortesia

PREPARAZIONE

1. Roberto regala ad Enzo
   a. un biglietto.   **b.** una cartolina di Napoli.   **c.** le risposte per l'esame.
2. La dottoressa Bruni lavora per
   a. l'architetto.   **b.** l'università.   **c.** il comune.
3. La città d'arte dove nel 1993 hanno trovato una soluzione per
   proteggere le opere d'arte è
   a. Roma.   **b.** Perugia.   **c.** Venezia.   **d.** Firenze.

COMPRENSIONE

1. Secondo Roberto, perché gli studenti di archeologia devono studiare la
   chimica?
2. Perché Roma è «un inferno per i romani»?
3. Com'è il progetto di Silvana e dell'architetto Vanni?

ATTIVITÀ

Da fare in coppia. Nella fretta che aveva di affrontare il problema, l'architetto
Vanni non è stato molto cortese con la dottoressa Bruni. Inventate e recitate
una scena in cui…

1. l'architetto invita la dottoressa a dargli l'impermeabile («Prego, mi dia
   pure… »)
2. la dottoressa chiede all'architetto di farle un caffè
3. i due si chiedono i propri indirizzi di posta elettronica

Parole da ricordare

■ ■

VERBI

bussare	to knock
cambiare casa	to move
condividere	to share (*a residence*)
fare un trasloco	to move
fissare un appuntamento	to make an appointment
gridare	to yell
indicare	to point out, indicate
nascondersi	to hide (oneself)
sistemare	to arrange
sistemarsi	to get settled
traslocare	to move

NOMI

l'affitto	rent
l'albero	tree
l'appartamento	apartment
l'ascensore (*m.*)	elevator
il bagno	bathroom
il balcone	balcony
la camera da letto	bedroom
la cantina	cellar
la finestra	window
l'indirizzo	address
l'inquilino/l'inquilina	tenant
la mansarda	attic
il mobile	piece of furniture
il monolocale	studio apartment
l'orto	vegetable garden
l'ospite (*m./f.*)	guest
il padrone / la padrona di casa	landlord/landlady
il palazzo	apartment building
il riscaldamento	heat, heating
il rumore	noise
le scale	stairs; staircase
i servizi	facilities (kitchen and bath)
la soffitta	attic
il soggiorno	living room
la stanza	room
il terrazzo	balcony
il topo	mouse
il traffico	traffic
la villa	luxury home, country house; single-family house
la vista	view

AGGETTIVI

alcuni/e	some, a few
ammobiliato	furnished
casalingo	domestic, related to the house
insolito	unusual
inutile	useless
matrimoniale	with a double bed
qualche	some, a few
qualunque	any, any sort of
singolo	single
strano	strange

ALTRE PAROLE ED ESPRESSIONI

accanto (a)	beside, next to
a parte	besides
al pianterreno	on the ground floor[†]
al primo (al secondo, terzo) piano	on the first (second, third) floor
dappertutto	everywhere
da quelle parti	around there
di lato (a)	beside, next to
in affitto	to rent, for rent
in periferia	on the outskirts, in the suburbs
meno male	thank goodness
né... né	neither . . . nor
non... nessuno	no one, nobody
non... niente, nulla	nothing
ognuno	everyone, everybody, each, each one
qualcosa (di)	something, anything
qualcuno/a	someone, anyone
sopra	above, over
sotto	below, under
tutti/e	all, everyone, everybody
tutto (*inv.*)	everything
un po' di	some

[†]Italians distinguish the ground floor from the first floor (which Americans and Canadians call the second floor).

Capitolo 13
È finita la benzina¹!

Una gita sulle bellissime montagne delle Alpi

Posto in arrivo   Rispondi   Elimina   Opzioni   Guida   Aiuto
13 novembre – 10.00

DA: Luca@provinciatrento.it

A...   Mario@comuneaosta.it

Cc...

Oggetto:

Ciao Mario,

come stai? Spero bene. Ti scrivo per motivi di lavoro. Vorrei un tuo consiglio sulla possibilità di usare i Parchi Nazionali per il recupero di giovani con problemi sociali, come la droga. Tu con il Comune di Aosta hai fatto qualcosa di simile? L'Amministrazione Provinciale di Trento mi ha dato il compito di preparare dei programmi per il reinserimento degli ex tossicodipendenti. Pensavo così di organizzare dei soggiorni dei giovani nel Parco dello Stelvio per studiare l'ambiente e per lavorare alla protezione degli animali. Un'esperienza di lavoro di gruppo nell'ambiente del Parco potrebbe essere molto educativa. Se sei d'accordo, potrei venire ad Aosta per parlare meglio del progetto e conoscere le tue esperienze.

Aspetto una tua risposta e ti invio tanti saluti
Luca

IN BREVE
....

gasoline

Lezione 1

Dialogo-Lampo

Non si respira più come una volta

SATURNINO: Deve essere il nuovo look dei terrestri* del 2002.

MERCURIO: Forse dovremmo andare in vacanza da un'altra parte. Sulla Terra non si respira† più come una volta.

1. Secondo Saturnino, in che anno siamo?
2. Che succede sulla Terra?

L'ambiente (*The Environment*)

LA PROTEZIONE DELL'AMBIENTE (*ENVIRONMENTALISM*)

l'effetto serra greenhouse effect
la fascia di ozono the ozone layer
l'inquinamento pollution
il riciclaggio recycling
i rifiuti garbage

depurare to purify
inquinare to pollute
proteggere (*p.p.* **protetto**) to protect
riciclare to recycle
risolvere (*p.p.* **risolto**) to solve
scaricare to unload, to discharge

ecologico environmentally safe

IL TRAFFICO

l'automobilista (*m., f.; m. pl.* **gli automobilisti**) motorist
l'autostrada highway
la benzina (normale / super / verde) gas (regular/super/ unleaded)
il distributore di benzina gas pump, gas station

il divieto di sosta no-parking zone
il limite di velocità speed limit
i mezzi di trasporto means of transportation
il segnale sign
la targa license plate
il/la vigile traffic officer

allacciare la cintura di sicurezza to fasten one's seat belt
chiedere / dare un passaggio to ask for / give a lift
controllare l'olio / l'acqua / le gomme to check the oil/water/tires
fare benzina to get gas
fare il pieno to fill up the gas tank
fare l'autostop to hitchhike
parcheggiare to park
prendere la multa to get a ticket
*rimanere (*p.p.* **rimasto**) **senza benzina** to run out of gas

---

*earthlings
†si… breathe

*Words identified with an asterisk (*) are conjugated with **essere**.

Esercizi

A. Situazioni. Cosa fai nelle seguenti situazioni?

1. Sei rimasto/a senza benzina.
   a. Controlli le gomme.
   b. Fai il pieno.
2. Hai preso la multa.
   a. Paghi senza protestare.
   b. Attacchi il vigile.
3. La macchina non parte (*start*).
   a. Controlli la benzina.
   b. Guardi i segnali stradali (*traffic signals*).
4. Oggi non hai la macchina e devi andare a lavorare.
   a. Prendi l'autobus.
   b. Dai un passaggio a un amico.
5. Non trovi la patente e la tua macchina è senza targa.
   a. Guidi lo stesso.
   b. Vai a piedi.
6. Sei sull'autostrada; la polizia stradale è in giro (*on patrol*).
   a. Rispetti (*Respect*) il limite di velocità.
   b. Dimentichi di allacciare la cintura di sicurezza.
7. Ci tieni ad (*You care about*) inquinare il meno possibile.
   a. Parcheggi in divieto di sosta (*no-parking zone*).
   b. Usi solo benzina verde.
8. Durante un viaggio in macchina, ti sei smarrito/a (*you've gotten lost*).
   a. Ti fermi a un distributore di benzina.
   b. Decidi di fare l'autostop.

B. Sondaggio. E voi, cosa fate per proteggere l'ambiente? In gruppi di cinque o sei, rispondete alle seguenti domande e presentate i vostri risultati alla classe in percentuale (*percentage*).

ESEMPIO: Usate sacchetti di carta (*paper bags*) o di plastica quando fate la spesa? →
Nel nostro gruppo il 40% usa sacchetti di carta quando va a fare la spesa. Il 40% usa sacchetti di plastica. E il 20% non usa sacchetti.

1. Prendete mezzi di trasporto pubblici o la vostra macchina per andare a scuola o al lavoro?
2. Riciclate il vetro (*glass*)? E la carta? E la plastica?
3. Usate prodotti spray (*aerosol*)?
4. Lavorate in una associazione per la protezione dell'ambiente?

Parole-extra

Problemi ambientali
i raggi ultravioletti ultraviolet rays
l'insetticida pesticide
i prodotti spray aerosol products
il cancro della pelle skin cancer

I materiali riciclabili
il cartone cardboard
la plastica plastic
il vetro glass
la carta paper

donne&motori **io & la mia moto**
Non quella del mio fidanzato. Ma quella con cui io mi diverto. O lavoro

Lezione 2

A. Condizionale presente

· ·

SANDRO: Pronto, Paola? Senti, oggi sono senza macchina. È dal meccanico per un controllo. Mi daresti un passaggio per andare in ufficio?

PAOLA: Ma certo! A che ora devo venire a prenderti? Va bene alle otto e un quarto?

SANDRO: Non sarebbe possibile un po' prima: diciamo alle otto? Mi faresti un vero piacere! Devo essere al lavoro alle otto e mezzo.

PAOLA: Va bene, ci vediamo giù al portone alle otto.

· ·

1. The present conditional (**il condizionale presente**) corresponds to English *would + verb* (*I would sing*). Like the future, the present conditional is formed by dropping the final **-e** of the infinitive and adding a set of endings that is identical for **-are, -ere,** and **-ire** verbs. As in the future tense, verbs ending in **-are** change the **a** of the infinitive ending to **e**.

LAVORARE	SCRIVERE	FINIRE
lavorer**ei**	scriver**ei**	finir**ei**
lavorer**esti**	scriver**esti**	finir**esti**
lavorer**ebbe**	scriver**ebbe**	finir**ebbe**
lavorer**emmo**	scriver**emmo**	finir**emmo**
lavorer**este**	scriver**este**	finir**este**
lavorer**ebbero**	scriver**ebbero**	finir**ebbero**

2. The conditional stem is always the same as the future stem, even in the case of irregular verbs. (See **Capitolo 10** for a chart of verbs with irregular future stems.)

Non sai cosa farei per non guidare!	*You don't know what I would do not to drive!*
Verrebbero a prenderti alle otto.	*They would come to pick you up at eight.*

3. For verbs ending in **-care** and **-gare,** and in **-ciare, -giare,** and **-sciare,** the same spelling changes that occur in the future also occur in the conditional.

SANDRO: Hello, Paola? Listen, I don't have my car today. It's at the mechanic's for a tune-up. Would you give me a lift to the office? PAOLA: Sure! What time shall I come get you? Is 8:15 OK? SANDRO: Would it be possible a little earlier, say at 8:00? You'd be doing me a real favor! I have to be at work at 8:30. PAOLA: OK, see you down at the front door at 8:00.

Non dimenticherei mai le chiavi.	*I would never forget my keys.*
Pagheremmo ora, ma non possiamo.	*We would pay now, but we can't.*
Dove parcheggeresti?	*Where would you park?*
Comincerebbero alle cinque.	*They would begin at 5:00.*

4. In general, the present conditional is used (like its English equivalent) to express polite requests, wishes, and preferences.

   Mi presteresti la tua macchina? *Would you lend me your car?*

—Per favore, me ne accenderebbe[a] uno?

[a]*would you turn on*

Esercizi

A. Cosa faresti? Cosa faresti con queste cose?

1. con 1.000.000 di dollari?
   a. li risparmierei **b.** li spenderei subito **c.** li darei ai poveri
2. con la Ferrari?
   a. la guiderei sull'Autostrada del Sole
   b. la venderei e darei i soldi ai poveri
3. con un mese di vacanza?
   a. resterei a casa a leggere libri
   b. viaggerei per il mondo **c.** lavorerei per guadagnare soldi
4. con una casa al mare?
   a. ci passerei l'estate **b.** l'affitterei
   c. la darei agli amici che non hanno molti soldi per fare le vacanze

B. Favori. Usa il condizionale presente per rendere (*make*) le seguenti affermazioni e richieste più gentili.

ESEMPIO: Mi dai il biglietto per la partita di calcio? →
Mi daresti il biglietto per la partita di calcio?

1. È disponibile (*available*) a darmi un passaggio?
2. Ci presti la moto?
3. Preferisco parcheggiare qui.
4. Mi lascia guidare?
5. La accompagnate a casa?
6. Vogliamo noleggiare una macchina.
7. Mi compri una bici italiana?
8. Non mi piace fare l'autostop.

C. Conversazione.

1. Dove ti piacerebbe essere in questo momento?
2. Che cosa ti piacerebbe fare?
3. Avresti il coraggio di andare in una colonia di nudisti?
4. Compreresti una macchina brutta ma ecologica?
5. Saresti contento/a di nascere un'altra volta?
6. Che cos'è una delle uniche (*only*) cose che non faresti per nessuna cosa al mondo?
7. Parteciperesti a una manifestazione per la protezione dell'ambiente?
8. Daresti soldi a un'associazione per la protezione degli edifici storici (*historic buildings*)?

Si dice così: *potere*

In English both the past tense and the conditional of *can* are expressed with *could*. In Italian these tenses are clearly differentiated.

Ieri **non ho potuto** studiare; oggi lo **potrei** fare ma non ne ho voglia. *Yesterday I couldn't study; today I could do it but I don't want to.*

As in the example, the **passato prossimo** expresses a completed action and the **condizionale** expresses conjecture about the present or the future.

B. *Dovere, potere* e *volere* al condizionale

Chi è la donna per Massimo?

Vorrei incontrare una ragazza bella, alta, occhi chiari, affettuosa, sensibile, sincera, sorridente, sportiva. Ho 31 anni, un buon lavoro, 1.76, bella presenza, castano, occhi verdi, serio: gli stessi requisiti che vorrei tu avessi.* Vorrei una stupenda storia d'amore che ci riempia† di felicità per intense emozioni. Desidero innamorarmi del tuo viso,‡ occhi, sorriso, e il sogno della mia vita si trasformerà in una splendida realtà. Solo residenti a Roma. Massimo Tel. 06/5638350-0338/2264185

The present conditional of **dovere, potere,** and **volere** is often used instead of the present tense to soften the impact of a statement or request.

1. **Dovere: Dovrei** means *I should* or *I ought to* (in addition to *I would have to*), in contrast to the present tense **devo** (*I must, I have to*).

Perché **dovrei** pagare una multa?	*Why should I pay a fine?*
Dovremmo cercare subito un parcheggio.	*We ought to look for a parking spot right away.*

2. **Potere: Potrei** is equivalent to English *I could, I would be able,* and *I would be allowed.*

Potresti darmi l'orario dei treni?	*Could you give me the train schedule?*
Se vuoi, **potrei** andare io a prendere Giulia.	*If you like, I could go pick up Giulia.*

3. **Volere: Vorrei** means *I would want* or *I would like;* it is much more polite than the present-tense form **voglio.**

Vorresti venire ad una festa a casa mia?	*Would you like to come to a party at my house?*
Vorrei andare in un aereo supersonico.	*I would like to go in a supersonic jet.*

Esercizi

A. Siamo capaci? Decidi se le persone indicate potrebbero fare queste attività.

1. Potresti cambiare le gomme?
2. Potresti guidare senza occhiali?
3. Potresti riparare la tua macchina?

—Prima vorrei sapere il prezzo della camera...

*vorrei... *I would like you to have*   †*fill up*   ‡*face*

4. Il presidente potrebbe risolvere il problema dell'effetto serra?
5. Le fabbriche (*factories*) potrebbero inquinare di meno?
6. Potremmo inventare una macchina che non consuma benzina e che non inquina?

B. Dovrei... Usa il condizionale di **dovere** per completare le seguenti frasi.

ESEMPIO: Per stare bene, io... →
           Per stare bene, io dovrei dormire molto.

1. Per guidare meno, io...
2. Per essere buoni automobilisti, noi...
3. Per proteggere meglio l'ambiente, tu...
4. Per facilitare il riciclaggio, i comuni (*city governments*)...
5. Per evitare (*avoid*) le multe, i cittadini (*citizens*)...

C. Ti piacerebbe? Con un compagno / una compagna, usate il condizionale di **piacere** e di **volere** per fare domande e risposte.

ESEMPIO: passare le vacanze in Tunisia →
           s1: Ti piacerebbe passare le vacanze in Tunisia?
           s2: Sì, vorrei passare le vacanze in Tunisia. (No, vorrei piuttosto passare le vacanze in Sardegna.) E tu?

1. giocare a tennis oggi   **2.** mangiare al ristorante stasera   **3.** studiare un'altra lingua   **4.** andare in campeggio con gli amici   **5.** stare all'estero per un paio d'anni

Nota culturale
Il riciclaggio

Negli ultimi anni lo stato italiano ha preso molti provvedimenti[1] e fatto leggi per la tutela[2] ambientale. Nel 2001, per esempio, sarà vietata[3] la circolazione alle auto che non usano benzina verde. E molte città, soprattutto al nord e al centro d'Italia, hanno chiuso al traffico il loro centro e hanno favorito la circolazione dei pedoni[4] o dei ciclisti.

In tutti i centri, dalle grandi città ai piccoli paesi di provincia, è stata organizzata la raccolta[5] differenziata dei rifiuti. I cittadini sono obbligati a utilizzare diversi contenitori per diversi tipi di rifiuti: carta, plastica e vetro, materie organiche, pile esaurite[6] e medicinali scaduti.[7] Questo tipo di raccolta dà la possibilità di riciclare gran parte dei rifiuti e di avere meno problemi per distruggerli. L'Italia è un paese con un'alta densità di popolazione e ci sono grosse difficoltà per distruggere i rifiuti di quasi 60 milioni di persone.

In molte scuole italiane, vengono fatti con i bambini programmi di educazione ambientale. Alcuni Comuni danno ad ogni alunno[8] delle scuole elementari una borsa in cui[9] devono raccogliere plastica o carta da riconsegnare[10] alla scuola.

Il riciclaggio del vetro in Piazza del Duomo a Milano

[1]*measures* [2]*government protection* [3]*prohibited* [4]*pedestrians* [5]*collection* [6]*pile... dead batteries* [7]*medicinali... expired medications* [8]*pupil* [9]*in... in which* [10]*da... to return*

Saluti e baci

Una piccola valle in Valle d'Aosta

Posto in arrivo Rispondi Elimina Opzioni Guida Aiuto
14 Novembre – 9.30

DA: Mario@comuneaosta.it

A...   Luca@provinciatrento.it

Cc...

Oggetto:

Caro Luca,

mi ha fatto molto piacere ricevere la tua e-mail. Proprio il mese scorso nella sezione ambiente del Comune abbiamo deciso di realizzare uno o due programmi per i giovani disadattati. Anche noi pensiamo ad alcuni stage di studio/lavoro per la protezione dell'ambiente. A quanto pare abbiamo avuto la stessa idea! La foto che ti allego è del luogo dove pensiamo di svolgere i nostri programmi. Che ne dici?

Le nostre regioni sono molto simili e potremmo lavorare alla costruzione di un progetto comune. Sarà una grande occasione per stare insieme e ne sono felice. Parlerò di te ai miei colleghi e cercherò di stabilire la data per un primo incontro. Teniamoci in contatto.

A presto!
Mario

Puoi trovare gli equivalenti inglesi delle corrispondenze contenute nel *In giro per l'Italia* sul nostro sito Internet a www.mhhe.com/ingiro.

Ritratto

Giovanni Segantini
pittore trentino, 1858–1899

Nasce in provincia di Trento, ed ha un'infanzia[1] e una giovinezza[2] difficili. Frequenta i corsi dell'Accademia delle Belle Arti di Brera (Milano) e le su prime opere risentono[3] del verismo[4] lombardo. Vive quasi sempre isolato in campagna o in montagna e l'ambiente aumenta[5] il suo carattere mistico. Nel periodo della maturità, passa dal verismo al simbolismo ed diventa molto famoso. Il suo dipinto forse più bello e famoso è *Le due madri*.

[1]*childhood* [2]*youth* [3]*show traces* [4]*realism* [5]*increases*

Mezzogiorno sulle Alpi,
Segantini (1891)

In giro per le regioni

Il Trentino–Alto Adige e La Valle d'Aosta

Il Trentino–Alto Adige è tra le regioni italiane che hanno più indipendenza rispetto allo Stato. Nella provincia di Bolzano, che occupa tutto l'Alto Adige, la maggior parte della popolazione è di lingua tedesca, ma sono ugualmente rispettati i diritti linguistici della minoranza di lingua italiana. Ogni gruppo ha le sue scuole, e in tutte le scuole si educano i ragazzi nel bilinguismo e bi-culturalismo. In questa provincia tutti gli atti pubblici, dai cartelli stradali[1] alle leggi, avvisi e documenti personali come quello di identità sono sempre scritti nelle due lingue.

Il paesaggio del Trentino–Alto Adige, che è quasi interamente montuoso, è bellissimo. Qui ci sono le più belle vette[2] delle Dolomiti che, oltre alle[3] bellezze della natura, offrono ottime strutture per gli sport invernali.

La Valle d'Aosta è la più piccola regione italiana. Il suo territorio è formato da una grande valle e da altissime montagne. Qui si trovano tutti i monti più alti della catena[4] delle Alpi. L'unica città abbastanza grande è il capoluogo, Aosta.

La cultura e le tradizioni della Valle d'Aosta sono miste,[5] un po' italiane e un po' francesi. Sia il francese che l'italiano[6] sono lingue ufficiali, ma la gente parla soprattutto il patuà, che è un dialetto francese.

[1]cartelli... *street signs* [2]*peaks* [3]oltre... *besides* [4]*chain* [5]*mixed* [6]Sia... *Both French and Italian*

L'ITALIA VIRTUALE

Per indirizzi di vari siti Internet ed ulteriori esercizi per imparare di più sul **Trentino–Alto Adige** e sulla **Valle d'Aosta**, visita il sito Internet di *In giro per l'Italia* a www.mhhe.com/ingiro.

Lezione 3

C. Condizionale passato

- -

IL CARABINIERE: Signore, Lei sa che faceva 90 chilometri all'ora? Il limite è 50 in questa zona.

IL SIGNORE: Sì, lo so. Chiedo scusa. Ho fretta perché mia moglie sta per partorire. Sarei dovuto essere in ospedale mezz'ora fa, ma ho incontrato un ingorgo enorme e sono stato fermo per venti minuti.

IL CARABINIERE: Lei sa che ha una freccia che non funziona?

IL SIGNORE: Sì, lo so. È colpa mia. Avrei dovuto portare la macchina dal meccanico ieri, ma mio figlio si è rotto il braccio e l'ho dovuto portare all'ospedale.

IL CARABINIERE: Com'è che non ha la targa?

IL SIGNORE: Ho comprato la macchina la settimana scorsa. Avrei fatto la targa subito, ma il mio cane è morto e ho dovuto organizzare il funerale.

IL CARABINIERE: Beh, dovrei farLe la multa, ma visto che ha avuto tante tragedie in questi giorni, lascio perdere. Buona giornata. L'accompagno all'ospedale da Sua moglie.

- -

1. The **condizionale passato** (conditional perfect: *I would have sung, they would have left*) is formed with the conditional of **avere** or **essere** + *past participle*.

CONDIZIONALE PASSATO CON **avere**		CONDIZIONALE PASSATO CON **essere**	
avrei		sarei	
avresti		saresti	partito/a
avrebbe	lavorato	sarebbe	
avremmo		saremmo	
avreste		sareste	partiti/e
avrebbero		sarebbero	

POLICE OFFICER: Sir, do you know that you were going 90 kilometers an hour? The speed limit is 50 in this area. GENTLEMAN: Yes, I know. I'm very sorry. I'm in a hurry because my wife is about to have a baby. I was supposed to be at the hospital half an hour ago, but I ran into an enormous traffic jam and I was stopped for twenty minutes. POLICE OFFICER: Did you know that you have a turn signal that isn't working? GENTLEMAN: Yes, I know. It's my fault. I should have taken the car to the mechanic yesterday, but my son broke his arm and I had to take him to the hospital. POLICE OFFICER: Why don't you have a license plate? GENTLEMAN: I bought the car last week. I would have gotten a license plate immediately, but my dog died and I had to organize the funeral. POLICE OFFICER: Well, I should give you a ticket, but since you have had so many tragedies the past few days, I'll let it go. Have a nice day. I'll accompany you to your wife in the hospital.

2. The Italian conditional perfect corresponds to English *would have* + *verb*.

Avrei chiesto un passaggio a uno sconosciuto, ma avevo paura.	*I would have asked a stranger for a lift, but I was afraid.*
Mi sarei fermata al distributore di benzina, ma avevo ancora metà serbatoio.	*I would have stopped at the gas station, but I still had half a tank.*

3. **Dovere, potere, volere**

   a. The conditional perfect of **dovere** + *infinitive* is equivalent to English *should have* or *ought to have* + *past participle*.

Il vigile **avrebbe dovuto** fargli la multa.	*The traffic officer should have given him a ticket.*
Il ristorante **avrebbe dovuto** riciclare le bottiglie.	*The restaurant should have recycled the bottles.*

   b. The conditional perfect of **potere** + *infinitive* is equivalent to English *could (might) have* + *past participle*.

Avremmo potuto ballare tutta la notte.	*We could have danced all night.*
Marco **sarebbe potuto** arrivare prima.	*Marco could have arrived earlier.*

   c. The conditional perfect of **volere** + *infinitive* is equivalent to English *would have liked to* + *infinitive*.

Mio nonno **avrebbe voluto** guidare una Ferrari.	*My grandfather would have liked to drive a Ferrari.*

4. In indirect discourse, the conditional perfect (rather than the present conditional, as in English) is used to express a future action seen from a point in the past.

Il meccanico ha detto che **avrebbe riparato** la macchina entro lunedì sera.	*The mechanic said he would fix the car by Monday evening.*
Il benzinaio ha detto che **avrebbe controllato** l'olio.	*The gas-station attendant said he would check the oil.*

—La mia maestra me lo diceva che la pittura mi avrebbe portato in alto.[a]

[a]portato... *take me places*

Esercizi

A. Cosa avresti fatto tu? Leggi le situazioni che seguono e decidi cosa avresti fatto tu.

1. Mirella è andata al grande magazzino a fare le spese. Quando è uscita, ha cercato di mettere in moto la macchina ma non partiva.
   a. Avrei preso l'autobus per tornare a casa. **b.** Avrei chiamato un meccanico.
2. Salvatore è andato alla lezione di clarinetto ma l'insegnante non c'era.
   a. Avrei aspettato 15 minuti e poi sarei tornato/a a casa. **b.** Sarei andato/a via subito.

3. Giancarlo ha ordinato il pesce in un ristorante di lusso. Quando il cameriere ha portato il piatto, il pesce era freddo.
   a. Avrei chiesto un'altra cosa.   **b.** Avrei mangiato il pesce.
4. Sedute dietro a Luigina al cinema c'erano delle persone che continuavano a parlare durante il film.
   a. Non avrei detto niente. **b.** Gli avrei chiesto di non parlare.

B. **Trasformazioni.** Sostituisci il soggetto con gli elementi tra parentesi e fa' tutti i cambiamenti necessari.

1. Io avrei voluto fare il pieno. (i ragazzi / anche tu / Claudia / tu e Gino)
2. Mirella temeva che sarebbe rimasta senza benzina. (i signori Neri / tu, Piera / anche noi / io)
3. Tu hai detto che ci avresti dato un passaggio. (Giorgio / voi / Lei / le ragazze)
4. Franco ha detto che sarebbe andato al distributore di benzina. (le signore / noi / io / Laura)

C. **Le ultime parole famose.** Mauro non mantiene mai le sue promesse. Spiega cosa aveva promesso di fare e perché non l'ha fatto. Segui il modello.

ESEMPIO: Finirò presto. →
            Ha detto che avrebbe finito presto ma ha lavorato tutta la sera.

1. Scriverò una volta alla settimana.   **2.** Ritornerò a casa prima di mezzanotte.   **3.** Berrò solo acqua minerale.   **4.** Non mangerò più gelati.
5. Mi alzerò presto ogni giorno.   **6.** Andrò sempre a piedi.

D. **La settimana scorsa.** Fa' una lista di quattro cose che avresti potuto fare la settimana scorsa, un'altra lista di quattro cose che avresti dovuto fare e una lista di quattro cose che avresti voluto fare.

ESEMPI: La settimana scorsa avrei potuto andare al balletto…
           La settimana scorsa avrei dovuto suonare il clarinetto…
           La settimana scorsa avrei voluto cenare fuori di casa…

D. Pronomi possessivi

DANIELE: La mia macchina è una Ferrari; è velocissima. Com'è la tua?

ANTONIO: La mia è un po' vecchia, ma funziona.

DANIELE: La mia bici è una Bianchi. Che marca è la tua?

ANTONIO: Ma, non lo so. È una bici qualsiasi.

DANIELE: I miei vestiti sono tutti Armani. Che vestiti compri tu?

ANTONIO: I miei non sono di marche famose. Li compro più che altro al mercato.

DANIELE: Mi piacciono solamente le cose di qualità.

ANTONIO: Io ho i gusti semplici e non ho tanti soldi da spendere.

DANIELE: My car is a Ferrari; it's very fast. What is your car like?   ANTONIO: Mine is a bit old, but it runs.   DANIELE: My bike is a Bianchi. What brand is yours?   ANTONIO: Hmm, I don't know. It's just any old bike.   DANIELE: My clothes are all Armani. What clothes do you buy?   ANTONIO: Mine aren't designer clothes. I usually buy my clothes at the outdoor market.   DANIELE: I only like things of high quality.   ANTONIO: I have simple tastes and I don't have a lot of money to spend.

1. Possessive pronouns (**i pronomi possessivi**), like possessive adjectives, express ownership. They correspond to English *mine, yours, his, hers, its, ours,* and *theirs.* In Italian they are identical in form to possessive adjectives; a possessive pronoun, however, stands alone, while a possessive adjective always accompanies a noun. Possessive pronouns agree in gender and number with the nouns they replace.

<table>
<tr><td>Lui è uscito con la sua **ragazza;** io sono uscito con **la mia.**</td><td>*He went out with his girlfriend; I went out with mine.*</td></tr>
<tr><td>Tu ami il tuo **paese** e noi amiamo **il nostro.**</td><td>*You love your country and we love ours.*</td></tr>
<tr><td>Tu hai i tuoi **problemi,** ma anch'io ho **i miei.**</td><td>*You have your problems, but I have mine too.*</td></tr>
</table>

2. Possessive pronouns normally retain the article even when they refer to relatives.

<table>
<tr><td>Mia moglie sta bene; come sta la Sua?</td><td>*My wife is well; how is yours?*</td></tr>
<tr><td>Ecco nostro padre; dov'è il vostro?</td><td>*There's our father; where's yours?*</td></tr>
</table>

> **Nota bene: i pronomi possessivi**
>
> When possessives are used after **essere** to express ownership the article is usually omitted.
>
> È Sua quella macchina? *Is that car yours?*
> Sono Suoi quei bambini? *Are those children yours?*

Esercizi

A. Preferisco il mio! Con un compagno / una compagna, fate domande e risposte secondo l'esempio.

ESEMPIO: l'abito di Marco →
        S1: Ti piace l'abito di Marco?
        S2: Sì, ma preferisco il mio.

1. la casa di Giulia
2. lo stereo di Claudio
3. le cassette di Dario
4. le gomme di Luigi
5. la bici di Franco
6. il garage del signor Muti
7. le valige di Mara
8. i Cd di Giorgio

B. A ciascuno il suo. Completa le frasi con il pronome possessivo appropriato (con o senza preposizione).

ESEMPIO: Io faccio i miei esercizi e tu fai <u>i tuoi.</u>

1. Io pago il mio caffè e Lei paga _____.
2. Io ho portato il mio avvocato e loro hanno portato _____.
3. Noi scriviamo a nostra madre e voi scrivete _____.
4. Tu ricicli i tuoi rifiuti e lei ricicla _____.
5. Io ho detto le mie ragioni (*reasons*); ora voi dite _____.
6. Io ho parlato ai miei genitori; adesso tu parla _____.

C. Com'è il tuo? A pagina 274, Daniele parla dei suoi oggetti preziosi mentre Antonio dice che i suoi oggetti sono molto semplici. Un compagno / Una compagna fa la parte di Daniele e usa i suggerimenti forniti mentre l'altro compagno / l'altra compagna risponde come se fosse (*as if he/she were*) Antonio.

ESEMPIO: la macchina / elegante e costosa →
  S1: La mia macchina è molto elegante e costosa. Com'è la tua?
  S2: La mia è molto vecchia e brutta.

1. gli amici / ricchissimi
2. la casa / grande
3. la moto / veloce
4. la cucina / moderna
5. i genitori / giovani, simpatici, attivi
6. il computer / l'ultimo modello

Piccolo ripasso

A. Intervista. Chiedi le seguenti informazioni a un compagno / una compagna di classe.

ESEMPIO: se usa solo benzina verde →
  S1: Usi solo benzina verde?
  S2: Sì, uso solo benzina verde. (No, non uso solo benzina verde; uso anche benzina super.) E tu?

1. a che età è possibile prendere la patente nel suo stato
2. com'è il traffico nella sua città
3. se ha mai cambiato le gomme da sé (*by himself/herself*)
4. se ha mai preso una multa per divieto di sosta

B. Come siamo educati/e (*polite*)! Trasforma le frasi imperative in domande gentili con il verbo **potere** al condizionale.

ESEMPIO: Prestami l'automobile! → Potresti prestarmi l'automobile?

1. Dimmi dove sono i soldi! 2. Fammi una fotografia! 3. Dammi qualcosa da bere! 4. Accompagnatemi a casa! 5. Compratemi una bicicletta! 6. Guida meglio! 7. Presentami a quello sconosciuto (*stranger*)!

C. Le solite giustificazioni! Con un compagno / una compagna, spiegate perché le seguenti persone non hanno potuto fare queste attività. Usate **il condizionale passato** nelle vostre risposte.

ESEMPIO: Piera / venire al festival →
  S1: Non è venuta al festival Piera?
  S2: Ha detto che sarebbe venuta, ma si è sentita male.

1. Maurizio / riparare la macchina entro (*by*) sabato mattina
2. Gianni / non superare (*exceed*) il limite di velocità
3. Gino e Silvio / riciclare le bottiglie
4. Mirella / andare a prendere Graziana

D. Paragoni. Con un compagno / una compagna, paragonate le vostre esperienze, oggetti o persone che conoscete. Seguite il modello.

ESEMPIO: il professore di chimica →
  S1: Mi piace (Non mi piace) il mio professore di chimica. Com'è il tuo?
  S2: Il mio è molto intelligente e simpatico. (Non seguo chimica.)

1. la bicicletta 2. il compagno / la compagna di stanza 3. il corso di letteratura 4. la città di origine 5. i vestiti 6. la camera da letto

Lezione 4

Invito alla lettura

Prospettive

Una vera cultura dell'ambiente

Come tutti i paesi industrializzati, l'Italia negli ultimi anni ha dovuto affrontare[1] i problemi dovuti[2] all'inquinamento e ai danni dell'ambiente. Per decenni sono state fatte[3] costruzioni in luoghi poco adatti per la natura del terreno; autostrade, ferrovie,[4] alberghi, fabbriche sono apparsi[5] in zone dove prima regnava[6] la natura con i suoi boschi, prati,[7] colline, spiagge.

Certe scelte[8] si sono rivelate[9] pericolose perché il taglio[10] dei boschi, ad esempio, ha privato[11] il terreno del sostegno delle radici[12] degli alberi; così, quando piove molto, il terreno può facilmente franare[13] e provocare catastrofi. I veleni scaricati[14] dalle fabbriche hanno fatto morire animali e piante dei fiumi e dei mari. Il mondo intero, tuttavia, non si è accorto[15] in tempo della gravità della situazione, ed anche in Italia una vera cultura dell'ambiente si è affermata[16] in ritardo.

Ci sono stati comunque degli interventi per difendere la natura. Adesso, su tutto il territorio italiano, esistono numerose aree protette. Queste aree si trovano soprattutto in montagna, sulle coste del mare o dei laghi e in zone boscose,[17] con animali e piante da proteggere. Lo Stato italiano ha fatto alcune leggi a tutela dei beni naturali,[18] ma soprattutto hanno provveduto[19] le regioni e le province.

In Italia ci sono alcune regioni che, per motivi[20] storici o economici, hanno più autonomia amministrativa e proprio queste, in genere, hanno leggi più efficaci e regole più severe per quanto riguarda la protezione dell'ambiente. Le Province di Trento e di Bolzano, in Trentino–Alto Adige, il cui territorio è in parte occupato dal Parco Nazionale dello Stelvio, hanno fatto leggi importanti per la tutela ambientale.

Il parco dello Stelvio è il più grande d'Italia: comprende[21] 40 piccoli laghi e 103 ghiacciai[22]; è famoso per i bellissimi boschi di abeti, larici[23] rossi e altre specie di piante protette. In questi boschi vivono, e sono protetti, i cervi, gli stambecchi, i caprioli, i camosci, le marmotte[24] e uccelli rari come l'aquila reale, il gufo reale, il gallo cedrone.[25]

Ultimamente poi sono state fatte, in Italia, scelte piuttosto coraggiose anche se impopolari,[26] come la decisione di abbattere[27] certe abitazioni che erano state costruite in luoghi proibiti. Queste costruzioni si chiamano *abusive* perché sono state fatte senza tenere conto[28] della legge. In modo abusivo sono stati costruiti alberghi su bellissime spiagge, paesi interi sulle pendici del Vesuvio, case vicinissime ai templi di Agrigento.

Lo Stato italiano, soprattutto attraverso la scuola, sta cercando[29] di insegnare alle nuove generazioni a rispettare e difendere la natura e, forse, in futuro, verranno fatti[30] meno errori.

Il Parco Nazionale dello Stelvio, in Trentino–Alto Adige

[1]ha... *has had to confront* [2]*related* [3]*Per... Over decades (there) were built* [4]*railroads* [5]sono... *appeared* [6]*reigned* [7]*meadows* [8]*choices* [9]si... *revealed themselves to be* [10]*cutting* [11]ha... *deprived* [12]sostegno... *support of the roots* [13]*slide down* [14]veleni... *hazardous wastes* [15]non... *didn't realize* [16]si... *came into being* [17]*forested* [18]a... *in protection of natural resources* [19]hanno... *have seen to it* [20]*reasons* [21]*it includes* [22]*glaciers* [23]abeti... *firs, larches* [24]cervi... *stags, wild goats, roebucks, chamois, marmots* [25]l'aquila... *eagle, owl, grouse* [26]*unpopular* [27]*demolish* [28]tenere... *taking into account* [29]sta... *is trying* [30]verranno... *will be made*

E ora a te

Capire

Completa le seguenti frasi, che riguardano gli argomenti trattati nel testo che hai letto.

1. In Italia, come in altri paesi industrializzati, _____.
2. I danni fatti all'ambiente sono pericolosi perché _____.
3. Per proteggere l'ambiente in Italia, oggi ci sono _____.
4. La regione che ha le migliori leggi sull'ambiente è _____.
5. Il parco dello Stelvio è un parco di _____ dove _____ e _____ sono protetti.
6. Le costruzioni abusive vengono abbattute perché _____.
7. È importante educare i giovani perché _____.

Scrivere

Immagina di fare parte di una associazione di ambientalisti che si chiama «Forestiamoci» Prepara un piccolo manifesto di protesta per la decisione degli amministratori di abbattere degli alberi di un parco cittadino per costruire una grande palestra. Il manifesto non dovrà contenere più di 50 parole e, se possibile, dovrà attirare l'attenzione del pubblico con uno slogan o un gioco di parole.

In ascolto

Un altro punto di vista. Saturnino e Mercurio, due extraterrestri arrivati sulla Terra in un disco volante (*flying saucer*), osservano dei ragazzi in un centro di riciclaggio. Ascolta attentamente, poi completa le frasi seguenti.

1. Il ragazzo biondo _____.
   a. depura l'acqua.
   b. ricicla il vetro.
   c. scarica bottiglie.
2. Secondo Mercurio, molta gente non ricicla _____.
   a. i recipienti di plastica
   b. i sacchetti
   c. l'alluminio
3. I due ragazzi _____ mucchi (*piles*) di giornali.
   a. leggono
   b. proteggono
   c. scaricano
4. La macchina dei ragazzi _____ l'aria perché emette troppo gas dal tubo di scappamento (*exhaust*).
   a. depura
   b. purifica
   c. inquina
5. Saturnino e Mercurio gli _____.
   a. daranno un passaggio
   b. daranno una mano
   c. chiederanno un passaggio

Videoteca

. . . .

Un regalo per la mamma
Gatti e telefoni

Nella prima scena, Silvana entra in un negozio per comprare un regalo per sua madre. Poi chiama sua madre per informarla del suo prossimo arrivo.

. . . .

ESPRESSIONI UTILI

l'argento silver
le zampe paws
da mettere addosso to wear (to put on)
i brillanti diamonds
Ma Lei fa sempre così lo spiritoso? But do you always joke around like this?

Ma mi sto rovinando. But I'm ruining myself.
Babbo Natale Santa Claus
la biada alle renne feed for the reindeer
Indovina! Guess!
farmi fare to make me do

. . . .

DAL VIDEO

SILVANA: Vorrei qualcosa che…
NEGOZIANTE: Di che tipo? Oro? O argento?

PREPARAZIONE

1. Silvana vorrebbe comprare qualcosa
   a. da mettere in tasca. **b.** che rappresenti un topo. **c.** da mettere addosso.
2. Il prezzo finale per il gatto è
   a. 100.000. **b.** 150.000. **c.** 110.000. **d.** 140.000.
3. Quando la mamma chiede «E lui come sta?», «lui» si riferisce
   a. a Enzo. **b.** a Roberto. **c.** al gatto.

Funzione: Esprimere i propri desideri gentilmente

COMPRENSIONE

1. Che cosa dice Silvana subito dopo aver chiesto al negoziante quanto vuole per il gatto? Perché?
2. Con chi arriverà Silvana? La mamma che dice?

ATTIVITÀ

Da fare in coppia. Parlatevi molto gentilmente. Una persona (s1) esprime un desiderio (**volere**). L'altra persona (s2) dà un consiglio o suggerimento (**dovere/potere**). Alla fine, la prima persona (s1) chiede un piacere (*favor*) all'altra persona (**potere**).

ESEMPIO: s1: Vorrei comprare un bel regalo ma ho pochi soldi.
s2: Dovresti chiedere uno sconto.
s1: Potresti chiedermelo tu?

Altre situazioni: volere andare in centro; voler prendere qualcosa di leggero in un ristorante

Parole da ricordare

VERBI

allacciare	to buckle
*andare / *venire a prendere	to pick up (*a person*)
chiedere / dare un passaggio	to ask for / give a ride
depurare	to purify
fare benzina	to get gas
fare il pieno	to fill up the gas tank
fare l'autostop	to hitchhike
funzionare	to function, to work
indovinare	to guess
inquinare	to pollute
mettersi in moto	to start, set in motion
parcheggiare	to park
prendere la multa	to get a ticket, fine
proteggere (*p.p.* protetto)	to protect
riciclare	to recycle
*rimanere (*p.p.* rimasto) senza benzina	to run out of gas
risolvere (*p.p.* risolto)	to solve
rispettare	to respect
scaricare	to unload, discharge
smarrirsi	to get lost
superare	to exceed
tenerci a	to care about

NOMI

l'ambiente (*m.*)	environment
l'automobilista (*m., f.; m. pl.* gli automobilisti)	motorist, driver
l'autostrada	highway
la benzina (normale/super/verde)	gas (regular/super/unleaded)
le chiavi (della macchina)	(car) keys
la cintura di sicurezza	seatbelt
il cittadino	citizen
il controllo	checkup; tune-up
il distributore di benzina	gas pump
il divieto di sosta	no-parking zone
l'edificio	building
l'effetto serra	greenhouse effect
la fascia di ozono	ozone layer
la gomma	tire
il gusto	taste (*in all senses*)
l'inquinamento	pollution
il limite di velocità	speed limit
la marca	brand, brand name
il meccanico (*pl.* i meccanici)	mechanic
i mezzi di trasporto	(*means of*) transportation
la multa	ticket, fine
l'olio	oil
il problema (*pl.* i problemi)	problem
la protezione dell'ambiente	environmentalism
il riciclaggio	recycling
i rifiuti	garbage
lo sconosciuto / la sconosciuta	stranger; unknown person
il segnale	sign
lo spazio	space (*in all senses*)
la targa (*pl.* le targhe)	license plate
il vetro	glass
il/la vigile	traffic officer

AGGETTIVI

disponibile	available
ecologico	ecological
educato	polite
qualsiasi (*inv.*)	any, whatever
storico	historic
stradale	pertaining to the streets
unico	unique; only

ALTRE PAROLE ED ESPRESSIONI

entro	within, by (*a certain time*)
più che altro	more than anything

---

*Words identified with an asterisk (*) are conjugated with **essere**.

Capitolo 14
Uno spettacolo da non perdere!

Un concertino per le strade di Napoli

Posto in arrivo Rispondi Elimina Opzioni Guida Aiuto
15 gennaio – 00.30

DA: Ciro@tin.it

A... Claudio@yahoo.com

Cc...

Oggetto:

Salve Claudio,

come stai? Com'è andato il rientro negli Stati Uniti? Sei già tornato al lavoro? Ti ho spedito per posta il CD delle «Arie famose», interpretate da Luciano Pavarotti, che non avevi trovato a Napoli. Io l'ho trovato a Roma, dove sono stato per lavoro. Ti ho mandato anche una bella raccolta di canzoni napoletane, anche se tu non le apprezzi molto. Il Festival di San Remo si svolgerà nell'ultima settimana di febbraio: ricordati di seguirlo. Penso che la RAI trasmetterà tutte le serate anche all'estero. Hai trovato i biglietti per il concerto di Bocelli? Spero di sì, visto che sei ripartito dall'Italia in anticipo per non rischiare di perderti questo concerto. Sei proprio fissato con la lirica...

A presto
Ciro

IN BREVE

show

Lezione 1

Dialogo-Lampo

L'opera o la musica alternativa?

SIGNOR CECCHI: Con chi esci stasera?

CATERINA: Con Enrico. È un musicista di professione. Vedrai, ti piacerà.

SIGNOR CECCHI: Non vedo l'ora* di incontrarlo! Lo potrei invitare a venire all'opera con me…

CATERINA: Beh, papà, Enrico non è un tipo da vestirsi elegante per andare ai concerti o all'opera…

SIGNOR CECCHI: E perché no?

CATERINA: A lui piacciono il jazz e la musica alternativa. Non so se gli piace l'opera…

SIGNOR CECCHI: Ah sì? Suona per caso il sassofono? Ha i capelli lunghi?

CATERINA: Ma sì. Lo conosci per caso†?

SIGNOR CECCHI: No. Ma te l'ho chiesto perché, a dire il vero, ero così anch'io da giovane! Ma l'opera comunque‡ mi piaceva!

1. Che professione ha Enrico? Che strumento suona?
2. Cosa piacerebbe fare al signor Cecchi con Enrico?
3. Che tipo di musica piace a Enrico?
4. Qual è lo stereotipo del musicista alternativo che ha in mente il signor Cecchi?
5. Perché pensa a questo stereotipo il signor Cecchi?

Lo spettacolo

LA MUSICA

l'aria aria
il baritono baritone
il basso bass
il/la cantante singer
il cantautore / la cantautrice singer-songwriter
la canzone, la canzonetta song, popular song
il compositore / la compositrice composer
il coro choir, chorus
il direttore d'orchestra conductor

il musical musical
la musica leggera pop music
il/la musicista musician
l'opera, il melodramma opera
il/la soprano soprano
il tenore tenor
la voce voice

comporre (*p.p.* composto) to compose
dirigere (*p.p.* diretto) to conduct

dilettante amateur
lirico operatic

---

*Non… *I can't wait*
†per… *by any chance*
‡*however*

IL TEATRO

l'autore / l'autrice author
il balletto ballet
la commedia comedy
il palcoscenico stage
la prima premiere, opening night
la rappresentazione teatrale play,
   performance
il/la regista director
la tragedia tragedy

allestire (uno spettacolo) to stage
   (a production)
applaudire to applaud
fischiare to boo (*lit.*, to whistle)
mettere in scena to stage, to put
   on, produce
recitare to act, play a part

Esercizi

A. Indovinelli. Dai un'occhiata (*glance*) al **Vocabolario** e poi risolvi questi indovinelli.

ESEMPIO: È la voce femminile più alta. → il soprano

1. È il direttore di una rappresentazione.
2. Scrive canzoni e le canta.
3. Suona uno strumento musicale.
4. Scrive musica.
5. Non è un musicista di professione.
6. È il conduttore di un'orchestra.
7. Un altro modo per indicare l'opera.
8. Sono le voci maschili nella lirica.
9. È la parte del teatro dove ha luogo (*takes place*) la rappresentazione.
10. Incomincia bene e finisce male.
11. È il momento più importante in un'opera lirica.
12. I piedi sono importanti per questa forma d'arte.

B. Il lessico della rappresentazione. Completa le seguenti frasi con la forma adatta del verbo.

Verbi: allestire, applaudire, cantare, comporre, dirigere, fischiare, mettere in scena, recitare

1. Il concerto di Vivaldi al Maggio Musicale Fiorentino è stato un grande successo. Il pubblico _____ per venti minuti.
2. Che fiasco! Tutti _____ i due nuovi musicisti.
3. Quante sinfonie _____ Beethoven?
4. Il tenore ha cantato bene, ma non sapeva muoversi per niente (*at all*) sul palcoscenico. Non sa _____.
5. Claudio Abbado, Giuseppe Sinopoli e Riccardo Muti _____ le orchestre più famose del mondo.
6. Il Teatro alla Scala ogni anno _____ opere memorabili.
7. Ogni anno il Festival dei Due Mondi _____ dei balletti.
8. Luciano Pavarotti e Cecilia Bartoli _____ la prossima estate all'Arena di Verona.

Lezione 2

A. Pronomi relativi

ANTONIO: Conosci quel ragazzo?

BRUNO: No, non lo conosco. È il ragazzo con cui è uscita ieri Roberta?

ANTONIO: No.

BRUNO: È il ragazzo di cui è innamorata Gianna?

ANTONIO: No.

BRUNO: Allora, chi è?

ANTONIO: Tu, ovviamente, non ti intendi di musica pop. Lui è il cantautore Eros Ramazzotti di cui tutti parlano!

BRUNO: Oh! Allora, andiamo a parlargli!

1. Relative pronouns (*who, whose, whom, which, that*) link one clause to another.

   What's the name of the girl? The girl is playing the piano.
   What's the name of the girl *who* is playing the piano?

   Whom and *that* can often be omitted in English (*the man I love = the man whom I love*), but they must be expressed in Italian. The Italian relative pronouns are **che, cui,** and **quello che** or **ciò che.** The clause that contains the relative pronoun is called the relative clause.

2. **Che** corresponds to *who, whom, that,* and *which;* it is the most frequently used relative pronoun. It is invariable, can refer to people or things, and functions as either a subject or an object.

   Come si chiama il musicista? Il musicista suona il piano.

Come si chiama il musicista **che** suona il piano?	*What's the name of the musician who plays the piano?*

   Abbiamo comprato il violino. Volevamo il violino.

Abbiamo comprato il violino **che** volevamo.	*We bought the violin that we wanted.*

3. **Cui** is used instead of **che** to link two clauses when the relative clause begins with a preposition.

   Il ragazzo è simpatico. Sono uscita **con** il ragazzo.

Il ragazzo **con cui** sono uscita è simpatico.	*The boy with whom I went out is nice.*

ANTONIO: Do you know that guy?   BRUNO: No, I don't know him. Is he the guy Roberta went out with yesterday?   ANTONIO: No.   BRUNO: Is he the guy that Gianna is in love with?
ANTONIO: No.   BRUNO: Well then, who is he?   ANTONIO: You obviously don't follow pop music. He's the singer Eros Ramazzotti that everyone is talking about.   BRUNO: Oh! Well, let's go talk to him!

La mia amica abita in Brasile. Ho telefonato **alla** mia amica.

La mia amica **a cui** ho
telefonato abita in Brasile.

*The friend I called (to whom I
telephoned) lives in Brazil.*

Il professore parte domani. Ho comprato il libro **per** il professore.

Il professore **per cui** ho comprato
il libro parte domani.

*The professor for whom I bought
the book leaves tomorrow.*

4. **Quello che** (or its short form **quel che** or alternate form **ciò che**)
corresponds to *that which* or *what*. Unlike **che** and **cui, quello che** has no
antecedent; that is, it does not refer to an earlier noun. **Quello che** can
serve as either the subject or the direct object of a verb. Compare the
following examples.

Non ho visto **il film** di **cui**
tutti parlano. (*antecedent*)

*I haven't seen the film that
everyone is talking about.*

Parliamo della **ragazza che**
non vuole venire alla festa.
(*antecedent*)

*We are talking about the girl who
doesn't want to come to the
party.*

Andiamo a vedere **quello che**
vuoi. (*direct object of* **vedere**)

*Let's go see what you want
(to see).*

Non raccontarmi **quello che**
succede nel film! (*subject of*
succedere)

*Don't tell me what happens in
the film.*

—Quello che più mi in-
dispettisce[a] è che gli unici
spettatori sono entrati con
un biglietto omaggio[b]!

[a]*bothers* [b]*free*

Esercizi

A. Due in una. Forma una frase unica. Ricorda: si usa **cui** con una
preposizione, **che** senza preposizione.

ESEMPIO: Chi è la ragazza? + Ho conosciuto la ragazza ieri. = Chi è la
ragazza che ho conosciuto ieri?

1. Vedo un cane. + Il cane mangia.
2. Il professore è simpatico. + Ieri ho parlato con il professore.
3. Mi piace il quadro. + Mario ha comprato il quadro.
4. Stasera vado a vedere l'opera. + L'opera piace a Silvia.
5. Leggo il libro. + Il libro è sul tavolo.
6. Ho visto la ragazza. + Tutti parlano di quella ragazza.

B. Piccoli dialoghi. Completate le conversazioni con un pronome relativo (e
una preposizione se è necessaria).

1. S1: Non è quella la cantautrice _____ hanno dato il premio?
   S2: Sì, è proprio lei! Mi piacciono molto le canzoni _____ canta.
2. S1: Come si chiama il compositore _____ hai conosciuto?
   S2: Si chiama Bertoli. È quello _____ tutti parlano.
3. S1: La donna _____ esce Paolo è pianista.
   S2: Allora _____ avevo sentito dire era vero!

4. S1: Lo spettacolo _____ recita Cristina comincia stasera. Perché non andiamo a vederlo?

   S2: Ottima idea! Un po' di distrazione è proprio quello _____ abbiamo bisogno.

C. **Giochiamo a «Jeopardy»!** Con un compagno / una compagna, create la risposta e poi fornite la domanda corrispondente. Seguite il modello.

ESEMPIO: la persona / vendere salame e prosciutto →
   S1: È la persona che vende salame e prosciutto.
   S2: Che cos'è un salumiere?

1. la persona / dirigere uno spettacolo teatrale
2. la cabina (*compartment*) / trasportare le persone da un piano all'altro
3. la donna / recitare nei teatri o nei film
4. l'uomo / scrivere e cantare le proprie (*his own*) canzoni
5. la donna / scrivere libri e commedie
6. il pezzo di carta / dare accesso a un teatro o a un cinema

B. *Chi*

—Litigano per chi deve portare il simbolo della pace...

Chi means *the one(s) who, he/she who,* or *those who.* **Chi** can substitute for **la persona che** and **le persone che,** and for **quello che** and **quelli che** when they refer to people. **Chi** is *always* used with a singular verb. **Chi** is frequently used in proverbs and in making generalizations.

Chi sta attento capisce.
Those who pay attention understand.

Chi dorme non piglia pesci.
He who sleeps doesn't catch any fish. (The early bird catches the worm.)

Non parlare con **chi** non conosci.
Don't talk to (those) people (whom) you don't know.

Esercizi

A. Vero o falso? Decidi se queste frasi sono vere o false. Correggi quelle false.

1. Chi parla in classe mentre parla la professoressa è scortese.
2. Chi chiude un cane in macchina con i finestrini chiusi è molto intelligente.
3. Chi dà fastidio a (*annoys*) gli amici è molto simpatico.
4. Chi ama i gatti ha un carattere tranquillo e simpatico.

B. Chi. Usa **chi** per transformare le seguenti frasi.

ESEMPIO: Quelli che scrivono bene avranno successo. →
Chi scrive bene avrà successo.

1. Non approvo quelli che fischiano a teatro **2.** Quelli che non capiscono il russo possono leggere il libretto. **3.** Ricordi il nome di quello che ha allestito questo spettacolo? **4.** Quelli che hanno parcheggiato in divieto di sosta hanno preso la multa. **5.** Le persone che cantano danno l'impressione di non avere preoccupazioni. **6.** Cosa succede a quelli che mangiano troppo e non fanno abbastanza esercizio?

Nota culturale
Grandi voci della lirica[1]

L'Italia è la patria[2] del melodramma o opera lirica, e sono nati in Italia molti grandi cantanti lirici.

I grandi del passato, come Enrico Caruso, Mario Lanza e anche la straordinaria Maria Callas non erano tanto conosciuti al grande pubblico perché a quel tempo la lirica non era un tipo di musica tanto diffusa.[3] Adesso invece, anche grazie ai mass media, alcuni cantanti lirici sono famosissimi in tutto il mondo.

Luciano Pavarotti è forse l'esempio più vistoso[4] di questo fenomeno: una voce emozionante[5] ed una personalità unica hanno reso infatti il suo nome famoso ovunque.[6] Pavarotti si è fatto conoscere dal pubblico mondiale soprattutto con i recital e le incisioni[7] di vecchie canzoni napoletane e italiane. Dal 1992 realizza un concerto annuale di beneficenza,[8] in cui canta insieme a diverse pop-star e che è ormai divenuto uno degli appuntamenti musicali più attesi.

Fra le donne una delle voci liriche oggi più note è certamente Katia Ricciarelli, la cui[9] voce è considerata particolarmente adatta ad interpretare[10] le opere di Giuseppe Verdi.

Un altro straordinario fenomeno musicale è Andrea Bocelli, un giovane tenore toscano. Bocelli ha una voce bellissima, che seduce e incanta e che ha fatto innamorare non solo il pubblico italiano, ma anche quello dell'Europa e degli Stati Uniti.

Mario Lanza durante una rappresentazione lirica

[1]*opera* [2]*homeland* [3]*widespread* [4]*più… most noticeable* [5]*moving* [6]*everywhere* [7]*recordings* [8]*charity* [9]*la… whose* [10]*perform*

Saluti e baci

La bella architettura italiana del Bass
Performance Hall a Dallas

Posto in arrivo Rispondi Elimina Opzioni Guida Aiuto
20 gennaio – 7.30

DA: Claudio@yahoo.com

A...   Ciro@tin.it

Cc...

Oggetto:

Ciao Ciro,

non ho risposto subito alla tua mail perché, tutti i giorni, ho dovuto
fare la fila per i biglietti del concerto di Bocelli e anche per una
rappresentazione della Traviata che ci sarà tra due settimane.
Allestiscono molti spettacoli di opere italiane nel Bass Performance
Hall (vedi foto allegata). Ti ringrazio tanto per la tua ospitalità a
Napoli: è sempre divertente stare con te, anche se abbiamo gusti
musicali diversi. Ti ringrazio anche per i CD, quando arriveranno
li ascolterò molto volentieri. Seguirò il festival di San Remo, come
ogni anno: anche se la musica leggera non mi piace molto, è uno
spettacolo interessante e mi porta in casa un pezzo di Italia. Qui è
mattina presto e tu, sicuramente, dormi. Io devo farmi ancora la
barba, prima di andare al lavoro…mi raderò sulle note del «Barbiere
di Siviglia» di Rossini…. Sono proprio fissato, hai ragione.

Un abbraccio
Claudio

Puoi trovare gli equivalenti inglesi delle corrispondenze contenute nel *In giro per l'Italia* sul
nostro sito Internet a www.mhhe.com/ingiro.

Ritratto

Sofia Loren
attrice campana, 1934–

Nasce a Napoli da una famiglia molto povera. Entra nel cinema con il produttore Carlo Ponti che diventerà suo marito. Nella sua lunga carriera interpreta film indimenticabili,[1] come *La Ciociara*,[2] e lavora con i più grandi registi e attori, come Federico Fellini e Marcello Mastroianni. È una delle dive[3] del cinema più famose del dopoguerra ed è considerata una delle più belle donne del mondo, molto amata dal pubblico anche per la sua spontaneità, tipicamente napoletana.

[1]*unforgettable* [2]in English, *Two Women* [3]*stars*

In giro per le regioni

La Campania

La Campania è una regione ricchissima di storia. Dovunque[1] ci sono tracce[2] degli antichi abitanti, soprattutto greci e romani. Napoli non può essere paragonata[3] a nessun'altra città del mondo perché è assolutamente eccezionale. Vive sotto il Vesuvio, che è un vulcano attivo, tra ricchezza e miseria, grandi tesori d'arte e abitazioni cadenti,[4] con la sua gente generosa e astuta, le sue canzoni e la sua pizza, la vivace vita delle sue strade e il suo traffico caotico.

C'è poi il fascino straordinario delle antiche città di Pompei ed Ercolano. E ci sono le isole di Capri e di Ischia e la costa amalfitana con le immagini indimenticabili dei loro scogli,[5] dell'azzurro del loro mare, del verde delle loro piante rigogliose.[6]

Dal punto di vista economico e sociale, la Campania è la regione più tipica del Mezzogiorno (nome con cui spesso si indicano le regioni del Sud) italiano. Ha la densità di popolazione più alta d'Italia, concentrata soprattutto lungo la costa e intorno a Napoli. Molti campani[7] sono disoccupati[8] o sono sottoccupati[9] e vivono di espedienti.[10] Molti ragazzi lasciano la scuola assai presto e lavorano «in nero» (di nascosto). Le leggi e gli interventi[11] dello Stato fatti per cambiare la situazione del Mezzogiorno, anche a causa della forte presenza della criminalità organizzata, hanno dato per ora scarsi risultati.

[1]*Everywhere* [2]*traces* [3]*compared* [4]*collapsed* [5]*reefs* [6]*luxuriant* [7]*residents of Campania* [8]*unemployed* [9]*underemployed* [10]*vivono… they live from hand to mouth* [11]*interventions*

L'ITALIA VIRTUALE

Per indirizzi di vari siti Internet ed ulteriori esercizi per imparare di più sulla **Campania**, visita il sito Internet di *In giro per l'Italia* a www.mhhe.com/ingiro.

Lezione 3

C. Costruzioni con l'infinito

MARCELLO: Ho sentito che ormai trovare biglietti per il concerto di Zucchero è impossibile. Hai ricordato di chiedere al tuo amico se conosce qualcuno con biglietti da vendere?

PIETRO: Oh no! Ho dimenticato!

MARCELLO: Non ti preoccupare, ho ricordato di cercarli io. Li ho comprati da mio cugino perché sapevo che avresti dimenticato.

The infinitive is used in many constructions in Italian.

1. Only the infinitive form of a verb can function as the subject or direct object in Italian. In English, by contrast, either the infinitive or the gerund (the *-ing* form) can be used.

Cercare lavoro è molto faticoso.

{ *To look for a job is very tiring.*
{ *Looking for a job is very tiring.*

È vietato **fumare.**

Smoking is prohibited.

2. Some verbs require a preposition, **a** or **di,** between the conjugated verb and the infinitive. The most common such verbs are listed below and on page 291.

VERBO + *A* + INFINITO

abituarsi *to get used to*	fermarsi *to stop oneself*	obbligare *to oblige*
aiutare *to help*	forzare *to force*	passare *to pass*
andare *to go*	imparare *to learn*	persuadere *to persuade*
cominciare *to begin*	incoraggiare *to encourage*	preparare *to prepare*
continuare *to continue*	insegnare *to teach*	riuscire *to succeed*
convincere *to convince*	invitare *to invite*	spingere *to push*
	mandare *to send*	venire *to come*

a. Here is one way to remember which verbs take the preposition **a.** The action of the conjugated verb is usually preparatory to that of the infinitive. All the verbs in the list follow this rule except **riuscire** and **continuare.**

Marco si ferma **a** guardare la vetrina.

Marco stops to look in the shop window.
(First he stops, then he looks.)

MARCELLO: I heard that by now it's impossible to get tickets for the Zucchero concert. Did you remember to ask your friend if he knows someone with tickets to sell? PIETRO: Oh no! I forgot! MARCELLO: Don't worry, I remembered to look for them. I bought them from my cousin because I knew you would forget.

Ti invito **a** venire.

I invite you to come.
(First I invite you, then you come.)

Ti insegno **a** nuotare.

I teach you to swim.
(First I teach you, then you swim.)

VERBO + *DI* + INFINITO

accettare *to accept*	chiedere *to ask*	promettere *to promise*
avere bisogno *to need*	credere *to believe*	ricordare *to remember*
avere paura *to be afraid*	decidere *to decide* dimenticare *to forget*	smettere *to stop, cease*
avere voglia *to feel like*	dire *to say* finire *to finish*	sperare *to hope*
cercare *to try*	pensare *to plan* permettere *to allow*	

b. Generally speaking, constructions that take **di** before the infinitive could also be expressed using **che** plus a conjugated form of the verb. All the verbs in the list follow this rule except **avere bisogno, avere voglia, cercare, smettere,** and **finire.**

Spero **di studiare** l'italiano.
Spero **che studierò** l'italiano.

I hope to study Italian.
I hope I will study Italian.

Ricordo **di fare** i compiti.
Ricordo **che devo fare** i compiti.

I remember to do my homework.
I remember that I have to do my homework.

By contrast, verbs that take **a** do not have a synonymous **che** construction. For example, it is incorrect in Italian to say **"Ti invito che vieni"** (*I invite that you come*).

3. Remember that although an infinitive alone may be used in English to express purpose (implying *in order to*), **per** accompanies the infinitive in Italian.

Ho telefonato **per** salutarti.

I called (in order) to say hello to you.

E s e r c i z i

A. Mini-dialoghi. Completa le conversazioni con **a** o **di** o lascia (*leave*) lo spazio vuoto.

1. s1: Signora Marino, ho il piacere _____ presentarLe il dottor Guidotti.
s2: Piacere! Finalmente sono riuscita _____ conoscerLa di persona!

2. s1: Piera, i tuoi figli sanno _____ giocare a tennis?
s2: Sì, hanno cominciato _____ prendere lezioni l'estate scorsa.

3. s1: Ermanno, mi potresti aiutare _____ scrivere questo articolo?
s2: Certo, ma prima devo _____ finire _____ correggere questa relazione.

Nota bene: verbo + infinito

You already know many verbs that are followed by the infinitive (without a preposition) when they share the same subject.

amare *to love*
desiderare *to want*
dovere *to have to must*
piacere *to be pleasing to, to like*
potere *to be able to, can, may*
preferire *to prefer*
sapere *to know*
volere *to want*

So suonare il sassofono. *I know how to play the saxophone.*

Mi piace suonare il clarinetto. *I like to play the clarinet*

Impersonal expressions such as **è bene** (*it is good*), **è giusto** (*it is right*), **bisogna** (*it is necessary*), and **basta** (*it is enough*) are also followed by the infinitive.

È bene ascoltare ogni tanto musica dal vivo. *It's good to listen to live music occasionally.*

Bisogna sapere le regole. *It's necessary to know the rules.*

4. s1: Signori, desiderano _____ mangiare sul terrazzo?
s2: Veramente preferiremmo _____ sederci dentro.

B. Pensieri vari. Completa ogni frase in modo logico.

ESEMPIO: Molte persone riescono… →
Molte persone riescono a trovare lavoro senza difficoltà.

1. Non posso dimenticare… **2.** Sono finalmente riuscito/a… **3.** Bisogna abituarsi… **4.** Domani devo ricordare… **5.** Vogliamo convincere la professoressa… **6.** È bene… **7.** I fumatori (*smokers*) devono smettere… **8.** Gli studenti hanno paura… **9.** Spero… **10.** L'anno nuovo comincio…

MUSICA DA VEDERE È l'originale mostra allestita fino al 26 marzo alla Galleria La Cornice di Desenzano del Garda. La trama è la musica che trova corrispondenza nella scala dei colori usati dal giovane artista. Il catalogo è un "cd" con le cartoline delle sue opere *(una nella foto).* **Orari:** 10-18. **Per informazioni:** telefono 030/9141508.

● BRESCIA

D. Nomi e aggettivi in -*a*

—Pare che la prima ballerina sia un'accesa[a] femminista.

[a]*ardent*

1. You already know that nouns ending in **-a** are usually feminine and that the **-a** changes to **-e** in the plural. There are a few nouns ending in **-a** that are masculine. Their plural ends in **-i.**

SINGOLARE		PLURALE
il poe**ta**	*poet*	i poe**ti**
il program**ma**	*program*	i program**mi**
il panora**ma**	*view*	i panora**mi**
il pa**pa**	*pope*	i pa**pi**
il proble**ma**	*problem*	i proble**mi**

2. Nouns ending in **-ista** can be either masculine or feminine, depending on whether they indicate a male or a female. The plural ends in **-isti** (*m.*) or **-iste** (*f.*).

SINGOLARE	PLURALE
il tur**ista**	i tur**isti**
la tur**ista**	le tur**iste**
l'art**ista**	{ gli art**isti**
	{ le art**iste**

3. Adjectives ending in **ista,** such as **ottimista, femminista,** and **comunista,** follow the same pattern.

SINGOLARE	PLURALE
il ragazzo ottim**ista**	i ragazzi ottim**isti**
la ragazza ottim**ista**	le ragazze ottim**iste**

—Paesaggista[a]?
—No, ritrattista.[b]

[a]*Landscape artist* [b]*portrait painter*

Esercizi

A. Plurali. Da' la forma plurale.

ESEMPIO: il deputato (*representative [in congress or parliament]*) progressista →
i deputati progressisti

1. il grand'artista
2. la famosa pianista
3. il movimento femminista
4. il programma socialista
5. quel poeta pessimista
6. l'intellettuale comunista
7. il problema difficile

B. Conversazione.

1. Ti consideri pessimista o ottimista? Perché?
2. Sei femminista? Secondo te, una donna sposata deve stare in casa e occuparsi dei bambini? La donna deve guadagnare tanto quanto l'uomo per lo stesso lavoro? L'uomo deve collaborare alle faccende (*chores*) domestiche?
3. Ci sono cose di cui sei entusiasta, per esempio, del tuo videoregistratore? Del tuo stereo? Della tua macchina? Di un bel tramonto (*sunset*)? Di un bel panorama?

Piccolo ripasso

A. Tutto è relativo. Completa con il pronome relativo e la preposizione, se è necessaria.

1. Giorgio è il ragazzo _____ vado al cinema.
2. Maria è la ragazza _____ scrivo.
3. È il film _____ tutti parlano.
4. Sandra è la persona _____ spedisco (*I send*) il pacco.

5. La ragazza _____ esce Paolo è un'attrice.
6. La studentessa _____ ho dato il libro è simpatica.
7. Per imparare l'italiano, devi parlare con _____ già conosce bene la lingua.
8. Questo è il ragazzo _____ abbiamo venduto la macchina.
9. Siamo andati a vedere il balletto _____ tutti parlano.
10. I libri _____ mi piacciono sono i gialli (*mysteries*).
11. _____ si sveglia prima prepara la colazione.
12. _____ mangia molti dolci diventa grasso.

B. **Combinazioni.** Usa un pronome relativo (e una preposizione se è necessaria) per unire le due frasi.

ESEMPIO: Questo è il titolo. Non dovete dimenticarlo. →
Questo è il titolo **che** non dovete dimenticare.

1. È arrivata molta gente. Tra la gente ci sono personalità famose. **2.** Mi è piaciuta la commedia. Nella commedia ha recitato Mariangela Melato. **3.** Non ricordo il cantante. Gli ho prestato la partitura (*score*). **4.** Spiegaci la ragione. Hai lasciato il concerto per questa ragione. **5.** Avrebbero dovuto vendere quel teatro. Il teatro aveva bisogno di molte riparazioni (*repairs*). **6.** È una sinfonia molto interessante. Ne parla spesso la professoressa. **7.** Vi faccio vedere (*show*) una tragedia importante. Dovete fare attenzione (*pay attention*) a questa tragedia. **8.** Vorrei conoscere il baritono. Il baritono è entrato in questo momento.

C. **Una lettera.** Completa la lettera di Angela con le preposizioni **a** o **di.** Se non c'è bisogno di una preposizione, lascia lo spazio vuoto.

Cara Franca,

eccomi a Bologna finalmente! Sono molto soddisfatta del mio nuovo lavoro e penso proprio _____[1] rimanere qui per tre o quattro anni. Non mi sono ancora abituata _____[2] alzarmi tutti i giorni alle sei di mattina e non riesco ancora _____[3] andare a letto prima di mezzanotte. Devo assolutamente cercare _____[4] cambiare i miei vecchi orari!

Gianni mi ha aiutato _____[5] traslocare e mi ha quasi convinto _____[6] affittare un monolocale vicino alla Torre degli Asinelli. È abbastanza caro e non so se posso già _____[7] permettermi _____[8] pagare un affitto del genere, ma credo _____[9] farcela (*manage*). Al massimo, andrò _____[10] mangiare tutte le sere a casa di Gianni!

I miei nuovi colleghi sembrano tutti simpatici… per il momento! Ieri mi hanno invitato _____[11] partecipare ad una loro riunione: ho imparato subito _____[12] non essere troppo timida!

Buone notizie: ho smesso _____[13] fumare e ho deciso _____[14] incominciare _____[15] giocare a tennis. Basta _____[16] avere un po' di buona volontà (*willingness*)! Adesso ti lascio perché tra poco Gianni passa _____[17] prendermi. Ah, dimenticavo _____[18] dirti che il mese prossimo ho intenzione _____[19] venire a casa per tre o quattro giorni.

Spero _____[20] sentirti presto!

Un bacione, Angela

Invito alla lettura

La canzone napoletana

L'Italia ha una grande tradizione musicale. Molte parole della musica sono italiane e ci sono tanti italiani tra i grandi musicisti del passato. La musica italiana più nota,[1] e ancora largamente presente[2] nei palcoscenici di tutto il mondo, è senza dubbio l'opera lirica (o melodramma). Questo genere musicale, con i suoi grandi maestri (Rossini, Verdi, Puccini, Mascagni) e i suoi capolavori[3] (*Il Barbiere di Siviglia, La Traviata, La Bohème, La Cavalleria Rusticana*) era stato il genere dominante nella vita musicale italiana del XVIII (diciottesimo) e del XIX (diciannovesimo) secolo. Ma anche in tempi più recenti troviamo canzoni italiane tradotte in tutte le lingue e cantate in tutto il mondo, come la famosissima «Volare» di Domenico Modugno.

All'estero[4] è inoltre[5] molto conosciuto un genere musicale particolare, che è la canzone napoletana, considerata addirittura la canzone tipica italiana. Per identificare l'Italia con tre o quattro parole, uno straniero usa in genere «pizza,» «pasta» e «O sole mio,» che è appunto il titolo della canzone napoletana più famosa. A suo tempo, anche Elvis Presley cantò «O sole mio» e ne fece uno dei suoi grandi successi. Anche gli italiani amano molto questa canzone, in quanto[6] è capace di evocare l'Italia, in qualsiasi momento e in qualsiasi luogo, più dello stesso inno nazionale.[7]

Le canzoni napoletane, le cui parole sono espresse in dialetto, sono sentimentali: la musica è melodica e i testi ricchi di grandi passioni romantiche. Come sfondo[8] a storie d'amore e gelosie, c'è sempre Napoli, con il suo sole e il suo mare bellissimo, i suoi tramonti[9] d'oro, e il sentimento fortissimo dei napoletani per la loro città, un sentimento che non conosce tradimenti.[10]

Il successo della canzone napoletana, anche se è fortemente legato alla tradizione delle belle melodie dell'inizio del secolo, si rinnova e rimane vivo[11] grazie anche al Festival che si tiene ogni anno a Piedigrotta (Napoli) e a molti cantautori, non solo napoletani, come Lucio Dalla ad esempio, che spesso si ispirano a questo genere musicale.

Ma la canzone napoletana è stata sicuramente resa celebre[12] soprattutto da grandi tenori come Caruso e Gigli che l'hanno amata e interpretata in modo magnifico. Oggi è Luciano Pavarotti che canta canzoni napoletane nei suoi concerti in tutto il mondo. Nei concerti realizzati dai tre famosi tenori, José Carreras, Placido Domingo e Luciano Pavarotti, in occasione dei mondiali[13] di calcio in Italia, in America e in Francia, che sono divenuti un appuntamento[14] musicale di primo piano,[15] le canzoni napoletane hanno avuto ampio spazio.[16]

Oltre al già ricordato «O sole mio», è molto conosciuta «Funiculì Funiculà», che è un'aria allegra, scritta nel 1880 per l'inaugurazione della prima funicolare[17] che portava al Vesuvio.

Enrico Caruso, un grande interprete dell'opera e della canzone napoletana

[1]più... *best known* [2]largamente... *widely seen* [3]*masterpieces* [4]*Abroad* [5]*besides* [6]in... *in as much as* [7]inno... *national anthem* [8]*background* [9]*sunsets* [10]*betrayals* [11]si... *renews itself and remains vital* [12]resa... *made famous* [13]*world championships* [14]*event* [15]di... *of the first magnitude* [16]ampio... *wide exposure* [17]*cable-car*

E ora a te

Capire

Unisci ciascuna parte di frase del gruppo di sinistra con una delle parti del gruppo di destra in modo da ottenere delle informazioni che riguardano il testo che hai letto.

Molte parole della musica…
L'opera lirica…
La canzone napoletana…
Molti famosi tenori…
«O Sole Mio»…
Tra i grandi maestri dell'opera lirica…
I testi delle canzoni napoletane…
«Volare»…

evoca l'Italia anche per gli italiani.
cantano canzoni napoletane.
ci sono molti italiani.
è il genere di musica italiana più famoso.
sono italiane.
è il genere di musica più difficile.
è considerata la canzone tipica italiana.
cantano solo l'opera lirica.
esprimono passioni romantiche.
sono napoletane.
è tradotta in tutte le lingue.
è una canzone allegra.

Scrivere

Qual è il genere musicale che preferisci? Scrivi un breve testo (80–100 parole circa) sul genere musicale che ami di più o che conosci meglio. Puoi seguire questa traccia.

—definizione del genere musicale e sua diffusione nel mondo
—collocazione del genere musicale nel tempo
—artisti che hanno contribuito all'affermazione di questo genere musicale
—motivi della vostra particolare conoscenza di questa musica
—modi con cui coltivi i tuoi interessi musicali (acquisto di dischi e Cd, presenza ai concerti)…

In ascolto

Che bella voce! Francesca e Luca parlano di una diva del mondo lirico. Ascolta con attenzione e poi correggi le frasi sbagliate.

1. La diva di cui (*about whom*) parlano è una soprano.
2. È una specialista della musica romantica e interpreta bene Verdi.
3. Luca ha avuto la fortuna di ascoltare questa cantante in un'opera di Puccini.
4. Francesca l'ha vista in un'opera al Teatro dell'Opera di Roma.
5. Questa diva ha un grande successo negli Stati Uniti.

Videoteca

Muoviti!°
Un menu speciale

Get moving!

Roberto e Enzo partono per Napoli. Mentre corrono verso il treno, Carla si trova in cucina a Vietri con lo chef a controllare quello che c'è da mangiare per la clientela.

ESPRESSIONI UTILI

sbrigati! hurry up!
Sto controllando I'm checking
le mutande underpants
meno male! thank goodness!
La fretta accorcia la vita Hurrying shortens your life

Ci tengo alla vita, io! I want to live!
spigole, dentici, orate, qualche cefalo e uno scorfano sea bass, snapper, gilthead snapper, grey mullet and a scorpion-fish
Non ce la faccio più! I can't take it anymore!

DAL VIDEO

CARLA: E pasta, di pasta ne abbiamo?

CAPOCUOCO: Certo che abbiamo la pasta. Ci tengo alla vita, io. Provi Lei a dire a un cliente affamato che abbiamo finito la pasta. Un americano potrebbe anche perdonarlo. Un italiano… mai!

PREPARAZIONE

Metti in ordine le scene del primo incontro:
_____ il treno che parte per Napoli
_____ fuori dall'appartamento di Fabio e Enzo
_____ il treno che arriva a Bologna
_____ Enzo e Roberto che scendono dal taxi

Funzione: Specificare le persone e le cose

COMPRENSIONE

1. Che fa Fabio prima dell'arrivo del treno alla stazione di Bologna?
2. Che tipi di carne ha lo chef? E di frutta?
3. Perché ci tiene alla vita lo chef?

ATTIVITÀ

Da fare in due squadre. Dividetevi in due squadre. Una squadra dovrebbe pensare a un individuo abbastanza conosciuto. L'altra squadra dovrebbe indovinare chi è quest'individuo. Alcuni esempi di domande: «Come si chiama la città in cui è nato/a?» «Qual è la ditta per cui lavora?» «Chi è la persona che ammira di più?»

Parole da ricordare

VERBI

abituarsi a (+ inf.)	to get used to (doing something)
accettare di (+ inf.)	to accept
allestire (uno spettacolo)	to stage (a production)
applaudire	to applaud
avere luogo	to take place
bastare	to be enough
bisognare	to be necessary
comporre (p.p. composto)	to compose
convincere a (+ inf.) (p.p. convinto)	to convince
credere di (+ inf.)	to believe
dare fastidio a	to annoy
dare un'occhiata	to glance at, take a look at
dirigere (p.p. diretto)	to conduct
essere bene	to be good
essere giusto	to be right
fischiare	to boo (lit., to whistle)
forzare a (+ inf.)	to force
incoraggiare	to encourage
innamorarsi di	to fall in love with
mettere in scena	to stage, put on, produce
obbligare a (+ inf.)	to obligate
permettere di (+ inf.)	to permit
persuadere a (+ inf.)	to persuade
promettere di (+ inf.)	to promise
recitare	to act, play a part
*riuscire a (+ inf.)	to succeed
spedire (isc)	to send
sperare di (+ inf.)	to hope to (do something)
spingere	to push

NOMI

l'aria	aria
l'autore / l'autrice	author
il balletto	ballet
il baritono	baritone
il basso	bass
il/la cantante	singer
il cantautore / la cantautrice	singer-songwriter
la canzone, la canzonetta	song
la commedia	comedy
il compositore / la compositrice	composer
il coro	choir, chorus
il direttore d'orchestra	conductor
il fumatore	smoker
il melodramma	opera
la musica leggera	pop music
il/la musicista	musician
l'opera	opera
il palcoscenico	stage
la prima	opening night
la rappresentazione teatrale	play, performance
il/la regista	film or theater director
il/la soprano	soprano
lo spettacolo	show
lo stereotipo	stereotype
lo stile	style
il tenore	tenor
il tipo	type, kind, sort
la tragedia	tragedy
la voce	voice

AGGETTIVI

dilettante	amateur
lirico (m. pl. lirici)	operatic
proprio	one's own

ALTRE PAROLE ED ESPRESSIONI

che	who, whom; that, which
ciò che	that which, what
comunque	however, nevertheless
cui	whom, which
di professione	as a profession, professional
per caso	by any chance
per niente	at all
quello che	that which, what

---

*Words identified with an asterisk (*) are conjugated with **essere**.

Capitolo 15
Chi fu Dante?

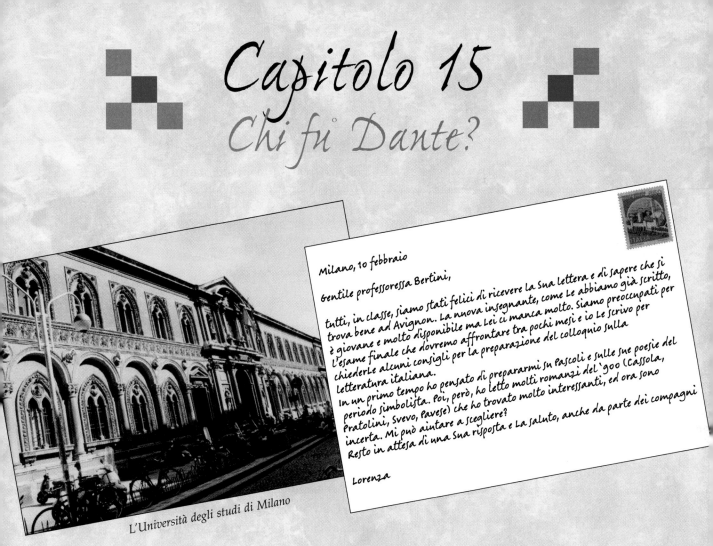

L'Università degli studi di Milano

Milano, 10 febbraio

Gentile professoressa Bertini,

tutti, in classe, siamo stati felici di ricevere la Sua lettera e di sapere che si trova bene ad Avignon. La nuova insegnante, come Le abbiamo già scritto, è giovane e molto disponibile ma Lei ci manca molto. Siamo preoccupati per l'esame finale che dovremo affrontare tra pochi mesi e io Le scrivo per chiederLe alcuni consigli per la preparazione del colloquio sulla letteratura italiana.

In un primo tempo ho pensato di prepararmi su Pascoli e sulle sue poesie del periodo simbolista. Poi, però, ho letto molti romanzi del '900 (Cassola, Pratolini, Svevo, Pavese) che ho trovato molto interessanti, ed ora sono incerta. Mi può aiutare a scegliere?

Resto in attesa di una Sua risposta e La saluto, anche da parte dei compagni

Lorenza

IN BREVE

was

Vocabolario

Lezione 1

Dialogo-Lampo

Dal fiorentino all'italiano moderno

PROFESSORESSA GORI: Lorenzo, puoi dirmi quanti italiani parlavano davvero* l'italiano nel 1861, al momento dell'Unificazione?

LORENZO: Secondo il libro, solo il 2,5 per cento. L'italiano, come lo chiamiamo oggi, corrispondeva al dialetto fiorentino, e nella penisola[†] era principalmente una lingua scritta, non parlata.

PROFESSORESSA GORI: Perché il fiorentino è diventato[‡] la lingua nazionale?

LORENZO: Era più prestigioso di altri dialetti in Italia perché aveva una sua letteratura, con Dante, Petrarca, Boccaccio… E gli abitanti del resto d'Italia hanno dovuto impararlo a scuola come una lingua straniera.

PROFESSORESSA GORI: E adesso?

LORENZO: Adesso tutti gli italiani parlano italiano. Anche la lingua italiana si è un po' trasformata, e molte parole ed espressioni dei dialetti delle varie regioni fanno parte del patrimonio[§] linguistico nazionale… .

1. Quanti italiani parlavano italiano nel 1861? Perché?
2. Perché il fiorentino è diventato una lingua nazionale?
3. Dove hanno imparato l'italiano gli abitanti del resto della penisola italiana?
4. Cos'è l'italiano adesso?

Arte, letteratura e archeologia

ARTE E LETTERATURA

l'affresco fresco
l'argomento subject, topic
il capolavoro masterpiece
il dipinto painting (*individual work*)
la novella short story
l'opera artwork
il paesaggio landscape
la pittura painting (*in general*)
la poesia poetry; poem

il/la protagonista protagonist
il quadro painting (*individual work*)
il racconto short story
il restauro restoration
la rima rhyme
il ritratto portrait
il romanzo novel
il tema theme

costruire (isc) to build
scolpire (isc) to sculpt

---

*really, genuinely
[†]peninsula
[‡]è… became
[§]fanno… are part of the heritage

ARCHEOLOGIA

l'archeologo / l'archeologa (*pl.,* **gli archeologi**) archeologist
le rovine, i ruderi ruins, remains
lo scavo archeologico archeological dig

ARTISTI E LETTERATI

l'architetto architect
il pittore / la pittrice painter
il poeta (*pl.,* **i poeti**) / **la poetessa** poet
lo scrittore / la scrittrice writer
lo scultore / la scultrice sculptor

PERIODI DELLA STORIA E DELL'ARTE ITALIANA

il Medioevo the Middle Ages (733–1450)
il Rinascimento the Renaissance (1350–1600)
il Barocco the Baroque period (1600–1700)
l'Illuminismo the Enlightenment (1700–1800)
il Risorgimento the Risorgimento or Revival (movement for Italian political unity, 1815–1861)
l'età moderna / la modernità the modern period
il postmoderno the postmodern period

Parole-extra

il brano extract, selection, passage
citare to quote
la citazione quotation
fare/scrivere una relazione to write a paper, a report
fare/scrivere un riassunto to write a summary
la relazione paper, report
riassumere to summarize
il riassunto summary
la ricerca research

Esercizi

A. In altre parole. Abbina le parole della colonna A con le definizioni della colonna B.

A	B
1. _____ un affresco	a. un'opera in rima
2. _____ un capolavoro	b. quello che resta di una civiltà
3. _____ un racconto	c. un personaggio principale
4. _____ un quadro	d. la migliore opera di un (un') artista
5. _____ una poesia	e. una rappresentazione di una persona
6. _____ un ritratto	f. un dipinto sul muro
7. _____ un protagonista	g. una breve storia
8. _____ le rovine	h. un dipinto

B. Quiz-lampo. Di' in poche parole cosa fanno questi artisti e professionisti.

ESEMPIO: l'architetto →
L'architetto costruisce edifici.

1. la scultrice e lo scultore
2. il poeta e la poetessa
3. il pittore e la pittrice
4. l'archeologo e l'archeologa
5. la scrittrice e lo scrittore

Grammatica

Lezione 2

A. Passato remoto

La professoressa Marcenaro inizia la sua lezione.

«Oggi vi parlerò di Michelangelo, di questo grandissimo artista che si affermò come pittore, scultore, architetto ed anche come poeta. Studiò con il Ghirlandaio e poi lavorò per principi, duchi, vescovi e papi. La sua opera più famosa sono gli affreschi della volta della Cappella Sistina. Questo immenso lavoro che Michelangelo volle eseguire senza alcun aiuto durò ben quattro anni (1508–1512). Gli affreschi illustrano episodi del Vecchio Testamento e culminano con il Giudizio Universale… »

Michelangelo, Sibilla libica (Libyan prophetess), *c. 1510**

The **passato remoto** is another past tense that reports actions completed in the past. Unlike the **passato prossimo**, the **passato remoto** is a one-word tense. In northern Italy, its use is largely limited to literature. However, a few verbs in the **passato remoto,** such as **dissi (dire),** are used frequently in spoken Italian. In the south, by contrast, the **passato remoto** is more widely used in speech than the **passato prossimo.**

1. With the exception of the third-person singular, all persons of the **passato remoto** retain the characteristic vowel of the infinitive. The third-person singular ending of regular **-are** verbs is **-ò,** that of **-ere** verbs is **è,** and that of **-ire** verbs is **-ì.**

LAVORARE	CREDERE	FINIRE
lavorai	credei	finii
lavorasti	credesti	finisti
lavorò	credè	finì
lavorammo	credemmo	finimmo
lavoraste	credeste	finiste
lavorarono	crederono	finirono

Professor Marcenaro begins her lesson. "Today I will tell you about Michelangelo, about this great artist who excelled as a painter, a sculptor, an architect, and also as a poet. He studied with Ghirlandaio; then he worked for princes, dukes, bishops, and popes. His most famous works are the frescoes on the ceiling of the Sistine Chapel. This immense work that Michelangelo insisted on completing with no help took four full years (1508–1512). The frescoes illustrate episodes from the Old Testament and culminate with the Last Judgment. . . . "

*Detail of a fresco (before recent restorations) on the ceiling of the Sistine Chapel, Vatican City, Rome. (Photo: Scala / Art Resource, New York)

Giotto affrescò la Cappella dell'Arena intorno al 1305. Petrarca finì *Il Canzoniere* nel 1374.	*Giotto frescoed the Arena Chapel around 1305. Petrarca finished* The Canzoniere *in 1374.*

2. The **passato remoto** of **essere, dare, dire, fare,** and **stare** is irregular in all persons.

ẸSSERE	DARE	DIRE	FARE	STARE
fui	diedi	dissi	feci	stetti
fosti	desti	dicesti	facesti	stesti
fu	diede	disse	fece	stette
fummo	demmo	dicemmo	facemmo	stemmo
foste	deste	diceste	faceste	steste
fụrono	diẹdero	dịssero	fẹcero	stẹttero

—Allora dissi risoluto a mia moglie: o fuori il cane, o fuori tu!

3. Only a few **-ere** verbs are regular in the **passato remoto,** as shown in point 1 (**dovere, credere, ricevere, vendere**). Most are irregular in a 1–3–3 pattern: that is, they are irregular only in the first- and third-person singular and the third-person plural.

a. Most irregular verbs are divided into two groups: those whose accent falls on the **-ere** ending, such as **avEre,** and those with the accent on the root, such as **LEGgere.** The irregular stems of most verbs that resemble **avere** double the final consonant. The stem of verbs that resemble **leggere** changes to **-s-, -ss-, -ns-,** or **-rs.**

PASSATO REMOTO			
avere *(irregular stem:* **ebb-***)*		**leggere** *(irregular stem:* **less-***)*	
ebbi	avemmo	**lessi**	leggemmo
avesti	aveste	leggesti	leggeste
ebbe	**ẹbbero**	**lesse**	**lẹssero**

Other verbs like **avere:**

bere *bevvi*
cadere *caddi*
piacere *piacqui*
sapere *seppi*
vedere *vidi*
venire *venni*
volere *volli*

conọscere *conobbi*
nạscere *nacqui*

Other verbs like **leggere:**

chiẹdere *chiesi*
corrẹggere *corressi*
decịdere *decisi*
dipịngere *dipinsi*
discụtere *discussi*
pẹrdere *persi*
piạngere *(to cry) piansi*
prẹndere *presi*
ridere *(to laugh) risi*
rispọndere *risposi*
scrịvere *scrissi*
sorrịdere *(to smile) sorrisi*
succẹdere *successi*
vịncere *vinsi*

Sorrise quando gli **feci** la foto.	*He smiled when I took his picture.*
Prese la penna e **rispose** subito alla lettera.	*She took a pen and answered the letter immediately.*
Roberto **disse** che c'era tanta gente alla festa.	*Roberto said there were lots of people at the party.*

4. To describe a condition or express a habitual or ongoing action in the past, the **imperfetto** is used with the **passato remoto** exactly as it is used with the **passato prossimo**.

Non **comprai / ho comprato** il quadro perché non **avevo** abbastanza soldi.	*I didn't buy the painting because I didn't have enough money.*
Mi **chiesero / hanno chiesto** perché **ridevo**.	*They asked me why I was laughing.*

Esercizi

A. **Le persone famose.** Abbina la persona con la sua descrizione.

1. Era uno scrittore italiano che visse nel Medioevo e scrisse la *Divina Commedia*.
2. Era un inventore che inventò la radio.
3. È l'esempio eterno dell'umiltà (*humility*) umana.
4. Era un generale e politico romano.
5. Era l'eroe dell'unità d'Italia.
6. Era il signore di Firenze durante il Rinascimento.
7. Era un artista famosissimo del Rinascimento che lavorò per i Medici. Fece il *David*.
8. Questa persona dimostrò che la terra gira intorno (*around*) al sole.
9. Era un pittore del Medioevo che fece molti affreschi ad Assisi.
10. Era un musicista che scrisse tante opere—una delle più famose è *Aida*.
11. Era di Venezia. Scrisse tante opere teatrali—due delle più famose sono *La locandiera* e *La bottega del caffè*.

a. Galileo Galilei
b. Giuseppe Verdi
c. Giotto
d. Michelangelo
e. Carlo Goldoni
f. Lorenzo de' Medici
g. Giulio Cesare
h. San Francesco
i. Giuseppe Garibaldi
j. Guglielmo Marconi
k. Dante Alighieri

B. Un po' di tutto. Sostituisci il **passato remoto** con il **passato prossimo.**

ESEMPIO: Quando vide la statua, la comprò subito. →
            Quando ha visto la statua, l'ha comprata subito.

1. Dove nacque e dove morì Raffaello?
2. Presero l'autobus per andare agli scavi; non andarono a piedi.
3. A chi diedi il biglietto di ingresso (*entrance*)?
4. Cercammo di entrare nel museo ma non potemmo.
5. La guida aprì la porta e noi ammirammo (*admired*) i dipinti.
6. Ebbero molti problemi prima della mostra.
7. Visitai le mostre più importanti.
8. Agli Uffizi Rachele vide molti quadri di Botticelli.
9. In Italia le ragazze presero lezioni di scultura.
10. I signori Contrada seguirono un corso di archeologia molti anni fa.

C. San Francesco: povero tra i poveri. Leggi il brano sulla gioventù di Francesco. Trova tutti i verbi al **passato remoto,** e dai la forma equivalente del **passato prossimo.**

Naque ad Assisi nel 1182 e gli fu dato[a] il nome di Giovanni, che in seguito[b] il padre, ricco mercante di stoffe,[c] cambiò in Francesco. Francesco aveva un temperamento sereno e allegro, ma nello stesso tempo fiero;[d] poco più che ventenne[e] partecipò attivamente alle lotte[f] politiche e alle guerriglie[g] comunali del suo tempo. Dopo uno scontro[h] con i perugini,[i] fu fatto prigioniero e conobbe il carcere[j] nella rocca di Perugia. Tornò a casa malato e abbattuto,[k] ma soprattutto profondamente cambiato nel carattere e nello spirito.

[a]fu... *he was given* [b]in... *later* [c]*fabrics* [d]*proud* [e]*twenty years old* [f]*struggles* [g]*skirmishes* [h]*encounter* [i]*soldiers of Perugia* [j]*prison* [k]*dejected*

D. Un'idea luminosa (*bright*). Completa il brano con la forma corretta del verbo tra parentesi—usa **l'imperfetto** o il **passato remoto.**

Un giorno, Bridges, famoso organista e compositore inglese, (trovarsi[a]), a Mosca[b] col suo amico romanziere[c] Player. I due (dovere) andare a Pietroburgo e, dato che (essere) già tardi, (prendere) una carrozza[d] e (gridare) al cocchiere[e] di portarli alla stazione. Ma il cocchiere non (capire) una parola d'inglese, e loro non (conoscere) il russo. Finalmente (avere) un'idea luminosa. Uno (cominciare) a fare con la bocca il rumore di un treno che parte, mentre l'altro (fischiare) con tutta la sua forza. Il cocchiere (fare) segno d'aver capito[f] e (spronare[g]) il cavallo. «È stata una bella idea, la nostra!» (esclamare) Player. «Oh, era una cosa tanto semplice!» (dire) Bridges, tutto soddisfatto. Dieci minuti dopo, la carrozza (fermarsi) davanti a un manicomio.[h]

[a]*to find oneself* [b]*Moscow* [c]*novelist* [d]*coach* [e]*coachman* [f]segno... *sign of having understood* [g]*to spur* [h]*mental hospital*

B. Numeri ordinali

L'ufficio reclami[a] è al
diciottesimo piano...

[a]*complaints*

The Italian ordinal numbers correspond to English *first, second, third, fourth,*
etc.

NUMERI CARDINALI				NUMERI ORDINALI			
1	uno	9	nove	1°	primo	9°	nono
2	due	10	dieci	2°	secondo	10°	decimo
3	tre	11	undici	3°	terzo	11°	undicesimo
4	quattro	12	dodici	4°	quarto	12°	dodicesimo
5	cinque	50	cinquanta	5°	quinto	50°	cinquantesimo
6	sei	100	cento	6°	sesto	100°	centesimo
7	sette	500	cinquecento	7°	settimo	500°	cinquecentesimo
8	otto	1000	mille	8°	ottavo	1000°	millesimo

1. Each of the first ten ordinal numbers has a distinct form. After **decimo,**
   ordinal numbers are formed by dropping the final vowel of the cardinal
   number and adding **-esimo.** Numbers ending in **-tré** and **-sei** retain the
   final vowel.

undici	undic**esimo**
ventitré	ventitre**esimo**
trentasei	trentasei**esimo**

2. Unlike cardinal numbers, ordinal numbers agree in gender and number
   with the nouns they modify.

la prima volta	*the first time*
il centesimo anno	*the hundredth year*

3. As in English, ordinal numbers normally precede the noun. Abbreviations
   are written with a small superscript ° (masculine) or [a] (feminine).

il 5° piano	*the fifth floor*
la 3[a] scala	*the third staircase*

4. Ordinal numbers are used when referring to royalty, popes, and
   centuries. They are usually written as Roman numerals following the
   noun.

Luigi XV (Quindicesimo)	*Louis XV*
Papa Giovanni Paolo II (Secondo)	*Pope John Paul II*
il secolo XIX (diciannovesimo)	*the nineteenth century*

**Si dice così:
i secoli**

Centuries are desig-
nated using ordinal
numbers. Another way
to express centuries be-
ginning with the 1200s
and ending with the
1900s is to specify the
hundreds. Note that the
first letter is capitalized.

1000–1099
l'undicesimo secolo

1100–1199
il dodicesimo secolo

1200–1299
il tredicesimo secolo
il Duecento (il '200)

1300–1399
il quattordicesimo
secolo
il Trecento (il '300)

1400–1499
il quindicesimo secolo
il Quattrocento (il '400)

Esercizi

A. I secoli. Esprimi i secoli con una forma più semplice.

ESEMPIO: il tredicesimo secolo = il Duecento

1. il tredicesimo secolo
2. il quindicesimo secolo
3. il quattordicesimo secolo
4. il diciottesimo secolo
5. il diciasettesimo secolo
6. il diciannovesimo secolo
7. il sedicesimo secolo

B. Ma sì! Answer each question in the affirmative, using an ordinal number.

ESEMPIO: Scusi, è la lezione numero otto? → Sì, è l'ottava lezione.

1. Scusi, è il capitolo numero tredici? **2.** Scusi, è la sinfonia numero nove? **3.** Scusi, è il piano numero quattro? **4.** Scusi, è la scala numero tre? **5.** Scusi, è la fila (*row*) numero sette? **6.** Scusi, è la pagina numero ventisette?

C. Pezzi grossi (*Big shots*). Express each ordinal number.

1. Paolo VI
2. Carlo V
3. Elisabetta II
4. Giovanni Paolo II
5. Giovanni XXIII
6. Enrico IV
7. Enrico VIII
8. Luigi XIV

Nota culturale
Dante e le sue opere

Dante Alighieri nacque nel 1265 da una famiglia della piccola nobiltà di Firenze, che era allora una delle città più importanti d'Europa.

Diventò Priore[1] del Comune di Firenze nel 1300, ma un anno dopo i rappresentanti del partito avverso[2] riuscirono ad avere il dominio[3] di Firenze. Dante, ingiustamente accusato di gravi colpe,[4] dovette andare in esilio,[5] dove rimase fino alla morte.

Da giovane Dante partecipò al gruppo dei poeti del «dolce stil novo» che, nelle loro poesie, cantavano l'amore per la donna idealizzata, che per Dante fu Beatrice. In un'importante opera teorica scritta in latino, il *De vulgari eloquentia*, difese la lingua parlata dal popolo[6] (volgo), cioè i dialetti delle diverse regioni. Per questi suoi pensieri e perché contribuì ad affermare il dialetto fiorentino come lingua nazionale, viene considerato[7] il padre della lingua italiana.

L'opera maggiore di Dante è la *Divina Commedia*. È un'opera in versi divisa in tre parti, l'*Inferno*, il *Purgatorio* e il *Paradiso*,* in cui il poeta descrive un suo viaggio attraverso i tre regni dell'aldilà[8] e gli incontri con tantissimi personaggi famosi, vissuti in tempi più o meno lontani.

Dante's Dream at the Time of the Death of Beatrice, *dipinto da Dante Gabriel Rossetti (1856)*

[1]*Magistrate* [2]*partito... opposing political party* [3]*control* [4]*crimes* [5]*exile* [6]*populace* [7]*viene... he is considered* [8]*of the afterlife*

---

*The poem's three parts correspond to the three realms of life after death, according to Roman Catholic doctrine.

Saluti e baci

Folla di turisti davanti alla *Gioconda di Leonardo*, al Louvre a Parigi

Avignon, 20 febbraio

Cara Lorenza,

grazie per i saluti e le belle parole.

Sento che siete tutti molto preoccupati per la prova che vi aspetta, ma sono sicura che la nuova insegnante vi preparerà bene. Per quanto riguarda i tuoi dubbi, Lorenza, ti suggerisco di scegliere un argomento facile, e che ti piace molto, per iniziare il tuo colloquio orale. Perché, invece di un singolo autore, non prepari un movimento letterario del '900: simbolismo, surrealismo, futurismo? Puoi, in questo modo, ampliare il tuo discorso ad altre forme artistiche, ed anche a eventi storici e politici. Naturalmente dovrai essere preparatissima sugli autori di quel periodo, ma così, probabilmente, non ti chiederanno autori studiati negli anni precedenti, come Dante, che ti è sempre rimasto difficile. State comunque tranquilli e scrivetemi ogni volta che avete bisogno.

Con affetto
Anna Bertini

Puoi trovare gli equivalenti inglesi delle corrispondenze contenute nel *In giro per l'Italia* sul nostro sito Internet a www.mhhe.com/ingiro.

Ritratto

Dario Fo
attore, regista e autore di teatro lombardo, 1926–

Nasce a Varese e comincia presto a recitare e a scrivere testi per radio. Crea, con la moglie e attrice Franca Rame, un gruppo teatrale che diventerà sempre più famoso. È un attore straordinario e un autore impegnato[1] nella denuncia[2] sociale e politica. Molto famoso e apprezzato anche all'estero, ha ricevuto nel 1997 il Premio Nobel per la letteratura.

Tra le sue opere più famose: *Isabella, tre caravelle e un cacciaballe*[3] e *Morte accidentale di un anarchico.*[4]

[1]*politically engaged* [2]*denunciation* [3]*Isabella…* Isabella, Three Caravels, and a Lie-Catcher [4]*Morte…* Accidental Death of an Anarchist

In giro per le regioni

La Lombardia

La Lombardia è una regione di laghi, e ce ne sono veramente molti, notevolmente il lago di Como, una parte del lago Maggiore e una parte del lago di Garda. Su questi laghi ci sono bellissime località, turistiche, verdi d'inverno e fiorite[1] d'estate. La Lombardia è anche una delle regioni più ricche d'Italia. L'agricoltura è molto produttiva perché i terreni della pianura padana[2] sono fertili e l'industria è assai sviluppata.

Milano, il capoluogo di regione, è la seconda città, dopo Roma, per numero di abitanti (circa 4.000.000). È sede di tante grandi industrie ed è anche la capitale italiana della finanza; è una città molto funzionale per quanto riguarda i servizi e molto vivace dal punto di vista culturale. Chi arriva per la prima volta a Milano ha l'impressione di essere in una capitale europea piuttosto che in una città italiana, poiché[3] Milano assomiglia molto di più a Londra che a Roma o a Napoli. Il vero centro della città è costituito dalla piazza del Duomo, dalla Galleria, che è come un grande ed elegante salotto, e dalla piazza nella quale si trova il famosissimo teatro della Scala, forse il teatro più importante del mondo per l'opera lirica.

[1]*in bloom* [2]*pianura… plains of the Po river* [3]*since*

L'ITALIA VIRTUALE

Per indirizzi di vari siti Internet ed ulteriori esercizi per imparare di più sulla **Lombardia**, visita il sito Internet di *In giro per l'Italia* a www.mhhe.com/ingiro.

Grammatica

Lezione 3

C. *Volerci* vs. *metterci*

••••••••••••••••••••••••••••••••••••••

—Quanto ci vuole per arrivare a Cutrofiano?

—Dipende da quale strada sceglie. Potrebbe metterci mezz'ora o potrebbe metterci due ore.

••••••••••••••••••••••••••••••••••••••

Two verbs, **volerci** and **metterci,** can be used in Italian to express the amount of time it takes to perform an activity. English has only one, *to take. It takes two hours to get there.*

1. The subject of **volerci** is the amount of time in question. **Volerci** can be conjugated in all tenses, but it has only third-person forms, singular (**ci vuole, ci vorrà, ci è voluto,** etc.) for one hour, and plural (**ci vogliono, ci vorranno, ci sono voluti,** etc.), for two or more hours. Notice that **volerci** takes **essere** in compound tenses.

Ci vuole un'ora per fare quella torta.	*It takes an hour to make that cake.*
Ci vogliono tre ore e mezzo per andare a Milano da qui.	*It takes three-and-one-half hours to get to Milan from here.*
Ci vogliono tre ore per andare a Napoli in macchina mentre in treno **ce ne vorrebbero** cinque.	*It takes three hours to go to Naples by car, while it would take five hours by train.*

Volerci can also be used to express the number of objects or people needed.

Ci vuole un po' di zucchero.	*It needs a little sugar.*
Ci sono voluti tre uomini per spostare quel divano.	*It took three men to move that couch.*
Ci vorranno otto scatole.	*It will take eight boxes.*
Ci vuole una busta per questi fogli.	*One envelope is needed for these papers.*

2. The subject of the verb **metterci** is the person performing the action. Thus **metterci** can be conjugated in all persons and tenses. **Metterci** takes **avere** in compound tenses.

Ci hanno messo tre ore per scrivere la relazione.	*They took three hours to write the paper.*
Tu sei lento! Io ci **metterei** mezz'ora per pulire questa casa!	*You are slow! I would take a half-hour to clean this house!*
Ci metteremo circa due mesi per finire la casa.	*We will take about two months to finish the house.*

—How long does it take to get to Cutrofiano?
—It depends on which road you choose. It could take half an hour, or it could take two hours.

Esercizi

A. Quanto ci vuole? Dà risposte logiche.

1. Ci vogliono _____ studenti per cambiare una lampadina (*light bulb*).
2. Ci vogliono _____ ore per andare da New York a Roma in aereo.
3. Ci vogliono _____ ore per andare da Washington D.C. a Seattle in aereo, ma ci vorrebbero _____ ore in macchina.
4. Gli studenti ci metteranno _____ minuti per fare il quiz di questo capitolo.
5. Ci metto _____ minuti la mattina per prepararmi.
6. Ci vorranno _____ anni per creare una macchina che non consuma benzina.

B. La forma è giusta! Completa le frasi con la forma giusta del verbo.

1. Roberto (ci mette / ci mettono) due ore per preparare il poster per la festa.
2. Secondo mio padre, (ci vuole / ci vogliono) mezz'ora per andare in centro in bici.
3. L'anno prossimo, (ci mettono / ci vorranno) otto studenti per lo spettacolo.
4. L'anno scorso i ragazzi (ci volevano / ci mettevano) due ore per andare a Napoli; ora con l'autostrada nuova, loro (ci vuole / ci mettono) un'ora.
5. Con il treno (ci vorrebbe / ci vorrebbero) due ore per andare da Firenze a Bologna, ma con la macchina (ci vuole / ci vogliono) un'ora e mezzo.

C. Siete d'accordo? Con un compagno / una compagna, indovinate quanto ci vorrà per fare queste attività. Paragonate le vostre risposte con quelle di un altro gruppo. (Usiamo il futuro perché non siamo certi delle risposte.)

ESEMPIO: persone per costruire una casa →
    s1: Quante persone ci vorranno per costruire una casa?
    s2: Boh, ci vorranno cento persone.

1. persone per spostare una macchina
2. etti di farina per fare una torta al cioccolato
3. autobus per portare 100 studenti ad un museo
4. ore per dipingere la Cappella Sistina
5. lampadine sull'albero nazionale di Natale della Casa Bianca
6. poliziotti ad un concerto dei Red Hot Chili Peppers
7. benzina per riempire il serbatoio (*gas tank*) di una Ferrari

D. Quanto ci metti? Chiedete ad un compagno / una compagna quanto ci mette per andare a scuola a piedi, pulire la casa, fare i compiti di italiano, fare colazione, fare la doccia, lavare i piatti, eccetera.

ESEMPIO: s1: Quanto ci metti per andare in centro?
    s2: Ci metto 45 minuti perché vado a piedi.

Piccolo ripasso

■ ■

A. Oggi e ieri. Esprimi le frasi con il **passato prossimo** e l'**imperfetto**, e poi con il **passato remoto** e l'**imperfetto**.

ESEMPIO: Non visito gli scavi perché sono stanco. →
Non ho visitato gli scavi perché ero stanco.
Non visitai gli scavi perché ero stanco.

1. Gli chiedo se studia il Medioevo.
2. Mi risponde che preferisce il Rinascimento.
3. Non andiamo alla conferenza perché dobbiamo finire la ricerca.
4. Non leggono romanzi perché preferiscono racconti brevi.
5. Dici che ti piacciono molto i paesaggi.

B. Qualcosa su Goldoni. Completa il brano con la forma corretta del verbo tra parentesi. Usa l'**imperfetto** o il **passato remoto**; puoi sostituire il **passato remoto** con il **passato prossimo**.

Lo zio Pasquale (chiamare)[1] il nipote Luigino e (incominciare)[2] una lezione di letteratura italiana.

«Oggi ti parlerò di un grande commediografo italiano.» Luigino (esclamare)[3] subito: «Vuoi dire Carlo Goldoni!» Lo zio (apprezzare[a])[4] l'intervento del nipote e (continuare)[5]: «Figlio di un medico, Carlo Goldoni (nascere)[6] a Venezia nel 1707. (Studiare)[7] prima a Perugia, poi a Rimini e poi all'Università di Pavia. (Laurearsi)[8] in legge a Padova ma non (esercitare[b])[9] la professione di avvocato perché (avere)[10] una grande passione per il teatro. La sua prima opera importante (essere)[11] *La vedova scaltra,[c]* a cui (seguire)[12] rapidamente molte altre, come *La bottega[d] del caffè, La famiglia dell'antiquario, La locandiera.[e]*»

«Nel 1762 (trasferirsi)[13] a Parigi, dove nel 1787 (pubblicare)[14] i tre volumi delle *Mémoirs* con cui (finire)[15] la sua carriera di scrittore. (Essere)[16] un grande nel campo letterario italiano.»

[a]*to appreciate* [b]*to practice* [c]*La...* The Shrewd Widow [d]*shop* [e]*innkeeper*

C. Il tempo vola (*flies*). Completa con la forma corretta di **volerci**.

1. _____ quattro ore per preparare il tacchino (*turkey*).
2. L'anno prossimo _____ molti ragazzi per completare il progetto.
3. Ieri, _____ tre meccanici per riparare la mia macchina.
4. _____ una persona simpatica e allegra per fare questo lavoro.
5. Tanti anni fa, prima che esistessero (*existed*) gli aerei, _____ molto tempo per viaggiare da una città ad un'altra.

Soprintendenza Archeologica di Pompei
Scavi di Pompei
Audioguide
Adulti - 25%
Euro 3,87   L. 7.500
Op. 2   16/08/01 14:02   Tr. 01306
Audiovideofono - ESPRO - Infotour
100 Euro will be charged for any damage

Invito alla lettura

Il Cenacolo° di Leonardo

Il... The Last Supper

Prospettive

L'Italia ha avuto tanti artisti che hanno regalato al mondo[1] capolavori di straordinaria bellezza come le opere di Giotto, Raffaello, Michelangelo e Bernini, che quasi tutti conoscono e ammirano.

Ma uno degli uomini più geniali[2] di tutti i tempi è stato forse Leonardo da Vinci. Leonardo, come la maggior parte dei grandi uomini del Rinascimento, conosceva molte discipline e seppe realizzare grandi opere in campi diversi. Fu pittore, scultore, architetto, matematico, ingegnere, fisico, musicista e filosofo. Ci ha lasciato capolavori di pittura e scultura, progetti di macchine da guerra e di ingegneria idraulica,[3] studi importanti come quelli sul volo dell'uomo.

Nacque a Vinci, vicino a Firenze, nel 1452 e si formò come pittore alla scuola fiorentina di Andrea del Verrocchio. A quei tempi gli artisti avevano bisogno della protezione di re e signori[4] per poter lavorare, e Leonardo passò la sua vita tra la corte fiorentina, quella milanese[5] e quella di Francia. A Firenze realizzò il suo dipinto più famoso, *la Gioconda*.* Il sorriso misterioso della *Gioconda* fa capire che Leonardo non si limitava a ritrarre ciò che vedeva, ma cercava di trasmettere nei dipinti l'interiorità delle persone.

Leonardo passò diversi anni alla corte milanese dove il duca Ludovico il Moro apprezzò il suo lavoro e lo protese. A Milano si trova un altro dei capolavori di pittura di Leonardo, *il Cenacolo*. L'affresco, realizzato nella sala dove mangiavano i frati del convento di Santa Maria delle Grazie, rappresenta l'Ultima Cena di Gesù con gli Apostoli.[6]

Esperti ammirano il restauro (1999) dell'Ultima Cena di Leonardo da Vinci

Si racconta che quando Leonardo era al convento per dipingere l'affresco, il capo del convento, il frate priore,[7] non era contento del suo lavoro perché lo vedeva stare molto tempo a pensare,[8] senza prendere i pennelli[9] in mano. Il priore si lamentò della lentezza[10] di Leonardo con Ludovico il Moro e l'artista dovette dare delle spiegazioni. «Quando non uso i pennelli—disse—faccio il lavoro maggiore. Devo trovare le idee per poi realizzarle. Devo dipingere Cristo e Giuda[11] ed immaginare questi personaggi richiede molto tempo. Però potrei dare a Giuda il volto del priore[12]...» Leonardo era molto intelligente e il suo modo di conversare, che era molto brillante, piaceva a tutti, in modo particolare a Ludovico il Moro, che perdonò così all'artista la sua lentezza.

Il Cenacolo di Leonardo è stato restaurato di recente con tecniche moderne, e vale la pena[13] di fare una gita a Milano solo per vedere questo splendido affresco.

[1]*world* [2]*talented, inspired* [3]*hydraulic* [4]*gentlemen, lords* [5]quella... *that of Milan (its court)* [6]l'Ultima... *Jesus' Last Supper with the Apostles* [7]frate... *abbot* [8]lo... *he saw him standing a long time thinking* [9]*brushes* [10]*slowness* [11]*Judas* [12]il... *the face of the abbot* [13]vale... *it's worth the trouble*

*The *Mona Lisa*, known to Italians as *la Gioconda* (the happy woman) or *Monna* (Signora) *Lisa*.

E ora a te
Capire

Completa.

1. Leonardo è considerato un grande genio perché
   a. dipinse molto giovane *la Gioconda.*
   b. lasciò grandi opere in campi molto diversi.
   c. si formò come pittore senza frequentare una scuola.
   d. studiò la possibilità di costruire macchine di guerra.
2. Nel Rinascimento gli artisti non potevano lavorare
   a. fuori dalle mura cittadine.
   b. senza il permesso del papa.
   c. fuori dalle corti reali.
   d. in modo autonomo.
3. Il frate priore di Santa Maria delle Grazie non era contento di Leonardo perché
   a. non preparava bene l'affresco.
   b. pensava troppo alle donne.
   c. non usava bene i pennelli.
   d. era troppo lento nel lavoro.
4. Leonardo disse a Ludovico il Moro che
   a. non riusciva a dipingere Gesù e Giuda.
   b. non trovava dei modelli adatti per gli Apostoli.
   c. impiegava molto tempo per immaginare i dipinti.
   d. non poteva usare i pennelli per troppe ore al giorno.
5. Secondo voi, Leonardo pensò di dare a Giuda il volto del priore perché
   a. voleva vendicarsi del comportamento inopportuno del priore.
   b. tutti dicevano che il priore aveva una faccia da traditore.
   c. voleva avere dei modelli reali per i suoi dipinti.
   d. il priore aveva avuto un comportamento da traditore.

Scrivere

Hai mai visto *il Cenacolo* o *la Gioconda* di Leonardo? Prendi una riproduzione o una foto di una di queste opere, osservala e descrivila.

> *Il Cenacolo / La Gioconda* rappresenta _____.
> I colori sono _____.
> Il volto di _____ è _____.

In ascolto

Una visita a Firenze. Antonella e Pasquale parlano davanti a Palazzo Vecchio, a Firenze. Ascolta attentamente, poi completa le seguenti frasi.

1. Antonella voleva visitare Palazzo Vecchio ma _____.
2. Piazza della Signoria era stata trasformata in _____.
3. Dall'alto la gente poteva vedere _____.
4. C'erano rovine del _____ e alcune più antiche del periodo etrusco.
5. Il Bargello è _____.

Videoteca

Cosa fare in viaggio
Dei tifosi spudorati°

Dei... Shameless fans

Roberto e Enzo sono in viaggio verso Napoli. Parlano con un signore mentre legge un giallo di Agatha Christie. Dopo aver fatto uno scherzo al signore, girano per il treno e scoprono Fabio, il controllore, preso dalla partita di calcio.

ESPRESSIONI UTILI

(un libro di) spionaggio spy (novel)
la fantascienza science fiction
la saggistica nonfiction
Mi appassionano. They fascinate me.
Dice sul serio? Are you serious?
Lo giuro. I swear.
ribadisco I confirm

non c'entra niente has nothing to do with
ho tirato a indovinare I tried to guess
apposta on purpose
il disturbo arrecatoLe the disturbance (we) caused you
tendenzioso biased
io sono costretto a I'm forced to
attrezzarmi to get ready, to equip myself

DAL VIDEO

ROBERTO: Ma a Lei piacciono solamente i libri gialli oppure legge anche qualcos'altro? Non so, avventura, spionaggio alla Carré, guerra, fantascienza all'Asimov... O magari saggistica...
SIGNORE: Mi piacciono solo i romanzi gialli, va bene?
ROBERTO: Perché?
SIGNORE: Mi appassionano.

Funzione: Raccontare al passato

PREPARAZIONE

1. Al signore che legge sul treno piacciono solo i libri
   a. di spionaggio. **b.** di fantascienza. **c.** gialli.
2. Sa chi è l'assassino
   a. Roberto. **b.** il signore. **c.** nessuno.
3. Santoni è il... di Fabio.
   a. figlio **b.** nipote **c.** fratello

COMPRENSIONE

1. Cosa fanno Roberto e Enzo per scusarsi con il signore?
2. Quando fanno le partite giovanili di calcio?
3. Perché Fabio fa restare i ragazzi a guardare la partita?

ATTIVITÀ

Da fare in gruppi di due o tre. Inventate una favola da raccontare alla classe. La favola dovrebbe avere una morale. Ricordate di usare il passato remoto! Alcune domande da farsi: Chi sono i protagonisti? Dove avviene (*takes place*) la storia? Com'è l'ambiente? Che cosa succede? Qual è la morale della storia?

Parole da ricordare

VERBI

affermarsi	to establish oneself
ammirare	to admire
apprezzare	to appreciate
costruire (isc)	to build
fare parte di	to take part in
metterci (+ *time expression*)	to take (*time*)
piangere (*p.p.* **pianto**)	to cry
ridere (*p.p.* **riso**)	to laugh
scolpire (isc)	to sculpt
sentire parlare di	to hear about
sorridere (*p.p.* **sorriso**)	to smile
trovarsi	to find oneself
volare	to fly
*volerci (+ *time expression*)	to take (*time*)

NOMI

l'abitante (*m./f.*)	inhabitant
l'affresco	fresco
l'archeologia	archeology
l'archeologo / l'archeologa (*pl.,* **gli archeologi**)	archeologist
l'architetto	architect
l'argomento	subject, topic
l'artista (*m./f., m. pl.* **gli artisti**)	artist
il Barocco	the Baroque period
la busta	envelope
il campo	field (*in all senses*)
il capolavoro	masterpiece
il carcere	prison
il dipinto	painting (*individual work*)
il duca	duke
l'età (moderna)	(modern) era, age, period
la fila	row, line
l'Illuminismo	the Enlightenment
l'ingresso	entrance
la lampadina	light bulb
il Medioevo	the Middle Ages
la modernità	the modern period
il mondo	the world
la novella	short story
l'opera	artwork
il papa	pope
la penisola	peninsula (*often referring to Italy*)
il pittore / la pittrice	painter
la pittura	painting (*in general*)
il poeta (*pl.,* **i poeti**) / la poetessa	poet
il postmoderno	the postmodern period
il principe	prince
il/la protagonista	protagonist
il quadro	painting (*individual work*)
il restauro	restoration
la rima	rhyme
il Rinascimento	the Renaissance
il Risorgimento	movement for Italian political unity
il ritratto	portrait
il romanzo	novel
le rovine	ruins, remains
i ruderi	ruins, remains
la scatola	box
lo scavo archeologico	archeological dig
lo scontro	encounter, match; collision
lo scrittore / la scrittrice	writer
lo scultore / la scultrice	sculptor
la scultura	sculpture
il secolo	century
il tema	theme
il vescovo	bishop
la volta	vaulted ceiling

AGGETTIVI

fiero	proud
lento	slow
parlato	spoken

ALTRE PAROLE ED ESPRESSIONI

davvero	really, truly
principalmente	mainly, primarily

---

*Words identified with an asterisk (*) are conjugated with **essere**.

Capitolo 16
Per chi voti?

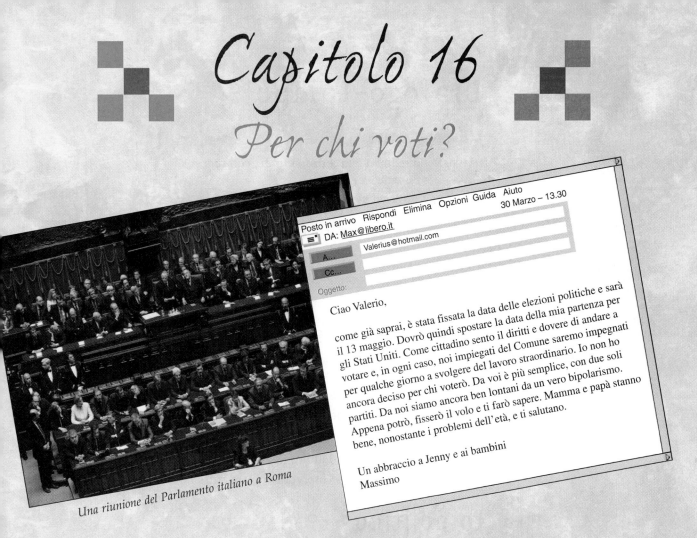

Una riunione del Parlamento italiano a Roma

Posto in arrivo   Rispondi   Elimina   Opzioni   Guida   Aiuto

30 Marzo – 13.30

DA: Max@libero.it

A...   Valerius@hotmail.com

Cc...

Oggetto:

Ciao Valerio,

come già saprai, è stata fissata la data delle elezioni politiche e sarà il 13 maggio. Dovrò quindi spostare la data della mia partenza per gli Stati Uniti. Come cittadino sento il diritti e dovere di andare a votare e, in ogni caso, noi impiegati del Comune saremo impegnati per qualche giorno a svolgere del lavoro straordinario. Io non ho ancora deciso per chi voterò. Da voi è più semplice, con due soli partiti. Da noi siamo ancora ben lontani da un vero bipolarismo. Appena potrò, fisserò il volo e ti farò sapere. Mamma e papà stanno bene, nonostante i problemi dell'età, e ti salutano.

Un abbraccio a Jenny e ai bambini
Massimo

IN BREVE

Lezione 1

Dialogo-Lampo

L'Europa unita

MARISA: Finalmente un'Europa unita, con una sola moneta!

ADRIANA: A dire il vero, dobbiamo aspettare fino al 2002 perché* tutti gli stati della comunità abbiano l'euro. E un po' mi dispiace che la lira scompaia†...

MARISA: Spero che questa unità porti più lavoro e meno disoccupazione.

ADRIANA: Speriamo.‡ Ma intanto§ oggi dobbiamo votare per il nuovo Parlamento europeo.

MARISA: E tu, per chi voti?

ADRIANA: Per chi difende la democrazia, gli interessi di tutti i cittadini... e dell'Italia in Europa!

MARISA: E quale sarebbe il partito giusto?

ADRIANA: Devo ancora deciderlo!

1. Cos'è l'euro?
2. Cosa spera Marisa dall'unificazione economica dell'Europa?
3. Per quale tipo di partito vuole votare Adriana?

La politica

LO STATO

la Camera dei Deputati Chamber of Deputies (*lower house of Parliament*)
la costituzione Constitution
la democrazia democracy
il deputato / la deputata representative (*in the Chamber of Deputies*)
le elezioni elections
il governo government
il ministro minister (*in government*)
  il primo ministro prime minister
il partito politico political party
il presidente della Repubblica president of the Republic

il Senato Senate (*upper house of Parliament*)
il senatore / la senatrice senator
il sistema politico political system
il voto vote

eleggere to elect
votare to vote

L'UNIONE EUROPEA

la Comunità europea European Community
l'euro denomination of shared European currency
la moneta currency; coin

---

*until
†is disappearing
‡Let's hope so.
§meanwhile

I PROBLEMI SOCIALI

l'aumento raise, increase
il discorso debate; speech; conversation
la disoccupazione unemployment
l'impiegato / l'impiegata white-collar worker
l'operaio / l'operaia blue-collar worker
la riduzione reduction

il salario wage
lo sciopero strike
lo stipendio salary
le tasse taxes

aumentare to raise; increase
*crescere to grow; to increase
diminuire (isc) to reduce
*essere in sciopero to be on strike
fare sciopero, scioperare to strike

disoccupato unemployed

Parole-extra

il capitalismo capitalism
la classe sociale social class
il conservatore / la conservatrice conservative
la crisi di governo political crisis
la demagogia demagoguery
il diritto right, privilege
la dittatura dictatorship
il/la femminista feminist
la manifestazione demonstration
il/la progressista progressive, liberal

di centro centrist
di destra right-wing
di sinistra left-wing

Esercizi

A. La parola giusta. Guarda il **Vocabolario** e le **Parole-extra,** poi abbina parole e definizioni.

1. _____ il voto
2. _____ la dittatura
3. _____ il disoccupato
4. _____ la femminista
5. _____ il conservatore
6. _____ la deputata
7. _____ l'operaio
8. _____ le tasse

a. chi lavora in fabbrica (*factory*)
b. i contributi pagati allo stato
c. la rappresentante alla Camera
d. chi lotta (*fights*) per i diritti delle donne
e. un sistema di governo non democratico
f. chi non ha lavoro
g. uno strumento della democrazia
h. chi non è progressista

B. Fuori luogo (*Out of place*)! Trova il nome o espressione che sembra fuori luogo e spiega perché.

ESEMPIO: il deputato, il ministro, l'impiegata, la senatrice →
L'impiegata è il nome fuori luogo, perché non è una carica pubblica (*public office*).

1. il salario, il Senato, lo stipendio, l'operaio
2. la riduzione, il partito politico, eleggere, il voto
3. il primo ministro, il direttore generale della RAI, la Camera dei Deputati, il Senato
4. aumentare, diminuire, il salario, la demagogia

C. Conversazione.

1. Come si chiamano i tuoi senatori / le tue senatrici? E il tuo deputato / la tua deputata?   **2.** Come si chiama l'attuale (*current*) presidente degli Stati Uniti? Sai chi è il presidente della Repubblica Italiana?   **3.** Hai votato alle ultime elezioni nazionali? Perché sì o perché no?   **4.** Secondo te, il tuo paese è in crisi? Perché? Cosa bisognerebbe fare per risolvere la crisi?   **5.** C'è qualcuno nella tua famiglia che abbia fatto sciopero? Puoi spiegare perché ha scioperato?
6. Hai mai partecipato a una manifestazione? Dove, quando e per quale motivo?

Lezione 2

A. Congiuntivo presente

SIGNOR TESTA: Ho l'impressione che i problemi del mondo siano in continuo aumento: mi pare che aumenti il problema della povertà, così come quello della disoccupazione; mi sembra che crescano i problemi delle minoranze e degli immigrati; credo che siano molto gravi i problemi ecologici... chi vuoi che pensi ai pensionati?

SIGNOR MAZZOLA: Ma anche i nostri problemi sono importanti e dobbiamo farci sentire. Anzi, io penso che sia necessario che tutti si occupino dei problemi di tutti, non solo dei propri!

In both Italian and English, verb forms have three defining characteristics: tense (the time of action), voice (active or passive), and mood, which conveys the attitude of the speaker. The verb forms you have learned so far (except the conditional and imperative) belong to the *indicative* mood (**l'indicativo**), which states facts and conveys certainty or objectivity.

Gli studenti **organizzano** una manifestazione.	*Students are organizing a demonstration.*
Anche gli insegnanti **fanno** sciopero.	*Instructors are striking too.*
Il governo non **applica** le riforme.	*The government isn't enforcing the reforms.*

The *subjunctive* mood (**il congiuntivo**), by contrast, expresses uncertainty, doubt, possibility, or personal feelings rather than fact. It conveys the opinions and attitudes of the speaker.

Credo che **organizzino** una manifestazione.	*I believe they are organizing a demonstration.*
È probabile che anche gli insegnanti **facciano** sciopero.	*It's probable that teachers will strike too.*
È male che il governo non **applichi** le riforme.	*It's bad that the government isn't enforcing the reforms.*

In English, the subjunctive is used infrequently: *I move that the meeting **be** adjourned; We suggest that he **go** home immediately.* In Italian, however, the subjunctive is used often in both speaking and writing.

SIGNOR TESTA: I have the feeling that there are more and more problems in the world. It seems to me that the problem of poverty is on the rise, as well as unemployment; it seems to me that minorities' and immigrants' problems are also increasing. I think that our ecological problems are also very serious . . . Who do you think is going to think about retired people?
SIGNOR MAZZOLA: But our problems are significant, too, and we've got to make ourselves heard. What's more, I think it's essential for all of us to be concerned about each other's problems, not just our own!

1. The subjunctive is generally preceded by a main (independent) clause and the conjunction **che.**

INDICATIVO		CONGIUNTIVO
independent clause +	**che** +	*dependent clause*
Credo	che	organizzino una manifestazione.

The subjunctive mood has four tenses: present, past, imperfect, and pluperfect.

2. The present subjunctive (**il congiuntivo presente**) is formed by adding the appropriate endings to the verb stem. Verbs ending in **-ire** that insert **-isc-** in the present indicative also do so in the present subjunctive.

	LAVORARE	SCRIVERE	DORMIRE	CAPIRE
che io	lavori	scriva	dorma	capisca
che tu	lavori	scriva	dorma	capisca
che lui/lei	lavori	scriva	dorma	capisca
che	lavoriamo	scriviamo	dormiamo	capiamo
che	lavoriate	scriviate	dormiate	capiate
che	lavorino	scrivano	dormano	capiscano

Notice that the first- and second-person plural (**noi** and **voi**) endings are identical in all three conjugations, and that the other forms of **-are** verbs have **i** endings while those of **-ere** and **-ire** verbs have **a** endings.

Since the three singular forms are identical (in all conjugations), subject pronouns are often used with them to avoid confusion.

Vogliono che **io voti.** *They want me to vote.*

a. Verbs whose infinitives end in **-care** and **-gare** add an **h,** in all persons, between the stem and the present subjunctive endings.

È bene che il governo cer**ch**i di applicare le riforme.
It's good that the government is trying to enforce the reforms.

Purtroppo, bisogna che tutti pag**h**ino le tasse!
Unfortunately, it's necessary for everyone to pay taxes!

b. Verbs ending in **-iare** drop the **i** from the stem before adding the present subjunctive endings.

È necessario che comin**ci**ate a farvi sentire!
It's necessary for you to start making yourselves heard!

Senatore, crede che la gente ci man**gi** con questi stipendi?
Senator, do you think (that) people can eat on these salaries?

CATTONI

—Sì, penso che una gita in gondola non sia sempre necessariamente romantica.

3. The following verbs have irregular present-subjunctive forms.

VERBI CON FORME IRREGOLARI DEL CONGIUNTIVO	
andare	vada, andiamo, andiate, vadano
avere	abbia, abbiamo, abbiate, abbiano
dare	dia, diamo, diate, diano
dire	dica, diciamo, diciate, dicano
dovere	debba, dobbiamo, dobbiate, debbano
essere	sia, siamo, siate, siano
fare	faccia, facciamo, facciate, facciano
potere	possa, possiamo, possiate, possano
sapere	sappia, sappiamo, sappiate, sappiano
stare	stia, stiamo, stiate, stiano
uscire	esca, usciamo, usciate, escano
venire	venga, veniamo, veniate, vengano
volere	voglia, vogliamo, vogliate, vogliano

Esercizi

A. Cosa credi? Sei d'accordo o no con le seguenti affermazioni? Spiega perché.

1. Credo che non sia bene votare alle elezioni quando non si è informati sui candidati.
2. Penso che il presidente abbia troppo potere (*power*).
3. È giusto che gli operai scioperino quando il costo della vita aumenta e lo stipendio rimane lo stesso.
4. Voglio che le donne abbiano più diritti. (Non ne hanno abbastanza.)
5. Credo che i giovani debbano essere attivi nella politica e nella società invece di pensare esclusivamente ai propri problemi.
6. È assolutamente necessario che i ricchi contribuiscano con una certa percentuale del loro guadagno (*earnings*) ai programmi sociali.

B. Trasformazioni. Sostituisci le parole in corsivo con le parole tra parentesi e fa' tutti i cambiamenti necessari.

1. Credo che *tu* non capisca la politica italiana. (voi / Giulia / gli americani / lui)
2. È necessario che *tutti* votino. (ognuno / anche tu / Lei / io)
3. Spero che *gli italiani* eleggano le persone giuste. (voi / tu / il signore / noi)

C. Consigli. Il tuo compagno / La tua compagna ha i seguenti problemi. Dà i tuoi consigli con frasi che cominciano con **penso che, bisogna che** o **è importante che.**

ESEMPIO: La macchina non si mette in moto. →
Penso che tu debba portarla dal meccanico.

1. Il capo (*boss*) non mi rispetta.
2. Il cane non mangia.
3. Ho mal di gola, mal di stomaco e la febbre.
4. Il fidanzato / La fidanzata (*boyfriend/girlfriend*) non chiama da una settimana.

5. Bevo molti caffè e spesso ho mal di stomaco.
6. Non mi piace il presidente e le elezioni sono domani.
7. Studio sempre, non esco mai con gli amici e non faccio mai le vacanze.
8. La pressione del sangue (*blood*) è molto alta.
9. Il colesterolo è molto alto.
10. Non sono andata a lezione ieri e non so come fare i compiti.

D. La fata (*fairy*). La fata può realizzare (*make come true*) sei desideri (tre per te e tre per il compagno / la compagna). Prima dite che cosa non vi piace e che volete cambiare, e poi dite il desiderio.

ESEMPIO: Non mi piace che ci sia tanta disoccupazione nel mondo. Cara Fata, voglio che elimini tutta la disoccupazione e la povertà del mondo.

B. Verbi ed espressioni che richiedono il congiuntivo

CAMERIERE: Professore, vuole che Le porti il solito caffè o preferisce un poncino?*

PROFESSORE: Fa un po' fresco… Forse è meglio che prenda un poncino. Scalda di più.

CAMERIERE: Speriamo che questo sciopero finisca presto, professore.

PROFESSORE: Certo, ma bisogna che prima gli insegnanti abbiano un miglioramento delle loro condizioni di lavoro.

When two conjugated verbs are connected by **che**, the verb in the independent clause determines whether the indicative or the subjunctive should be used in the dependent clause.

1. When the verb or expression in the independent clause denotes certainty, the indicative is used in the dependent clause. When the verb or expression in the independent clause expresses emotion, opinion, doubt, or uncertainty, the subjunctive is used in the dependent clause. Compare these pairs of sentences.

So che **siete** progressisti.	*I know you are liberals.*
Ho l'impressione che **siate** progressisti.	*I have the impression you're liberals.*
È vero che **c'è** un aumento della disoccupazione.	*It's true that there is an increase in unemployment.*
È probabile che **ci sia** un aumento della disoccupazione.	*It's likely that there is an increase in unemployment.*

Expressions that denote certainty and that therefore take the indicative include **so che, è vero che, sono sicuro che, sono certo che, vedo che, è ovvio che, riconosco che,** and **dimostro che.**

WAITER: Professor, do you want me to bring you the usual cup of coffee or would you prefer a **poncino?** PROFESSOR: It's a bit chilly. Maybe it's better for me to have a **poncino.** It warms you up more. WAITER: Let's hope that this strike ends soon, Professor. PROFESSOR: Definitely, but first it's necessary for teachers to obtain better working conditions.

*****Poncino** is a hot drink made with water, sugar, and rum or other liqueurs. The word is an adaptation of the English word *punch*.

Nota bene: l'uso del congiuntivo

You may notice that many northern Italians use the subjunctive inconsistently in everyday conversation. And because many southern Italian dialects lack the present subjunctive, some southerners tend not to use it when speaking standard Italian.

2. The following verbs and expressions are normally followed by the subjunctive.

EXPRESSIONS INDICATING EMOTION

Sono contento/felice
Mi (dis)piace
Ho paura   } che il presidente e i senatori siano d'accordo.
Preferisco
Spero

EXPRESSIONS INDICATING OPINION, DOUBT, UNCERTAINTY

Credo
Dubito (*I doubt*)
Ho l'impressione   } che il primo ministro vada in Cina.
Immagino
Penso

EXPRESSIONS INDICATING A COMMAND OR WISH

Chiedo
Desidero
Esigo (*I insist*) } che i professori abbiano migliori condizioni di lavoro.
Voglio

IMPERSONAL VERBS AND EXPRESSIONS

(Non) è bene
(Non) bisogna
(Non) è importante
(Non) è (im)possibile
(Non) è (im)probabile
È incredibile
(Non) è male   } che riprendano le discussioni con i lavoratori.
È ora (*It's time*)
Pare
Peccato (*It's too bad*)
Può darsi (*It's possible*)
Sembra
È strano

Esercizi

A. Il contrario. Crea frasi contrarie.

ESEMPIO: Non so se lui possa venire. → So che lui può venire.

1. Non sono sicura che il capo aumenti il mio stipendio.
2. Non capisco perché gli impiegati scioperino.
3. Non siamo certi che la polizia riesca a controllare la manifestazione.
4. Non mi sembra che la senatrice sia progressista, sembra conservatrice.
5. Non è chiaro se lo sciopero dei treni sia finito. Sembra che alcuni impiegati non vogliano contrattare (*negotiate*).

B. La famiglia Cesarini. Completa il brano con la forma corretta del verbo al presente indicativo o al congiuntivo.

Sembra che Davide e Paola non _____[1] (avere) abbastanza soldi e che non _____[2] (potere) mandare il figlio Matteo all'università. Peccato che lui non _____[3] (avere) una borsa di studio (*scholarship*). È certo che lui _____[4] (avere) intenzione di frequentare l'università. Può darsi che la nonna lo _____[5] (aiutare) finanziariamente. Speriamo che la famiglia _____[6] (potere) risolvere questo problema. Matteo a volte (*sometimes*) è un po' pigro (*lazy*) ma è anche vero che _____[7] (essere) un ragazzo molto intelligente e che _____[8] (meritare, *to deserve*) di essere aiutato!

C. Conversazioni. Completa le conversazioni con la forma corretta dell'indicativo o del congiuntivo.

1. FRANCO: Senti, vuoi che (io) ti _____ (dare) una mano in giardino?
   SANDRO: No, Franco, ma grazie lo stesso. So che tu _____ (essere) molto occupato: è ora che io _____ (aiutare) te, una volta tanto!
2. FRANCO: Sai, ho saputo che Maria e Antonio non _____ (andare) in Italia quest'estate.
   SANDRO: Davvero? Peccato che Maria non _____ (potere) andare a trovare la madre: credo che lei _____ (stare) poco bene.

D. Conversazioni. Crea domande che comincino con le seguenti frasi. Poi, fai le domande ad un compagno / una compagna o al gruppo.

1. Credi che… / Credete che…   2. Sai se…   3. Vuoi che…   4. Secondo te, è ovvio che…   5. Secondo te, l'esame dimostra che…   6. Secondo te, è possibile che…   7. È vero che…   8. Secondo te, è bene che…

—Dottore, ho la sensazione che tutti mi ignorino.

Nota culturale
Quando si vota

Gli italiani sono «chiamati alle urne»[1] per tre tipi diversi di elezioni, oltre a[2] quelle per il Parlamento Europeo: referendum popolari, elezioni politiche, elezioni amministrative.

Il referendum è un tipo particolare di votazione[3]: quando è necessario, si chiede ai cittadini di dire sì o no al cambiamento o abolizione di una legge dello Stato. Le elezioni politiche si tengono, di norma,[4] ogni cinque anni. Nelle elezioni politiche si rinnova il Parlamento (Camera dei Deputati e Camera dei Senatori) e, a seconda dei risultati ottenuti dai diversi schieramenti[5] di destra o sinistra, il voto decide chi sarà il capo del Governo.

A votare per la Camera dei Deputati sono chiamati tutti i cittadini che hanno compiuto[6] 18 anni di età. Per votare per il Senato bisogna invece aver compiuto 25 anni.

Le elezioni amministrative rinnovano gli organi delle Amministrazioni Locali: Consiglio Regionale, Consiglio Provinciale, Consiglio Comunale e Consiglio delle Circoscrizioni, che, nelle città più grandi, corrispondono a zone della città. Queste votazioni si tengono ogni cinque anni e, a volte, in alcune città, coincidono con le elezioni politiche.

Un candidato si pubblicizza con un billboard "all'americana"

[1]chiamati… *called to the polls* (lit. *urns*)   [2]oltre… *in addition to*   [3]*voting*   [4]di… *as a rule*   [5]*(political) line-ups*   [6]*reached*

Saluti e baci

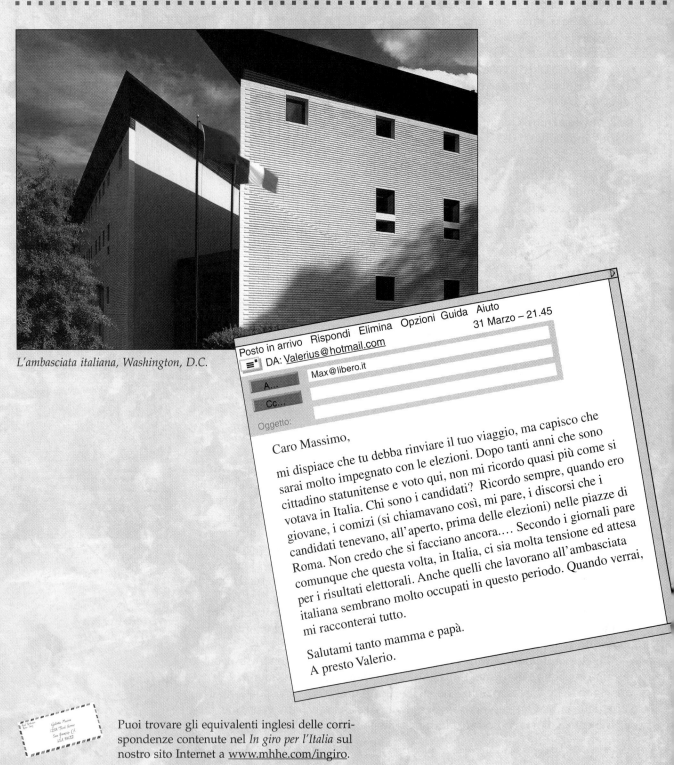

L'ambasciata italiana, Washington, D.C.

Posto in arrivo Rispondi Elimina Opzioni Guida Aiuto
31 Marzo – 21.45

DA: Valerius@hotmail.com

A.... Max@libero.it

Cc....

Oggetto:

Caro Massimo,

mi dispiace che tu debba rinviare il tuo viaggio, ma capisco che sarai molto impegnato con le elezioni. Dopo tanti anni che sono cittadino statunitense e voto qui, non mi ricordo quasi più come si votava in Italia. Chi sono i candidati? Ricordo sempre, quando ero giovane, i comizi (si chiamavano così, mi pare, i discorsi che i candidati tenevano, all'aperto, prima delle elezioni) nelle piazze di Roma. Non credo che si facciano ancora.... Secondo i giornali pare comunque che questa volta, in Italia, ci sia molta tensione ed attesa per i risultati elettorali. Anche quelli che lavorano all'ambasciata italiana sembrano molto occupati in questo periodo. Quando verrai, mi racconterai tutto.

Salutami tanto mamma e papà.
A presto Valerio.

Puoi trovare gli equivalenti inglesi delle corrispondenze contenute nel *In giro per l'Italia* sul nostro sito Internet a www.mhhe.com/ingiro.

Ritratto

Enrico Fermi
fisico[1] laziale, 1901–1954

Nasce a Roma e a Roma, ancora giovanissimo, inizia un'intensa attività di ricerca presso l'Istituto di Fisica dell'Università. Riunisce intorno a sé[2] un gruppo di giovani (Ferretti, Majorana, Rasetti, Wick, Segré) che daranno alla fisica italiana un posto di primo piano.[3] Riceve nel 1938 il premio Nobel per la fisica. A causa delle leggi razziali che colpiscono la moglie ebrea,[4] si trasferisce[5] negli USA dove continua le sue ricerche e attiva il primo reattore nucleare.

[1]physicist [2]intorno… around himself [3]di… in the forefront [4]Jewish [5]si… he moves

In giro per le regioni

Il Lazio

Il Lazio è una regione con un territorio formato soprattutto da colline. La maggior parte degli abitanti del Lazio vive a Roma o va a Roma a lavorare. E non si può parlare del Lazio senza parlare soprattutto di Roma, che è non solo la capitale d'Italia, ma anche la capitale della chiesa cattolica e una città ricchissima di storia.

Roma è una città bellissima, piena di fascino per stranieri e italiani, anche se questi ultimi[1] considerano talvolta Roma con una certa ostilità, poiché[2] vi è accentrato[3] quasi tutto il potere politico. Il fascino di Roma è veramente grande, poiché unisce quello delle sue grandi basiliche, dei magnifici palazzi e delle opere d'arte di tutti i tempi con quello del suo clima dolce, la luce dei suoi tramonti magici, il verde dei suoi colli e dell'oro del mitico fiume Tevere.

Proprio nel cuore di Roma si trova lo Stato del Vaticano, che è un vero stato estero rispetto all'Italia; è il più piccolo stato del mondo ed ha il Papa come sovrano.[4] Comprende la basilica di San Pietro, i palazzi vaticani con i loro giardini, dove risiede il Papa, e la Cappella Sistina con gli affreschi del *Giudizio Universale* di Michelangelo, che sono forse l'opera pittorica più grandiosa di tutti i tempi.

[1]questi… the latter [2]because [3]vi… is concentrated there [4]ruler

L'ITALIA VIRTUALE

Per indirizzi di vari siti Internet ed ulteriori esercizi per imparare di più sul **Lazio**, visita il sito Internet di *In giro per l'Italia* a www.mhhe.com/ingiro.

Lezione 3

C. Congiuntivo passato

—Perché Maria non si è licenziata? Ieri mi ha detto che non le piaceva il suo lavoro e che avrebbe dato le dimissioni oggi.

—Penso che le abbiano aumentato lo stipendio.

1. The past subjunctive (**il congiuntivo passato**) is formed with the present subjunctive of **avere** or **essere** plus the past participle of the main verb.

VERBI CONIUGATI CON **avere**		VERBI CONIUGATI CON **essere**	
che io abbia		che io sia	
che tu abbia		che tu sia	partito/a
che lui/lei abbia	lavorato	che lui/lei sia	
che abbiamo		che siamo	
che abbiate		che siate	partiti/e
che abbiano		che siano	

2. The past subjunctive is used in place of the **passato prossimo** or the **passato remoto** of the indicative whenever the subjunctive is required.

Hanno superato la crisi.   *They overcame the crisis.*
Credo che **abbiano superato** la crisi.   *I think they overcame the crisis.*

Anche i pensionati **scioperarono.**   *The retirees also went on strike.*
Ho l'impressione che anche i   *I think that the retirees also went*
    pensionati **abbiano scioperato.**   *on strike.*

Esercizi

A. Da completare. Completa le frasi liberamente.

1. Credo che abbiano fatto la festa perché…   **2.** Non sono sicura che Marco sia andato dal medico perché…   **3.** Immagino che Marco e Gianni si siano licenziati perché…   **4.** Penso che il dirigente (*executive*) non abbia aumentato gli stipendi perché…   **5.** Non è possibile che Renata sia partita per l'Italia ieri perché…   **6.** Peccato che i ragazzi abbiano mangiato troppo alla festa perché…

—Why didn't Maria quit? Yesterday she told me that she didn't like her job and that she was going to hand in her resignation today.
—I think they gave her a raise.

B. Trasformazioni. Sostituisci le parole in corsivo con le parole tra parentesi e fai tutti i cambiamenti (*changes*) necessari.

1. Credo che *i signori* abbiano votato. (il dottore / tu / voi / Lei)
2. Ci dispiace che *Renata* non si sia fatta sentire. (i tuoi cugini / voi / tu / le signore)
3. È strano che *le tue amiche* non siano venute alla manifestazione. (l'avvocato / voi due / tu / gli altri)

C. Spiegazioni. Offri una possibile spiegazione per le seguenti situazioni, con l'uso di **credo che** o **è possibile che**.

ESEMPIO: La professoressa non è in classe oggi. →
È possibile che abbia avuto un incidente.

1. Il presidente della ditta si è dimesso (*resigned*).   2. Sandro si è licenziato ieri.   3. Le ragazze non sono partite per le vacanze.   4. Gli impiegati hanno fatto sciopero per un mese.   5. Renata non è venuta alla festa con Paolo.   6. Il bambino ha il raffreddore e la febbre.   7. Maria non vuole venire alla riunione (*meeting*).

Piccolo ripasso

A. Mini-dialoghi. Completa le conversazioni con il passato prossimo o il congiuntivo passato dei verbi tra parentesi.

1. MARIA: Gino, hai visto i risultati delle elezioni? Non ti pare strano che la gente _____ (votare) ancora per questi partiti?
   GINO: Può darsi che _____ (avere) paura di cambiare. È vero che molte persone _____ (capire) che il vecchio sistema non funziona, ma è probabile che non _____ (essere) entusiasti nemmeno (*not even*) dei nuovi partiti.
2. SARA: Sembra che gli insegnanti _____ (ottenere) un aumento di stipendio.
   ROBERTO: Era ora! Tutti dicono che l'istruzione è importante ma è vero che gli insegnanti non _____ (ricevere) mai stipendi decenti.

B. Ho tanto da fare. Fai una lista di tre cose che devi fare oggi. Usa il congiuntivo e comincia tutte le frasi con **Bisogna che**.

ESEMPIO: Bisogna che io studi il congiuntivo!

Adesso fai una lista di tre cose che purtroppo (*unfortunately*) non hai fatto ieri. Comincia le frasi con **Peccato che io non...**

ESEMPIO: Peccato che io non abbia studiato il congiuntivo ieri!

C. Mini-intervista. Parla con un compagno / una compagna per avere le seguenti informazioni.

1. quali cose spera che succedano con le prossime elezioni   2. quali cose ha paura che succedano quest'anno   3. se crede che il governo rispetti i diritti di tutti i cittadini   4. se pensa che la politica internazionale sia importante

—Sembra che abbia perso tutta la sua capacità di ricupero...

Prospettive

Lezione 4

Invito alla lettura

• •

La politica e i partiti

• •

Roma è la capitale d'Italia, ed è a Roma che si svolge[1] la vita politica del paese. Ricordiamo che l'Italia, a differenza degli Stati Uniti, è una repubblica democratica invece di una repubblica presidenziale. Quindi il presidente della Repubblica non ha molto potere e non viene eletto direttamente dai cittadini.

I cittadini, quando vanno a votare, eleggono i loro rappresentanti in Parlamento. Il Parlamento è diviso in Camera dei Deputati e Camera dei Senatori. È il Parlamento che elegge il presidente della Repubblica. I partiti che, dopo le elezioni, hanno la maggioranza in Parlamento si accordano[2] per fare il governo.

Una dimostrazione politica in Piazza del Duomo, a Milano

Il Governo è formato dai ministri e dal primo ministro, chiamato comunemente presidente del Consiglio dei Ministri. Il primo ministro è il capo del Governo ed è anche la figura istituzionale che ha più potere. Ogni ministro è a capo di un ministero che si occupa[3] di un settore particolare della vita pubblica: Ministero degli Affari Esteri, Ministero della Pubblica Istruzione, ecc. Un governo per poter governare deve avere la fiducia[4] del Parlamento: se il Parlamento toglie[5] la fiducia ad un governo, quello cade.[6]

Le sedi[7] di molti ministeri e delle due Camere del Parlamento si trovano nel centro di Roma. Anche i partiti politici hanno le loro sedi principali nella capitale. In Italia i partiti sono davvero molti, e ciò crea spesso delle difficoltà di governo. I partiti infatti fanno delle alleanze[8] per avere la maggioranza parlamentare e formare così il governo. Ma ci sono talvolta[9] delle questioni su cui non si trovano d'accordo. Così l'alleanza si scioglie[10]: il governo non è più sostenuto dalla fiducia del Parlamento e cade.

Per questo negli ultimi anni si parla molto di fare delle riforme del sistema elettorale italiano. Secondo queste riforme, i partiti piccoli scomparirebbero[11] e, come succede in quasi tutti i paesi europei, ci sarebbero solo due grandi schieramenti,[12] destra e sinistra, che governerebbero a seconda del voto dei cittadini.

Ovviamente l'Italia non è governata e amministrata solo da Roma: i cittadini eleggono i loro rappresentanti anche al governo delle regioni, delle province, e dei comuni. Molte volte i partiti che governano le amministrazioni locali non sono gli stessi che sono al governo del paese.

---

[1]si... *happens* [2]si... *reach an agreement* [3]un... *a department that concerns itself with* [4]*confidence* [5]*withdraws* [6]*falls* [7]*headquarters* [8]*alliances* [9]*sometimes* [10]si... *comes apart* [11]*would disappear* [12]*alliances, factions*

Ogni regione d'Italia ha una sua tradizione politica, legata ad eventi storici, all'economia e alla cultura. Le regioni del Centro, per esempio, soprattutto l'Emilia Romagna e la Toscana, sono sempre state regioni «rosse», cioè di sinistra, e lo erano anche quando, per oltre trent'anni, guidavano l'Italia i partiti cattolici del centro-destra.

Negli ultimi anni i vecchi partiti sono andati in crisi. Alcuni si sono rinnovati e hanno cambiato, in parte, le loro posizioni. Altri sono scomparsi del tutto e ne sono nati di nuovi, come la Lega Nord. Questo partito, come anche la Lega Veneta e altri, è un partito locale, nato con l'obbiettivo di far valere le ragioni[13] del Nord, che si sente il vero centro economico del paese, e di conquistare per esso molta più indipendenza dal potere centrale di Roma.

[13]far… *to win support for the arguments*

■ ■

E ora a te
Capire

Rispondi.

1. Chi elegge il presidente della Repubblica?
2. Chi forma il governo?
3. Dove ha sede la Camera dei senatori?
4. Perché si parla di fare delle riforme elettorali?
5. Quali istituzioni amministrano il territorio italiano?
6. Che cosa è successo negli ultimi anni ai partiti politici?

Scrivere

Scrivi una breve relazione (100–120 parole circa) sulle principali differenze che ci sono fra il sistema politico italiano e quello di questo paese. Segui la traccia del testo che hai letto.

In ascolto

■ ■

Gli italiani e la politica. Aliza, una studentessa americana di storia, discute con Valerio del sistema politico italiano. Ascolta con attenzione, poi rispondi alle seguenti domande.

1. Perché Aliza è confusa quando pensa al sistema italiano?
2. Cosa risponde Valerio a Aliza?
3. Qual è la cosa che sorprende (*surprises*) Aliza delle elezioni in Italia?
4. Come interpreta Valerio la situazione?
5. Cosa risponde Aliza? Siete d'accordo?

Videoteca

Un vero affare!°
 Ed ora andiamo a casa!

Un… A real bargain!

Nella prima delle due scene, Silvana ritorna a casa per prepararsi a partire per Vietri. Passa davanti al mercato centrale e si ferma a salutare il fruttivendolo, Mario. Lui insiste che lei compri qualcosa. In seguito, prende il gatto e parte in treno. Sul treno cerca Roberto, ma lui non è dove diceva che sarebbe stato!

ESPRESSIONI UTILI

in chiusura last of the season (*probably at a good price*)
sto per partire I'm about to leave
una ghiottoneria a delicious tidbit
una questione di principio a question of principle

un etto unit of measurement, approximately 1/4 pound
i pinoli pine nuts
quanto vengono? how much are they?
Testa di Lisca Fishbone Head
ha segnato due gol he scored two goals

Funzione: Esprimere la propria opinione

DAL VIDEO

SILVANA: Ma guarda che ottomila al chilo per dei pinoli freschi è un ottimo prezzo. Io… è il più basso che abbia mai visto.

MARIO: Davvero?

PREPARAZIONE

Vero o falso?
1. Silvana non vuole comprare niente da Mario perché ha già fatto la spesa.
2. Mario vende i pinoli a Silvana a dodicimila al chilo.
3. Silvana è irritata con Roberto perché si è dimenticato di aspettarla nella prima o seconda carrozza del treno.

COMPRENSIONE

1. Perché Silvana vuole comprare dei pinole?
2. Alla fine che fa Mario al prezzo dei pinoli?
3. Che fa Roberto in treno, mentre Silvana lo cerca?

ATTIVITÀ

Da fare in coppia. Fate una discussione politica sulle tasse dal punto di vista politico. Uno sostiene la necessità di aumentarle, l'altro di ribassarle. Esprimete le vostre opinioni. Usate il congiuntivo presente come nel esempio: «Bisogna che il governo aumenti le tasse per migliorare le scuole.» Discutete il problema delle tasse in relazione ai seguenti argomenti.

1. il sistema sanitoro (*health care*)
2. la protezione contro la criminalità
3. il sistema assistenziale dello Stato (*the welfare system*)

Parole da ricordare

VERBI

applicare	to apply; to enforce
aumentare	to raise, increase
bisognare	to be necessary
contrattare	to negotiate, bargain
crescere	to grow; to increase
dare le dimissioni	to resign
dimettersi	to resign (*an office*)
diminuire (isc)	to reduce
dubitare	to doubt
eleggere	to elect
esigere	to expect; to demand
*essere in sciopero	to be on strike
fare sciopero, scioperare	to strike
farsi sentire	to make oneself heard
immaginare	to imagine
licenziarsi	to resign
meritare	to deserve
occuparsi di	to involve oneself in, concern oneself with
organizzare	to organize
*sembrare	to seem
sorprendere	to surprise
votare	to vote

NOMI

l'aumento	raise, increase
il cambiamento	change
la Camera dei Deputati	Chamber of Deputies (*lower house of Parliament*)
il cittadino / la cittadina	citizen
la Comunità europea	European Community
la costituzione	Constitution
la democrazia	democracy
il deputato / la deputata	representative (*in the Chamber of Deputies*)
il diritto	(legal) right
il discorso	speech; conversation
la disoccupazione	unemployment
le elezioni	elections
l'euro	denomination of single European currency
la fabbrica	factory
il governo	government
il guadagno	earnings, income

l'impiegato / l'impiegata	white-collar worker
la manifestazione	demonstration, rally
il miglioramento	improvement
il ministro	minister (*in government*)
il primo ministro	prime minister
la moneta	currency; coin
l'operaio / l'operaia	blue-collar worker
il partito politico	political party
il pensionato / la pensionata	retired person
la politica	politics
la povertà	poverty
il presidente (della Repubblica)	president (of the Republic)
la riduzione	reduction
la riunione	meeting
il salario	wage
lo sciopero	strike
il Senato	Senate (*upper house of Parliament*)
il senatore / la senatrice	senator
il sistema politico	political system
lo stato	the state, the national government
lo stipendio	salary
le tasse	taxes
il voto	vote

AGGETTIVI

attuale	current
disoccupato	unemployed
europeo	European
pigro	lazy
unito	united

ALTRE PAROLE ED ESPRESSIONI

così come	just like
è ora	it's time
fuori luogo	out of place
intanto	in the meantime
(mi) pare	it seems (to me)
peccato	too bad
può darsi	it could be; it's possible
speriamo	let's hope so

---

*Words identified with an asterisk (*) are conjugated with **essere**.

Capitolo 17
Fare domanda di lavoro

Studenti in cerca di lavoro

Potenza, 4 aprile

Caro Carlo,

ti scrivo adesso per chiederti alcune cose. Stai bene? Quando sei stato qui per Natale mi sembrava di aver capito che hai un buon lavoro e ti sei sistemato bene. Io sono abbastanza disperato...Sono, ormai, due anni che ho finito la scuola superiore e ho il diploma di ragioniere, ma non riesco a trovare un impiego. Tu sei stato coraggioso ad andare al nord: qui, in Basilicata, le industrie sono scarse e nella Pubblica Amministrazione non c'è più posto. Pensi che potrei venire a Genova a cercare qualcosa? Puoi darmi una mano? Fammi sapere.

Mille grazie!
Osvaldo

IN BREVE
· · · · · · · · · · · · · ·

Fare... *To apply for a job*

Dialogo-Lampo

Come trovare un lavoro?

EMANUELE: Inflazione, disoccupazione, crisi economica…
e come lo trovo un lavoro?

GABRIELLA: Bisogna aver pazienza e persistere: fare
domande, rispondere agli annunci, partecipare
a concorsi…

EMANUELE: E tu, da quanto tempo persisti?

GABRIELLA: A dire il vero, io un lavoro ce l'ho: e serve
proprio per trovarti un lavoro. Lavoro per il
sindacato, io!

1. Perché è difficile trovare un lavoro al giorno d'oggi*?
2. Che cosa bisogna fare per trovare un lavoro?
3. Qual è il lavoro di Gabriella?

Il lavoro

IN CERCA DI LAVORO
(LOOKING FOR WORK)

il curriculum curriculum vitae, CV; resumé
l'offerta offer

assumere (*p.p.* **assunto**) to hire
avere un colloquio to have an interview
cercare lavoro to look for a job
fare domanda to apply
fissare un colloquio to set up an interview
partecipare a un concorso to take a civil-service exam
riempire un modulo to fill out a form
rispondere a un annuncio to answer an ad

GUADAGNARSI LA VITA
(TO EARN A LIVING)

l'assistenza medica health insurance

l'assistenza sanitaria nazionale national health care
l'azienda, la ditta firm
il/la collega colleague
il commercio business, trade
il costo della vita cost of living
l'industria industry
l'inflazione (*f.*) inflation
il lavoratore / la lavoratrice worker
la mansione function, duty (*professional*)
il mestiere, la professione profession, trade
il requisito requirement, qualification
la richiesta demand
il sindacato labor union

fare il/la + professione to be a + *profession*
fare il/la dirigente to be an executive, manager
licenziare to fire
licenziarsi to quit

*al… *these days*

Esercizi

A. **Sondaggio.** Che cosa faresti nelle seguenti situazioni? Spiega anche il perché delle tue decisioni.

1. Sei insoddisfatto/a del tuo lavoro.
   a. Ti licenzi e cerchi un altro lavoro.
   b. Decidi di restare perché guadagni molto.
2. I tuoi colleghi sono insopportabili (*unbearable*).
   a. Li ignori completamente e ti concentri sul tuo lavoro.
   b. Ti preoccupi (*You worry about*) in continuazione di come rispondere ai loro commenti.
3. Gli stipendi nel settore in cui lavori sono molto bassi; il costo della vita è aumentato.
   a. Ti unisci (*join*) ai sindacati e protesti.
   b. Ti lamenti ma aspetti che le cose si risolvano (*resolve themselves*) da sole.
4. Vedi un annuncio sul giornale; è proprio il lavoro che cercavi, ma non hai tutti i requisiti.
   a. Fai domanda e mandi il tuo curriculum lo stesso.
   b. Non rispondi all'annuncio; non hai tempo da perdere.

B. **Tutto sul lavoro.** Completa i brevi dialoghi con le espressioni adatte.

1. s1: Signora Rizzo, Le piace fare l'architetto?
   s2: Molto. È una (professione / azienda) interessantissima!
2. s1: Si è licenziata Irene?
   s2: Sì, e per fortuna qui in Italia non si perde (l'assistenza medica / l'inflazione).
3. s1: Hai fatto domanda per quel lavoro?
   s2: No, non penso di avere tutti i (colleghi / requisiti) necessari.
4. s1: Non vedo più Morelli.
   s2: Non lo sapevi? L'hanno (assunto / licenziato) un mese fa.
5. s1: Paolo, che fai da queste parti?
   s2: Vado ad un colloquio; (cerco lavoro / faccio il dirigente) da quasi sei mesi.
6. s1: Gloria è un tipo interessante. Cosa fa?
   s2: Non so esattamente; credo che lavori (nell'industria / nella mansione) dello spettacolo.

C. **A caccia di** (*Hunting for*) **lavoro.** Simone Bellini, laureato in economia e commercio, ha finalmente trovato un lavoro! Completa la sua storia con parole del **Vocabolario** e con espressioni che conosci già.

Simone Bellini era senza lavoro; era _____[1] da quasi tre mesi. Aveva fatto tutto il possibile: aveva _____[2] a molti _____[3] sul giornale, aveva _____[4] domanda in diverse aziende, aveva _____[5] tanti moduli, aveva fissato dei _____[6] con agenzie internazionali, e aveva persino (*even*) _____[7] a due concorsi per entrare al Ministero della Finanza. Per fortuna viveva con i suoi (*parents*), e così non doveva pensare ai _____[8] per l'affitto! Finalmente, un giorno ha ricevuto un'_____[9] di lavoro: lo _____[10] era molto alto, e le sue _____[11] di lavoro erano ben definite e ragionevoli (*reasonable*). Naturalmente Simone ha accettato!

A. Congiunzioni che richiedono il congiuntivo

Telefonata da un'oreficeria d'Arezzo in Florida

SIGNOR ONGETTA: Pronto, Signora Croci? Buongiorno, sono il rappresentante della Bottega del Gioiello. A proposito delle catene d'oro… non deve preoccuparsi, le ho già spedite e arriveranno in settimana… a meno che la posta non abbia ritardi!

SIGNORA CROCI: Sarebbe possibile una seconda spedizione prima che finisca l'anno? Ai nostri clienti piacciono molto le vostre creazioni!

SIGNOR ONGETTA: Non glielo posso promettere: per quanto i miei operai facciano il possibile, c'è sempre la possibilità di qualche intoppo.

SIGNORA CROCI: E il costo, sarà lo stesso?

SIGNOR ONGETTA: Beh, no, ci sarà un leggero aumento. Ne capirà i motivi senza che glieli spieghi: il prezzo dell'oro, il costo della mano d'opera, l'inflazione…

1. A conjunction (**una congiunzione**) is a word that connects other words or phrases. None of the conjunctions you have learned so far require the subjunctive.

> Ti telefonerò **appena** usciranno gli annunci.
>
> Fa la dirigente **ma** non guadagna molto.
>
> Ero nervoso **mentre** aspettavo di entrare.
>
> Si è licenziata **perché** era insoddisfatta del lavoro.

> *I'll call you as soon as the ads come out.*
>
> *She's an executive but she doesn't earn much.*
>
> *I was nervous while I was waiting to go in.*
>
> *She quit because she was unhappy with her job.*

A telephone call from a goldsmith's shop in Arezzo to Florida.
MR. ONGETTA: Hello, Mrs. Croci? Good morning, I am the agent for the Bottega del Gioiello. Regarding the gold chains . . . you needn't worry; I have already shipped them, and they will arrive within the week . . . unless there is a delay in the mail! MRS. CROCI: Would a second shipment be possible before the year is over? Our clients are very fond of your creations! MR. ONGETTA: I can't promise. Though my employees do their best, there is always the possibility of some kind of problem. MRS. CROCI: And the cost, will it be the same? MR. ONGETTA: Well, no, there will be a slight increase. You probably understand the reasons without my explaining them to you: the price of gold, the cost of labor, inflation . . .

2. Some conjunctions *always* take the subjunctive. The most common are

affinché perché	*so that*
a meno che... non	*unless*
prima che	*before (someone doing something)*
senza che	*without (someone doing something)*
benché sebbene	*although*
a condizione che purché	*provided that*

Si dice così: prima che e dopo che

Note that **prima che** is followed by the **congiuntivo** but **dopo che** is followed by the **indicativo**.

Marco prepara la cena **prima che** Gina **torni** dal lavoro. *Marco prepares dinner before Gina returns home from work.*

Marco prepara la cena **dopo che** Gina **è tornata** dal lavoro. *Marco prepares dinner after Gina returns home from work.*

Danno dei corsi **perché** gli impiegati **siano** aggiornati.	*They offer courses so that their employees are up-to-date.*
Non posso darti un passaggio **a meno che** mio marito **non riporti** la macchina.	*I can't give you a ride unless my husband brings back the car.*
Telefonale **prima che assuma** un altro!	*Call her before she hires someone else!*
Dovresti fare domanda **senza che** lui lo **sappia.**	*You should apply without his knowing.*
Accetterò quell'offerta di lavoro **purché** tu lo **voglia.**	*I'll accept that job offer provided that you want me to.*

3. The subjunctive is used after **prima che, senza che,** and **perché** (in the sense of *so that*) *only* when the subjects of the two connected clauses are different. When they are the same, use **prima di** + *infinitive,* **senza** + *infinitive,* or **per** + *infinitive.* Compare:

Fa' domanda **prima che parta** la signora Bruni!	*Apply before Mrs. Bruni leaves!*
Fa' domanda **prima di partire!**	*Apply before you leave!*
Ti licenzierai **senza che** la dirigente ti **scriva** una lettera di raccomandazione?	*Will you quit without the boss writing a letter of recommendation for you?*
Ti licenzierai **senza scrivere** una lettera di raccomandazione per Giorgio?	*Will you quit without writing a letter of recommendation for Giorgio?*
Lavora **perché** i figli **possano** frequentare l'università.	*She works so that her children can go to college.*
Lavora **per poter** frequentare l'università.	*She works so that she can go to college.*

—Vai a chiamare gente, prima che spunti[a] il sole!

[a]*rises*

Esercizi

A. Maddalena e Orlando. Unisci le frasi del gruppo A con una conclusione logica del gruppo B per creare una frase completa.

Maddalena e Orlando…

A	B
1. vanno a mangiare la pizza prima di	**a.** salutare i genitori.
2. studiano molto per	**b.** i genitori non debbano pagare le loro spese universitarie.
3. vanno in vacanza senza	**c.** arrivino i parenti.
4. organizzano una festa per Marcello senza che	**d.** andare al cinema.
5. lavorano al mare d'estate perché	**e.** prendere bei voti.
6. escono di casa prima che	**f.** lui lo sappia.

B. Trasformazioni. Sostituisci le parole in corsivo con le parole tra parentesi, e fa' tutti i cambiamenti necessari.

1. Vanno in ufficio prima che *io* mi alzi. (tu / voi / i bambini / Mario)
2. Starò zitta purché *tu* cerchi lavoro. (Eduardo / i ragazzi / voi / Maria e Chiara)
3. Si licenzierà a meno che *tu* non la promuova (*promote*) subito. (voi / l'azienda / i dirigenti / io)

C. Quale costruzione? Scegli tra le due forme date.

ESEMPIO: Piera ha partecipato al concorso (senza / senza che) dirlo a nessuno. →
Piera ha partecipato al concorso senza dirlo a nessuno.

1. Dario e Claudia vogliono trovare un lavoro (prima di / prima che) finire l'università.
2. Remo è stato assunto (benché / perché) non abbia tutti i requisiti necessari per quel posto.
3. Accetto la vostra offerta di lavoro (prima che / a condizione che) le mie mansioni siano ben definite.
4. I miei colleghi si licenzieranno (a meno che / sebbene) il sindacato non li aiuti.
5. Antonella ha richiesto un trasferimento (*transfer*) (senza che / senza) dire niente a nessuno.

B. Altri usi del congiuntivo

—Chiunque siate, mi dovete ubbidire! Qualunque decisione io prenda, dovete essere d'accordo! Dovunque io vada, dovete seguirmi!

Secondo te, tireranno i pomodori o seguiranno un nuovo dittatore?

—Whoever you are, you must obey me! Whatever decision I make, you must agree! Wherever I go, you must follow!
In your opinion, will they throw the tomatoes or follow a new dictator?

In addition to the uses of the subjunctive you learned in **Capitolo 16,** the subjunctive is also used in the following situations:

1. in a dependent clause introduced by an indefinite word or expression

> chiunque *whoever, whomever*
> comunque *however, no matter how*
> dovunque *wherever*
> qualunque *whatever, whichever* (*adjective*)
> qualunque cosa *whatever, no matter what* (*pronoun*)

Chiunque tu **sia,** parla!	*Whoever you are, speak!*
Comunque vadano le cose, devi avere pazienza.	*No matter how things work out, you must have patience.*
Dovunque tu **vada,** troverai lavoro.	*Wherever you go, you'll find a job.*
Qualunque professione Anna **scelga,** avrà successo.	*Whatever profession Anna chooses, she will be successful.*
Qualunque cosa succeda, informateci!	*Whatever happens, let us know!*

2. in a clause introduced by a relative superlative

È l'azienda **più grande** che ci **sia.**	*It's the largest firm that there is.*
È il lavoro **più difficile** che io **abbia** mai **fatto.**	*It's the most difficult work I've ever done.*

3. in a clause introduced by a negative

Non c'è **nessuno** che tu **possa** assumere?	*Isn't there anyone you can hire?*
Mi dispiace, ma non c'è **niente** che io **possa** fare.	*I'm sorry, but there's nothing I can do.*

Esercizi

A. In ufficio. Sostituisci un indefinito alle parole in corsivo per creare una nuova frase. Fa' tutti i cambiamenti necessari.

ESEMPIO: Il nuovo impiegato legge *tutto quello che* gli do. →
            Il nuovo impiegato legge qualunque cosa io gli dia.

1. *Quelli che* vogliono possono riempire il modulo adesso.   **2.** *Non importa chi* è, l'avvocato non può vederlo.   **3.** *Non importa dove* andate, non dimenticate di scrivere!   **4.** *Non importa come* si veste, il signor Cammisa è sempre elegante.   **5.** Voglio trovare *la persona che* sa riparare il mio computer!   **6.** *La persona che* esce per ultimo deve chiudere il negozio.

B. Franco il fortunato e Stefano lo sfortunato. Tutto va bene per Franco, ma per Stefano tutto va storto (*awry*). Trasforma le frasi ottimiste di Franco nelle frasi pessimiste di Stefano.

ESEMPIO: C'è qualcuno che mi ama. → Non c'è nessuno che mi ami.

1. C'è qualcuno che mi vuole fare un regalo.   **2.** C'è qualcuno che viene al cinema con me.   **3.** C'è qualcosa che mi interessa.   **4.** C'è qualcosa che mi piace in frigo.   **5.** C'è qualcuno che mi parla volentieri.   **6.** C'è qualcosa che tu puoi fare per rallegrarmi (*cheer me up*).

C. Mini-dialoghi. Completa le battute (*exchanges*) con la forma corretta del verbo all'indicativo o al congiuntivo.

1. S1: Abbiamo bisogno di qualcuno che ci _____ (dare) una mano a finire questo lavoro.

   S2: Perché non telefoni a Renata? È una delle persone più competenti che io _____ (conoscere).

2. S1: Gino, sei proprio fortunato. Hai degli amici che _____ (essere) sinceri e sensibili.

   S2: Lo so, ma adesso cerco un'amica che _____ (essere) sincera e sensibile!

3. S1: Sandro, c'è qualcuno che _____ (avere) bisogno di aiuto!

   S2: Non c'è nessun altro che lo _____ (potere) aiutare? Devo servire un altro cliente!

4. S1: Voglio portare Paolo in un ristorante che non _____ (costare) troppo. Vediamo… Conosci le Quattro Stagioni?

   S2: Certo! È il ristorante più caro che _____ (esserci)!

—Mi porti lo stesso, qualunque cosa sia!

Nota culturale
Computer e Internet nel mondo del lavoro

Negli ultimi anni, le nuove tecnologie informatiche sono entrate anche nel mondo del lavoro italiano. Le aziende private, grandi e piccole, hanno cominciato molto prima di quelle pubbliche a dotarsi[1] di supporti informatici. E hanno assunto, di conseguenza, dipendenti[2] che sapessero usare questi nuovi strumenti.

Gli Uffici degli Enti Pubblici[3] sono invece arrivati all'uso dei computer con molto ritardo. Nella Pubblica Amministrazione italiana, per ogni piccolo cambiamento, deve mettersi in moto una serie di procedure burocratiche molto lunghe e una vera e propria "rivoluzione" come l'informatizzazione[4] del lavoro e dei servizi ha richiesto tempi lunghissimi.

D'altra parte, i soldi spesi negli Uffici Pubblici sono soldi dei cittadini ed è giusto fare sempre delle attente valutazioni.[5]

Molti impiegati pubblici sono al loro posto da molti anni, hanno un'età avanzata e non riescono ad adattarsi facilmente ai sistemi di lavoro introdotti dai mezzi informatici. Per questo adesso le Aziende Pubbliche organizzano corsi di computer per il proprio personale e cercano di assumere giovani preparati nel settore, per rendere più efficiente l'organizzazione del lavoro e offrire servizi migliori ai cittadini.

La strada da fare è tuttavia ancora lunga!

La tecnologia informatica è entrata nel mondo del lavoro italiana

[1]*equip themselves* [2]*personnel* [3]*Enti... Public Agencies* [4]*computerization* [5]*calculations*

Saluti e baci

Quando la ricerca del lavoro diventa disperata...

Genova, 15 aprile

Carissimo Osvaldo,

mi dispiace sentire che sei ancora senza lavoro e ti senti scoraggiato. Secondo me dovresti venire al nord, almeno per un periodo, e dovresti fare anche un po' di aggiornamento: computer, Internet, inglese. Io, a Genova, mi sono subito reso conto che se non avessi imparato un po' di informatica non avrei fatto niente...A quel punto sono andato a scaricare la merce al porto la mattina e ho seguito un corso di computer la sera. Dopo è stato tutto più semplice e ora ho un buon lavoro in un'azienda di import-export, grazie anche alla mia buona conoscenza dell'inglese.

Insomma, Osvaldo, devi fare qualcosa per arricchire il tuo curriculum, perché il solo diploma non basta più. E non voglio che tu finisca come il ragazzo della foto che ti mando!

Se vuoi venire a Genova io posso ospitarti senza difficoltà. Fammi sapere che cosa decidi.

Ciao a presto
Carlo

Puoi trovare gli equivalenti inglesi delle corrispondenze contenute nel *In giro per l'Italia* sul nostro sito Internet a www.mhhe.com/ingiro.

Ritratto

Mango
compositore e cantante della
Basilicata, 1956–

Nasce in Basilicata, e, ancora ragazzino, entra in contatto con diverse esperienze musicali, dal rock duro[1] al blues. Poi inizia a scrivere pezzi propri.[2] *Oro*[3] è il primo grande successo internazionale, *Bella d'estate,*[4] forse, il più bello e conosciuto.

Ha una voce particolarissima, per timbro ed estensione vocale. Come compositore riesce ad avere un successo ampio[5] mentre rimane legato allo spirito originario della sua cultura.

[1]rock... *hard rock* [2]pezzi... *his own pieces* [3]Gold [4]*Bella...* Summer Beauty [5]*ample, extensive*

In giro per le regioni

La Basilicata

La Basilicata è una delle regioni più piccole d'Italia. Quasi tutto il territorio della regione è montuoso e, un tempo, i monti erano coperti da fitti[1] boschi. Da questi boschi deriva l'altro nome della regione, Lucania, dal latino *lucus* (bosco). Anche se si trova a Sud, la Basilicata ha in inverno un clima assai freddo, tanto che Potenza, il capoluogo della regione, è una delle città più fredde d'Italia. E anche il clima sfavorevole[2] ha influito, insieme al terreno poco adatto all'agricoltura, alla povertà di questa regione in cui la popolazione di interi paesi è stata costretta[3] ad emigrare.

È una regione poco conosciuta, ma una visita può offrire piacevoli sorprese. La città di Matera è del tutto particolare: la parte vecchia infatti è tutta scavata nella roccia.[4] Per questo le costruzioni sono chiamate «Sassi», e formano un insieme molto vario e pittoresco. Ci sono semplici caverne, stalle per gli animali, case di contadini ma anche piccoli palazzi di gente più ricca e perfino[5] chiese sulle quali sono stati costruiti eleganti campanili.

[1]dense [2]unfavorable [3]forced [4]scavata... *carved out of the rock* [5]even

L'ITALIA VIRTUALE

Per indirizzi di vari siti Internet ed ulteriori esercizi per imparare di più sulla **Basilicata**, visita il sito Internet di *In giro per l'Italia* a www.mhhe.com/ingiro.

Lezione 3

C. Congiuntivo o infinito?

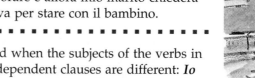

FIORELLA: Valentina, come mai in giro a quest'ora? Non sei andata in ufficio?

VALENTINA: Non lo sapevi? Ho chiesto altri sei mesi di aspettativa per avere più tempo per mio figlio.

FIORELLA: Sei contenta di stare a casa?

VALENTINA: Per ora sì, ma tra sei mesi bisogna che io torni a lavorare e allora mio marito chiederà l'aspettativa per stare con il bambino.

The subjunctive is used when the subjects of the verbs in the independent and dependent clauses are different: ***Io voglio che** tu **voti**!* When the subject of both verbs is the same, the infinitive is used instead of the subjunctive.

1. As you already know, the infinitive alone follows verbs indicating preference (**desiderare, preferire, volere**) when the subject is the same. Compare the following:

Voglio **votare** presto.	*I want to vote early.*
Voglio **che votiate** presto.	*I want you to vote early.*
Preferisco lavorare di notte.	*I prefer working at night.*
Preferisco che **lavorino** di notte.	*I prefer that they work at night.*

2. After most other verbs and expressions, **di** + *infinitive* is used when the subject is the same.

Spero **di votare** presto.	*I hope to vote early.*
Spero **che votiate** presto.	*I hope you vote early.*
Sono contenta **di aiutare** i senzatetto.	*I'm glad to help homeless people.*
Sono contenta **che il governo aiuti** i senzatetto.	*I'm glad the government helps homeless people.*

3. The past infinitive (**avere** or **essere** + *past participle*) is used to refer to an action that has already occurred. In the case of past infinitives with **essere,** the past participle agrees with the subject in gender and number.

VERBI CONIUGATI CON **avere**		VERBI CONIUGATI CON **essere**
present infinitive:	votare	andare
past infinitive:	avere votato	essere andato/a/i/e

FIORELLA: Valentina, what are you doing out at this hour? Didn't you go to work?   VALENTINA: Didn't you know? I asked for six more months of maternity leave to have more time for my son.   FIORELLA: Are you happy staying home?   VALENTINA: Yes, for now, but in six months I'll have to go back to work; and then my husband will ask for a paternity leave so he can stay with the baby.

Nota bene: le espressioni impersonali

After impersonal expressions that take the subjunctive, the subjunctive is used if the verb of the dependent clause has an expressed subject. If no subject is expressed, the infinitive is used.

Non è possibile **che lui ricordi** tutto. *It isn't possible for him to remember everything.*

Non è possibile **ricordare** tutto. *It isn't possible to remember everything.*

Ho paura **di non aver* capito.**	*I'm afraid I didn't understand.*
Ho paura che non abbiate capito.	*I'm afraid you didn't understand.*
Sono contenti **di esser* venuti.**	*They are happy they came (to have come).*
Sono contenti che tu sia venuta.	*They are happy you came.*

Esercizi

A. Di, che, X. Scegli la parola che completa le frasi. La X significa che la frase è già corretta.

1. Penso (di / X / che) andare in ufficio alle nove invece delle otto.
2. Gli impiegati sono contenti (di / X / che) aver fatto lo sciopero.
3. Mia madre crede (di / X / che) Salvatore voglia rispondere all'annuncio.
4. Non è possibile (di / X / che) il presidente della ditta faccia il colloquio a Salvatore.
5. Non è possibile (di / X / che) fare un colloquio con il presidente della ditta.
6. Le ragazze vogliono (di / X / che) partecipare al concorso in gennaio.
7. L'insegnante vuole (di / X / che) le ragazze partecipino al concorso in gennaio.
8. È probabile (di / X / che) ci vogliano tanti requisiti per quel posto di lavoro.
9. Prima (di / X / che) fissare un colloquio, bisogna riempire un modulo.

B. Sembra, è vero... Crea frasi nuove che comincino con le espressioni tra parentesi. Usa **che** + *l'indicativo*, **che** + *il congiuntivo*, o *l'infinito* con o senza **di**.

ESEMPIO: Vi fate sentire. (sembra / è vero / non pensate) →
Sembra che vi facciate sentire.
È vero che vi fate sentire.
Non pensate di farvi sentire.

1. Ho un aumento. (voglio / non vogliono / è probabile)
2. Conoscono bene le teorie femministe. (pare / credono / sono sicuro)
3. Organizzate uno sciopero. (sperate / può darsi / è importante)
4. Riprendo il lavoro tra poco. (è vero / non credo / siete contenti)

C. Opinioni personali. Completa le frasi in modo logico.

ESEMPI: Voglio... →
Voglio votare alle prossime elezioni.

Voglio che... →
Voglio che ci sia una riforma del sistema sanitario.

1. È vero che... **2.** È ora che... **3.** Non credo di... **4.** Non credo che...
5. Spero che... **6.** Sono contento/a di... **7.** Non sono felice di... **8.** Mi dispiace che...

---

*The final *e* in an infinitive is often omitted when followed by another word.

Piccolo ripasso

■■■■■■■■■■■■■■■■■■■■■■■■■■■■■■■■■■■■■■■

A. Conclusioni. Completa le frasi del gruppo A con quelle del gruppo B.

A	B
Benché siano ricchi	abbiamo fatto colazione.
Potete restare qui	non aprire la porta.
Chiunque suoni	per quanto la crisi economica sia seria.
Bevo sempre qualcosa	a meno che non facciate attenzione.
Dopo esserci alzati	sono infelici.
Non capirete niente	purché non facciate rumore.
Riuscirò a trovare lavoro	prima di andare a letto.

B. Reazioni. Con un compagno / una compagna, reagite (*react*) in modo positivo alla notizia che sentite. Cominciate con **sono contento/a che** + *il congiuntivo presente* o *passato*, o **sono contento/a di** + *l'infinito presente* o *passato*.

ESEMPI: tu / fare domanda alla IBM →
S1: Hai fatto domanda alla IBM?
S2: Sì, e sono contento/a di aver fatto domanda alla IBM.

lo sciopero dei treni / finire domani →
S1: Lo sciopero dei treni finisce domani?
S2: Sì, e sono contento/a che finisca domani.

1. tu / avere un aumento di stipendio la settimana scorsa
2. gli insegnanti / riprendere il lavoro domani
3. tu / mandare il curriculum alla ditta dove lavora tuo padre
4. tu / licenziarti la settimana scorsa
5. il sindacato / chiedere l'assistenza medica per tutti gli impiegati domani
6. tu / partecipare ad un concorso a Bari ieri

C. Le decisioni. Leggi le frasi e decidi se si usa l'infinito, l'indicativo o il congiuntivo. Poi completa le frasi.

	INDICATIVO	CONGIUNTIVO	INFINITO
1. *War and Peace* è il libro più lungo che io…	_____	_____	_____
2. Mia madre ha paura che i bambini…	_____	_____	_____
3. Loro sono sicuri che…	_____	_____	_____
4. Vi do i soldi affinché voi…	_____	_____	_____
5. Gina è la persona più simpatica che io…	_____	_____	_____
6. Non è possibile che il presidente…	_____	_____	_____
7. Noi lavoriamo molto sebbene…	_____	_____	_____
8. Andiamo al parco prima di…	_____	_____	_____

Lezione 4   Capitolo 17

Invito alla lettura

Donne e lavoro

La donna italiana è forse quella che, nei paesi occidentali, ha impiegato più tempo a conquistare un ruolo di parità[1] rispetto all'uomo.

La società italiana negli ultimi anni si è tuttavia notevolmente aperta,[2] grazie anche alle lotte femministe degli anni '70 che in Italia sono state particolarmente vivaci. Fino agli anni '70 era profondamente radicata[3] nella cultura italiana l'immagine della donna come «angelo del focolare»,[4] cioè addetta[5] alla cura della casa, dei figli e del marito. Ma nel periodo delle grandi battaglie femministe sono state approvate leggi importanti, che hanno dato alle donne parità di diritti e doveri all'interno della famiglia e della società.

Nel 1974 l'Italia ha avuto la legge sul divorzio. Nel 1975 c'è stato il nuovo diritto di famiglia che stabilisce l'uguaglianza[6] dei diritti e dei doveri di entrambi i coniugi.[7] Secondo la legge, anche i padri possono assentarsi[8] dal lavoro per accudire[9] i figli piccoli, e si è così affermato un principio importante: la cura dei figli non è affidata esclusivamente alle donne che, se vogliono, possono dedicare più tempo alla propria professione. Nel 1978 la legge ha introdotto infine[10] in Italia l'interruzione volontaria della gravidanza,[11] che riconosce alla donna il diritto di abortire nei primi novanta giorni di gestazione.

Nonostante tutto questo,[12] tuttavia, la vita delle donne non è sempre, e ovunque,[13] facile. Dei disoccupati italiani la maggioranza sono donne e, tra le donne che lavorano, poche sono quelle che svolgono professioni di primo piano[14] o arrivano ai vertici[15] della carriera. È più facile che le donne facciano le insegnanti, le segretarie, le infermiere, piuttosto che le ingegnere o le fisiche nucleari o le dirigenti di industria. Assai bassa[16] è la percentuale di donne in Parlamento e fra i ministri.

Simona Vicari, il sindaco di Cefalù, in Sicilia, con alcuni impiegati

C'è poi da evidenziare[17] che la realtà italiana non è molto omogenea e, anche per quanto riguarda le donne, c'è molta differenza tra Nord e Sud. Al Sud le donne si sposano prima e fanno più figli, in media[18] studiano meno degli uomini e sono più penalizzate nella ricerca del lavoro. In regioni come la Basilicata e la Calabria, purtroppo, esiste ancora molto lavoro «nero» che impiega soprattutto le donne. Ragazze molto giovani e donne già mature con figli da mantenere raccolgono[19] frutta in campagna o cuciono[20] in casa, senza regolari contratti di lavoro, senza assicurazione sociale[21] e con paghe assai scarse.[22]

Intanto comunque,[23] anche in Italia le donne si stanno facendo strada[24]: ci sono non solo stiliste famose, attrici, registe, scrittrici, musiciste, cantanti, ma anche una grande scienziata come Rita Levi Montalcini, premio Nobel per la medicina.

[1]un... an equal role [2]si... has nevertheless opened up remarkably [3]rooted [4]"angel of the hearth" [5]fit for [6]equality [7]spouses [8]take time off [9]take care of [10]in the end [11]pregnancy [12]Nonostante... Despite all this [13]everywhere [14]di... at the highest level [15]heights [16]Assai... Rather low [17]make clear [18]in... on average [19]they gather [20]they sew [21]assicurazione... benefits [22]limited [23]Intanto... Meanwhile though [24]si... are making strides

E ora a te

Capire

Ecco una serie di informazioni sulla posizione delle donne italiane. Non tutte queste informazioni sono nel testo che hai letto. Indica solo le informazioni che *non sono* nel testo.

1. In Italia negli anni '70 ci furono dei vivaci gruppi di femministe.
2. Oggi le ragazze più giovani vogliono avere più tempo da dedicare ai figli.
3. La maggior parte delle leggi sulla parità sono state sostenute dal partito socialista.
4. Il nuovo diritto di famiglia è una delle leggi più avanzate d'Europa in materia di parità.
5. Secondo la legge, anche i padri hanno diritto di assentarsi dal lavoro per accudire i figli.
6. Le professioni più prestigiose e i posti di maggiore potere sono occupati soprattutto dagli uomini.
7. La maggior parte degli insegnanti, in tutte le scuole, sono donne.
8. Al Sud la vita delle donne è più difficile che al Nord.
9. Al Sud spesso gli uomini proibiscono alle proprie donne di lavorare fuori di casa.
10. In alcune regioni del Sud molte donne lavorano «in nero.»

Scrivere

Cerca, se possibile, dei dati statistici che riguardano il rapporto fra donne e lavoro in questo paese.

Acquisisci comunque delle informazioni su: la percentuale di donne che non hanno un lavoro sul totale dei disoccupati, quanto guadagnano le donne rispetto agli uomini, la percentuale di donne che occupano i vertici delle istituzioni o dell'economia, la maggiore o minore presenza femminile nelle diverse professioni, ecc.

Dopo, scrivi un breve saggio (120–400 parole circa) in cui descrivi la posizione delle donne riguardo al lavoro.

In ascolto

Buon lavoro! Parlano Simone Bellini e la dirigente della ditta che l'ha assunto. Ascolta attentamente, poi completa le frasi seguenti.

1. La signora Pagani è molto felice di _____ Simone Bellini.
2. Simone può incominciare _____.
3. Il segretario della signora Pagani gli darà il modulo per _____.
4. Secondo Simone, le sue _____ sono molto chiare.
5. Alla fine del colloquio la dirigente presenta Simone _____.

Videoteca

- -

I due innamorati°
Io o il gatto?

sweethearts

Roberto e Silvana discutono della possibilità di vivere nella stessa città, cioè Roma. C'è un problema, però: che fare con Enzo? Al loro arrivo a Vietri, Carla, la sorella di Silvana, saluta i tre amici ma presta (*pays*) particolare attenzione ad Enzo. Il gatto continua a cambiare nome...

- -

ESPRESSIONI UTILI

il goloso glutton
passare dall'Università to transfer from the University
non posso permettermelo I can't afford it
a proposito by the way . . .

mi raccomando! please! (I beg you.)
rifarti il letto to make your bed
ci sei cascato! you fell for it!
Chissà che dolore. What a blow.
già! exactly!

- -

DAL VIDEO

SILVANA: Perché non vieni a stare a Roma? Passare dall'Università di Bologna a quella di Roma non è un problema.

ROBERTO: Ma lo sai, non posso permettermelo. Solo per trovare un appartamento in affitto dovrei spendere il triplo.

PREPARAZIONE

Vero o falso?

1. Silvana chiede a Roberto di passare dall'Università di Roma a quella di Bologna.
2. Enzo non sapeva niente dello scherzo.
3. I genitori di Silvana sanno che Silvana e Roberto stanno insieme.

Funzione: Esprimere le proprie preferenze, emozioni e convinzioni

COMPRENSIONE

1. Roberto come propone di risolvere il problema di Enzo se si trasferisce a Roma?
2. Come reagisce Roberto quando lo prendono in giro?
3. Qual è la storia del gatto?

ATTIVITÀ

Da fare in tre. Una persona è il proprietario / la proprietaria di un'impresa di costruzione e sta facendo dei colloqui per alcuni posti nel cantiere (*construction crew*) di un grattacielo a Milano. Deve decidere chi avrà il posto basandosi sulle risposte alle domande che gli / le paiano appropriate. Le altre persone sono i candidati che fanno domanda e rispondono alle domande.

Parole da ricordare

VERBI

assumere (*p.p.* assunto)	to hire
avere un colloquio	to have an interview
fare il/la + *professione*	to be a + *profession*
fare domanda	to apply
fissare un colloquio	to set up an interview
licenziare	to fire
licenziarsi	to quit (*a job*)
partecipare a un concorso	to take a civil-service exam
preoccuparsi di	to worry about
promuovere (*p.p.* promosso)	to promote
riempire un modulo	to fill out a form
unirsi a	to join

NOMI

l'annuncio	employment ad, notice
l'assistenza medica	health insurance
l'assistenza sanitaria nazionale	national health care
l'azienda	firm, business
la catena	chain
il/la collega	colleague
il colloquio	interview
il commercio	business, trade
il costo della vita	cost of living
il curriculum	curriculum vitae, CV; resumé
il/la dirigente	executive, manager
la ditta	firm, business
l'industria	industry
l'inflazione (*f.*)	inflation
il lavoratore / la lavoratrice	worker
la mano d'opera	labor
la mansione	function, duty (*professional*)
il mestiere	trade, occupation
l'offerta	offer
l'oro	gold
la possibilità	possibility
la posta	mail; post office
la professione	profession
il requisito	requirement, qualification
la richiesta	demand
il sindacato	labor union
il trasferimento	transfer

AGGETTIVI

aggiornato	up-to-date
insoddisfatto di	unsatisfied, unhappy with
insopportabile	unbearable
leggero	slight, light
soddisfatto di	satisfied, happy with

ALTRE PAROLE ED ESPRESSIONI

a condizione che	provided that
affinché	so that
al giorno d'oggi	these days
a meno che... non	unless
benché	although
chiunque	whoever, whomever
comunque	no matter how
dovunque	wherever
perché (+ *subjunctive*)	so that
prima che	before
purché	provided that
qualunque	whichever, whatever
qualunque cosa	whatever, no matter what
sebbene	although
senza che	without

Capitolo 18
La società multiculturale

Torino, 15 Maggio

Cara Fatima,

qui al bar ci manchi molto, a noi colleghi di lavoro e anche ai clienti. La ragazza che ti sostituisce è simpatica, ma tutti rimpiangono il tuo caffè! Spero che tu abbia trovato bene i tuoi genitori e i tuoi numerosi fratelli e sorelle di cui sentivi tanta nostalgia. E il Marocco? L'hai trovato cambiato dopo tanti anni? I tuoi bambini, cresciuti in Italia, che cosa dicono? Mandaci una cartolina e, al tuo ritorno, ricordati di portarci i dolci che ci hai promesso e l'henné per farmi i capelli con i riflessi rossi come i tuoi.

Un abbraccio da tutti noi

Martina

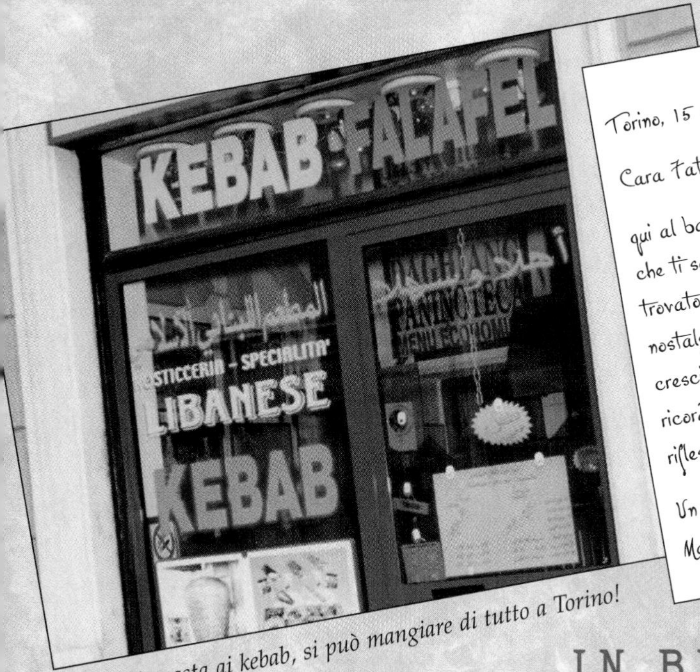

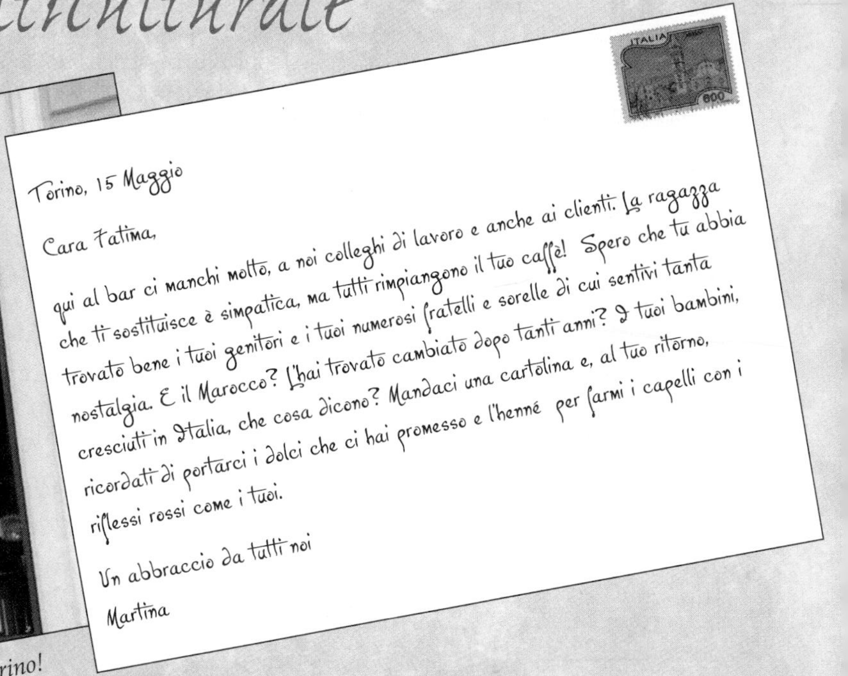

Dalla pasta ai kebab, si può mangiare di tutto a Torino!

IN BREVE

LEZIONE 1: VOCABOLARIO
Per discutere dei problemi sociali
- Questioni sociali
- I valori sociali

LEZIONE 2: GRAMMATICA
A. Imperfetto del congiuntivo
B. Trapassato del congiuntivo

LEZIONE 3: GRAMMATICA
C. Correlazione dei tempi nel congiuntivo
Piccolo ripasso

LEZIONE 4: PROSPETTIVE
Invito alla lettura: *Dall'emigrazione all'immigrazione*
In ascolto
Videoteca: *Bambina mia! / Ci siamo!*

SALUTI E BACI
Ritratto: Giuseppe Mazzini
In giro per le regioni: Il Piemonte e La Liguria

Vocabolario

$\mathcal{L}$ezione 1

Dialogo-Lampo

▪ ▪

La solidarietà contro il razzismo

ANTONIO: Siete andati tu e Carla alla manifestazione contro la violenza razzista, ieri?

FABRIZIO: Sì, e ho portato anche due miei studenti del Nord Africa, per mostrargli la nostra solidarietà...

ANTONIO: È stata bellissima, non credi? Con tutti quei giovani che cantavano e si tenevano per mano.

FABRIZIO: I giovani sono la nostra speranza. Il razzismo non è genetico, è una cosa che impariamo quando riceviamo messaggi che dobbiamo avere paura di chi è diverso.

ANTONIO: È quello che dico sempre ai miei figli. Che la diversità è un valore positivo, che possiamo imparare tanto dalle altre culture...

1. A che tipo di manifestazione hanno partecipato Antonio e Fabrizio?
2. Chi è andato con Fabrizio? Perché?
3. Cosa pensa dei giovani Fabrizio?
4. Cosa pensa della diversità Antonio?

Per discutere dei problemi sociali

▪ ▪

QUESTIONI SOCIALI (*SOCIAL ISSUES*)

l'alcolismo alcoholism
il consumismo consumerism
la droga drugs
il drogato / la drogata drug addict
l'emarginazione marginalization
l'extracomunitario/a* person from outside the European Community
l'immigrato / l'immigrata immigrant
l'immigrazione immigration
l'ineguaglianza inequality
l'ingiustizia injustice

l'intolleranza intolerance
il materialismo materialism
la miseria poverty
il razzismo racism
il/la razzista (*m. pl.* **razzisti**) racist
la ricchezza wealth
il/la senzatetto (*pl.* **i/le senzatetto**) homeless person
il/la tossicodipendente drug addict
la tossicodipendenza drug addiction
la violenza violence

abusivo illegal

---

*The term **extracomunitario/a** literally refers to anyone from a country outside the European Community, but it is used colloquially to refer to people from Third World countries who work or seek work in Italy.

I VALORI SOCIALI
(SOCIAL VALUES)

l'amicizia friendship
la giustizia justice
l'uguaglianza equality

assicurare to ensure
convivere to live together (*in all senses*)

eliminare to eliminate
*****essere a favore di** to be in favor of
*****essere contro** to be against
*****essere impegnato** to be politically engaged
fidarsi di to trust, have faith in
giudicare to judge

Parole-extra

il centro sociale social-services center
integrarsi to integrate oneself, fit in
l'integrazione integration
il pregiudizio prejudice
sovvenzionare to subsidize
stanziare fondi to allocate resources

Esercizi

A. Contrari. Abbina le espressioni della colonna A con i loro contrari della colonna B.

A	B
1. _____ l'amicizia	**a.** la miseria / la povertà
2. _____ la giustizia	**b.** rendere incerto
3. _____ impegnato	**c.** l'ostilità
4. _____ assicurare	**d.** l'ingiustizia
5. _____ la ricchezza	**e.** indifferente

B. A favore o contro? Sei a favore delle seguenti leggi o contro? Spiega perché.

ESEMPIO: una legge che elimini il divieto (*prohibition*) dell'uso d'alcolici da parte dei giovani sotto i ventun'anni → Sarei contro questa legge perché troppi adolescenti muoiono (*die*) a causa dell'uso di alcolici. *o* Sarei a favore di questa legge perché…

1. una legge che permetta *solo* alla polizia di portare armi da fuoco (*firearms*)
2. una legge che renda le droghe leggere (tipo marijuana) legali
3. una legge che stanzi (*allocates*) fondi per riabilitare i tossicodipendenti
4. una legge che sovvenzioni centri sociali per i senzatetto

C. Cosa ne pensano? Chiedete a un compagno / una compagna…

1. se per lui/lei l'uguaglianza è una realtà impossibile.
2. se per lui/lei la povertà è naturale in ogni società.
3. se si sente spesso giudicato/a dagli altri.
4. se i suoi genitori lo/la capiscono e apprezzano le sue idee.
5. se considera problematico convivere in una società multietnica.
6. se si fida dei suoi amici.
7. se è ottimista riguardo al futuro.

«Fare del bene fa sentire bene», lo afferma il 95 per cento delle persone che si dedicano al volontariato.[a] E spiegano che la buona azione procura loro un calore[b] straordinario e un'eccezionale carica[c] di energia.

[a]*volunteer work* [b]*enthusiasm* [c]*charge*

Grammatica

Lezione 2

A. Imperfetto del congiuntivo

CINZIA: Così tuo padre non voleva che tu ti fidanzassi con Shamira?

IVAN: Assurdo! Sperava invece che mi innamorassi di Daniela, così sarei diventato dirigente nell'azienda di suo padre!

CINZIA: Che materialista! E tua madre?

IVAN: Lei invece non vedeva l'ora che mi sposassi con Shamira! Non può sopportare Daniela!

Like the indicative (see **Capitolo 8**), the subjunctive also has an imperfect form.

1. The imperfect subjunctive (**l'imperfetto del congiuntivo**) uses the same stem as the imperfect indicative—the stem formed by dropping the **-re** of the infinitive—and adds the same set of endings to verbs of all conjugations.

Only **essere, dare,** and **stare** do not follow this rule.

Nota bene: *bere, dire, fare*

Bere, dire, and **fare** also use the imperfect indicative stem to form the **imperfetto del congiuntivo.**

bere	dire
(**beve**vo)	(**dice**vo)
bevessi	dicessi
bevessi	dicessi
bevesse	dicesse
bevessimo	dicessimo
beveste	diceste
bevessero	dicessero

fare
(**face**vo)
facessi
facessi
facesse
facessimo
faceste
facessero

		LAVORARE	SCRIVERE	DORMIRE	CAPIRE
che io		lavorassi	scrivessi	dormissi	capissi
che tu		lavorassi	scrivessi	dormissi	capissi
che lui/lei/Lei		lavorasse	scrivesse	dormisse	capisse
che		lavorassimo	scrivessimo	dormissimo	capissimo
che		lavoraste	scriveste	dormiste	capiste
che		lavorassero	scrivessero	dormissero	capissero

ESSERE	DARE	STARE
fossi	dessi	stessi
fossi	dessi	stessi
fosse	desse	stesse
fossimo	dessimo	stessimo
foste	deste	steste
fossero	dessero	stessero

CINZIA: So your father didn't want you to get engaged to Shamira? IVAN: Ridiculous! He hoped that I would fall in love with Daniela instead, so that I would become an executive in her father's firm! CINZIA: What a materialist! And your mother? IVAN: She on the other hand couldn't wait for me to get married to Shamira! She can't stand Daniela!

2. The conditions that call for the use of the present subjunctive (**Capitoli 16** and **17**) also apply to the use of the imperfect subjunctive. The imperfect subjunctive is used when the verb in the independent clause is in some *past tense* or the *conditional* and the action of the dependent clause occurs *simultaneous with* or *after* the action of the independent clause.

Credo che **abbia** ragione.	*I think she's right.*
Credevo che **avesse** ragione.	*I thought she was right.*
Non **è** probabile che **prendano** una decisione.	*It isn't likely they'll make a decision.*
Non **era** probabile che **prendessero** una decisione.	*It wasn't likely they would make a decision.*
Il razzismo **è** il peggior problema che ci **sia.**	*Racism is the worst problem there is.*
Il razzismo **era** il peggior problema che ci **fosse.**	*Racism was the worst problem there was.*
Ti **piace** che i tuoi **siano** a favore della nuova legge?	*Are you glad that your parents support the new law?*
Ti **piacerebbe** se i tuoi **fossero** a favore della nuova legge?	*Would you be glad if your parents supported the new law?*

Esercizi

A. Trasformazioni. Trasforma le frasi dal passato al presente.

ESEMPIO: Dovunque tu andassi, ti seguivo. → Dovunque tu vada, ti seguo.

1. Era probabile che Oscar venisse alla festa con Giuliana.
2. Non credevo che i miei genitori fossero a favore della convivenza (*living together*) prima del matrimonio.
3. Gli studenti pensavano che il razzismo e il materialismo fossero problemi esclusivamente americani.
4. Marcello ha pulito il bagno purché Caterina pulisse la cucina.
5. Chiunque volesse poteva partecipare alla manifestazione contro la droga.
6. Credevo che il presidente volesse eliminare la povertà.
7. Qualunque cosa dicessero i miei genitori, ero sempre contrario/a.

B. Ancora trasformazioni. Sostituisci il verbo indicato con la forma corretta dei verbi tra parentesi.

1. Bisognava che io *camminassi.* (riposarsi [*to rest*] / prendere una decisione / finire / guadagnarsi da vivere [*to earn a living*])
2. Preferiresti che *tornassero?* (rimanere / non bere / dare una mano / dire la verità)

3. Speravamo che voi *pagaste*. (fare la spesa / non interferire / avere ragione / essere contro questa legge)

C. Scambi. Completate le battute con l'imperfetto del congiuntivo del verbo tra parentesi.

1. s1: Non credevo che Giuseppe _____ (essere) così impegnato.
   s2: Sai, lavora sempre. Vorrei tanto che _____ (prendersi) una vacanza.
2. s1: Ho aperto la finestra perché _____ (entrare) un po' d'aria.
   s2: Se hai bisogno d'aria, sarebbe meglio che tu _____ (andare) fuori: io ho freddo e sto poco bene.
3. s1: Mi pareva che voi _____ (annoiarsi) alla festa venerdì sera.
   s2: Beh, speravamo che Marco e Silvio non _____ (raccontare) le solite sciocchezze (*nonsense*).
4. s1: Cercavamo qualcuno che ci _____ (potere) aiutare.
   s2: Vorrei che voi mi _____ (chiamare) quando avete bisogno di aiuto!
5. s1: Il dottore voleva che io _____ (bere) otto bicchieri d'acqua al giorno. Che noia!
   s2: Invece era importante che tu _____ (seguire) il suo consiglio.

D. Desideri personali. Completa le frasi secondo le tue opinioni e i tuoi desideri. Paragona le tue risposte con quelle di un compagno / una compagna.

ESEMPIO: Vorrei che i giovani fossero più impegnati (fossero meno consumisti, combattessero contro il razzismo).

1. Vorrei che il governo…
2. Sarebbe meglio che i giovani…
3. Da bambino/a, avevo paura che…
4. Era meglio che i miei amici…
5. Preferirei che i miei genitori…

—Ma a te piacerebbe che noi venissimo a curiosare[a] in casa tua?

[a]*snoop around*

B. Trapassato del congiuntivo

A chi hai raccontato la bugia più grossa?

Teresa Bonaccorso
44 anni, parrucchiera

Ho un marito geloso. Per uscire con le amiche, mi invento una cena all'Hotel Balducci che però quella sera era chiuso. E se lui se ne fosse accorto? È stata una serata d'angoscia.

Caterina Lagrassa
27 anni, studentessa e casalinga

Mio marito pensava che avessi messo una somma da parte. Lo rassicuravo:"Sì, sì, quei soldi ci sono." Beh, ha scoperto che non c'erano più. Li avevo spesi, ma per un orologio d'oro per lui.

Like the indicative (see **Capitolo 8**), the subjunctive also has a pluperfect form.

1. The pluperfect subjunctive (**il trapassato del congiuntivo**) is formed with the imperfect subjunctive of **avere** or **essere** + *past participle* of the verb.

VERBI CONIUGATI CON **avere**	VERBI CONIUGATI CON **ẹssere**
che io avessi	che io fossi
che tu avessi	che tu fossi
che lui/lei avesse } lavorato	che lui/lei fosse } partito/a
che avessimo	che fossimo
che aveste	che foste } partiti/e
che avessero	che fossero

Teresa Bonaccorso
44 years old, hairdresser
I have a jealous husband. To go out with my girlfriends, I invented a dinner at the Hotel Balducci, which was closed that night. And if he had realized? That was an evening of anguish.

Caterina Lagrassa
27 years old, student and housewife
My husband thought that I had put some money aside. I assured him: "Yes, yes, the money is there." Well, he discovered that it wasn't there anymore. I had spent it, but for a gold watch for him.

2. The pluperfect subjunctive is used in place of the **trapassato indicativo** whenever the subjunctive is required.

Avevano capito.	*They had understood.*
Speravo che **avessero capito.**	*I was hoping they had understood.*

3. It is also used in a dependent clause when the verb in the independent clause is in a *past tense* or the *conditional* and the action of the dependent clause occurred *before* the action of the independent clause.

Ho paura che non **abbiano risolto** quel problema.	*I'm afraid they didn't resolve that problem.*
Avevo paura che non **avessero risolto** quel problema.	*I was afraid they hadn't resolved that problem.*
È impossibile che **abbiano trovato** quella situazione divertente.	*It's impossible that they found that situation amusing.*
Era impossibile che **avessero trovato** quella situazione divertente.	*It was impossible that they had found that situation amusing.*
È il più bel paesaggio che io **abbia** mai **visto.**	*It's the most beautiful landscape I have ever seen.*
Era il più bel paesaggio che io **avessi** mai **visto.**	*It was the most beautiful landscape I had ever seen.*

Esercizi

A. Pettegolezzi (*Gossip*). Trasforma i pettegolezzi della settimana scorsa in pettegolezzi di questa settimana.

ESEMPIO: Era strano che Giovanna fosse venuta sola. → È strano che Giovanna sia venuta sola.

1. Era strano che Pino e Anna avessero litigato (*argued*). **2.** Sembrava che Mara si fosse licenziata. **3.** Barbara era molto felice che loro avessero divorziato. **4.** Credevo che Alberto avesse dovuto vendere la nuova macchina. **5.** Era incredibile che Piero fosse a favore di questa legge. **6.** Era possibile che Laura fosse uscita con Gino. **7.** Speravano che Massimo non avesse trovato la lettera di Giulia. **8.** Era impossibile che Marco avesse detto una bugia a Silvia.

B. I preparativi. Ci sono tante cose da fare prima della manifestazione contro il razzismo la settimana prossima. Tu sei l'organizzatore / l'organizzatrice e credevi che i volontari (*volunteers*) avessero già fatto tante cose, ma invece sono molto indietro (*behind*) con il lavoro.

ESEMPIO: I volontari non hanno preparato i volantini (*flyers*). → Credevo che avessero già preparato i volantini.

I volontari…

1. non hanno preparato i poster **2.** non hanno prenotato gli autobus **3.** non hanno chiesto il permesso al comune (*city hall*) **4.** non sono ritornati in ufficio dopo pranzo **5.** non hanno fatto le telefonate ai cittadini **6.** non hanno chiesto i soldi alle ditte della città

C. Scambi. Completa le battute con l'imperfetto del congiuntivo o il trapassato del congiuntivo dei verbi tra parentesi.

1. S1: Vorrei tanto che Marco e Paolo non _____ (fidarsi) di Chiara!
   S2: Hai ragione; Chiara li ha proprio delusi (*let down*). Sarebbe stato meglio che loro non _____ mai _____ (chiedere) il suo aiuto.
2. S1: Scusa, Gina, vorrei che tu _____ (stare) un po' zitta. Cerco di studiare.
   S2: Studi ancora? Credevo che tu _____ già _____ (finire).
3. S1: Zio Leo, che buoni spaghetti! Non sapevo che ti _____ (piacere) cucinare.
   S2: Come! Non li hai ancora finiti! Mi aspettavo (aspettarsi [*to expect*]) che a questo punto li _____ già _____ (mangiare) tutti!
4. S1: Non sono ancora arrivati i ragazzi? Pensavo che ormai _____ (arrivare).
   S2: E io, invece, credevo che _____ (partire) domani mattina.

—Mi chiedevo perché non mi avessi restituito la mia scala a pioli[a]...

[a]scala... *ladder*

Nota culturale
Immigrati clandestini

L'Italia, che in passato è stata un paese di emigranti, ha visto, negli ultimi anni, arrivare moltissimi immigrati. All'arrivo in Italia gli immigrati non hanno trovato una sufficiente richiesta di manodopera generica,[1] e così molti si sono dovuti adattare a vivere di espedienti,[2] a svolgere[3] attività marginali o abusive, a vivere nella clandestinità.

Proprio i clandestini divengono i soggetti ideali sia per lo sfruttamento e il "lavoro nero", sia[4] per la microcriminalità organizzata, italiana e straniera, sia infine[5] per attività devianti quali la prostituzione, l'accattonaggio[6] ecc.

La legge italiana prevede che chi arriva in Italia sprovvisto[7] di qualsiasi tipo di permesso non venga fatto entrare e chi è entrato regolarmente ma non è riuscito a trovare un lavoro venga espulso.[8] Molto spesso però gli immigrati sfuggono ai controlli, aiutati anche dalle organizzazioni criminali che poi li sfrutteranno,[9] si fermano e si trasformano in clandestini.

Gli immigrati regolarizzati (che hanno il permesso di soggiorno e lavorano) sono più numerosi al Nord e al Centro, che offrono più possibilità di lavoro rispetto al Sud. La presenza dei clandestini è invece alta soprattutto nelle zone dove è più facile entrare in Italia: zone di confine terrestri[10] del Nord-Est e zone marittime[11] della Puglia e della Sicilia.

Immigrati aiutati dai carabinieri al loro arrivo in Italia

[1]manodopera... *general labor* [2]vivere... *live by their wits* [3]*carry out* [4]sia... *whether for exploitation and black market labor, or* [5]sia... *or in the end* [6]*begging* [7]*lacking* [8]*expelled* [9]*will exploit* [10]confine... *land borders* [11]*sea*

Saluti e baci

Un acquedotto romano in Morocco

Casablanca, 30 maggio

Cara Martina,

grazie a tutti per la cartolina. Fa piacere sapere di avere tanti amici in Italia. Tu sai che non tutti gli immigrati sono amati come me...Sarà per i miei caffè? È stato molto bello rivedere la famiglia. Stanno tutti bene e ho trovato molti nipoti nuovi. Il mio fratello più giovane vorrebbe venire in Italia. Io gli ho detto che lo aiuterò, ma gli ho anche spiegato che la vita, in Italia, è più dura di come la immaginano qui. I miei bambini, all'inizio, erano un po' in difficoltà perché capivano poco la lingua e soffrivano molto il caldo. Anche per me non è stato facile riabituarmi a certe cose del mio paese... Ti racconterò meglio al mio ritorno, cioè tra pochi giorni.

Ho tantissime sorprese e regali per voi.

Un abbraccio a tutti
Fatima

Puoi trovare gli equivalenti inglesi delle corrispondenze contenute nel *In giro per l'Italia* sul nostro sito Internet a www.mhhe.com/ingiro.

Ritratto

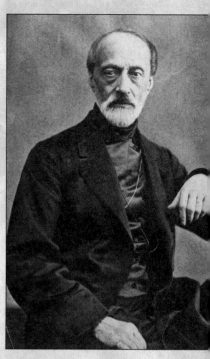

Giuseppe Mazzini
filosofo e agitatore politico ligure del Risorgimento,[1] 1805–1872

Nasce a Genova e, ancora giovanissimo, fa parte della Carboneria, una Società segreta che lavorava per liberare l'Italia dal dominio straniero. Fugge[2] all'estero e, a Marsiglia, fonda la Giovane Italia, con lo scopo[3] di trasformare l'Italia in una nazione unita, libera, indipendente e repubblicana. Ha idee socialiste e crede nel popolo, ma solo pochi intellettuali lo seguono e lo capiscono. Organizza molte sommosse,[4] ma sempre con poco successo e troppi morti. Di questi sentirà il rimorso per tutta la vita.

[1]*Italian unification movement* [2]*He escapes* [3]*aim* [4]*rebellions*

In giro per le regioni

Il Piemonte e La Liguria

Il Piemonte è una regione industriale e vi hanno sede due delle più importanti industrie italiane: la Fiat, a Torino, e la Olivetti a Ivrea. Le industrie della regione, tra gli anni '50 e '70, hanno attirato molti immigrati provenienti da altre regioni d'Italia, soprattutto dal Sud, in cerca di lavoro. La vita di questa gente non è stata facile. Torino non era preparata a ricevere un numero così alto di immigrati e ben presto sono stati insufficienti le abitazioni, i trasporti pubblici, le scuole, gli ospedali. A questi problemi di tipo pratico si aggiungeva[1] per gli immigrati l'ostilità dei torinesi, che per lungo tempo si sono rifiutati di capire la diversa cultura della gente del Sud e le hanno attribuito colpe[2] e caratteri negativi. Era normale vedere nell'ingresso dei palazzi popolari[3] cartelli[4] su cui era scritto «Qui non si affitta ai meridionali.»

La Liguria è una sottile lingua di terra stretta[5] tra i monti e il mar Ligure. La vita dei liguri è sempre stata legata al mare, e il mare è la principale ricchezza della regione. Genova, il capoluogo della regione, è uno dei porti più importanti del Mediterraneo. Altre attività economiche importanti per la regione sono il turismo e la coltivazione degli olivi e dei fiori. Proprio l'olio d'oliva è alla base di tante ricette tipiche della regione come il famoso «pesto alla genovese» (basilico, pinoli e olio di oliva).

[1]*si... was added* [2]*faults* [3]*palazzi... public housing* [4]*signs* [5]*narrow*

L'ITALIA VIRTUALE

Per indirizzi di vari siti Internet ed ulteriori esercizi per imparare di più sul **Piemonte** e sulla **Liguria,** visita il sito Internet di *In giro per l'Italia* a www.mhhe.com/ingiro.

Grammatica

Lezione 3

C. Correlazione dei tempi nel congiuntivo

• •

LAURA: Mamma, ho deciso di accettare quel lavoro a New York.

MADRE: Ma non sarebbe meglio che tu restassi qui a Trieste, vicino alla famiglia, agli amici? A New York c'è il problema della violenza e della droga: non voglio che ti capiti qualcosa di brutto…

LAURA: Mamma, il problema della violenza e della droga c'è in tutte le grosse città. E poi, vorrei che tu capissi che è importante che io faccia nuove esperienze.

MADRE: Capisco, Laura, ma è naturale che io mi preoccupi…

• •

As you know, the tense of the subjunctive is determined by the tense of the verb in the independent clause and by the time relationship between the two clauses.

1. When the independent clause is in the present tense, the dependent clause may be in the present tense if its action occurs at the same time or in the future, or in the past tense if its action happened in the past.

INDEPENDENT CLAUSE	DEPENDENT CLAUSE	
Credo che	Maria **vada** alla festa. (*same time or future*)	*I believe Maria is going to the party.*
	Maria **sia andata** alla festa. (*past*)	*I believe Maria went to the party.*

Spero che non **interferisca.**	*I hope he doesn't interfere.*
Non **vorranno** che **interferisca.**	*They won't want him to interfere.*
Spero che non **abbia interferito.**	*I hope he didn't interfere.*
Sii contento che non **abbia interferito!**	*Be glad he didn't interfere!*

—Abbiamo visto la luce accesa[a]: abbiamo pensato che foste in casa!

[a]*on*

LAURA: Mom, I've decided to accept that job in New York.   MOTHER: But wouldn't it be better for you to stay here in Trieste, close to your family, your friends? In New York there is the problem of violence and drugs: I don't want something bad to happen to you . . .   LAURA: Mom, the problem of violence and drugs is in every big city . . . and also, I wish you would understand that it's important for me to have new experiences.   MOTHER: I understand, Laura, but it's natural that I worry . . .

2. When the independent clause is in the past tense or the present conditional, the dependent clause may be in the **imperfetto del congiuntivo** if its action occurred at the same time or later than that of the independent clause, or in the **trapassato del congiuntivo** if its action preceded that of the independent clause.

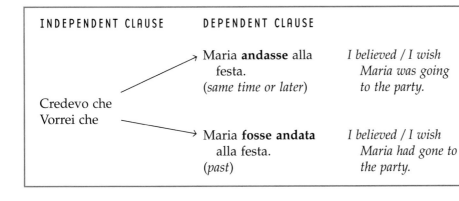

INDEPENDENT CLAUSE   DEPENDENT CLAUSE

Credevo che
Vorrei che

→ Maria **andasse** alla festa. (*same time or later*)   *I believed / I wish Maria was going to the party.*

→ Maria **fosse andata** alla festa. (*past*)   *I believed / I wish Maria had gone to the party.*

Credevo che **rimanessero** a casa.	*I thought they were staying home.*
Avevo sperato che **rimanessero** a casa.	*I had hoped they would stay home.*
Credevo che **fossero rimasti** a casa.	*I thought they had stayed home.*
Vorrei che **fossero rimasti** a casa!	*I wish they had stayed home!*

Esercizi

A. I doveri in casa. Scegli la forma corretta del verbo per completare le frasi.

1. È necessario che Cinzia e Gina (facciano / avessero fatto) la spesa.
2. Bisognava che Michele (abbia passato / passasse) l'aspirapolvere (*vacuum cleaner*). **3.** Era necessario che tu (metta / mettessi) la macchina nel garage. **4.** Bisogna che tu e Cinzia (chiamaste / chiamiate) la padrona di casa. **5.** Credevo che Marco (abbia lavato / avesse lavato) i piatti. **6.** Spero che Salvatore (abbia pulito / avesse pulito) le finestre.

B. Trasformazioni. Sostituisci le parole indicate con le parole o le espressioni tra parentesi e fa' tutti i cambiamenti necessari.

1. *Spero* che abbiano risolto (*resolved*) il problema dei senzatetto. (Vorrei / Bisogna / Era bene / Sperava) **2.** *Sono contenta* che i miei genitori si fidino di me. (Preferirei / È bene / Non credi / Non credevi) **3.** *Credevo* che il senatore fosse a favore di quella legge. (Mi pare / Sarebbe meglio / Non vorranno / Siate contenti) **4.** *Vorrei* che avessero parlato dell'alcolismo. (Dubito / È bene / Non credeva / Era possibile)

C. Scambi. Completate le battute con la forma corretta dei verbi tra parentesi.

1. S1: Paolo vuole che suo figlio _____ (fare) il medico.
S2: Come se _____ (potere) decidere lui!

2. S1: Ci ha aiutato senza che noi glielo _____ (chiedere).
   S2: Com'è stato gentile! Spero che voi lo _____ (ringraziare, *to thank*).
3. S1: Vorrei che io e Franco non _____ (litigare) ieri.
   S2: Non ti preoccupare, Anna: non è possibile che tu e Franco _____ (andare) sempre d'accordo!
4. S1: Bisognerebbe che tu _____ (imparare) una lingua straniera.
   S2: Hai ragione; ma credi che _____ (essere) possibile?
5. S1: È strano che Lisa _____ (andare) a far spese ieri invece di venire alla manifestazione.
   S2: Già (*You're right*), credevo che _____ (essere) contro il consumismo e il materialismo!

Piccolo ripasso

A. Mi dispiaceva. Chiedi scusa (*Say you're sorry*) per le seguenti situazioni. Usa l'imperfetto del congiuntivo o il trapassato del congiuntivo, o l'infinito presente o passato.

ESEMPIO: Dario non era stato ammesso. →
           Mi dispiaceva molto che Dario non fosse stato ammesso.

1. Avevo giudicato male Lucia.   2. I miei amici non avevano apprezzato le mie buone intenzioni.   3. Mi ero comportato/a da bigotto (*bigot*).
4. Voi eravate contro quella legge.   5. Dovevo risolvere il problema da solo.   6. Nessuno aveva protetto i loro diritti.

—... ed ora vorrei che qualcuno del gentile pubblico venisse sul palcoscenico per aiutarmi nel prossimo numero!

B. Benché... Unisci le frasi con una delle due espressioni tra parentesi e fai tutti i cambiamenti necessari.

ESEMPIO: Non fumavo. I miei genitori fumavano. (prima di / sebbene) →
           Non fumavo sebbene i miei genitori fumassero.

1. Carlo aveva partecipato alla riunione. Era molto impegnato. (benché / a condizione che)   2. Hanno risolto il problema. Non hanno chiesto aiuto a nessuno. (senza che / senza)   3. Cercarono di integrarsi. Avevano incontrato molte difficoltà. (quantunque [*although*] / prima di)
4. Parlava molto bene l'italiano. Nessuno glielo aveva insegnato. (purché / sebbene)   5. Lo hanno obbligato a prendere una decisione. Non era pronto. (per quanto / a patto che [*provided that*])   6. Hai deciso. Avevo avuto l'opportunità di pensarci. (prima di / prima che)

C. Conversazione.

1. Secondo te, cosa dovrebbe fare il governo per risolvere il problema della violenza nelle scuole? Cosa dovremmo fare noi per aiutare il governo a prendere le decisioni giuste?   2. È bene che i bambini incomincino ad imparare altre lingue alle elementari? A cosa potrebbe servire conoscere un'altra lingua e un'altra cultura così presto? Secondo te, potrebbe servire a risolvere in parte il problema del razzismo?
3. Interferiresti tu con la decisione di tuo figlio di sposare qualcuno di etnia (*ethnicity*) o di religione diversa? Perché sì o perché no?

Invito alla lettura

Dall'emigrazione all'immigrazione

Negli ultimi anni moltissime persone provenienti dai[1] paesi più poveri del mondo si sono riversate in[2] Europa in cerca di lavoro e nella speranza di migliorare le proprie condizioni di vita, che nei paesi d'origine sono spesso ai limiti della sopravvivenza.[3]

Molti paesi europei sono abituati da decenni a ricevere immigrati, ma per l'Italia la situazione è del tutto nuova.

L'Italia è stata, a sua volta, in passato, un paese di emigranti. Dalla fine dell'800 fino alla seconda guerra mondiale, milioni di italiani sono emigrati, soprattutto dalle regioni del Sud e da quelle più povere del Centro e del Nord, come le Marche e il Veneto. La maggior parte di loro sono andati in America. Si credeva infatti che gli Stati Uniti fossero un paese dove c'era ricchezza e benessere per tutti, e che nei grandi paesi dell'America Latina non sarebbe mai mancata[4] la terra da coltivare. Alcune famiglie hanno lavorato per anni in paesi stranieri per poi tornare con un po' di soldi a rifarsi una vita in Italia. La maggior parte, invece, ha messo radici[5] nei nuovi paesi e fa parte delle grandi comunità italiane presenti in tutto il territorio americano.

Dopo la seconda guerra mondiale, gli italiani più poveri si sono diretti verso paesi europei come Germania, Svizzera o Belgio dove industrie, miniere e, comunque, economie più stabili di quella italiana offrivano speranze di lavoro. Gli emigranti degli anni '50 erano quasi tutti meridionali (abitanti del Meridione, cioè del Sud) e molti di essi cominciarono ad emigrare anche al Nord dell'Italia stessa. Le regioni più industrializzate, come la Lombardia, e soprattutto il Piemonte con le sue grandi fabbriche, attiravano migliaia di lavoratori.

Adesso l'Italia deve affrontare l'arrivo in massa di extracomunitari, come si chiamano gli stranieri che non vengono dai paesi dell'Unione Europea. La sua posizione geografica, protesa[6] nel centro del Mediterraneo, è favorevole per chiunque voglia raggiungere l'Europa dall'Africa o dai paesi dell'Est. Per primi sono arrivati i nordafricani, ma adesso la maggior parte degli immigrati che arriva in Puglia proviene dall'Albania o dal Kossovo.

Lo Stato italiano ha fatto diverse leggi per affrontare il problema degli immigrati e rendere regolare la posizione dei clandestini,[7] ma i continui arrivi impediscono[8] una definitiva soluzione del problema. In Italia non ci sono posti di lavoro sufficienti neanche per i cittadini e, anche se gli extracomunitari sono disposti a svolgere lavori molto umili, non è per loro facile inserirsi bene nella società italiana. Gli enti[9] locali come le province e i comuni cercano di aiutare gli extracomunitari ad inserirsi[10] nelle realtà locali, e molte associazioni umanitarie come la Caritas* o la Croce Rossa impegnano i loro volontari nell'accoglienza[11] e nel sostegno delle famiglie.

Profughi del Kossovo arrivano in Sicilia, 1999

[1]proveniente... *who come from the* [2]si... *have flowed into* [3]*survival* [4]non... *there would never be a shortage of* [5]ha... *has put down roots* [6]*protruding* [7]*illegal immigrants* [8]*hinder* [9]*institutions* [10]ad... *to assimilate themselves* [11]*in welcoming*

---

*Caritas is a Roman Catholic social-service and disaster-relief agency.

C'è tuttavia ancora molto da fare perché i numerosi lavoratori immigrati si inseriscano produttivamente nella società italiana e tante culture diverse convivano in modo pacifico. E sarà un cammino ancora più lungo[12] quello della trasformazione della società italiana in una vera società interculturale, dove le diverse culture non solo si tollerano, ma si integrano e si arricchiscono[13] reciprocamente.

[12]un... *a long road ahead*   [13]si... *enrich each other*

E ora a te

Capire

Il testo che segue, e che presenta alcuni buchi, è una sintesi del testo che hai letto. Completa il testo.

L'Italia, dalla quale in passato molte persone sono _____[1], è oggi un paese di immigrazione. Gli italiani che dovettero partire per andare a lavorare _____[2] erano soprattutto del Sud. Fino alla seconda guerra mondiale, andarono in _____[3], poi nei paesi più ricchi dell'Europa o nelle regioni più industrializzate del Nord d'Italia, soprattutto in _____[4].

Adesso l'Italia deve invece risolvere i tanti problemi legati ai continui _____[5] di immigrati che provengono soprattutto dall'Albania e dal Kossovo. Si sono fatte alcune _____[6] per cercare di affrontare la situazione, ma l'inserimento di un numero sempre più _____[7] di extracomunitari nella società italiana non è _____[8]. I posti di lavoro sono _____[9] per tutti.

Gli enti locali e molti volontari _____[10] in vari modi gli extracomunitari, ma resta ancora molta strada da fare perché si realizzi una vera _____[11] interculturale.

Scrivere

Immagina poi di essere un consigliere del Capo del Governo italiano, e scrivi una relazione (130–150 parole circa) in cui esprimi una tua valutazione della situazione degli immigrati e dai dei suggerimenti per la soluzione dei problemi più gravi.

In ascolto

Ben arrivata! Barbara e Lorenzo parlano di amici di Lorenzo che hanno adottato una bambina etiope (*Ethiopian*). Ascolta con attenzione e poi correggi le frasi sbagliate.

1. Gli amici di Lorenzo non sono ancora tornati dall'Etiopia.
2. Il nome *etiope* della bambina significa «la figlia della luna.»
3. La bambina ha già otto anni.
4. È stato poco complicato adottare la bambina.
5. La bambina, quando crescerà, sarà bilingue.

Videoteca

Bambina mia!
Ci siamo!°

Ci... *Here we are!*

Nella prima delle ultime due scene, Roberto e Enzo incontrano i genitori di
Silvana. Poi, la madre si fa vedere molto gelosa.

ESPRESSIONI UTILI

Ci tenevi molto a farceli conoscere? You cared a
  lot about introducing them to us?
Ci potete scommettere. You can bet on it.
Sta per svenire! He's about to faint!
Tu pensa agli affari tuoi! Mind your own business!
Te la devi cavare da sola. You have to manage
  alone.
Io voglio bene a Roberto. I love Roberto.
mi ha messo alle strette you've put me in a
  difficult position

si usava ancora it was still common
saltare sulle ginocchia to jump up on
  (someone's) lap (*lit.*, knees)
per farsi fare le coccole to be petted, cuddled
in sovrappeso overweight
sleale unfair; disloyal
un ricatto blackmail
un brindisi a toast
È scacco matto in due mosse. It's checkmate in
  two moves.

DAL VIDEO

ENZO: Non sapevo che avesse studiato arte all'università... Be', questo
    spiega il buon gusto con il quale ha arredato l'hotel.

PREPARAZIONE

Vero o falso?

1. Luigi non vuole conoscere i ragazzi che escono con sua figlia.
2. La mamma dice a Roberto che è difficile innamorarsi di sua figlia.

COMPRENSIONE

1. Luigi che cosa dice riguardo ai ragazzi che Silvana ha già portato a
   casa?
2. Roberto e Silvana come convincono la mamma ad accettare il loro
   legame?

Funzione: Esprimere le
preferenze e le opinioni al
passato

ATTIVITÀ

Da fare in gruppi di tre. Parlate dei vostri compagni di classe. Due di voi
recitate le parti di Bettina (che racconta le bugie) e Vincenzo (che racconta la
verità). L'altro recita la parte di Italo l'incerto, che non sa cosa credere e
esclama tutto al congiuntivo.

ESEMPIO: BETTINA: Laura è andata via per il week-end.
      VINCENZO: Mark è andato via per il week-end.
         ITALO: Pensavo che Laura fosse andata via per il week-end!

Parole da ricordare

VERBI

aspettarsi	to expect
assicurare	to ensure
*capitare	to happen, happen to, happen to be
convivere (*p.p.* convissuto)	to live together (*in all senses*)
eliminare	to eliminate
*essere a favore di	to be in favor of
*essere contro	to be against
*essere impegnato	to be politically engaged
fidanzarsi (con)	to get engaged (*to be married*) (to)
fidarsi di	to trust, have faith in
giudicare	to judge
guadagnarsi da vivere	to earn a living
interferire (isc)	to interfere
ringraziare	to thank
riposarsi	to rest
risolvere (*p.p.* risolto)	to resolve
sopportare	to tolerate

NOMI

l'alcolismo	alcoholism
l'amicizia	friendship
il comune	town; town government; city hall
il consumismo	consumerism
la diversità	diversity
il divieto	prohibition, restriction
la droga	drugs
il drogato / la drogata	drug addict
l'emarginazione (*f.*)	marginalization
l'extracomunitario/a	person from outside the European Community
la giustizia	justice
l'immigrato / l'immigrata	immigrant
l'immigrazione	immigration
l'ineguaglianza	inequality
l'ingiustizia	injustice
l'intolleranza	intolerance
il materialismo	materialism
la miseria	poverty
il razzismo	racism
il/la razzista (*m. pl.* razzisti)	racist
la ricchezza	wealth
la sciocchezza	foolishness, nonsense, stupidity
il/la senzatetto (*pl.* i/le senzatetto)	homeless person
il/la tossicodipendente	drug addict
la tossicodipendenza	drug addiction
l'uguaglianza	equality
il valore	value
la violenza	violence
il volantino	flyer, leaflet
il volontario	volunteer worker

AGGETTIVI

abusivo	illegal
deluso	disappointed, let down
grosso	big
razzista (*m. pl.* razzisti)	racist

ALTRE PAROLE ED ESPRESSIONI

come se	as if
già	you're right, exactly, of course
indietro	behind; back, backwards
magari	if only

---

*Words identified with an asterisk (*) are conjugated with **essere**.

Appendices

Appendix 1

A. Usi dell'articolo determinativo

1. In contrast to English, the definite article is required in Italian:
   a. before nouns used to express a concept or a category of something in its entirety

      La generosità è una virtù.
      Le matite non sono care.

   b. before names of languages, unless directly preceded by a form of **parlare** or **studiare**

      Lo spagnolo è bello.
      La signora Javier parla spagnolo e tedesco.

   c. with proper names accompanied by a title or an adjective

      Il signor Bandelli vuole andare a Chicago e a San Francisco.
      Il piccolo Franco, però, vuole andare a Disneyland!

   d. with days of the week to indicate a routine event

      Il martedì ho lezione di matematica.

   e. with dates

      Oggi è **il** quattro dicembre.

   f. with possessive forms

      Ecco **la** mia casa!

   g. with parts of the body and items of clothing

      Mi lavo **le** mani prima di mangiare.
      Perché non ti sei messo **la** cravatta?

   h. with geographical names

      Quest'estate visiteremo l'Italia e **la** Francia.

2. Note that the category of geographical names includes not only continents and countries but also states, regions, large islands, mountains, and rivers.

   L'estate scorsa abbiamo visitato **il** Colorado, l'Arizona e **la** California.

   Last summer we visited Colorado, Arizona, and California.

   Ho ricevuto una cartolina **dalla** Sardegna.

   I've received a card from Sardinia.

3. The definite article is omitted after **in** (*in, to*) if the geographical term is feminine, singular, and unmodified.

Chi vuole andare in Italia?	*Who wants to go to Italy?*

but

Chi vuole andare **nell**'Italia centrale?	*Who wants to go to central Italy?*

If the geographical term is masculine or plural, **in** + *article* is used.

Aspen è **nel** Colorado.	*Aspen is in Colorado.*
Mio padre non è nato **negli** Stati Uniti.	*My father wasn't born in the United States.*

4. The definite article is not used with names of cities. *In* or *to* before the name of a city is expressed with **a** in Italian.

La Torre Pendente è **a** Pisa.	*The Leaning Tower is in Pisa.*

5. Names of U.S. states that are feminine in Italian follow the same rules as those for feminine countries.

la California	la Louisiana
la Carolina (del Nord, del Sud)	la Pennsylvania
la Florida	la Virginia
la Georgia	

Conosci **la** California?	*Do you know California?*
Dov'è l'Università **della** Georgia?	*Where's the University of Georgia?*
Quante cartoline hai ricevuto **dalla** Louisiana?	*How many cards have you received from Louisiana?*
Sei mai stato **in** Virginia?	*Have you ever been to Virginia?*

The names of all other states are masculine* and usually take the article whether used alone or with a preposition.

Il Texas è un grande stato.	*Texas is a big state.*
L'Università **del** Colorado è a Boulder.	*The University of Colorado is in Boulder.*
New Haven è **nel** Connecticut.	*New Haven is in Connecticut.*

B. Gerundio e il presente progressivo

1. The gerund (**il gerundio**) corresponds to the *-ing* verb form in English. The gerund is formed by adding **-ando** to the stem of **-are** verbs and **-endo** to the stems of **-ere** and **-ire** verbs. Its form is invariable.

lavorare → lavor**ando**
scrivere → scriv**endo**
partire → part**endo**

---

*The only exception is Hawaii, which is feminine plural: **le Hawaii.**

2. Italian constructions with the gerund have many possible English equivalents.

Lavorando con un compagno, completate l'esercizio.	*Working with a classmate, complete the exercise.*
Frequentando regolarmente le lezioni, imparo molto.	*By attending classes regularly, I learn a lot.*
Andando in macchina, penso sempre ai miei problemi!	*While I drive, I always think about my problems!*

3. The present tense of **stare** can be combined with the gerund to form the *present progressive* tense (**il presente progressivo**): **sto cantando** (*I am singing*). This tense is used to stress that an action is in progress.

Che cosa **state guardando**?	*What are you watching?*
Stiamo studiando.	*We are (in the process of) studying.*
Dove **stai andando**?	*Where are you going (right now)?*
Sto andando a scuola.	*I am going to school.*

4. In Italian, unlike English, the gerund is never used as the subject of a sentence or as a direct object. The infinitive is used in these cases.

Imparare bene una lingua non è facile.	*Learning a language well is not easy.*
Preferisci **cantare** o **ballare**?	*Do you prefer singing or dancing?*

5. **Bere, dire,** and **fare** have irregular gerunds: **bevendo, dicendo,** and **facendo** respectively.

Sto **bevendo** un'aranciata.	*I'm drinking an orange soda.*
Cosa stai **dicendo**?	*What are you saying?*
La nonna sta **facendo** una passeggiata.	*Grandma is taking a walk.*

6. Remember that Italian constructions with the gerund have many possible English equivalents.

Leo passa il suo tempo libero **andando** a caccia.	*Leo spends his free time hunting.*
Puoi imparare a cucinare **leggendo** libri di cucina!	*You can learn how to cook by reading cookbooks!*
Cosa dice il professore **uscendo** dalla classe?	*What does the professor say as he's leaving class?*

C. Futuro anteriore

1. The future perfect (**il futuro anteriore**) (*I will have sung, they will have arrived*) is formed with the future of **avere** or **essere** + *past participle*.

FUTURE PERFECT	
WITH **AVERE**	WITH **ẸSSERE**
avrò avrại avrà avremo avrete avranno } lavorato	sarò sarại sarà } partito/a saremo sarete saranno } partiti/e

2. The future perfect is used to express an action that will already have taken place by a specific time in the future or when a second action occurs. The second action, if expressed, is always in the future tense.

Alle sette avremo già mangiato.	*By seven, we'll already have eaten.*
Dopo che avranno visitato la Sicilia, torneranno a casa.	*After they have visited Sicily, they'll return home.*

3. Just as the future tense is used to express probability, the future perfect can be used to indicate probability or speculation about something that may or may not have happened in the past.

Renato ha trovato una camera a Venezia. Avrà prenotato molto tempo fa!	*Renato found a room in Venice. He must have made reservations a long time ago!*
Le finestre sono chiuse. I Fossati saranno partiti.	*The windows are closed. The Fossatis must have left.*

D. Periodo ipotetico con l'indicativo

Conditional sentences consist of two clauses: an *if* clause that specifies a condition and a main clause that indicates the outcome of that condition: *If I don't sleep, I become irritable. If they arrive early, we'll go to the beach.*

1. In Italian, **se** introduces the condition. When the condition is real or possible, the **se** clause is in an indicative tense (present, future, or past), and the main clause is in either the indicative or the imperative.

SE CLAUSE	MAIN CLAUSE
INDICATIVE	INDICATIVE OR IMPERATIVE
present tense **se** + future tense past tenses	present tense future tense past tenses imperative

Se vuole vedere il film, venga con noi.	*If you want to see the film, come with us.*
Se avevate fame, perché non avete mangiato?	*If you were hungry, why didn't you eat?*
Se andrai in Italia, dovrai visitare Venezia.	*If you go to Italy, you must visit Venice.*

2. When the main clause is in the future tense, the **se** clause must *also* be in the future. In English, by contrast, the *if* clause is in the present tense.

Se **leggerete** il romanzo, **apprezzerete** di più il film.	*If you read the novel, you will appreciate the film more.*

E. Periodo ipotetico con il congiuntivo

1. In conditional sentences that describe contrary-to-fact situations in the present (whether likely or unlikely to happen), the **se** clause is in the *imperfect subjunctive* and the main clause is in the *conditional*.

SE CLAUSE	MAIN CLAUSE
SUBJUNCTIVE	CONDITIONAL
se + imperfect subjunctive	present conditional conditional perfect

Se **avessi** più tempo, **vedrei** tutti i film di Pasolini.	*If I had more time, I would see all of Pasolini's films.*
Se tu non **fossi** tanto pigro, **avresti** già **inviato** gli inviti.	*If you weren't so lazy, you would have sent the invitations already.*

2. Contrary-to-fact situations in the past are expressed with a **se** clause in the *pluperfect subjunctive* and the main clause in the *conditional*.

SE CLAUSE	MAIN CLAUSE
PLUPERFECT SUBJUNCTIVE	CONDITIONAL
se + pluperfect subjunctive	present conditional conditional perfect

Se **avessi avuto** più tempo, **avrei visto** tutti i film di Pasolini.	*If I had had more time, I would have seen all of Pasolini's films.*
Se tu non **fossi stato** tanto pigro, **avresti** già **inviato** gli inviti.	*If you hadn't been so lazy, you would have sent the invitations already.*

3. The conditional is used *only* in the main clause, *never* in the **se** clause. Only the subjunctive may be used in the **se** clause of a contrary-to-fact sentence.

F. *Fare* + infinito

1. **Fare** + *infinitive* is used to express *to have something done* or *to have someone do something*. A noun object follows the infinitive. Compare these sentences.

Il falegname **ripara** la porta.	*The carpenter repairs the door.*
Il proprietario **fa riparare** la porta.	*The owner has the door repaired.*
Scrivo la pubblicità.	*I'm writing the ad.*
Faccio scrivere la pubblicità.	*I'm having the ad written.*

2. When a pronoun replaces the noun object, it ordinarily precedes the form of **fare**. The pronoun may attach to **fare** only when **fare** is in the infinitive form or in the first or second person of the imperative.

Faccio lavare la macchina; **la faccio lavare** ogni sabato.	*I'm having the car washed; I have it washed every Saturday.*
Desidero far mettere il telefono; desidero **farlo mettere** nel mio studio.	*I wish to have a phone put in; I wish to have it put in my study.*
Fa' riparare il televisore; **fallo riparare** al più presto!	*Have the TV set repaired; have it repaired as soon as possible!*

3. When the sentence has only one object, it is a direct object. When there are two objects, the *thing* is the direct object and the *person* is the indirect object. When the indirect object is a noun or a disjunctive pronoun, it takes the preposition **a**.

Fanno leggere **Marco.**	*They make Marco read.*
Lo fanno leggere.	*They make him read.*
Fanno leggere le notizie **a Marco.**	*They make Marco read the news.*
Fanno leggere le notizie **a lui.** **Gli** fanno leggere le notizie.	*They make him read the news.*
Gliele fanno leggere.	*They make him read them.*

In compound tenses, the past participle **fatto** agrees in gender and number with the direct object.

Mi hanno fatto portare le valige.	*They had me carry the luggage.*
Me **le** hanno fatte portare.	*They had me carry them.*

4. When the use of **a** could cause ambiguity, **a** + *person* is replaced by **da** + *person*.

TWO POSSIBLE MEANINGS

Ho fatto scrivere una lettera **a Mario.**	{ *I had Mario write a letter.* { *I had a letter written to Mario.*

ONE POSSIBLE MEANING

Ho fatto scrivere una lettera **da Mario.**	*I had Mario write a letter.*

5. **Farsi** + *infinitive* + **da** + *person* means *to make oneself heard/understood/seen by someone.* **Essere** is used in compound tenses.

Come possiamo **farci capire da** tutti?	*How can we make ourselves understood by everyone?*
Si sono fatti fotografare.	*They had themselves photographed.*

G. *Lasciare* e i verbi di percezione + infinito

1. Like **fare,** the verb **lasciare** (*to let, allow, permit*) and verbs of perception (**vedere, guardare, sentire,** etc.) are followed by the infinitive.

Non ci **lascia scrivere** a mano.	*He doesn't allow us to write by hand.*
Abbiamo sentito leggere il poeta.	*We heard the poet read.*

2. A noun object typically follows the infinitive, but a pronoun object precedes the main verb. A pronoun attaches to the main verb only when it is in the infinitive or in the first or second person of the imperative.

—Hai sentito piangere la mamma?	*Did you hear Mom cry?*
—Sì, **l'ho sentita** piangere.	*Yes, I heard her cry.*
Perché non lasci giocare i bambini? **Lasciali** giocare!	*Why don't you let the children play? Let them play!*
Non voglio **vederti** correre.	*I don't want to see you run.*

3. **Lasciare** may also be followed by **che** + *subjunctive.*

Perché non **lo** lasciate **parlare?** }	*Why don't you let him talk?*
Perché non lasciate **che lui parli?** }	

H. Forma passiva del verbo

1. All the verb forms introduced in *In giro per l'Italia* have been presented in the active voice. In the active voice, the subject of the verb performs the action. In the passive voice (**la forma passiva**), the subject of the verb is acted on. Compare these sentences.

   ACTIVE VOICE: The car hit her.
   PASSIVE VOICE: She was hit by the car.

2. The passive voice in Italian is formed exactly as in English. It consists of **essere** in the appropriate tense + *past participle.* If the agent (the person performing the action) is expressed, the noun or pronoun is preceded by **da.** All past participles must agree with the subject in gender and number.

   subject + **essere** + *past participle* (+ **da** + *person*)

Il caffè **è fatto da** Giacomo.	*The coffee is made by Giacomo.*
Il caffè **è stato fatto da** Giacomo.	*The coffee was made by Giacomo.*
Il caffè **sarà fatto da** Giacomo.	*The coffee will be made by Giacomo.*

   Note that the passive voice can consist of two words (simple tenses) or three words (compound tenses). In compound tenses, both participles agree with the subject.

Appendix 2

A. Avere e essere

Coniugazione del verbo *avere*

INFINITO
PRESENTE: avere
PASSATO: avere avuto

PARTICIPIO: avuto
GERUNDIO: avendo

INDICATIVO

PRESENTE	IMPERFETTO	PASSATO PROSSIMO	TRAPASSATO	FUTURO
ho	avevo	ho	avevo	avrò
hai	avevi	hai	avevi	avrai
ha	aveva	ha }avuto	aveva }avuto	avrà
abbiamo	avevamo	abbiamo	avevamo	avremo
avete	avevate	avete	avevate	avrete
hanno	avevano	hanno	avevano	avranno

CONDIZIONALE PASSATO	PASSATO REMOTO	TRAPASSATO REMOTO	FUTURO ANTERIORE
avrei	ebbi	ebbi	avrò
avresti	avesti	avesti	avrai
avrebbe }avuto	ebbe	ebbe }avuto	avrà }avuto
avremmo	avemmo	avemmo	avremo
avreste	aveste	aveste	avrete
avrebbero	ebbero	ebbero	avranno

CONGIUNTIVO

PRESENTE	PASSATO	IMPERFETTO	TRAPASSATO	IMPERATIVO
abbia	abbia	avessi	avessi	—
abbia	abbia	avessi	avessi	abbi (non avere)
abbia	abbia }avuto	avesse	avesse }avuto	abbia
abbiamo	abbiamo	avessimo	avessimo	abbiamo
abbiate	abbiate	aveste	aveste	abbiate
abbiano	abbiano	avessero	avessero	abbiano

Coniugazione del verbo *essere*

INFINITO
PRESENTE: essere
PASSATO: essere stato/a/i/e

PARTICIPIO: stato/a/i/e
GERUNDIO: essendo

INDICATIVO

PRESENTE	IMPERFETTO	PASSATO PROSSIMO	TRAPASSATO	FUTURO
sono	ero	sono	ero	sarò
sei	eri	sei }stato/a	eri }stato/a	sarai
è	era	è	era	sarà
siamo	eravamo	siamo	eravamo	saremo
siete	eravate	siete }stati/e	eravate }stati/e	sarete
sono	erano	sono	erano	saranno

CONDIZIONALE PASSATO	PASSATO REMOTO	TRAPASSATO REMOTO	FUTURO ANTERIORE
sarei	fui	fui	sarò
saresti }stato/a	fosti	fosti }stato/a	sarai }stato/a
sarebbe	fu	fu	sarà
saremmo	fummo	fummo	saremo
sareste }stati/e	foste	foste }stati/e	sarete }stati/e
sarebbero	furono	furono	saranno

CONGIUNTIVO

PRESENTE	PASSATO	IMPERFETTO	TRAPASSATO	IMPERATIVO
sia	sia	fossi	fossi	—
sia	sia }stato/a	fossi	fossi }stato/a	sii (non essere)
sia	sia	fosse	fosse	sia
siamo	siamo	fossimo	fossimo	siamo
siate	siate }stati/e	foste	foste }stati/e	siate
siano	siano	fossero	fossero	siano

B. Verbi regolari

Coniugazione del verbo *cantare*

INFINITO — PRESENTE: cantare · PASSATO: avere cantato
PARTICIPIO cantato
GERUNDIO cantando

INDICATIVO

PRESENTE	IMPERFETTO	PASSATO PROSSIMO	TRAPASSATO	PASSATO REMOTO	TRAPASSATO REMOTO	FUTURO	FUTURO ANTERIORE
canto	cantavo	ho	avevo	cantai	ebbi	canterò	avrò
canti	cantavi	hai	avevi	cantasti	avesti	canterai	avrai
canta	cantava	ha	aveva	cantò	ebbe	canterà	avrà
cantiamo	cantavamo	abbiamo } cantato	avevamo } cantato	cantammo	avemmo } cantato	canteremo	avremo } cantato
cantate	cantavate	avete	avevate	cantaste	aveste	canterete	avrete
cantano	cantavano	hanno	avevano	cantarono	ebbero	canteranno	avranno

CONDIZIONALE

PRESENTE	PASSATO
canterei	avrei
canteresti	avresti
canterebbe	avrebbe
canteremmo	avremmo } cantato
cantereste	avreste
canterebbero	avrebbero

CONGIUNTIVO

PRESENTE	PASSATO	IMPERFETTO	TRAPASSATO
canti	abbia	cantassi	avessi
canti	abbia	cantassi	avessi
canti	abbia	cantasse	avesse
cantiamo	abbiamo } cantato	cantassimo	avessimo } cantato
cantiate	abbiate	cantaste	aveste
cantino	abbiano	cantassero	avessero

IMPERATIVO

—
canta (non cantare)
canti
cantiamo
cantate
cantino

Coniugazione del verbo *ripetere*

INFINITO — PRESENTE: ripetere · PASSATO: avere ripetuto
PARTICIPIO ripetuto
GERUNDIO ripetendo

INDICATIVO

PRESENTE	IMPERFETTO	PASSATO PROSSIMO	TRAPASSATO	PASSATO REMOTO	TRAPASSATO REMOTO	FUTURO	FUTURO ANTERIORE
ripeto	ripetevo	ho	avevo	ripetei	ebbi	ripeterò	avrò
ripeti	ripetevi	hai	avevi	ripetesti	avesti	ripeterai	avrai
ripete	ripeteva	ha	aveva	ripeté	ebbe	ripeterà	avrà
ripetiamo	ripetevamo	abbiamo } ripetuto	avevamo } ripetuto	ripetemmo	avemmo } ripetuto	ripeteremo	avremo } ripetuto
ripetete	ripetevate	avete	avevate	ripeteste	aveste	ripeterete	avrete
ripetono	ripetevano	hanno	avevano	ripeterono	ebbero	ripeteranno	avranno

CONDIZIONALE

PRESENTE	PASSATO
ripeterei	avrei
ripeteresti	avresti
ripeterebbe	avrebbe
ripeteremmo	avremmo } ripetuto
ripetereste	avreste
ripeterebbero	avrebbero

CONGIUNTIVO

PRESENTE	PASSATO	IMPERFETTO	TRAPASSATO
ripeta	abbia	ripetessi	avessi
ripeta	abbia	ripetessi	avessi
ripeta	abbia	ripetesse	avesse
ripetiamo	abbiamo } ripetuto	ripetessimo	avessimo } ripetuto
ripetiate	abbiate	ripeteste	aveste
ripetano	abbiano	ripetessero	avessero

IMPERATIVO

—
ripeti (non ripetere)
ripeta
ripetiamo
ripetete
ripetano

Coniugazione del verbo *dormire*

INFINITO
PRESENTE: dormire PASSATO: avere dormito

PARTICIPIO
dormito

GERUNDIO
dormendo

INDICATIVO

PRESENTE	IMPERFETTO	PASSATO PROSSIMO		TRAPASSATO		FUTURO	FUTURO ANTERIORE	
dormo	dormivo	ho		avevo		dormirò	avrò	
dormi	dormivi	hai		avevi		dormirai	avrai	
dorme	dormiva	ha	dormito	aveva	dormito	dormirà	avrà	dormito
dormiamo	dormivamo	abbiamo		avevamo		dormiremo	avremo	
dormite	dormivate	avete		avevate		dormirete	avrete	
dọrmono	dormịvano	hanno		avẹvano		dormiranno	avranno	

CONDIZIONALE PRESENTE	CONDIZIONALE PASSATO		PASSATO REMOTO	TRAPASSATO REMOTO	
dormirẹi	avrẹi		dormii	ebbi	
dormiresti	avresti		dormisti	avesti	
dormirebbe	avrebbe	dormito	dormì	ebbe	dormito
dormiremmo	avremmo		dormimmo	avemmo	
dormireste	avreste		dormiste	aveste	
dormirẹbbero	avrẹbbero		dormịrono	ẹbbero	

CONGIUNTIVO

PRESENTE	PASSATO		IMPERFETTO	TRAPASSATO	
dorma	ạbbia		dormissi	avessi	
dorma	ạbbia		dormissi	avessi	
dorma	ạbbia	dormito	dormisse	avesse	dormito
dormiamo	abbiamo		dormịssimo	avẹssimo	
dormiate	abbiate		dormiste	aveste	
dọrmano	ạbbiano		dormịssero	avẹssero	

IMPERATIVO

—
dormi (non dormire)
dorma
dormiamo
dormite
dọrmano

Coniugazione del verbo *capire*

INFINITO
PRESENTE: capire PASSATO: avere capito

PARTICIPIO
capito

GERUNDIO
capendo

INDICATIVO

PRESENTE	IMPERFETTO	PASSATO PROSSIMO		TRAPASSATO		FUTURO	FUTURO ANTERIORE	
capisco	capivo	ho		avevo		capirò	avrò	
capisci	capivi	hai		avevi		capirai	avrai	
capisce	capiva	ha	capito	aveva	capito	capirà	avrà	capito
capiamo	capivamo	abbiamo		avevamo		capiremo	avremo	
capite	capivate	avete		avevate		capirete	avrete	
capịscono	capịvano	hanno		avẹvano		capiranno	avranno	

CONDIZIONALE PRESENTE	CONDIZIONALE PASSATO		PASSATO REMOTO	TRAPASSATO REMOTO	
capirẹi	avrẹi		capii	ebbi	
capiresti	avresti		capisti	avesti	
capirebbe	avrebbe	capito	capì	ebbe	capito
capiremmo	avremmo		capimmo	avemmo	
capireste	avreste		capiste	aveste	
capirẹbbero	avrẹbbero		capịrono	ẹbbero	

CONGIUNTIVO

PRESENTE	PASSATO		IMPERFETTO	TRAPASSATO	
capisca	ạbbia		capissi	avessi	
capisca	ạbbia		capissi	avessi	
capisca	ạbbia	capito	capisse	avesse	capito
capiamo	abbiamo		capịssimo	avẹssimo	
capiate	abbiate		capiste	aveste	
capịscano	ạbbiano		capịssero	avẹssero	

IMPERATIVO

—
capisci (non capire)
capisca
capiamo
capite
capịscano

C. Verbi irregolari

Forms and tenses not listed here follow the regular pattern.

Verbi irregolari in -are

There are only four irregular -are verbs: **andare, dare, fare,** and **stare.**

andare to go

PRESENTE:	vado, vai, va; andiamo, andate, vanno
FUTURO:	andrò, andrai, andrà; andremo, andrete, andranno
CONDIZIONALE:	andrei, andresti, andrebbe; andremmo, andreste, andrebbero
CONGIUNTIVO PRESENTE:	vada, vada, vada; andiamo, andiate, vadano
IMPERATIVO:	va' (vai), vada; andiamo, andate, vadano

dare to give

PRESENTE:	do, dai, dà; diamo, date, danno
FUTURO:	darò, darai, darà; daremo, darete, daranno
CONDIZIONALE:	darei, daresti, darebbe; daremmo, dareste, darebbero
PASSATO REMOTO:	diedi (detti), desti, diede (dette); demmo, deste, diedero (dettero)
CONGIUNTIVO PRESENTE:	dia, dia, dia; diamo, diate, diano
IMPERFETTO DEL CONGIUNTIVO:	dessi, dessi, desse; dessimo, deste, dessero
IMPERATIVO:	da' (dai), dia; diamo, date, diano

fare to do; to make

PARTICIPIO:	fatto
GERUNDIO:	facendo
PRESENTE:	faccio, fai, fa; facciamo, fate, fanno
IMPERFETTO:	facevo, facevi, faceva; facevamo, facevate, facevano
FUTURO:	farò, farai, farà; faremo, farete, faranno
CONDIZIONALE:	farei, faresti, farebbe; faremmo, fareste, farebbero
PASSATO REMOTO:	feci, facesti, fece; facemmo, faceste, fecero
CONGIUNTIVO PRESENTE:	faccia, faccia, faccia; facciamo, facciate, facciano
IMPERFETTO DEL CONGIUNTIVO:	facessi, facessi, facesse; facessimo, faceste, facessero
IMPERATIVO:	fa' (fai), faccia; facciamo, fate, facciano

stare to stay

PRESENTE:	sto, stai, sta; stiamo, state, stanno
FUTURO:	starò, starai, starà, staremo, starete, staranno
CONDIZIONALE:	starei, staresti, starebbe; staremmo, stareste, starebbero
PASSATO REMOTO:	stetti, stesti, stette; stemmo, steste, stettero
CONGIUNTIVO PRESENTE:	stia, stia, stia; stiamo, stiate, stiano
IMPERFETTO DEL CONGIUNTIVO:	stessi, stessi, stesse; stessimo, steste, stessero
IMPERATIVO:	sta' (stai), stia; stiamo, state, stiano

Verbi irregolari in -ere

assumere to hire

PARTICIPIO:	assunto
PASSATO REMOTO:	assunsi, assumesti, assunse; assumemmo, assumeste, assunsero

bere to drink

PARTICIPIO:	bevuto
GERUNDIO:	bevendo
PRESENTE:	bevo, bevi, beve; beviamo, bevete, bevono
IMPERFETTO:	bevevo, bevevi, beveva; bevevamo, bevevate, bevevano
FUTURO:	berrò, berrai, berrà; berremo, berrete, berranno
CONDIZIONALE:	berrei, berresti, berrebbe; berremmo, berreste, berrebbero
PASSATO REMOTO:	bevvi, bevesti, bevve; bevemmo, beveste, bevvero
CONGIUNTIVO PRESENTE:	beva, beva, beva; beviamo, beviate, bevano
IMPERFETTO DEL CONGIUNTIVO:	bevessi, bevessi, bevesse; bevessimo, beveste, bevessero
IMPERATIVO:	bevi, beva; beviamo, bevete, bevano

cadere to fall

FUTURO:	cadrò, cadrai, cadrà; cadremo, cadrete, cadranno
CONDIZIONALE:	cadrei, cadresti, cadrebbe; cadremmo, cadreste, cadrebbero
PASSATO REMOTO:	caddi, cadesti, cadde; cademmo, cadeste, caddero

chiedere to ask   **richiedere** to require

PARTICIPIO:	chiesto
PASSATO REMOTO:	chiesi, chiedesti, chiese; chiedemmo, chiedeste, chiesero

chiudere to close

PARTICIPIO:	chiuso
PASSATO REMOTO:	chiusi, chiudesti, chiuse; chiudemmo, chiudeste, chiusero

conoscere to know   **riconoscere** to recognize

PARTICIPIO:	conosciuto
PASSATO REMOTO:	conobbi, conoscesti, conobbe; conoscemmo, conosceste, conobbero

convincere to convince

PARTICIPIO:	convinto
PASSATO REMOTO:	convinsi, convincesti, convinse; convincemmo, convinceste, convinsero

correre to run

PARTICIPIO:	corso
PASSATO REMOTO:	corsi, corresti, corse; corremmo, correste, corsero

cuọcere to cook

PARTICIPIO:	cotto
PRESENTE:	cuocio, cuoci, cuoce; cociamo, cocete, cuọciono
PASSATO REMOTO:	cossi, cocesti, cosse; cocemmo, coceste, cọssero
CONGIUNTIVO PRESENTE:	cuocia, cuocia, cuocia; cociamo, cociate, cuọciano
IMPERATIVO:	cuoci, cuocia; cociamo, cocete, cuọciano

decịdere to decide

PARTICIPIO:	deciso
PASSATO REMOTO:	decisi, decidesti, decise; decidemmo, decideste, decịsero

dipẹndere to depend

PARTICIPIO:	dipeso
PASSATO REMOTO:	dipesi, dipendesti, dipese; dipendemmo, dipendeste, dipẹsero

dipịngere to paint

PARTICIPIO:	dipinto
PASSATO REMOTO:	dipinsi, dipingesti, dipinse; dipingemmo, dipingeste, dipịnsero

discụtere to discuss

PARTICIPIO:	discusso
PASSATO REMOTO:	discussi, discutesti, discusse; discutemmo, discuteste, discụssero

distịnguere to distinguish

PARTICIPIO:	distinto
PASSATO REMOTO:	distinsi, distinguesti, distinse; distinguemmo, distingueste, distịnsero

divịdere to divide   **condividere** to share

PARTICIPIO:	diviso
PASSATO REMOTO:	divisi, divideste, divise; dividemmo, divideste, divịsero

dovere to have to

PRESENTE:	devo (debbo), devi, deve; dobbiamo, dovete, dẹvono (dẹbbono)
FUTURO:	dovrò, dovrại, dovrà, dovremo, dovrete, dovranno
CONDIZIONALE:	dovrẹi, dovresti, dovrebbe; dovremmo, dovreste, dovrẹbbero
CONGIUNTIVO PRESENTE:	debba, debba, debba; dobbiamo, dobbiate, dẹbbano

lẹggere to read

PARTICIPIO:	letto
PASSATO REMOTO:	lessi, leggesti, lesse; leggemmo, leggeste, lẹssero

mẹttere to put   **promẹttere** to promise   **scommẹttere** to bet

PARTICIPIO:	messo
PASSATO REMOTO:	misi, mettesti, mise; mettemmo, metteste, mịsero

muọvere to move

PARTICIPIO:	mosso
PASSATO REMOTO:	mossi, muovesti, mosse; muovemmo, muoveste, mọssero

nạscere to be born

PARTICIPIO:	nato
PASSATO REMOTO:	nacqui, nascesti, nacque; nascemmo, nasceste, nạcquero

offẹndere to offend

PARTICIPIO:	offeso
PASSATO REMOTO:	offesi, offendesti, offese; offendemmo, offendeste, offẹsero

parere to seem

PARTICIPIO:	parso
PRESENTE:	paio, pari, pare; paiamo, parete, pạiono
FUTURE:	parrò, parrại, parrà; parremo, parrete, parranno
CONDIZIONALE:	parrẹi, parresti, parrebbe; parremmo, parreste, parrẹbbero
PASSATO REMOTO:	parvi, paresti, parve; paremmo, pareste, pạrvero
CONGIUNTIVO PRESENTE:	pạia, pạia, pạia; paiamo, paiate, pạiano

piacere to please

PARTICIPIO:	piaciuto
PRESENTE:	piaccio, piaci, piace; piacciamo, piacete, piạcciono
PASSATO REMOTO:	piacqui, piacesti, piacque; piacemmo, piaceste, piạcquero
CONGIUNTIVO PRESENTE:	piaccia, piaccia, piaccia; piacciamo, piacciate, piạcciano
IMPERATIVO:	piaci, piaccia; piacciamo, piacete, piạcciano

piạngere to cry

PARTICIPIO:	pianto
PASSATO REMOTO:	piansi, piangesti, pianse; piangemmo, piangeste, piạnsero

potere to be able

PRESENTE:	posso, puọi, può; possiamo, potete, pọssono
FUTURO:	potrò, potrại, potrà; potremo, potrete, potranno
CONDIZIONALE:	potrẹi, potresti, potrebbe; potremmo, potreste, potrẹbbero
CONGIUNTIVO PRESENTE:	possa, possa, possa; possiamo, possiate, pọssano

prẹndere to take   **riprẹndere** to resume   **sorprẹndere** to surprise

PARTICIPIO:	preso
PASSATO REMOTO:	presi, prendesti, prese; prendemmo, prendeste, prẹsero

produrre to produce   **tradurre** to translate
PARTICIPIO: prodotto
PRESENTE: produco, produci, produce; produciamo, producete, producono
IMPERFETTO: producevo, producevi, produceva; producevamo, producevate, producevano
PASSATO REMOTO: produssi, producesti, produsse; producemmo, produceste, produssero
CONGIUNTIVO PRESENTE: produca, produca, produca; produciamo, produciate, producano
IMPERFETTO DEL CONGIUNTIVO: producessi, producessi, producesse; producessimo, produceste, producessero

rendere to give back
PARTICIPIO: reso
PASSATO REMOTO: resi, rendesti, rese; rendemmo, rendeste, resero

ridere to laugh
PARTICIPIO: riso
PASSATO REMOTO: risi, ridesti, rise; ridemmo, rideste, risero

rimanere to remain
PARTICIPIO: rimasto
PRESENTE: rimango, rimani, rimane; rimaniamo, rimanete, rimangono
FUTURO: rimarrò, rimarrai, rimarrà, rimarremo, rimarrete, rimarrano
CONDIZIONALE: rimarrei, rimarresti, rimarrebbe; rimarremmo, rimarreste, rimarrebbero
PASSATO REMOTO: rimasi, rimanesti, rimase; rimanemmo, rimaneste, rimasero
CONGIUNTIVO PRESENTE: rimanga, rimanga, rimanga; rimaniamo, rimaniate, rimangano
IMPERATIVO: rimani, rimanga; rimaniamo, rimanete, rimangano

rispondere to answer
PARTICIPIO: risposto
PASSATO REMOTO: risposi, rispondesti, rispose; rispondemmo, rispondeste, risposero

rompere to break   **interrompere** to interrupt
PARTICIPIO: rotto
PASSATO REMOTO: ruppi, rompesti, ruppe; rompemmo, rompeste, ruppero

sapere to know
PRESENTE: so, sai, sa; sappiamo, sapete, sanno
FUTURO: saprò, saprai, saprà; sapremo, saprete, sapranno
CONDIZIONALE: saprei, sapresti, saprebbe; sapremmo, sapreste, saprebbero
PASSATO REMOTO: seppi, sapesti, seppe; sapemmo, sapeste, seppero
CONGIUNTIVO PRESENTE: sappia, sappia, sappia; sappiamo, sappiate, sappiano
IMPERATIVO: sappi, sappia; sappiamo, sappiate, sappiano

scegliere to choose

PARTICIPIO:	scelto
PRESENTE:	scelgo, scegli, sceglie; scegliamo, scegliete, scelgono
PASSATO REMOTO:	scelsi, scegliesti, scelse; scegliemmo, sceglieste, scelsero
CONGIUNTIVO PRESENTE:	scelga, scelga, scelga; scegliamo, scegliate, scelgano
IMPERATIVO:	scegli, scelga; scegliamo, scegliete, scelgano

scendere to descend

PARTICIPIO:	sceso
PASSATO REMOTO:	scesi, scendesti, scese; scendemmo, scendeste, scesero

scrivere to write   **iscriversi** to enroll

PARTICIPIO:	scritto
PASSATO REMOTO:	scrissi, scrivesti, scrisse; scrivemmo, scriveste, scrissero

sedere to sit

PRESENTE:	siedo, siedi, siede; sediamo, sedete, siedono
CONGIUNTIVO PRESENTE:	sieda, sieda, sieda (segga); sediamo, sediate, siedano (seggano)
IMPERATIVO:	siedi, sieda (segga); sediamo, sedete, siedano (seggano)

succedere to happen

PARTICIPIO:	successo
PASSATO REMOTO:	successi, succedesti, successe; succedemmo, succedeste, successero

tenere to hold   **appartenere** to belong   **ottenere** to obtain

PRESENTE:	tengo, tieni, tiene; teniamo, tenete, tengono
FUTURO:	terrò, terrai, terrà; terremo, terrete, terranno
CONDIZIONALE:	terrei, terresti, terrebbe; terremmo, terreste, terrebbero
PASSATO REMOTO:	tenni, tenesti, tenne; tenemmo, teneste, tennero
CONGIUNTIVO PRESENTE:	tenga, tenga, tenga; teniamo, teniate, tengano
IMPERATIVO:	tieni, tenga; teniamo, tenete, tengano

uccidere to kill

PARTICIPIO:	ucciso
PASSATO REMOTO:	uccisi, uccidesti, uccise; uccidemmo, uccideste, uccisero

vedere to see

PARTICIPIO:	visto *or* veduto
FUTURO:	vedrò, vedrai, vedrà; vedremo, vedrete, vedranno
CONDIZIONALE:	vedrei, vedresti, vedrebbe; vedremmo, vedreste, vedrebbero
PASSATO REMOTO:	vidi, vedesti, vide; vedemmo, vedeste, videro

vincere to win

PARTICIPIO: vinto

PASSATO REMOTO: vinsi, vincesti, vinse; vincemmo, vinceste, vinsero

vivere to live

PARTICIPIO: vissuto

FUTURO: vivrò, vivrai, vivrà; vivremo, vivrete, vivranno

CONDIZIONALE: vivrei, vivresti, vivrebbe; vivremmo, vivreste, vivrebbero

PASSATO REMOTO: vissi, vivesti, visse; vivemmo, viveste, vissero

volere to want

PRESENTE: voglio, vuoi, vuole; vogliamo, volete, vogliono

FUTURO: vorrò, vorrai, vorrà; vorremo, vorrete, vorranno

CONDIZIONALE: vorrei, vorresti, vorrebbe; vorremmo, vorreste, vorrebbero

PASSATO REMOTO: volli, volesti, volle; volemmo, voleste, vollero

CONGIUNTIVO PRESENTE: voglia, voglia, voglia; vogliamo, vogliate, vogliano

IMPERATIVO: vogli, voglia; vogliamo, vogliate, vogliano

Verbi irregolari in -ire

aprire to open

PARTICIPIO: aperto

dire to say, tell

PARTICIPIO: detto

GERUNDIO: dicendo

PRESENTE: dico, dici, dice; diciamo, dite, dicono

IMPERFETTO: dicevo, dicevi, diceva; dicevamo, dicevate, dicevano

PASSATO REMOTO: dissi, dicesti, disse; dicemmo, diceste, dissero

CONGIUNTIVO PRESENTE: dica, dica, dica; diciamo, diciate, dicano

IMPERFETTO DEL CONGIUNTIVO: dicessi, dicessi, dicesse; dicessimo, diceste, dicessero

IMPERATIVO: di', dica; diciamo, dite, dicano

morire to die

PARTICIPIO: morto

PRESENTE: muoio, muori, muore; moriamo, morite, muoiono

CONGIUNTIVO PRESENTE: muoia, muoia, muoia; moriamo, moriate, muoiano

IMPERATIVO: muori, muoia; moriamo, morite, muoiano

offrire to offer **soffrire** to suffer

PARTICIPIO: offerto

salire to climb

PRESENTE: salgo, sali, sale; saliamo, salite, salgono

CONGIUNTIVO PRESENTE: salga, salga, salga; saliamo, saliate, salgano

IMPERATIVO: sali, salga; saliamo, salite, salgano

scoprire to discover

PARTICIPIO: scoperto

uscire to go out   **riuscire** to succeed

PRESENTE: esco, esci, esce; usciamo, uscite, ęscono
CONGIUNTIVO PRESENTE: esca, esca, esca; usciamo, usciate, ęscano
IMPERATIVO: esci, esca; usciamo, uscite, ęscano

venire to come   **avvenire** to happen

PARTICIPIO: venuto
PRESENTE: vengo, vieni, viene; veniamo, venite, vęngono
FUTURO: verrò, verrąi, verrà, verremo, verrete, verranno
CONDIZIONALE: verręi, verresti, verrebbe; verremmo, verreste, verrębbero
PASSATO REMOTO: venni, venisti, venne; venimmo, veniste, vęnnero
CONGIUNTIVO PRESENTE: venga, venga, venga; veniamo, veniate, vęngano
IMPERATIVO: vieni, venga; veniamo, venite, vęngano

Verbi con participi passati irregolari

aprire *to open*	aperto	parere *to seem*	parso
assụmere *to hire*	assunto	pęrdere *to lose*	perso *or* perduto
avvenire *to happen*	avvenuto	piạngere *to weep, cry*	pianto
bere *to drink*	bevuto	pręndere *to take*	preso
chiędere *to ask*	chiesto	produrre *to produce*	prodotto
chiụdere *to close*	chiuso	promęttere *to promise*	promesso
convịncere *to convince*	convinto	ręndere *to return, give back*	reso
cọrrere *to run*	corso	richiędere *to require*	richiesto
cuọcere *to cook*	cotto	ricọnoscere *to recognize*	riconosciuto
decịdere *to decide*	deciso	rịdere *to laugh*	riso
dipęndere *to depend*	dipeso	rimanere *to remain*	rimasto
dipịngere *to paint*	dipinto	ripręndere *to resume*	ripreso
dire *to say, tell*	detto	risọlvere *to solve*	risolto
discụtere *to discuss*	discusso	rispọndere *to answer*	risposto
distịnguere *to distinguish*	distinto	rọmpere *to break*	rotto
divịdere *to divide*	diviso	scęgliere *to choose*	scelto
esịstere *to exist*	esistito	scęndere *to get off*	sceso
esprịmere *to express*	espresso	scommęttere *to bet*	scommesso
ęssere *to be*	stato	scoprire *to discover*	scoperto
fare *to do, make*	fatto	scrịvere *to write*	scritto
interrọmpere *to interrupt*	interrotto	soffrire *to suffer*	sofferto
iscrịversi *to enroll*	iscritto	sorpręndere *to surprise*	sorpreso
lęggere *to read*	letto	succędere *to happen*	successo
męttere *to put*	messo	uccịdere *to kill*	ucciso
morire *to die*	morto	vedere *to see*	visto *or* veduto
muọvere *to move*	mosso	venire *to come*	venuto
nạscere *to be born*	nato	vịncere *to win*	vinto
offęndere *to offend*	offeso	vịvere *to live*	vissuto
offrire *to offer*	offerto		

D. Verbi coniugati con *essere*

andare *to go*
arrivare *to arrive*
avvenire *to happen*
bastare *to suffice, be enough*
bisognare *to be necessary*
cadere *to fall*
cambiare* *to change, become different*
campare *to live*
cominciare* *to begin*
costare *to cost*
dipendere *to depend*
dispiacere *to be sorry*
diventare *to become*
durare *to last*
entrare *to enter*
esistere *to exist*
essere *to be*
finire* *to finish*
fuggire *to run away*
ingrassare *to put on weight*

morire *to die*
nascere *to be born*
parere *to seem*
partire *to leave, depart*
passare† *to stop by*
piacere *to like, be pleasing*
restare *to stay*
rimanere *to remain*
ritornare *to return*
riuscire *to succeed*
salire‡ *to go up; to get in*
scappare *to run away*
scendere* *to get off*
sembrare *to seem*
stare *to stay*
succedere *to happen*
tornare *to return*
uscire *to leave, go out*
venire *to come*

In addition to these verbs, all reflexive verbs are conjugated with **essere.**

---

*Conjugated with **avere** when used with a direct object.
†Conjugated with **avere** when the meaning is *to spend* (*time*), *to pass.*
‡Conjugated with **avere** when the meaning is *to climb.*

Vocabulary

This vocabulary contains contextual meanings of most words used in this book. Active vocabulary is indicated by the number of the chapter in which the word first appears (the designation P refers to the **Capitolo preliminare**). Proper and geographical names are not included in this list. Exact cognates do not appear unless they have an irregular plural or irregular stress.

The gender of nouns is indicated by the form of the definite article, or by the abbreviation *m.* or *f.* if neither the article nor the final vowel reveals gender. Adjectives are listed by their masculine form. Irregular stress is indicated by a dot under the stressed vowel. Idiomatic expressions are listed under the major word in the phrase, usually a noun or a verb. An asterisk (*) before a verb indicates that the verb requires **essere** in compound tenses. Verbs ending in **-si** always require **essere** in compound tenses and therefore are not marked. Verbs preceded by a dagger (†) usually take **essere** in compound tenses unless followed by a direct object, in which case they require **avere.** Verbs followed by (**isc**) are third-conjugation verbs that insert **-isc-** in the present indicative and subjunctive and in the imperative. The following abbreviations have been used:

abbr.	abbreviation	*f.*	feminine	*m.*	masculine
adj.	adjective	*fam.*	familiar	*n.*	noun
adv.	adverb	*fig.*	figurative	*p.p.*	past participle
arch.	archaic	*form.*	formal	*pl.*	plural
art.	article	*gram.*	grammar	*prep.*	preposition
conj.	conjunction	*inf.*	infinitive	*pron.*	pronoun
coll.	colloquial	*inv.*	invariable	*s.*	singular
def.	definite article	*lit.*	literally	*subj.*	subjunctive

Italian–English Vocabulary

A

a, ad (*before vowels*) at, in, to (1); **a destra** to/on the right; **a sinistra** to/on the left
abbagliare to blind
abbandonare to abandon
abbastanza (*inv.*) enough; quite (2); **abbastanza bene** pretty well (P)
abbattere to knock down, destroy, demolish
abbattuto dejected
l'abbigliamento clothing (7); **il negozio di abbigliamento** clothing store
abbinare (a) to go with, match, pair
abbondante abundant
abbottonarsi to button up (*clothes*)
abbracciare to embrace (7)
abbronzarsi to get tan
l'abete *m.* fir tree, spruce
l'abitante *m./f.* inhabitant (15)
abitare to live, reside (3)
l'abitazione *f.* dwelling, house
l'abito suit; dress (*women*); outfit (7)
abituale habitual
abituarsi a (+ *n.* or *inf.*) to get used to (*something or doing something*) (14)
l'abitudine *f.* habit
l'abolizione *f.* abolition
abortire (isc) to abort, have an abortion
abusivo illegal (18)
l'accademia academy
accademico (*m. pl.* **accademici**) academic
accanto (a) next (to) (12)
l'accattonaggio begging
l'accattone beggar
accendere (*p.p.* **acceso**) to turn on
acceso ardent
l'accesso access
gli accessori accessories
accettare (**di** + *inf.*) to accept (*doing something*) (14)
accidentale accidental
accidenti! darn!
l'accoglienza reception, welcome
accomodarsi to make oneself at home
accompagnare to accompany
accorciare to shorten
accordarsi to agree
l'accordo agreement; **d'accordo** agreed; *andare d'accordo to get along; *essere d'accordo to agree
accorgersi (*p.p.* **accorto**) (**di**) to be aware (of)

accudire to take care of, mind
accusare to accuse
l'acqua (minerale/gassata/naturale) (mineral/carbonated/noncarbonated) water (5)
l'acquedotto aqueduct
acquisire to get, acquire
acquistare to acquire, buy
l'acquisto purchase
adagio slowly
adattarsi to adapt
adatto suitable, appropriate
addetto assigned, employed
addirittura even; absolutely
addormentarsi to fall asleep (7)
addosso: mettersi addosso to put on
adeguato adequate
adesso now (4)
l'adolescente *m., f.* adolescent
adriatico (*m. pl.* **adriatici**) *adj.* Adriatic
l'adulto adult
l'aereo; l'aeroplano (*pl.* **gli aerei**) airplane (1); *andare in aeroplano to fly, go by plane
l'aerobica aerobics; **fare l'aerobica** to do aerobics (4)
l'aeroporto airport (1)
affamato hungry, starving
l'affare *m.* business; bargain (11); **un brutto affare** an unpleasant matter; **fare un affare** to make a deal, get a bargain
affascinante fascinating
affermare to affirm, assert
affermarsi to establish oneself (15)
l'affermazione *f.* affirmation; statement; assertion (10)
affettuoso affectionate
affidare to entrust
affinché so that, in order that (17)
affittare to rent (*a house or apartment*) (10)
l'affitto rent (12); **in affitto** for rent; **prendere in affitto** to rent
affollato crowded
l'affresco (*pl.* **gli affreschi**) fresco (15)
affrontare to face, confront
l'agenzia agency; **agenzia di viaggi** travel agency
l'aggettivo adjective
aggiornato current; up-to-date (17)
aggiungere (*p.p.* **aggiunto**) to add
aggressivo aggressive
agile agile

agitare to shake, agitate
l'agitatore / l'agitatrice agitator, rabble-rouser
l'aglio garlic, **lo spicchio d'aglio** clove of garlic
l'agnello lamb
agosto August (P)
agrario agrarian
agricolo agricultural
l'agricoltura agriculture
l'agriturismo *an alternative style of tourism*
aiutare (**a** + *inf.*) to help (*do something*)
l'aiuto help; aid; assistance
l'alba dawn
albanese *adj.* Albanian
l'albergo (*pl.* **gli alberghi**) hotel (1); **albergo di lusso / di costo medio / economico** deluxe/moderately priced/inexpensive hotel (10)
l'albero tree (12)
l'alcolico (*pl.* **gli alcolici**) alcoholic drink
alcolico (*m. pl.* **alcolici**) *adj.* alcoholic
l'alcolismo alcoholism (18)
alcuni/alcune some; a few (12)
l'aldilà *m.* (*inv.*) afterlife
l'alfabeto alphabet
gli alimentari *m. pl.* food; **il negozio di alimentari** grocery store
l'alimentazione *f.* nutrition; diet (9)
allacciare to buckle; to fasten (13)
l'alleanza alliance
l'allegria happiness
allegro cheerful (2)
allenarsi to train (*in a sport*)
l'allenatore / l'allenatrice coach
l'allergia allergy
allestire (isc) to produce (14); **allestire uno spettacolo** to stage a production
alloggiare to lodge, be accommodated
l'alloggio lodging
allora then; and so; at that time; in that case (8)
l'alluvione *f.* flood
almeno at least (9)
le Alpi the Alps
alternare to alternate
alternativo *adj.* alternative
alto tall; high (2); **ad alta voce** out loud; **alta borghesia** upper middle class; **alta moda** high fashion; **dall'alto** from above; **dall'alto in basso** from top to bottom

altrettanto likewise; the same to you
altro other (2); anything else; something else (11); un altro / un'altra another; altro che! of course!; altri tre anni three more years
altronde: d'altronde on the other hand
l'alunno / l'alunna pupil
alzare to raise, lift
alzarsi to stand up; to get up (7)
amare to love
amaro bitter
ambientale environmental
l'ambientalista m., f. environmentalist
l'ambientazione f. setting
l'ambiente m. environment (13); la protezione dell'ambiente environmentalism
ambizioso ambitious
l'ambulatorio outpatient department
americano American; il football americano football
l'amicizia friendship (18)
l'amico / l'amica (pl. gli amici / le amiche) friend (1)
ammalarsi to become sick, ill (9)
ammalato sick, ill (5)
ammettere (p.p. ammesso) to admit
amministrare to administer; to run, to manage
l'amministratore m. administrator
l'amministrazione f. administration, management
ammirare to admire (15)
ammobiliato furnished (12)
l'amore m. love
ampio ample, extensive; ampio spazio wide exposure
anche also, too; even (2); anch'io I also, me too (4)
ancora again, still (7); ancora una volta once more; non... ancora not yet
*andare to go (3); *andare (a + inf.) to go (to do something) (3); *andare in aeroplano to fly, go by plane (3); *andare in autobus to go by bus (3); *andare in automobile to drive, go by car; *andare in barca a vela to go sailing; *andare in bicicletta to ride a bicycle (3); *andare in campagna to go to the country (10); *andare in campeggio to go camping (10); *andare a casa to go home; *andare a cavallo to go horseback riding; *andare a dormire to go to bed, retire; *andare all'estero to go abroad (10); *andare in ferie to go on vacation (10); *andare in macchina to drive, to ride (3); *andare male to go badly; *andare al mare to go to the seashore (10); *andare in montagna to go to the mountains (10); *andare in palestra to go to the gym (4); *andare a piedi to walk, go on foot (3); *andare all'ospedale to go to the hospital, be hospitalized (9); *andare in piscina to go swimming; *andare a prendere to pick up (a person) (13); *andare in scena to be performed; *andare in spiaggia to go to the beach

(10); *andare in treno to go by train (3); *andare a trovare to go visit; *andare in vacanza to go on vacation; *andare via to go away, leave (4); *andarsene to go away
l'angelo angel
l'angolo (street) corner
l'animale m. animal
animatamente animatedly
l'anniversario anniversary
l'anno year (P); avere... anni to be . . . years old; anno accademico academic year (3)
annoiarsi to get bored, be bored (7)
annuale yearly
annullare to delete
l'annuncio (pl. gli annunci) ad; announcement (17); rispondere ad un annuncio to answer an ad
l'antibiotico (pl. gli antibiotici) antibiotics
l'anticipo advance notice
antico (m. pl. antichi) ancient, antique (2)
l'antipasto appetizer (6)
antipatico (m. pl. antipatici) unpleasant, unfriendly (2)
l'antiquario (pl. gli antiquari) antique dealer
anzi and even; but rather
l'anziano / l'anziana (an) elderly (person); gli anziani (the) elderly
aperto open; all'aperto outdoor; all'aria aperta outside
l'apostolo apostle
apparecchiare to set up; apparecchiare la tavola to set the table (6)
l'apparenza appearance
apparso appeared
l'appartamento apartment (12)
appassionato (di) crazy (about)
appena as soon as; just, barely, hardly (10)
gli Appennini Appenines (mountains)
applaudire to applaud (14)
applicare to apply; to enforce (16)
apposta adv. on purpose; deliberately
l'apprendistato apprenticeship
apprezzare to appreciate (15)
appropriato appropriate
approvare to approve
l'appuntamento appointment; date; event; dare appuntamento a qualcuno to arrange to meet someone; fissare/prendere un appuntamento to make an appointment (4)
gli appunti m. pl. notes (8); prendere appunti to take notes
appunto exactly; precisely
aprile m. April (P)
aprire (p.p. aperto) to open (4)
l'aquila eagle
l'aragosta lobster
l'arancia orange (fruit) (11)
l'aranciata orangeade, orange soda (1)
l'archeologia archeology (15)
archeologico (m. pl. archeologici) archeological; lo scavo archeologico archeological dig

l'archeologo / l'archeologa (pl. gli archeologi / le archeologhe) archeologist (15)
l'architetto architect (15)
l'architettura architecture (3)
l'area area, zone; field
l'argento silver
l'argomento subject, topic (15)
l'aria air; aria (opera) (14); all'aria aperta outside; aria condizionata air conditioning
l'arma f. weapon; armi da fuoco firearms
l'armadio (pl. gli armadi) wardrobe, closet
l'aroma m. (pl. gli aromi) aroma
arrabbiarsi to get angry, be angry (7)
arrabbiato angry (2)
arrecare to bring; to cause
l'arredamento furnishings, furniture
arredare to furnish
arrestare to arrest
arricchirsi to get rich; to enrich each other
*arrivare to arrive (3); ben arrivato! welcome!
arrivederci/arrivederLa good-bye (fam./form.) (P)
l'arrivo arrival
l'arrosto roast (6)
arrugginito rusty
l'arte f. art; l'opera d'arte artwork; la storia dell'arte art history; le arti marziali martial arts (4)
articolato articulated; la preposizione articolata preposition combined with article
l'articolo (determinativo/indeterminativo) (definite/indefinite) article (8)
artificiale artificial
artigianale adj. craft
l'artigiano craftsman
l'artista m., f. (m. pl. gli artisti) artist (15)
artistico (m. pl. artistici) artistic
l'ascensore m. elevator (12)
asciugarsi to dry off
ascoltare to listen to (3)
l'asilo nido day-care center
l'asparago asparagus
aspettare to wait (for) (3)
aspettarsi to expect (18)
l'aspettativa maternity/paternity leave
l'aspetto aspect
l'aspirapolvere m. vacuum cleaner; passare l'aspirapolvere to vacuum
l'aspirina aspirin
assaggiare to taste, take a taste of
assai fairly, rather, quite
l'assassino / l'assassina assassin
l'assegno check
assentarsi to be absent
assente absent
assicurare to ensure; to insure (18)
l'assicurazione f. insurance
l'assistente m., f. assistant
l'assistenza assistance; assistenza medica health insurance (17); assistenza sanitaria nazionale national health care (17)

assistenziale *adj.* welfare
l'asso board, plank
associare to associate
l'associazione *f.* association
assolutamente absolutely
assoluto *adj.* absolute
assomigliare to resemble
assumere (*p.p.* **assunto**) to hire (17)
assurdo absurd
l'astrologia astrology
l'astronomia astronomy
l'atleta *m., f.* (*m. pl.* **gli atleti**) athlete
l'atletica leggera track and field
l'atmosfera atmosphere
attaccare to attack; to attach
l'atteggiamento attitude
attento careful; attentive; ***stare attento** to pay attention; to be careful
l'attenzione *f.* attention; **attenzione!** pay attention!; **fare attenzione** to pay attention
attirare to attract
attivamente actively
l'attività *f.* activity
attivo active
l'attore / l'attrice actor/actress (8)
attraversare to cross
attraverso across; through
attrezzato equipped
attuale current, present (16)
l'attualità current event
l'augurio (*pl.* **gli auguri**) wish; **auguri!** best wishes!
l'aula classroom (P)
†**aumentare** to raise, increase (16)
l'aumento raise, increase (16)
l'autista *m., f.* (*m. pl.* **gli autisti**) driver
l'auto *f.* (*pl.* **le auto**) automobile, car
l'autobus *m.* (*pl.* **gli autobus**) bus (1); **prendere l'autobus** to take the bus
l'automobile *f.* automobile, car (1); ***andare in automobile** to drive, go by car
l'automobilista *m., f.* (*m. pl.* **gli automobilisti**) motorist, driver (13)
l'autonomia autonomy
l'autore / l'autrice author (14)
l'autoritratto self-portrait
l'autostop *m.* hitchhiking; **fare l'autostop** to hitchhike
l'autostrada highway (13)
l'autunno autumn (P)
avanguardia advanced
avanti forward; in front; **avanti!** go on! go ahead! come in!; move forward! (11); **avanti Cristo (A.C.)** before Christ (B.C.)
avere to have (1); **avere... anni** to be . . . years old (1); **avere l'aria** to appear, seem; **avere bisogno di** to need (1); **avere caldo** to feel hot, warm (1); **avere un colloquio** to have an interview; **avere a disposizione** to have at one's disposal, for one's use; **avere fame** to be hungry (1); **avere fortuna** to be lucky; **avere freddo** to feel cold (1); **avere fretta** to be in a hurry (1); **avere l'impressione** to have the impression; **avere intenzione (di + *inf.*)** to intend

(*to do something*) (10); **avere mal di testa** to have a headache (9); **avere paura (di)** to be afraid (of) (1); **avere pazienza** to be patient; **avere la pelle dura** to be tough; **avere il piacere (di + *inf.*)** to be delighted (*to do something*); **avere programmi** to have plans (10); **avere le prove** to rehearse; **avere ragione** to be right (1); **avere sete** to be thirsty (1); **avere sonno** to be sleepy (1); **avere successo** to be successful; **avere la testa dura** to be hard-headed; **avere torto** to be wrong; **avere voglia di (+ *n.* or *inf.*)** to feel like (*something / doing something*) (1)
l'aviatore / l'aviatrice pilot, aviator
l'avvenimento event
avvenire to take place
l'avventura adventure
l'avverbio (*pl.* **gli avverbi**) adverb
l'avversità (*pl.* **le avversità**) adversity
avverso opposing
avvicinarsi to approach; get near
l'avvocato / l'avvocatessa lawyer (6)
l'azienda firm, company (17)
l'azione *f.* action
azzurro blue (2)

B

il babbo daddy; **Babbo Natale** Santa Claus
il/la baby-sitter baby-sitter
il baccano ruckus; **fare baccano** to carry on loudly
baciare to kiss (7)
il bacio (*pl.* **i baci**) kiss; **il bacione** big kiss
i baffi mustache
il bagaglio baggage; suitcase (1)
il bagno bathroom; bath; bathtub (12); **fare il bagno** to take a bath
il balcone balcony (12)
ballare to dance (3)
il ballerino / la ballerina ballet dancer; **il primo ballerino / la prima ballerina** principal dancer
il balletto ballet (14)
il ballo dance; dancing (4); **la lezione di ballo** dancing lesson
il bambino / la bambina child; little boy/girl (2)
la banana banana
la banca bank (1)
la bancarella stand, stall (11)
il banco counter (5); student desk (P); **al banco** at the counter (5)
il bar (*pl.* **i bar**) bar; café, coffee shop (1)
la barba beard; **farsi la barba** to shave (*men*)
il barbiere barber
la barca boat (10); ***andare in barca a vela** to go sailing; **barca a vela** sailboat
il/la barista (*m. pl.* **i baristi**) bar attendant (5)
il baritono baritone (14)
il barocco the Baroque period (15)
barocco *adj.* Baroque
la barzelletta joke

basarsi (su) to be based (on)
la base base
il baseball baseball
la basilica basilica
il basilico basil
il basket, basketball basketball
il basso bass (*singer*) (14)
basso low, short (*in height*) (2)
il bassorilievo bas relief
***bastare** to suffice, be enough; **basta!** enough!; stop! (14)
la battaglia battle
la batteria drums, percussion section
la battuta exchange
be', beh well, um
beato lucky, fortunate
la bellezza beauty
bello beautiful, handsome; nice (*thing*) (2); **fare bello** to be nice weather; **fare bella figura** to make a good impression
benché although (17)
bene well, fine (P); **abbastanza bene** pretty well; **benissimo** very well!; very good!; **ben arrivato!** welcome! nice to see you!; ***stare bene** to be well, fine; **va bene** okay, fine; **va bene?** is that okay?
benefico beneficient
il benessere well-being
benvenuto (a) welcome (to)
la benzina gasoline (10); **benzina normale/super/verde** regular/super/unleaded gasoline (13); **il distributore di benzina** gas pump/gas station; **fare benzina** to get gas; **rimanere senza benzina** to run out of gas
il benzinaio gas-station attendant
bere (*p.p.* **bevuto**) to drink (4)
la bestia animal
la bevanda beverage
la biada feed
la biancheria linens
bianco (*m. pl.* **bianchi**) white (2)
la bibita soft-drink, soda; beverage (5)
la biblioteca library (2); **in biblioteca** at/to/in the library
il bicchiere (drinking) glass (1)
la bicicletta, la bici (*pl.* **le bici**) bicycle (1); ***andare in bicicletta** to ride a bicycle
biennale biennial
il biglietto (theater, train) ticket (1); **biglietto di ingresso** entrance ticket; **biglietto omaggio** complimentary ticket
il bigotto / la bigotta bigot
la biologia biology
biondo blond (2)
la birra beer (1)
la birreria pub
il biscotto cookie (5)
***bisognare** to be necessary (14); **bisogna** it is necessary
il bisogno need; **avere bisogno di** to need
la bistecca steak (6)
blu *inv.* blue
il blues blues (*music*)

bo' well; I don't know

la bocca mouth (9)

bollente boiling

bollire to boil

alla bolognese *with meat sauce*

la bontà goodness, kindness

la borsa purse (1); **borsa di studio** scholarship

la borsetta handbag

il bosco (*pl.* **i boschi**) woods

boscoso forested

la bottega shop, store

la bottiglia bottle

il bottone button (7)

la boutique (*pl.* **le boutique**) boutique, shop

il braccio (*pl.* **le braccia**) arm (9)

il brano extract, selection, excerpt

bravo able, good (2); **bravo in** good.at (*a subject of study*) (3)

breve short (*in duration*), brief

brillante brilliant

il brillante diamond

il brindisi toast

la brioche (*pl.* **le brioche**) brioche, sweet roll (5)

i broccoli broccoli

il brodo broth; **in brodo** in broth (6)

bruciare to burn

bruno dark-haired, dark-complexioned (2)

brutto ugly; bad (2); **un brutto affare** an unpleasant matter; **fare brutto** to be bad weather

il bucato laundry; **fare il bucato** to do laundry

il buco hole

la bugia fib, lie (2); **dire una bugia** to tell a lie

il bugiardo liar (2)

il buio darkness

buono good (1); **buon appetito!** enjoy your meal!; **buon compleanno!** happy birthday!; **buon divertimento!** have fun!; **buona fortuna!** good luck!; **buona giornata!** have a nice day!; **buon giorno! (buongiorno)** hello! good morning! good day! (P); **buon lavoro!** enjoy your work!; **buon Natale!** Merry Christmas!; **buona notte!** good night! (P); **buona Pasqua!** Happy Easter!; **buona sera!** good afternoon! good evening! (P); **buon viaggio!** bon voyage!; **di buon umore** in a good mood; **buonissimo** very good

il burro butter (5)

bussare to knock, ring (doorbell) (12)

la busta envelope (15)

buttare to throw; to toss away; **buttare via** to throw away

C

la cabina compartment; booth

la caccia hunt; **a caccia di (lavoro)** in search of (work)

***cadere** to fall

il caffè coffee; café, coffee shop (1); **caffè macchiato** espresso with cream (5)

il caffellatte espresso coffee and steamed milk

la caffettiera small coffee-pot for making espresso

il calamaro squid

il calcio soccer (4)

il caldo heat; **avere caldo** to feel warm, hot (1); **fare caldo** to be warm, hot (weather)

caldo hot, warm

il calendario calendar

la calle *f.* narrow street

calmo calm

il calore *m.* enthusiasm

il calzino sock (7)

il cambiamento change (16)

†**cambiare** to change; to exchange **cambiare casa** to move (12); **cambiare idea** to change one's mind

la camera room; chamber (4); **Camera dei Deputati** Chamber of Deputies (*lower house of parliament*) (16); **camera da letto** bedroom (12); **camera per gli ospiti** guestroom; **camera singola/ doppia/matrimoniale** single room/ room with twin beds/room with a double bed (10); **il compagno / la compagna di camera** roommate

il cameriere / la cameriera server (1)

la camicetta blouse (11)

la camicia shirt (7); **camicia da notte** nightshirt, nightgown

il camino chimney

il camion truck

camminare to walk

la camomilla chamomile tea

il camoscio chamois

la campagna country, countryside; ***andare in campagna** to go to the country

il campanello doorbell

il campanile *m.* bell tower

il campanilismo local pride; parochialism

il campeggio camping; campsite; ***andare in campeggio** to go camping

il campionato championship

il/la campione champion

il campo field (15); **campo da tennis** tennis court

canadese Canadian

il canale (televisivo) TV channel (8)

il cancro cancer

il candidato / la candidata candidate

il cane dog (1)

il canottaggio canoeing, rowing

il/la cantante singer (14)

cantare to sing (3)

il cantautore / la cantautrice singer-songwriter (14)

il cantiere *m.* building site; construction crew

la cantina cellar (12)

la canzoncina song for children

la canzone song (14)

la canzonetta popular song

capace capable

capacità capability

il capello strand of hair **i capelli** hair (2)

capire (isc) to understand (4); **capisco / non capisco** I understand/ I don't understand; **capite?** do you (*pl.*) understand?

la capitale capital

il capitalismo capitalism

***capitare** to happen (18)

il capitolo chapter

il capo head; boss

il capo di abbigliamento clothing item

il capocuoco head chef

il Capodanno New Year's Day (10)

il capolavoro masterpiece (15)

la cappella chapel

il cappello hat (11)

il cappotto coat (7)

Cappuccetto Rosso Little Red Riding Hood

il cappuccino cappuccino (*espresso infused with steamed milk*) (5)

il cappuccio hood

il capriccio (*pl.* **i capricci**) caprice; whim; prank, caper (7)

il capriolo roedeer, roebuck

il carabiniere traffic cop; police officer

la caramella candy

il carattere character

la caratteristica characteristic; quality

carbonara: alla carbonara with a sauce of eggs, cream, bacon and grated cheese (6)

il carbone coal

il carcere (*pl.* **le carceri**) prison, jail (15)

il carciofo artichoke

cardinale cardinal; **i numeri cardinali** cardinal numbers

la carica charge; **la carica pubblica** public office

carino pretty, cute; nice (2)

la carità charity; **per carità!** no way! God forbid!

la carne meat (6)

il carnevale carnival

caro expensive; dear (2)

il carrello serving cart

la carriera career

la carrozza carriage; rail coach; car

la carta paper (8); playing card; map; **carta di credito** credit card; **giocare a carte** to play cards

la cartolina postcard; greeting card (10)

la cartomante fortune teller

il cartone cardboard

i cartoni cartoons

la casa house; home (3); **a casa** at home; **a casa (di)** at the home (of); ***andare a casa** to go home; **cambiare casa** to move; **casa di moda** fashion house; **in casa** at home; **il padrone / la padrona di casa** landlord/landlady; ***stare a casa / in casa** to be home; ***uscire di casa** to leave the house

casalingo (*m. pl* **casalinghi**) domestic; related to the home (12)

il caso chance; **caso giuridico** legal case; **per caso** by chance

la cassa cash register (5)

la casetta single-family house

la **cassetta** tape, cassette (4)
la **cassettiera** chest of drawers
il **cassiere** / la **cassiera** cashier (5)
la **castagna** chestnut
castano brown (*eyes, hair*) (2)
il **catalogo** (*pl.* i **cataloghi**) catalogue
la **catastrofe** catastrophe
la **categoria** category
la **catena** chain (17)
la **cattedrale** cathedral
cattivo bad (2); **di cattivo umore** in a bad
  mood
cattolico (*m. pl.* **cattolici**) Catholic
la **causa** cause; **a causa di** because of
il **cavallo** horse; **a cavallo** on horseback;
  ***andare a cavallo** to go horseback
  riding
cavarsela da solo to fend for oneself
il **CD** (*pl.* i **CD**) compact disc (4)
c'è... , c'è...? there is . . . , is there . . . ? (1)
cedrone: il gallo cedrone grouse
il **cefalo** grey mullet
celebrare to celebrate
celebre famous
cellulare cellular
la **cena** supper, dinner
il **Cenacolo** *depiction of* The Last Supper
cenare to eat supper (4)
Cenerentola Cinderella
il **centesimo** cent; hundredth
cento one hundred; **per cento** percent
centrale central
il **centro** center (5); **al centro** in the center;
  in centro downtown
il **ceramista** *m., f.* ceramist, potter
cercare to look for, seek (9); **cercare** (**di** +
  inf.) to try to (*do something*); **cercare
  lavoro** to look for a job; **in cerca di**
  searching for
il **cereale** grain; cereal
la **cerimonia** ceremony
certamente certainly
certo sure, certain; **certo!** certainly! **certo
  che** of course
il **cervello** brain
il **cervo** deer
il **cestino** wastepaper basket
che who, whom, which, that; **che... !**
  what / what a . . . !; **che...?** what . . . ?
  (1); what kind of . . . ?; **a che ora?** (at)
  what time? (4); **altro che!** of course!;
  che cosa? what? (3); **che ora è? che ore
  sono?** what time is it? (4); **che tempo
  fa?** what's the weather like?
chi he who, she who, the one who (6);
  chi? who?; whom? **di chi è... di chi
  sono?** whose is . . . ? whose are . . . ?
  (2)
la **chiacchiera/chiacchierata** chat; **fare
  due chiacchiere** to have a chat (5)
chiacchierare to chat
chiamare to call (*someone*); **chiamarsi** to
  be named, called (7); **mi chiamo...** my
  name is . . . ; **come si chiama?** what's
  your name? (*form.*); **come ti chiami?**
  what's your name? (*fam.*)
chiaramente clearly
chiaro clear (9)

la **chiave** key (4); **chiavi della macchina**
  car keys (13)
chiedere (*p.p.* **chiesto**) to ask (for) (5);
  chiedere un passaggio to ask for a lift
  (13)
la **chiesa** church (1)
il **chilo** kilogram
il **chilometro** kilometer
la **chimica** chemistry
chimico chemical
il **chiosco** kiosk; stand
chissà who knows
la **chitarra** guitar (4)
chiudere (*p.p.* **chiuso**) to close (4); **in
  chiusura** last of the season
chiunque whoever, whomever (17)
ci there; here; us (4)
ciao hi, hello; bye (*fam.*) (P)
ciascuno each, each one
il **cibo** food (6)
cicciotto chubby
il **ciclismo** cycling
il/la **ciclista** (*m. pl.* i **ciclisti**) bicyclist
cieco blind
il **cielo** sky; heaven; **santo cielo!** good
  heavens!
il **ciglio** (*pl.* le **ciglia**) eyelash
la **cima** top; **in cima** at the top
il **cinema** (*pl.* i **cinema**) cinema, movie
  theater (1); films
il/la **cinese** Chinese person; **il cinese**
  Chinese language
cinese *adj.* Chinese (2)
la **cintura** belt (7); **cintura di sicurezza**
  seatbelt (13)
ciò this, that; **ciò che** that which, what
  (14); **tutto ciò** all that
la **cioccolata** chocolate (1); chocolate bar;
  alla cioccolata chocolate flavored;
  cioccolata calda hot chocolate
il **cioccolato** chocolate (*flavor*)
cioè that is
circa about, approximately, around (4)
la **circolazione** circulation
la **circoscrizione** district
la **città** (*pl.* le **città**) pertaining to the city
  (1)
il **cittadino** / la **cittadina** citizen (13)
civile civil
la **civiltà** (*pl.* le **civiltà**) civilization
clandestino clandestine
il **clarinetto** clarinet
la **classe** class; classroom
classico (*pl.* **classici**) classic, classical
cliccare to click
il/la **cliente** client, customer (11)
la **clientela** customers
il **clima** (*pl.* i **climi**) climate
clinico (*pl.* **clinici**) clinical
il **cocchiere** coachman
la **coccola** cuddle; **fare le coccole** to
  cuddle
il **codice** code; **codice criminale** criminal
  code; **codice postale** zip code;
il **cognome** last name (1)
la **coincidenza** connection; **coincidenze**
  connecting flights
coincidere to coincide, to correspond

coinvolgere (*p.p.* **coinvolto**) to involve
la **colazione** breakfast **la prima colazione**
  breakfast; **fare colazione** to have
  breakfast
il **colesterolo** cholesterol
la **colite** colitis
collaborare to collaborate
il/la **collega** (*pl.* i **colleghi** / le **colleghe**)
  colleague (17)
la **collezione** collection
la **collina** hill
la **collocazione** arrangement, placing
il **colloquio** (*pl.* i **colloqui**) interview;
  avere/fissare un colloquio to have /
  set up an interview (17)
la **colonia** colony; summer camp
la **colonna** column; **la colonna sonora**
  soundtrack (8)
il **colore** color
la **colpa** fault, blame; **le colpe** crimes
colpire (**isc**) to strike
colpo: un colpo di fulmine a bolt of
  lightning / love at first sight
il **coltello** knife
coltivare to cultivate, farm
colto: non avere colto l'esempio to not
  have learned by example
combattere to fight
la **combinazione** combination;
  coincidence
come how; like; as (6); **come?** how's
  that? what?; **come mai?** how come?;
  come se as if (18); **come si chiama?**
  what's your name? (*form.*); **come ti
  chiami?** what's your name? (*fam.*) (P);
  come stai/sta? how are you?
  (*fam./form.*) (P); **come va?** how's it
  going?; (P) **com'è... ?/come sono... ?**
  what is he/she/it like?/what are they
  like? (2); **così... come** as . . . as
comico (*m. pl.* **comici**) comic; comical
***cominciare** to begin; to start (3);
  cominciare (**a** + *inf.*) to start (*to do
  something*)
la **commedia** comedy; play (14)
il **commediografo** / la **commediografa**
  playwright
il **commento** comment
commerciale commercial
il/la **commerciante** businessperson;
  merchant; wholesaler
il **commercio** business, trade (17)
il **commesso** / la **commessa** shop
  assistant, clerk (11)
il **comodino** nightstand
la **comodità** (*pl.* le **comodità**) convenience
comodo convenient; comfortable (9)
la **compagnia** company
il **compagno** / la **compagna** companion,
  mate; **compagno/compagna di classe**
  classmate (3); **compagno/compagna di
  camera/stanza** roommate (2)
compere: fare compere to go shopping
competente competent
compiere gli anni to turn . . . years old
il **compito** assignment, homework (P)
il **compleanno** birthday (6); **buon
  compleanno!** happy birthday!

completare to complete
completo complete; la pensione completa full board
il completo suit
il complimento compliment; fare un complimento to pay a compliment; complimenti! congratulations!
comporre (*p.p.* composto) to compose (14)
il comportamento behavior
comportarsi (da) to behave (like a)
il compositore / la compositrice composer (14)
la composizione composition
composto (da/di) composed of
comprare to buy (3)
comprendere to include; tutto compreso all costs included
comprensivo understanding
il computer computer (4); giocare con il computer to play on the computer
comunale municipal
il comune city; municipality (18)
comune common
comunicare to communicate
il comunismo Communism
il/la comunista (*m. pl.* i comunisti) Communist
la comunità community; Comunità europea European Community (16)
comunque no matter how; however (14)
con with
concedere (*p.p.* concesso) to allow
concentrare to concentrate
il concerto concert (4)
il concetto concept
conciliare to reconcile
la conclusione conclusion
concordare to agree on
il concorso exam, contest; partecipare ad un concorso to take a civil service exam
il condimento seasoning; flavoring; sauce
condire to season, to add a sauce to
condividere (*p.p.* condiviso) to share (*a residence, ideas*) (12)
il condizionale conditional (*verb mood*)
condizionato: l'aria condizionata air conditioning
la condizione condition; a condizione che on the condition that; in buone condizioni in good condition
condurre (*pp.* condotto) to lead, guide
il conduttore conductor
la conferenza lecture; conference
confermare to confirm
il confine border
confortevole comfortable
confrontare to confront; to compare
il confronto comparison; nei confronti di to; towards; nei miei confronti towards me
la confusione confusion; che confusione! what a mess!
confuso confused
il congiuntivo subjunctive (*verb mood*)
la congiunzione conjunction
il congresso congress; meeting, conference
coniugare to conjugate

la coniugazione conjugation
i coniugi spouses
la conoscenza knowledge; acquaintance
conoscere (*p.p.* conosciuto) to know, be acquainted with; to meet (*in past tense*) (5)
conosciuto known, well-known
conquistare to conquer
consecutivo consecutive
consentire (a) to agree, consent (to)
consentito allowed
il conservatore / la conservatrice conservative
considerare to consider
consigliare (di + *inf.*) to advise (*to do something*); to recommend (6)
il consiglio (*pl.* i consigli) advice (10); council
*consistere (*p.p.* consistito) to consist
la consonante consonant
consueto usual
consultare to consult
consumare to consume
il consumismo consumerism (18)
il consumo consumption; waste
il contadino / la contadina farmer
contanti: pagare in contanti to pay cash
contare to count; contare su (di) to count on (9)
il contatto contact; a/in contatto in contact; le lenti a contatto contact lenses
contemporaneo (*adj.*) contemporary
contenere to contain
il contenitore container
contento glad, happy, satisfied; contento di (+ *inf.*) happy to (*do something*)
il contesto context
il continente continent
continuare to continue; continuare a (+ *inf.*) to continue (*to do something*) (8)
la continuazione continuation
continuo continuous
il conto check; bill (5); (bank) account; tenere conto di to take into account
il contorno side dish (6)
il contrario (*pl.* i contrari) opposite
contrario (a) opposite (to); against
contrattare to negotiate, bargain (16)
contribuire (isc) to contribute
il contributo contribution
contro against; *essere contro to be against
controllare to check (9); controllare l'olio to check the oil
il controllo check; control; tune-up (13)
il controllore conductor
il convento convent
conversare to talk
la conversazione conversation
convincente convincing
convincere (a/di + *inf.*) (*p.p.* convinto) to convince (14)
la convinzione belief
la convivenza living together
*convivere (*p.p.* convissuto) to live together (*in all senses*) (18)
il coperto cover charge

la coppa cup, trophy
la coppia pair, couple; in coppia as a pair
il coraggio courage
coraggioso brave
il cornetto croissant, sweet roll (5)
la cornice setting; picture frame
il coro choir, chorus (14)
il corpo body (9)
correggere (*p.p.* corretto) to correct
la correlazione correlation
corrente running
†correre (*p.p.* corso) to run (4)
corretto correct
corrispondente corresponding
la corrispondenza correspondence
corrispondere (*p.p.* corrisposto) to correspond
la corruzione corruption
la corsa running; race
il corsivo italics
il corso course (*of study*) (3); seguire un corso to take a class
la corte court
cortese polite
la cortesia courtesy
corto short (*in length, duration*) (2)
la cosa thing; cosa? che cosa? what? che cos'è? what is (it)?; cosa c'è di male? (in + *n.* or *inf.*) what's wrong? (*with something or doing something*); cosa vuol dire... ? what does . . . mean? (P); come vanno le cose? how are things going?; qualche cosa something; qualunque cosa whatever
così thus, this way; so (7); così come just like; così... come as . . . as (9); così così so-so (P); così è that's how it is; così tanto so much; e così via and so forth; per così dire so to speak; si dice così that's what they say; va bene così that's enough, that's fine
la costa coast
costantemente constantly
*costare to cost (11)
la costituzione constitution (16)
il costo (della vita) cost (of living) (17)
costoso expensive
costringere (*p.p.* costretto) to oblige, force
costruire (isc) to construct (15)
la costruzione construction
il costume custom; costume
cotto cooked
la cozza mussel
la cravatta necktie (7)
creare to create
la creatività creativity
la creazione creation
credere (a) to believe (in) (11)
il credito credit; la carta di credito credit card
*crescere (*p.p.* cresciuto) to grow; to increase (16)
la crescita growth
criminale criminal
la criminalità criminality
la crisi crisis
cristiano Christian; la Democrazia Cristiana Christian Democratic Party

Cristo: avanti Cristo (A.C.) before Christ (B.C.)

la croce cross

la crociera cruise; **fare una crociera** to take a cruise

la cronaca report; local news (8)

il/la cronista (*m. pl.* **i cronisti**) news reporter (8)

la crostata pie (6)

il crostino canapé (6)

crudo raw, uncooked; cured

il cucchiaio spoon

la cucina kitchen; cooking, cuisine (5); **in cucina** in the kitchen; **il libro di cucina** cookbook

cucinare to cook, prepare food (4)

cucire to sew

il cugino / la cugina cousin (1)

cui whom, that, which (*after preps.*) (14); *art.* + **cui** whose

culminare to culminate

la cultura culture

culturale cultural

cuocere (*p.p.* **cotto**) to cook

il cuore heart (9); **del cuore** favorite

la cura caring; cure

curare to care for, treat, heal (9); **curarsi** to take care of oneself

curiosare to snoop

curioso curious

il curriculum CV, resumé (17)

D

da by; from; at; **da molto tempo** for a long time; **da quando** since; **da quanto tempo** (for) how long; **da solo/a** alone, by oneself

il danno damage

dannoso harmful

la danza dance

dappertutto everywhere (12)

dare to give (3); **dare il cambio a** to take the place of; **dare le dimissioni** to resign; **dare un esame** to take a test (3); **dare fastidio a** to annoy, bother (14); **dare in televisione** to show on television (8); **dare una mano** to lend a hand; **dare un'occhiata a** to glance at (14); **dare un passaggio** to give a lift; **dare del tu/Lei** to address someone in the **tu** or **Lei** form; **può darsi** perhaps; it's possible

la data date (*calendar*)

dato che since

davanti a in front of (5)

davvero really (15)

il decennio period of ten years; decade

decente decent

decidere (*p.p.* **deciso**) (**di** + *inf.*) to decide (*to do something*)

decimo tenth

decisamente decidedly; definitely

la decisione decision **prendere una decisione** to make a decision

dedicare to dedicate; to devote

dedicato devoted

definire (isc) to define; to determine

definitivo definitive

la definizione definition

il delitto crime

deludere (*p.p.* **deluso**) to disappoint

deluso disappointed; let down (18)

la demagogia demagogy

democratico (*m. pl.* **democratici**) democratic

la democrazia democracy (16)

la densità density

il dente tooth (9); **lavarsi i denti** to brush one's teeth

il dentice snapper

il/la dentista (*m. pl.* **i dentisti**) dentist

dentro inside

la denuncia denunciation

il deposito deposit

la depressione depression

depresso depressed

depurare to purify (13)

il deputato / la deputata representative; member of the lower house of Parliament (16); **la Camera dei Deputati** Chamber of Deputies (*lower house of Parliament*)

descrittivo descriptive

descrivere (*p.p.* **descritto**) to describe

la descrizione description

desiderare to desire

il desiderio (*pl.* **i desideri**) desire, wish

desideroso desirous; eager

la destinazione destination

destra right (*direction*) (9); **a destra** to/on the right (1); **di destra** right-wing

il deterioramento deterioration

determinativo: l'articolo determinativo definite article

deviante deviant

di of (1); about; from; than (*in comparison*); **di chi?** whose?; **di dove sei?** where are you from?; **di fretta** in a hurry; **di lusso** (*adj.*) luxury; **di meno** less; **di moda** in fashion; **di nuovo** again; **di più** more; **di solito** usually; **di Susanna** Susanna's; **dietro di** behind; **dopo di** (+ *pron.*) after; **invece di** instead of; **pensare di** to think about (*have an opinion about / plan to do something*); **un po' di** a little bit of; **prima di** before; **soffrire di** to suffer from

il dialetto dialect

il dialogo (*pl.* **i dialoghi**) dialogue

il dibattito debate

dicembre *m.* December (P)

la dieta diet; *essere a dieta** to be on a diet

dietetico dietetic

dietro (a) behind (5)

difendere (*p.p.* **difeso**) to defend

la difesa defense

la differenza difference; **a differenza di** unlike

differenziato separated

difficile difficult (3)

la difficoltà difficulty

la diffusione spread

diffuso widespread (10)

la digestione digestion

digestivo digestive

dilettante *adj.* amateur (14)

dimagrante slimming

dimenticare (**di** + *inf.*) to forget (*to do something*) (3)

dimenticarsi di to forget (*to do something*)

dimettersi (*p.p.* **dimesso**) to resign from office (16)

†**diminuire (isc)** to reduce (16)

la dimissione resignation; **dare le dimissioni** to resign (16)

dimostrare to demonstrate

dimostrativo demonstrative

la dimostrazione demonstration

la dinamica dynamics

dinamico (*m. pl.* **dinamici**) dynamic

il dipartimento department

dipendere (*p.p.* **dipeso**) to depend; **dipende** it depends

dipingere (*p.p.* **dipinto**) to paint (4)

il dipinto painting (*individual work*) (15)

il diploma (*pl.* **i diploma**) high-school diploma; **diploma magistrale** teaching certificate; **diploma di maturità** high-school graduation certificate

diplomarsi to graduate (*from high school*) (7)

dire (*p.p.* **detto**) to say; tell (4); **come si dice... ?** how do you say . . . ?; **cosa vuol dire... ?** what does . . . mean?; **a dire la verità / a dire il vero** to tell the truth; **sentire dire di** to hear about; **si dice così** that's what they say

la diretta live broadcast; **in diretta** live

direttamente directly

diretto direct; directed

il direttore / la direttrice director; **direttore d'orchestra** conductor (14)

il/la dirigente executive; manager (17); **fare il/la dirigente** to be an executive

dirigere (*p.p.* **diretto**) to manage, direct; conduct (14)

il diritto (legal) right; law (8); **sempre diritto** straight ahead (1)

disabitato uninhabited

il disastro disaster

disastroso disastrous

la disciplina discipline

il disco (*pl.* **i dischi**) phonograph record; disc (4)

il discorso speech; discourse (16); **che discorso fai?** what are you talking about?

la discoteca discothèque

la discussione discussion

discutere (*p.p.* **discusso**) to discuss (6)

disegnare to draw (4)

il/la disegnatore designer

il disegno drawing

disfare: disfare le valige to unpack

disintossicare to detoxify

disoccupato unemployed (16)

la disoccupazione unemployment (16)

disordinato disorganized; untidy (2)

disperare to despair

*dispiacere** (*p.p.* **dispiaciuto**) to be sorry (*with indirect objects*); **mi dispiace** I'm sorry (6)

disponibile available (13)

la disposizione disposition; arrangement; **avere a disposizione** to have at one's disposal, for one's use

disposto (a + inf.) willing (to do something)

distante distant

la distanza distance

distratto distracted; absent-minded

la distrazione distraction

il distributore di benzina gas-pump, gas station (13)

distruggere (p.p. **distrutto**) to destroy

la distruzione destruction

disturbare to disturb, trouble, bother

il disturbo trouble; ailment

il dito (pl. **le dita**) finger; toe (9)

la ditta firm; company (17)

il dittatore dictator

la dittatura dictatorship

la diva star (opera, film)

il divano sofa, couch

*****divenire** to become

*****diventare** to become

la diversità diversity (18)

diverso (da) different (from); **diversi/e** several, various

divertente fun, amusing, entertaining, funny (2)

divertimento amusement; fun

divertirsi to have fun (7); **divertirsi un mondo** to have a great time

dividere (p.p. **diviso**) to divide, share

il divieto prohibition (18); **divieto di sosta** no-parking zone (13)

divino divine

divorziare to divorce

il divorzio divorce

il dizionario dictionary (P)

la doccia shower; **fare la doccia** to take a shower

il documentario (pl. **i documentari**) documentary

il documento document; record (1)

il dolce dessert (6)

dolce (adj.) sweet; **la dolce vita** easy living

il dollaro dollar

il dolore sorrow; pain

la domanda question; **fare domanda** to apply; **fare una domanda** to ask a question; **domanda di lavoro** job application

domandare to ask

domani tomorrow (P)

la domenica Sunday (P)

domestico (m. pl. **domestici**) domestic; **l'animale domestico** pet; **le faccende domestiche** household chores

dominante dominating

il dominio (pl. **i domini**) domination; rule

donare to donate; give

la donna woman (2)

il dono gift

dopo prep. after (5); adv. afterwards; **dopo che** conj. after; **dopo Cristo (D.C.)** A.D.

il dopoguerra post-war period

il doppiaggio dubbing (8)

doppiare to dub (8)

doppio (m. pl. **i doppi**) double; **la camera doppia** room with twin beds

dormire to sleep (4); *****andare a dormire** to go to bed, retire; **chi dorme non piglia pesci** the early bird gets the worm; **dormire fino a tardi** to sleep late

il dormitorio dormitory

dotarsi to equip oneself

dotato gifted

il dottorato doctorate

il dottore / la dottoressa (abbr. **dott./dott.ssa**) doctor; university graduate (9)

dove where (1); **dov'è / dove sono** where is / where are; **di dove sei?** where are you from? (2)

dovere (+ inf.) to have to, must (do something) (4)

il dovere duty (7)

dovunque wherever (17)

dovuto a owing to

drammatico dramatic

la droga drug; drugs (18)

il drogato / la drogata drug addict (18)

il dubbio (pl. **i dubbi**) doubt

dubitare to doubt (16)

il duca (pl. **i duchi**) / **la duchessa** duke/duchess (15)

dunque therefore

durante during

*****durare** to last

duro tough; difficult

E

è is (P); **è di…** it belongs to . . . ; he/she is from . . . (2); **c'è** there is

e, ed (before vowels) and (1)

ebbene well then; so; **ebbene?** so? and?

ebreo Jewish

eccellente excellent

eccetera (abbr. **ecc.**) et cetera (etc.)

eccezionale exceptional

ecco here it is, here they are (P); there is, there are; here you are; look

l'edicola newspaper stand

l'edicolante m., f. newstand seller

l'edificio (pl. **edifici**) building (13)

l'edizione f. edition

educare to educate; to bring up

educato polite (13)

l'educazione f. education

l'effetto effect; **effetto serra** greenhouse effect (13); **in effetti** in fact

efficace effective

efficiente efficient

l'egoista (m. pl. **egoisti**) egotist

elegante elegant

elegantemente elegantly

l'eleganza elegance

eleggere (p.p. **eletto**) to elect (16)

elementare elementary; **le elementari** elementary school

l'elemento element

elencare to list

l'elenco (pl. **elenchi**) list (10)

elettorale electoral

elettrico (pl. **elettrici**) electric; electrical

elettronico (m. pl. **elettronici**) electronic

l'elezione f. election (16)

eliminare to eliminate

l'emarginato / l'emarginata excluded, neglected person

l'emarginazione f. neglect; marginalization (18)

l'emigrante emigrant

*****emigrare** to emigrate

l'emigrazione f. emigration

emozionante moving

l'emozione f. emotion

l'enciclopedia encyclopedia

l'energia energy

energico (m. pl. **energici**) energetic

enorme enormous

l'ente m. institution; agency

entrambi both

*****entrare** to enter, go in (5)

l'entrata entrance; entry hall

entro within, by (a certain time) (13)

l'entusiasta (m. pl. **entusiasti**) enthusiast

l'episodio (pl. **episodi**) episode

equilibrato balanced

l'equitazione f. horseback riding; horsemanship

l'equivalente m. equivalent

l'erba herb

l'erboristeria herbalist's shop

l'eroe / l'eroina hero/heroine

l'errore m. mistake, error

esagerare to exaggerate

esaltare to exalt

l'esame m. examination, test (3); **dare un esame** to take an exam; **esame di maturità** comprehensive high-school exam

l'esamino quiz

esatto exact; **esatto!** exactly!

esaurito: pile esaurite dead batteries

esclamare to exclaim

esclusivamente exclusively

eseguire (isc) to execute, do, carry out

l'esempio (m. pl. **esempi**) example; **ad/per esempio** for example; **secondo l'esempio** according to the example

esercitare to practice, exercise

l'esercitazione f. practice drill

l'esercizio (pl. **gli esercizi**) exercise; **fare esercizio** to exercise; **fare esercizi di yoga** to practice yoga

esigente demanding

esigere (p.p. **esatto**) to demand; to expect (16)

l'esilio exile

l'esistenzialismo existentialism

*****esistere** to exist

espediente makeshift; **vivere di espedienti** to live hand-to-mouth

l'esperienza experience

l'esperto expert

l'esportazione f. exportation

l'espressione f. expression; **espressione idiomatica** idiomatic expression

l'espresso strong Italian coffee (5)

esprimere (p.p. **espresso**) to express

*****essere** (p.p. **stato**) to be (2); *****essere d'accordo** to be in agreement (3); *****essere contro** to be against (18); *****essere di** (+ city) to be from (city);

*essere a dieta to be on a diet (5); *essere a favore di to be in favor of (18); *essere puntuale to be punctual; *essere in ritardo to be late; *essere in sciopero to be on strike; *essere di umore nero to be in a bad mood; *esserci to be there, be in (a place)

l'est m. east

l'estate f. summer (P); l'estate scorsa last summer

esterno external

estero foreign; *andare all'estero to go abroad; gli affari esteri foreign affairs

estetico aesthetic

estroverso extroverted

l'età (pl. le età) age (15)

eterno eternal

l'etnia ethnic group

l'etto hectogram

l'euro European currency (16)

l'Europa Europe

europeo European (16); l'Unione Europea European Union (E.U.)

l'evento event

evidenza: mettere in evidenza to illustrate

evidenziare to make clear, point out

evitare to avoid

evocare to evoke; call to mind

evoluto advanced

l'evoluzione f. evolution

l'extracomunitario (pl. gli extracomunitari) citizen of a nation outside of the European Community (18)

F

fa ago (5)

la fabbrica factory (16); in fabbrica in a factory

la faccenda matter; business; household chore

la faccia (pl. le facce) face

facile easy (3)

facilitare to facilitate

facilmente easily

la facoltà (pl. le facoltà) school, department (of a university) (3); che facoltà fai/frequenti? what's your major?

il falegname carpenter

falso false

la fama fame

la fame hunger; avere fame to be hungry

la famiglia family (3)

familiare adj. family

famoso famous

il fango mud; fare i fanghi to take mudbaths

la fantascienza science fiction

la fantasia fantasy, imagination

fare (p.p. fatto) to do; to make (3); fare (+ inf.) to cause something to be done; fare il/la (+ profession) to be a (profession); fare l'aerobica to do aerobics; fare un affare to make a deal; fare attenzione to pay attention; make sure; fare l'autostop to hitchhike (13);

fare baccano to carry on loudly; fare il bagno to take a bath; fare bella figura to make a good impression; fare benzina to get gas (13); fare le coccole to cuddle; fare colazione to have breakfast (3); fare un colloquio to have a job interview; fare compere to go shopping; fare un complimento to pay a compliment; fare la conoscenza di to make the acquaintance of; fare una crociera to take a cruise (10); fare da grande to act like an adult; fare il/la dirigente to be an executive; fare la doccia to take a shower; fare una domanda to ask a question (3); fare domanda to apply (17); fare un'escursione to take a short trip; fare esercizio to exercise; fare un favore to do a favor; fare una foto(grafia) (a) to take a photograph (of) (3); fare un giro a piedi / in bici / in moto / in macchina to go for a walk/bike ride/ motorcycle ride/car ride; fare una gita to take a short trip; fare il letto to make the bed; fare male (a) to hurt (someone) (9); fare parte di to take part in, belong to (15); fare una passeggiata to take a walk; fare il pieno to fill up one's gas tank (13); fare una prenotazione to make a reservation; fare un programma to make a plan, plans; fare due chiacchiere to have a chat; fare un regalo (a) to give (someone) a present; fare sciopero to go on strike; fare uno sconto to give a discount; fare lo scontrino to get a receipt (5); fare sollevamento pesi to lift weights (4); fare la spesa to go grocery shopping (11); fare le spese to go shopping (11); fare uno sport to play a sport (4); fare il tifo to be a fan of; fare un trasloco to move (12); fare le vacanze to take a vacation (10); fare le valige to pack; fare un viaggio to take a trip; farcela to succeed; farsi la barba to shave (of men); farsi male to hurt oneself (9); farsi sentire to make oneself heard (16)

la farina flour

la farmacia (f. pl. le farmacie) pharmacy (1)

il farmaco medicine, drug

la fascia di ozono (pl. le fasce) ozone layer (13)

il fascino fascination

il fascismo fascism

il fastidio (pl. i fastidi) annoyance (11); dare fastidio (a) to bother (someone)

la fata fairy

la fatica effort; work (7)

faticoso tiring (9)

il fatto fact

la fattoria farm

la favola fable (7)

il favore favor; *essere a favore di to be in favor of; per favore please

favorevole favorable

favorire (isc) to favor

febbraio February (P)

la febbre fever (9)

il fegato liver

felice happy

la felicità happiness

la felpa sweatshirt (7)

la femmina female

femminile feminine

il femminismo feminism

il/la femminista (m. pl. i femministi) feminist

il fenomeno phenomenon

le ferie vacation; *andare in ferie to go on vacation

fermare to stop (someone or something); fermarsi to stop, come to a stop (7)

il ferragosto Feast of the Assumption

la ferrovia railway

la festa party; holiday

festeggiare to celebrate

il festival (pl. i festival) festival

la fetta slice (5)

le fettuccine type of pasta

il fiammifero match (11)

il fianco flank

il fiasco fiasco, disaster, mess

fidanzarsi con to get engaged to (18)

il fidanzato / la fidanzata fiancé(e)

fidarsi di to trust, have faith in (18)

la fiducia trust, faith

fiero proud (15)

il figlio (pl. i figli) / la figlia son, daughter (3)

la figura figure; fare bella/brutta figura to make a good/bad impression

Figurati! Of course!

la fila row (15)

il film (pl. i film) film, movie

filmare to film

la filosofia philosophy

il filosofo philosopher

finale final

finalmente finally

la finanza finance, finances

finanziariamente financially

finanziare to finance

la fine end (6)

il finesettimana weekend

la finestra window (12); il finestrino window in a train, car, airplane

finire (isc) (di + inf.) to finish (doing something) (4)

fino a till, until (5); fino a tardi until late

il fiore flower (6)

fiorentino Florentine

firmare to sign

fischiare to boo (lit. to whistle) (14)

la fisica physics (3)

il fisico (pl. i fisici) physicist

fisico (m. pl. fisici) physical

fissare to set, establish, fix; fissare un appuntamento to set up/make an appointment (12); fissare un colloquio to set up an interview (17)

fisso firm, fixed, set (10)

il fiume river

il flauto flute

la focaccia (pl. le focacce) type of flat Italian bread

il focolare fireplace; hearth
il foglio (pl. i fogli) (sheet of) paper (P)
il fondamento groundwork
fondare to found
il fondo: lo sci di fondo cross-country skiing; i fondi funds
fondo adj. deep; in fondo at the end; nel fondo at the bottom
la fontana fountain
la fontina soft Italian cheese
il football football; soccer; football americano football
la forchetta fork
la foresta forest
la forma form
il formaggio (pl. i formaggi) cheese (6)
formare to form
formato formed, composed
formattare to format
la formazione formation
la formula: formula uno formula one speed racing
fornire to supply, give
fornito supplied
il forno oven; al forno baked, roasted (6)
forse maybe, perhaps (10)
forte strong, loud (9)
fortemente strongly, loudly
la fortuna luck, fortune; avere fortuna to be lucky; per fortuna luckily
fortunatamente luckily, fortunately
fortunato lucky, fortunate
la forza strength; Forza! Come on!
forzare to force (14)
la foto (pl. le foto) photograph; fare una fotografia (a) to take a photograph (of)
la fotografia photography (1)
fotografico: la macchina fotografica camera
fra between, among, in, within (+ time expressions)
fragile fragile
la frana landslide
franare to crumble, slide down
il/la francese French person; il francese French language
francese adj. French (2)
la frase phrase; sentence
il frate friar
il fratello brother (3); fratellino little brother
la freccia (pl. le frecce) arrow
il freddo cold; avere freddo to feel cold; fare freddo to be cold (weather)
freddo adj. cold; il tè freddo iced tea
fregare: Chi se ne frega? Who cares?
frequentare to attend (a school, a class); to associate with (people); to go often to (a place) (3)
frequente frequent
il fresco coolness; fare fresco to be cool (weather)
fresco (m. pl. freschi) cool; fresh (6)
la fretta hurry, haste; avere fretta to be in a hurry; di fretta in a hurry (5)
il frigo (from frigorifero) (pl. i frigo) refrigerator (4)

fritto fried (6); fritto misto fried seafood platter
la frutta fruit (6)
il fruttivendolo / la fruttivendola fruit vendor (11)
il fulmine lightning; il colpo di fulmine lightning bolt; love at first sight
fumare to smoke (6)
il fumatore / la fumatrice smoker (14)
il fumo smoke
il funerale funeral
il fungo mushroom
funzionare to work, function (13)
la funzione function
il fuoco (pl. i fuochi) fire; le armi da fuoco firearms
fuori out; outside (6); fuori da out(side) of; fuori luogo out of place; fuori moda out of fashion
i fusilli type of pasta
il futuro future; future tense; in futuro in the future

G

la galleria gallery; tunnel; arcade
il gallo rooster; il gallo cedrone grouse
la gamba leg (9); in gamba capable; "with it" (5)
la gara competition, contest (4)
il garage (pl. i garage) garage
garantire (isc) to guarantee
garantito guaranteed
la garanzia guarantee
gassato: l'acqua gassata carbonated water
il gatto / la gatta cat (1)
il gelataio / la gelataia (m. pl. i gelatai) ice-cream maker or vendor (11)
la gelateria ice-cream parlor (11)
il gelato ice cream (1)
la gelosia jealousy
geloso jealous
il gemello / la gemella twin; due gemelli twins; tre gemelli triplets (9)
generale adj. general
generalizzare to generalize
la generalizzazione generalization
generalmente generally
il genere type; kind; gender; genre; in genere generally
generico general
la generosità generosity
generoso generous
genetico genetic
geniale ingenious
il genio genius
il genitore parent (3)
gennaio January (P)
la gente people (5)
gentile adj. kind (2)
gentilmente adv. kindly
genuino genuine, authentic
geografico (m. pl. geografici) geographic, geographical
il gesso chalk (P)
la gestazione gestation
gettarsi to throw oneself
il ghiacciaio glacier
il ghiaccio ice (5)

già already (5); of course, you're right (18)
la giacca jacket (7)
giallo yellow (2)
il giallo mystery novel
il/la giapponese Japanese person; il giapponese Japanese language
giapponese adj. Japanese (2)
il giardino garden
il ginocchio (pl. le ginocchia) knee
giocare (a + n.) to play (a sport or game) (3); giocare a carte to play cards; giocare a pallone / a pallacanestro / a tennis to play ball/basketball/tennis
il giocatore / la giocatrice player (4)
il gioco (pl. i giochi) game
la gioia joy
il gioiello jewel
il giornale newspaper (4); sul giornale in the newspaper
giornaliero daily (7)
il giornalismo journalism
il/la giornalista (m. pl. i giornalisti) journalist (8)
la giornata day; the whole day; buona giornata! have a nice day!
il giorno day (P); buon giorno! good day! good morning! hello!; che giorno è? what day is it?
il/la giovane young person; i giovani young people, the young
giovane young (2)
giovanile youthful
il giovedì Thursday (P)
la gioventù youth, young people (7)
la giovinezza youth
girare to turn, to wander around; to shoot (a film) (8)
il giro tour; trip; fare un giro to take a trip; fare un giro a piedi / in bici / in moto / in macchina to take a walk / bike ride / motorcycle ride / car ride (4); in giro around, here and there, up and about
la gita excursion fare una gita to take a short trip; una gita in gondola a gondola ride
giù (adv.) down; downstairs
il giubbotto jacket (7)
giudicare to judge (18)
il giudizio judgment; il giudizio universale Last Judgment
giugno June (P)
la giurisprudenza law; jurisprudence (3)
giustificare to justify
la giustificazione justification
la giustizia justice (18)
giusto correct; just
gli gnocchi dumplings (6)
la goccia (pl. le gocce) drop
la gola throat (9); mal di gola sore throat
il golf golf; sweater
il golfo gulf
il goloso / la golosa glutton
il gomito elbow
la gomma tire (13)
la gondola gondola; la gita in gondola gondola ride

la gonna skirt (11)
governare to govern
il governo government (16)
la grammatica grammar
grammaticale grammatical
grande big; large; great (2); il grande
  magazzino department store (11); più
  grande bigger, older
la grandezza size
la granita slushy (drink)
il grano duro durum wheat
il grasso fat; grease
grasso adj. fatty, greasy (2)
il grattacielo skyscraper
grave grave, serious (9)
la gravidanza pregnancy
la gravità gravity
grazie thanks, thank you (P); grazie a te
  thanks to you
grazioso pretty, charming
greco (m. pl. greci) adj. Greek (2)
il greco / la greca (m. pl. i greci) Greek
  person; il greco Greek language
gridare to shout (12)
grigio (m. pl. grigi) gray (2)
la griglia grill; alla griglia grilled (6)
grosso big, large, stout (8); il pezzo
  grosso big shot
il gruppo group
guadagnare to earn (3); guadagnarsi da
  vivere / la vita to earn a living (18);
  guadagnarsi il pane to earn one's daily
  bread
il guadagno earnings, income (16)
il guanto glove (11)
guardare to watch, look at (4)
*guarire (isc) to heal (9)
la guerra war; la prima/seconda guerra
  mondiale First/Second World War
il gufo owl
la guida guide; guidebook
guidare to drive (3)
il gusto taste (in all senses) (13); preference
gustoso tasty

H

handicappato handicapped
ho... anni I'm . . . years old (P)

I

l'idea idea; cambiare idea to change one's
  mind; idea luminosa brilliant idea;
  ottima idea! great idea!
l'ideale m. ideal
ideale ideal
l'idealista m., f. idealist
idealizzato idealized
identificare to identify
l'identikit profile; ID sketch
l'identità (pl. le identità) identity
idiomatico (m. pl. idiomatici):
  l'espressione idiomatica idiomatic
  expression
l'idolo idol
idraulico hydraulic
l'idromassaggio water-massage
ieri yesterday; ieri sera last night (5)

ignorante ignorant
ignorare to ignore; be unaware of
l'illuminismo Enlightenment (18th-
  century European cultural movement that
  celebrated rationality and optimism) (15)
illustrare to illustrate
l'imbarazzo embarrassment; mettere in
  imbarazzo to embarrass
l'imbarcazione f. boat
l'imbarco boarding
immaginare, immaginarsi to imagine (16)
l'immagine f. image
immediatamente immediately
immenso immense
l'immigrato / l'immigrata immigrant (18)
l'immigrazione f. immigration (18)
gli immobili real estate
imparare to learn (3); imparare a (+ inf.)
  to learn how (to do something)
l'impasto dough
impedire (isc) to impede
impegnato politically engaged; busy
l'imperativo imperative (verb mood)
l'imperfetto imperfect (verb tense)
l'impermeabile m. raincoat (7)
impersonale impersonal
l'impianto system
impiegare to employ
l'impiegato / l'impiegata clerk (1); white-
  collar worker (16)
impopolare unpopular
importante important
l'importanza importance
*importare to matter
impossibile impossible
l'impresa enterprise; company
impressionabile impressionable
l'impressione f. impression; avere
  l'impressione to have the impression
improvvisamente suddenly
improvvisazione improvisation
impulsivo impulsive
in in; at; to (1); in gamba smart, "with it"
inaspettato unexpected
l'inaugurazione f. inauguration
l'incarico (pl. gli incarichi) burden, task
  (8)
incartare to wrap (in paper) (11)
incerto uncertain
l'inchiesta investigation
l'incidente m. accident (9)
includere (p.p. incluso) to include
†incominciare to begin, start;
  incominciare a (+ inf.) to start (to do
  something)
incontrare to run into (someone), meet (3)
l'incontro meeting, encounter
incoraggiare to encourage (14)
incredibile incredible
l'incrocio intersection
indaffarato (a) busy (with)
l'indagine f. inquiry, probe
indefinito indefinite
indeterminativo: l'articolo
  indeterminativo indefinite article
l'indiano / l'indiana Indian person
indicare to indicate (12)
l'indicativo indicative (verb mood)

l'indicazione f. direction
indietro adv. back, backwards, behind
  (18)
indifferente indifferent
indifferentemente without distinction
indimenticabile unforgettable
indipendente independent
l'indipendenza independence
indiretto indirect
l'indirizzo address (12)
indispettire (isc) to rankle, irritate
l'individuo individual; person
indovinare to guess (13)
l'indovinello riddle
l'industria industry (17)
l'industriale m., f. businessman/woman;
  industrialist
l'ineguaglianza inequality (18)
l'infanzia childhood
infatti in fact
infelice unhappy
l'infermiere / l'infermiera nurse
l'inferno hell
infine adv. in the end
l'infinito infinitive
l'inflazione f. inflation (17)
l'influenza influenza, flu
influenzare to influence
informarsi su/di to find out about
l'informatica computer science (3)
l'informazione f. information (1)
l'ingegnere m., f. engineer
l'ingegneria engineering (3)
l'ingiustizia injustice (18)
l'inglese m., f. English person; l'inglese
  English language
inglese adj. English (2)
l'ingrediente m. ingredient
l'ingresso entrance (15)
†iniziare to begin
l'inizio (pl. gli inizi) beginning
innamorarsi (di) to fall in love (with) (14)
innamorato (di) in love (with)
l'inno hymn
inoltre furthermore; also
l'inquilino / l'inquilina tenant (12)
l'inquinamento pollution (13)
inquinare to pollute (13)
l'insalata salad (6)
l'insegnante m., f. teacher (3)
insegnare to teach (3)
l'inserimento insertion
inserire (isc) to insert
l'insetticida pesticide
l'insetto insect
insieme (a) together (with) (4); tutti
  insieme all together; l'insieme (di) the
  totality (of), all (of) (8)
insistere (per) to insist (on) (doing
  something)
insoddisfatto unsatisfied
insolito unusual (12)
insomma in short
l'insonnia insomnia
insopportabile intolerable (17)
insuperabile unsurmountable
intanto meanwhile; in the meantime (16)
integrarsi (in) to become integrated (into)

l'integrazione *f.* integration
l'intellettuale *m., f.* intellectual
intellettuale *adj.* intellectual
intelligente intelligent
l'intelligenza intelligence
intenso intense, intensive
l'intenzione *f.* intention; **avere l'intenzione (di** + *inf.*) to intend (*to do something*)
interculturale intercultural
interessante interesting
interessare to interest; **interessarsi di** to be interested in
interessato (di/a) interested in
l'interesse *m.* **(per)** interest (in)
interferire (isc) to interfere (18)
l'interiorità inner life, innerness
interno internal; **all'interno** inside; **il consumo interno** domestic consumption
intero entire
interpretare to interpret
l'interpretazione *f.* interpretation
l'interprete *m., f.* interpreter
interrogare to interrogate, question
l'interrogativo interrogative expression
interrompere (*p.p.* **interrotto**) to interrupt
l'interruzione *f.* interruption
l'intervento intervention
l'intervista interview (8)
intervistare to interview
intitolato entitled
l'intolleranza intolerance (18)
l'intoppo obstacle
intorno (a + *n.*) around (*something*)
intossicarsi to poison oneself
intraprendere (*p.p.* **intrapreso**) to undertake
introdurre (*p.p.* **introdotto**) to introduce
inutile useless (12)
invece (di) instead (of); on the other hand (4)
inventare to invent
l'inventore *m., f.* inventor
invernale *adj.* pertaining to winter
l'inverno winter (P)
investire to run over (*with a vehicle*)
l'invio (*pl.* **gli invii**) sending; forwarding
invitare to invite (4)
l'invito invitation
io I (1)
l'ipermercato hypermarket (*grocery and department store combined*)
l'ippica horse racing
l'irlandese *m., f.* Irish person; Irish language
irlandese *adj.* Irish
irregolare irregular
l'isola island
isolato isolated, freestanding
ispirarsi to receive inspiration
ispirato inspired
l'istituto institute; **istituto magistrale/tecnico** teacher's college/technical institute
l'istituzione *f.* institution
l'istruzione *f.* instruction
l'italiano / l'italiana Italian person; l'italiano Italian language

italiano *adj.* Italian
l'itinerario (*pl.* **gli itinerari**) itinerary (10)

J

il jazz jazz
i jeans jeans

K

il karatè karate

L

il labbro (*pl.* **le labbra**) lip
il laboratorio (*pl.* **i laboratori**) laboratory
il lago (*pl.* **i laghi**) lake
lamentarsi (di) to complain (about) (7)
la lampadina lightbulb (15)
il lampo lightning; lightning flash
la lana wool (11)
largo (*m. pl.* **larghi**) wide (2)
il larice larch tree
le lasagne *type of pasta*
lasciare to leave (behind) (4); **lasciare** (+ *inf.*) to allow, let (*something be done*); **lasciamo perdere** let's forget about it; **lasciare un deposito** to leave a deposit (10)
lassù up there
il latino Latin (*language*)
latino *adj.* Latin; **l'America latina** Latin America
lato: di lato (a) beside, next to
il lattaio (*pl.* **i lattai**) milkman (11)
il latte milk
la latteria dairy; dairy store (11)
la lattina soft-drink can (5)
la lattuga lettuce
la laurea doctorate (*from an Italian university*); college diploma, degree
laurearsi to graduate (*college*) (7); **laurearsi in** to graduate with a degree in
la lavagna chalkboard (P)
la lavanderia laundry room
il lavandino sink
lavare to wash
lavarsi to wash oneself (7); **lavarsi i denti** to brush one's teeth
la lavastoviglie (*pl.* **le lavastoviglie**) dishwasher
la lavatrice washing machine
lavorare to work (3)
il lavoratore / la lavoratrice worker (17)
il lavoro work (1); **buon lavoro!** enjoy your work!; **cercare lavoro** to look for work; **il posto di lavoro** workplace; **riprendere il lavoro** to get back to work
la lega league
legale legal
il legame relationship
legare to tie, link
la legge law (3)
leggere (*p.p.* **letto**) to read (4)
leggermente slightly; lightly
leggero slight; light (17); **musica leggera** pop music
il legno wood
la lente lens; **lenti a contatto** contact lenses (9)

la lentezza slowness
lento slow (4)
il leone lion
il lessico lexicon
la lettera letter (4)
letterario literary
il letterato / la letterata man/woman of letters
la letteratura literature (3)
le lettere letters; liberal arts (3)
il letto bed (3); **a letto** in bed; **la camera da letto** bedroom; **fare il letto** to make the bed
il lettore / la lettrice reader
la lettura reading
la lezione lesson; class (1)
lì there
Li you (*form., m. pl.*); li them (*m.*) (4)
liberamente freely
liberare to free; to set free
la liberazione liberation, freedom
libero free, unoccupied (10)
la libertà (*pl.* **le libertà**) liberty, freedom
libico *adj.* Lybian
la libreria bookstore (3); **in libreria** at/to/in the bookstore
il libretto libretto (*music*); small book; grade book
il libro book (P); **libro di cucina** cookbook (6)
liceale *adj.* highschool
licenziare to fire (17); **licenziarsi** to quit, resign from a job (17)
il liceo high school; **liceo scientifico** high school for the sciences
limitare to limit
il limite limit; **rispettare il limite di velocità** to obey the speed limit (13)
la limonata lemonade
il limone lemon (5)
la lingua language (3); **le lingue e le letterature straniere** foreign languages and literatures (3)
il linguaggio (*pl.* **i linguaggi**) specialized language, jargon (8)
linguistico (*m. pl.* **linguistici**) linguistic
la liquirizia licorice
il liquore liquor
la lira lira (*Italian currency [before the introduction of the euro in 2002]*) (1)
la lirica opera; lyric poetry
lirico (*m. pl.* **lirici**) operatic (14)
liscio (*m. pl.* **lisci**) straight (*hair*) (2); **il ballo liscio** ballroom dancing
la lista list
litigare to argue, quarrel (6)
il litro liter
il livello level
il locale public place; haunt (*slang*)
locale local
la località locality
il locandiere / la locandiera innkeeper (*arch.*)
logico (*m. pl.* **logici**) logical
lontano (da) distant, far (from) (1)
la lotta struggle, fight
lottare to fight
la lotteria lottery

la luce light

luglio *m.* July (P)

luminoso brilliant; l'idea luminosa brilliant idea

la luna moon; la luna park amusement park

il lunedì Monday (P)

lungo (*m. pl.* lunghi) long (2); a lungo (for) a long time

il luogo (*pl.* i luoghi) place (1); avere luogo to take place (14); fuori luogo out of place

il lupo wolf

lusso luxury; di lusso *adj.* luxurious

lussuoso luxurious

M

ma but (1)

la macchia stain, spot

macchiare to stain, spot; caffè macchiato coffee with a spot of cream

la macchina car; machine (1); in macchina by car, in the car; *andare in macchina to drive, to ride; le chiavi della macchina car keys; fare un giro in macchina to go for a ride; macchina fotografica camera

il macellaio / la macellaia (*m. pl.* i macellai) butcher (11)

la macelleria butcher shop (11)

la madre mother (3)

la maestria mastery; skill

il maestro / la maestra elementary school teacher; master (*artist*)

magari perhaps; magari! if only! don't I wish!

il magazzino: il grande magazzino department store

maggio May (P)

la maggioranza majority

maggiore bigger, greater; older (9); *art.* + maggiore the greatest, largest, biggest; la maggior parte (di) the majority (of)

la magia magic

magico (*m. pl.* magici) magic(al)

magistrale: l'istituto magistrale teacher's college

la magistratura magistracy, court

la maglia sweater (7)

la maglieria knitwear

la maglietta t-shirt (7)

il maglione pullover (11)

magnifico (*m. pl.* magnifici) magnificent

magro thin (2)

mah! well!

mai ever (5); never non... mai never, not ever; come mai? how come?

il maiale pork (6)

malato sick (9)

la malattia sickness, disease (9)

il male injury; evil; bad

male badly, poorly (P); *andare male to go badly; avere mal di testa, denti, stomaco to have a headache, toothache, stomachache; cosa c'è di male (in + *inf.* or *n.*) what's wrong (*with something or doing something*)?; fare/farsi male to hurt / hurt oneself; meno male thank

goodness; non c'è male not bad; non c'è niente di male there's nothing wrong; *stare male to be unwell

la mamma mother; mom (3); mamma mia! good heavens!

il/la manager (*pl.* i/le manager) manager, boss

la mancanza lack; need; absence

*mancare to lack, be missing (6)

la mancia (*pl.* le mance) tip, gratuity

mandare to send (6); mandare in onda to broadcast

mangiare to eat (3)

il manicomio (*pl.* i manicomi) mental hospital

la maniera manner

la manifestazione political demonstration, protest (16)

il manifesto poster; leaflet

la maniglia handle

la mano (*pl.* le mani) hand (7); dare una mano to lend a hand; mano d'opera labor (17)

la mansarda attic (12)

la mansione function; duty (*professional*) (17)

la mantella cape

mantenere to maintain, keep, support

il manzo beef (6)

la mappa map (P)

la marca brand (13)

il mare sea; *andare al mare to go to the seashore

la margarina margarine

marginale marginal

il marito husband (3)

la marmellata marmelade (5)

la marmotta marmot

marrone *inv.* brown (2)

il martedì Tuesday (P)

marziale martial

marzo March (P)

maschile masculine

il maschio (*pl.* i maschi) male

la massa mass, heap

il massaggio massage

il massimo maximum; al massimo at the most

massimo (*adj.*) maximum

la matematica mathematics (3)

la materia subject (*school*) (3)

il materialismo materialism (18)

materialista (*m. pl.* materialisti) materialistic

materno maternal

la matita pencil (P)

matrimoniale: camera matrimoniale room with a double bed (12)

il matrimonio marriage

il mattino / la mattina morning; in the morning; di mattina in the morning (3)

matto: scacco matto checkmate

la maturità: l'esame di maturità comprehensive high-school exam

la mazza club

il meccanico (*m. pl.* i meccanici) mechanic (13)

i media the media

la medicina medicine (3)

il medicinale medication

il medico (*pl.* i medici) doctor (9)

medico (*m. pl.* medici) medical; l'assistenza medica health insurance

medio (*m. pl.* medi) medium, average; di media statura of medium height; la scuola media middle school; la scuola media superiore high school

medioevale medieval

il Medioevo the Middle Ages (15)

mediterraneo Mediterranean

meglio *adv.* better (9); il meglio the best

la mela apple (11)

la melanzana eggplant

la melodia melody

melodico melodic

il melodramma (*pl.* i melodrammi) melodrama; opera (14)

il melone melon (6)

memorabile memorable

meno less; fewer (3); *art.* + meno least; a meno che... not unless; le cinque meno un quarto quarter to five; meno di/che less than (9); meno male! thank goodness! (12)

la mensa cafeteria (2)

il mensile monthly publication (8)

la mente mind

mentire to lie

mentre while

il menu menu

meraviglioso marvelous

il/la mercante merchant

il mercato market (11)

la merce goods, merchandise

il mercoledì Wednesday (P)

la merenda mid-afternoon snack (5)

meridionale southern

il meridione the South of Italy

meritare to merit, earn, deserve (16); per merito di thanks to

mescolare to mix

il mese month (P)

il messaggio message

il messicano / la messicana Mexican person

messicano Mexican (2)

il mestiere profession, trade (17)

il mestolo ladle

la meta destination (10)

la metà (*pl.* le metà) half

il metodo method

mettere (*p.p.* messo) to put, place (4); mettere piede to set foot; mettere in imbarazzo to embarrass; mettere in scena to stage (14)

metterci (+ *time expressions*) to take (*time*) (15)

mettersi to put on (*clothes*) (7); mettersi in moto to start (*a car, a machine*) (10)

mezzanotte midnight (4)

il mezzo half (4); mezzi di trasporto means of transportation (13); le sette e mezzo seven-thirty

mezzo *adj.* half

mezzogiorno noon (4)

mica (*adv.*) not at all

la microcriminalità petty crime
il micròfono microphone
il miele honey (5)
le migliaia thousands
il miglioramento improvement (16)
⁺migliorare to improve
migliore adj. better (9); art. + migliore the best
il miliardo billion (7)
il milione million (7)
mille (pl. mila) thousand
minerale adj. mineral; acqua minerale mineral water
la minestra soup
il minestrone vegetable soup (6)
il ministero ministry, department (of government) (16); Ministero della Finanza Treasury Department
il ministro m., f. minister (in government); primo ministro Prime Minister
la minoranza minority
minore lesser, smaller, younger (9); art. + minore the least, smallest, youngest
il minuto minute (3)
mio my (3)
miope nearsighted
la miseria misery; poverty (18)
misterioso mysterious
misto mixed (6); fritto misto fried seafood platter
la misura size
misurare to measure
il mito myth
il mobile piece of furniture (12); i mobili furniture
la moda fashion; all'ultima moda trendy; di moda in fashion; la casa di moda fashion house; fuori moda out of fashion
il modello model; example
il modello / la modella fashion model
la modernità modern period, modernity (15)
moderno modern
modesto modest
il modo manner, way
il modulo (printed) form; riempire un modulo to fill out a form
la moglie (pl. le mogli) wife (3)
molto adj. much; many, a lot of (2); adv., inv. very, a lot (2); da molto tempo (for) a long time; molto bene! very good!
il momento moment
mondiale adj. worldwide; la prima/seconda guerra mondiale the First/Second World War
il mondo world (15); divertirsi un mondo to have a great time
la moneta coin; currency (16)
monetario monetary
il monolocale studio apartment (12)
la montagna mountain; *andare in montagna go to the mountains
montato: la panna montata whipped cream
il monumento monument
morale moral
*morire (p.p. morto) to die (5)

la morte death
morto dead
la mostra exhibit (6)
mostrare to show (6)
il motivo motive; reason (8)
la motocicletta, moto (pl. le moto) motorcycle
il motore motor
il motorino moped (1)
il movimento movement
la mozzarella mozzarella (type of cheese) (6)
la mucca cow
la multa fine; ticket (13); prendere la multa to get a ticket, fine
multiculturale multicultural
multietnico (m. pl. multietnici) multiethnic
muovere (p.p. mosso): muoversi to move
il muro wall; le mura ancient walls
il muscolo muscle
il museo museum (1)
la musica music (4); musica leggera pop music (14)
musicale musical
il/la musicista (m. pl. i musicisti) musician (14)
le mutande underwear; briefs; panties
muto mute; silent

N

*nascere (p.p. nato) to be born (4)
la nascita birth
nascondere (p.p. nascosto) to hide (11)
il naso nose (8)
il Natale Christmas (10); buon Natale! Merry Christmas!
natio adj. (m. pl. natii) native (2)
la natura nature
naturale natural
naturalmente naturally
nautico (m. pl. nautici) nautical
il navigante sailor, voyager
nazionale national; l'assistenza sanitaria nazionale national health care; voli nazionali domestic flights
la nazionalità nationality
la nazione nation
ne some of it; about it
né... né neither . . . nor
neanche not even; neanch'io neither do I
la nebbia fog (4)
nebbioso foggy
necessariamente necessarily
necessario (m. pl. necessari) necessary
la necessità (pl. le necessità) necessity
negare to deny
negativo negative
il/la negoziante shopkeeper (11)
il negozio (pl. i negozi) shop (1); negozio d'abbigliamento / di alimentari clothing/grocery store (11)
il nemico / la nemica (m. pl. nemici) enemy
nemmeno not even
il neorealismo neorealism
nero black (2); cronaca nera crime news

nervoso nervous
nessuno pron. no one, nobody; adj. no; nessuna cosa nothing; non... nessuno no one, nobody, not anybody
la neve snow (4)
nevicare to snow (4)
nido: asilo nido daycare
niente nothing; niente da dire/fare/mangiare nothing to say/do/eat; niente di male/speciale/strano nothing wrong/special/strange; non... niente nothing; per niente not at all
il/la nipote nephew/niece; grandchild (3)
no no (P)
nobile noble
la nobiltà nobility
la nocciolina peanut (5)
la noia boredom; che noia! what a bore!
noioso boring (2)
noleggiare to rent (a vehicle) (10)
nolo rental; prendere a nolo to rent (a vehicle)
il nome name; noun (1)
non not (1); non... ancora not . . . yet; non c'è male not bad; non è vero? isn't it true? non... mai never, not ever (3); non... nemmeno not even; non... nessuno no one, nobody; non... niente/nulla nothing; non... più no longer, no more
il nonno / la nonna grandfather/grandmother (3)
nono ninth
nonostante notwithstanding
il nord north
il nordafricano north African person
norma: di norma as a rule; usually
normale normal; la benzina normale regular gasoline
nostro our (3)
notare to notice, note
notevole noteworthy
notevolmente notably
la notizia (pl. le notizie) news (8)
noto well-known, famous
la notte night; at night buona notte! good night!; di notte at night (3)
la novella short story (15)
novembre m. November (P)
la novità novelty (4)
le nozze wedding, marriage
nucleare nuclear
il nudista nudist
nulla m. nothing; non... nulla nothing
il numero number; numero di telefono telephone number
numeroso numerous
la nuora daughter-in-law
nuotare to swim (3)
il nuoto swimming (4)
nuovamente newly
nuovo new (2); di nuovo again
nutrirsi to nourish oneself

O

obbligare a (+ inf.) to oblige, force to (do something) (14)
l' obiettivo objective

obsoleto obsolete, outdated
l'occasione *f.* occasion; opportunity
gli occhiali eyeglasses (9)
l'occhiata glance
l'occhio (*pl.* **gli occhi**) eye (2)
occidentale western
***occorrere** (*p.p.* **occorso**) to be necessary
occupare to occupy; **occuparsi (di)** to devote oneself (to), to take care (of), to concern oneself (with) (16)
occupato occupied, busy
odiare to hate
l'offerta offer (17)
offrire (*p.p.* **offerto**) to offer, to "treat" (*by paying*) (4)
l'oggetto object
oggi today (P); **al giorno d'oggi** these days; **quanti ne abbiamo oggi?** what's today's date?
ogni (*inv.*) each, every (3); **ogni tanto** every once in a while
ognuno each one, everybody, every one (12)
l'olio (*pl.* **gli oli**) oil (13); **controllare l'olio** to check the oil
l'oliva olive
oltre beyond, further, more than; **oltre a** in addition to; besides; past; beyond
l'omaggio (*pl.* **gli omaggi**): **il biglietto omaggio** complimentary ticket
l'ombra shade, shadow
l'omeopatia homeopathy
omeopatico homeopathic
omogeneo homogenous
l'onda wave; **mandare in onda** to broadcast
onesto honest (2)
l'onore honor
l'opera opera (14); work; **l'opera d'arte** artwork (15); **mano d'opera** labor (17)
l'operaio / l'operaia (*m. pl.* **gli operai**) blue-collar worker (16)
l'operazione *f.* operation
l'opinione *f.* opinion
oppure or, or rather
l'ora hour; time; **a che ora?** at what time?; **che ora è? che ore sono?** what time is it?; **è ora** it's time; **guardare l'ora** to check the time; **mezz'ora** half-hour; **non vedere l'ora (di)** not to be able to wait (for); **un quarto d'ora** quarter of an hour
ora now (7); **per ora** for the time being
orale: gli orali oral exams (3)
l'orario (*pl.* **gli orari**) schedule
l'orata gilthead
l'orchestra orchestra
ordinale ordinal
ordinare to order (5)
ordinato neat
l'ordine *m.* order
gli orecchini earrings
l'orecchio (*pl.* **gli orecchi / le orecchie**) ear (9); **suonare a orecchio** to play by ear
l'oreficeria goldsmith's shop
l'organista *m., f.* (*m. pl.* **gli organisti**) organist
l'organo organ; body (*functioning group*)

organico organic
organizzare to organize (16); **organizzarsi** to get organized
orgoglioso proud (2)
originale original
originario native, original
l'origine *f.* origin; **la città d'origine** hometown
ormai by now, by then
l'oro gold (17)
l'orologio (*pl.* **gli orologi**) watch, clock (2)
l'oroscopo horoscope
orribile horrible; ugly
l'orto vegetable garden (12)
l'ospedale *m.* hospital (1)
ospitale hospitable
l'ospite *m., f.* guest (12); **la camera per gli ospiti** guest room; host
osservare to observe
l'ostello hostel (10)
l'ostilità hostility
ottavo eighth
ottenere to obtain
l'ottimismo optimism
l'ottimista *m., f.* (*m. pl.* **gli ottimisti**) optimist
ottimista *adj.* (*m. pl.* **ottimisti**) optimistic
ottimo excellent, very good (8); **ottima idea!** excellent idea!
ottobre *m.* October (P)
l'ovest *m.* west
ovunque everywhere; anywhere
ovviamente obviously
ovvio (*pl.* **ovvi**) obvious
l'ozono ozone; **la fascia di ozono** ozone layer

P

il pacco (*pl.* **i pacchi**) package
la pace peace
pacifico (*m. pl.* **pacifici**) peaceful
la padella pan
il padre father (3)
il padrone/la padrona boss; **il padrone/la padrona di casa** landlord (12)
il paesaggio (*pl.* **i paesaggi**) landscape (10)
il paesaggista *m., f.* landscape artist
il paese country; land (5)
pagare to pay, to pay for (5); **pagare in contanti** to pay cash
la pagina page; **pagina del crimine** crime page
il pagliaccio clown
il paio (*pl.* **le paia**) pair, couple, a few (5)
il palazzo palace, apartment building (12)
il palcoscenico (*pl.* **i palcoscenici**) stage (14)
la palestra gym; **in palestra** to/in the gym
la palla ball (4)
la pallacanestro basketball (*game*) (4); **giocare a pallacanestro** to play basketball
il pallavolo volleyball
il pallone basketball, soccerball; **giocare a pallone** to play ball
la pancetta bacon
il pane bread (5); **guadagnarsi il pane** to earn one's daily bread

la panetteria bakery (11)
il panettiere / la panettiera baker (11)
il panettone Christmas cake
il panino sandwich; hard roll (1)
la paninoteca sandwich shop
la panna cream
il panorama (*pl.* **i panorami**) panorama, view
i pantaloni pants
il papa (*pl.* **i papa**) pope (15)
il papà (*pl.* **i papà**) father, dad (3)
la pappa baby food, mush
il paracadute parachute
il paradiso paradise
paragonare to compare (9)
il paragone comparison
parcheggiare to park (13)
il parcheggio (*pl.* **i parcheggi**) parking lot, parking space
il parco (*pl.* **i parchi**) park
il/la parente relative (3)
la parentesi parenthesis
***parere** (*p.p.* **parso**) to seem, appear; **pare** it seems
parigino Parisian
la parità parity, equality
il parlamento parliament
parlare to speak (3); **chi parla?** Who is it? (*on the phone*); **sentire parlare di** to hear about
il parmigiano Parmesan cheese (6); **alla parmigiana** with Parmesan cheese
la parola word (1)
la parolaccia (*pl.* **le parolacce**) dirty word
la parte part, role; **da parte di** on the part of, by; **da quelle parti** around there; **da una parte... dall'altra parte** on the one hand . . . on the other hand; **fare la parte di** to play the part of; **fare parte di** to take part in, belong to; **la maggior parte di** the majority of; **mettere da parte** to put, set aside
partecipare (a) to participate (in); **partecipare a un concorso** to take a civil service exam (17)
le partenze departures
il participio (*pl.* **i participi**) participle
particolare particular
particolarmente particularly
***partire** to leave, depart (4)
la partita match, game (4)
il partito political party (16)
la partitura musical score
partorire (isc) to give birth
la Pasqua Easter (10); **buona Pasqua!** Happy Easter!
il passaggio (*pl.* **i passaggi**) lift, ride; **chiedere/dare un passaggio** to ask for/to give a ride
il passaporto passport (1)
†passare to spend (*time*); to stop by, to pass (11); **passare l'aspirapolvere** to vacuum
il passatempo pastime (4)
il passato the past (5)
passeggiare to go for a stroll, walk
la passeggiata stroll, walk: **fare una passeggiata** to take a stroll, walk

la **passione** passion

il **passo** step

la **pasta** pasta, pasta products (6); pastry (5)

la **pasticceria** pastry shop (5)

il **pasticciere** / la **pasticciera** pastry cook, confectioner (11)

il **pasto** meal

il **pastore** shepherd

la **patata** potato (6)

la **patatina** potato chip (5)

la **patente** driver's licence (8)

la **patria** native land, homeland

il **patrigno** stepfather

il **patrimonio** (*pl.* **i patrimoni**) heritage

il **pattinaggio** skating; il **pattinaggio su ghiaccio** ice-skating

pattinare to skate

patto: a patto che provided that, on the condition that

la **paura** fear; **avere paura (di)** to be afraid (of) (1)

la **pausa** break, pause

il/la **paziente** patient

la **pazienza** patience; **avere pazienza** to be patient

pazzo crazy

peccato! too bad! (16); **peccato che** it's a shame that

il **pedone** pedestrian

peggio *adv.* worse; *art.* + **peggio** the worst (9)

peggiore *adj.* worse; *art.* + **peggiore** the worst (9)

la **pelle** skin

la **pelliccia** (*pl.* **le pellicce**) fur coat

la **pena** penalty, pain; **vale la pena** it's worth it

penalizzare to penalize

pendente hanging; la **Torre Pendente** the Leaning Tower

la **pendice** slope

la **penisola** peninsula (15)

la **penna** feather; pen (P); le **penne** *type of pasta*

il **pennello** brush; **stare a pennello** to fit like a glove

pensare to think; **pensare a** (+ *n.*) to think about (*someone or something*) (11); **pensare di** (+ *inf.*) to plan to (*do something*); **pensare di** (+ *n.*) to think of, regard, have an opinion of

il **pensiero** thought

il **pensionato** / la **pensionata** retired person (16)

la **pensione** inn (10)

la **pentola** pot

il **pepe** pepper

il **peperoncino** red pepper

per for; through (1); in order to; **per cento** percent; **per esempio** for example; **per favore, per piacere,** please (P); **per quanto** although; **per caso** by any chance (14); **per niente** at all (14)

la **pera** pear (11)

la **percentuale** percentage

perché why, because (2); **perché** + *subj.* so that (17); il **perché** the reason why

perdere (*p.p.* **perduto** or **perso**) to lose, waste; to miss (*a train, airplane, etc.*) (4); **lasciamo perdere** let's forget about it

il **perdono** pardon

perfetto perfect

pericoloso dangerous

la **periferia** outskirts, suburb

il **periodo** period, sentence; **periodo ipotetico** contrary-to-fact statement

il **permesso** permission

permettere (di) (*p.p.* **permesso**) to permit (14); to allow; to afford

però however

perplesso perplexed

persino even

****persistere** (*p.p.* **persistito**) to persist

perso lost; l'**anima persa** lost soul

la **persona** person

il **personaggio** (*pl.* **i personaggi**) character in a play; famous person

personale personal

la **personalità** personality

personalizzato personalized

personalmente personally

persuadere (a) (*p.p.* **persuaso**) to persuade (14)

pesante heavy (11)

il **pesce** fish (6); **chi dorme non piglia pesci** the early bird catches the worm

la **pescheria** fish market (11)

il **pescivendolo** / la **pescivendola** fishmonger (11)

peso: fare sollevamento pesi to lift weights (4)

pessimista (*m. pl.* **pessimisti**) pessimistic

il/la **pessimista** (*m. pl.* **i pessimisti**) pessimist

pesto *sauce of basil, olive oil, garlic, pine nuts, parmesan cheese;* **al pesto** with pesto

il **pettegolezzo** gossip

il **petto** chest

il **pezzo** piece; **pezzo grosso** big shot

****piacere** (*p.p.* **piaciuto**) to like; to please, to be pleasing (6)

il **piacere** pleasure; **piacere!** pleased to meet you! (P); **per piacere** please (P); **avere il piacere di** (+ *inf.*) to have the pleasure of (*doing something*); **mi piace da matti** I'm crazy about it

piacevole pleasant

piangere (*p.p.* **pianto**) to cry (15)

il/la **pianista** (*m. pl.* **i pianisti**) pianist

il **piano** floor of a building; piano (4); **al primo piano** on the second floor

piano *adv.* slowly, quietly

la **pianta** plant

pianterreno ground floor; **al pianterreno** on the ground floor (12)

il **piatto** plate, dish (6); **primo/secondo piatto** first/second course

la **piazza** square, plaza (1); **in piazza** in the square, plaza

piccante spicy

piccolo small, little (2); *art.* + **più piccolo** the youngest, smallest, shortest

il **piede** foot (8); **a piedi** on foot; ****andare a piedi** to go on foot; **mettere piede** to set foot

pienamente fully, entirely

pieno full (4); **fare il pieno** to fill up the gas tank

pigliare to take; **chi dorme non piglia pesci** the early bird catches the worm

pigro lazy (2)

il **pigrone**/la **pigrona** lazybones

il/la **pilota** driver, pilot

il **pinolo** pine nut

la **pioggia** (*pl.* **le piogge**) rain (4)

il **piolo** rung; la **scala a pioli** ladder

piovere to rain (4)

la **piramide** pyramid

la **piscina** swimming pool (3); **in piscina** in/to the pool; ****andare in piscina** to go swimming

i **piselli** peas

il **pittore** / la **pittrice** painter (15)

la **pittura** painting (*art form*) (15)

più more, plus (2); **più di/che** more than (9); **di più** more; *art.* + **più** the most; **non ne posso più** I can't stand it anymore; **non... più** no longer, no more; **sempre più** (+ *adj.*) increasingly

piuttosto *inv.,* rather; instead (5); **piuttosto che** rather than

la **pizza** pizza

la **pizzeria** pizzeria; **in pizzeria** in/to the pizzeria

la **plastica** plastic; il **sacchetto di plastica** plastic bag

plurale *adj.* plural

po': un po' (di) a little bit (of) (2)

pochi/poche few (3); **ben pochi** very few

poco *adj.* or *adv.* few, little, not many, not very (3); **tra poco** in a little while

la **poesia** poem; poetry (4)

il **poeta** (*pl.* **i poeti**) / la **poetessa** poet (15)

poetico poetic

poi then, afterward (1)

poiché since

la **politica** politics (16)

politico (*m. pl.* **politici**) political; **partito politico** political party; le **scienze politiche** political science

il **politico** / la **politica** politician

la **polizia** police (force)

il **poliziotto** police officer

il **pollo** chicken (6)

il **polmone** lung (9)

la **poltrona** armchair

il **pomeriggio** (*pl.* **i pomeriggi**) afternoon; **di/nel pomeriggio** in the afternoon (3)

il **pomodoro** tomato (6); **al sugo di pomodoro** tomato sauce

il **poncino** mulled alcoholic drink

il **ponte** bridge

pop *adj.* pop (*music*)

popolare popular

la **popolazione** population

il **popolo** people

la **porta** door (P)

portare to bring, carry, bear (3); wear (7)

portato (per) gifted (in)

il **porto** port

il **portone** main entrance, street door

positivo positive

la **posizione** position
possibile possible; **tutto il possibile** everything possible
la **possibilità** (*pl.* **le possibilità**) possibility, chance (17)
la **posta** mail, post office, postal service (17); **posta elettronica** e-mail (4)
postale postal; **ufficio postale** post office; **codice postale** zip code
il **postino** mailcarrier (5)
il **postmoderno** postmodern (15)
il **posto** place, seat (10); **posto di lavoro** place of work; **mettere a posto** to put in order; to fix up
potere (+ *inf.*) to be able to (can, may) (*do something*) (4); **non ne posso più** I can't stand it any more; **può darsi** perhaps, it's possible
il **potere** power; authority
povero poor (2); **poverino/poverina!** poor thing!
la **povertà** poverty (16)
pranzare to eat lunch (4)
il **pranzo** lunch, dinner (5); **la sala da pranzo** dining room
praticare to practice, be active in; **praticare (uno sport)** to practice (*a sport*)
pratico practical
il **prato** meadow, grass
la **precauzione** precaution
precedente preceding, earlier
la **preferenza** preference; **di preferenza** preferably
preferire (isc) (+ *inf.*) to prefer (*to do something*) (4)
preferito preferred, favorite (3)
il **prefisso** area code
pregare to pray, to beg; **prego!** you're welcome! (P) come in! make yourself at home!; **ti prego!** I beg you!; **Prego?** I beg your pardon? (P)
il **pregiudizio** (*pl.* **i pregiudizi**) prejudice
preliminare preliminary
premiare to reward, to award a prize to
il **premio** (*pl.* **i premi**) prize (9)
prendere (*p.p.* **preso**) to take; to have (*food*); to get (4); **prendere appunti** to take notes; **prendere l'autobus** to take the bus; **prendere una decisione** to make a decision; **prendere il fresco** to get some fresh air; **prendere in giro** to tease; **prendere la multa** to get a ticket, a fine (13); **prendere a nolo** to rent (10); **prendere il raffreddore** to catch a cold (9); **prendere il sole** to get some sun; ***andare, *venire a prendere** to pick up (*a person*)
prenotare to reserve, make a reservation (6)
la **prenotazione** reservation (1)
preoccupare to worry (*someone*); **preoccuparsi di** to worry about (17)
preoccupato worried
la **preoccupazione** *n.* worry
preparare to prepare (6); to make (*a dish*); to study
i **preparativi** preparations (11)
la **preparazione** preparation

la **preposizione** preposition; **preposizione articolata** articulated preposition
presentare to present, introduce; to show (*a film, TV show, etc.*)
la **presentazione** presentation, introduction
il **presente** present; present tense; **presente progressivo** present progressive
presente *adj.* present
la **presenza** presence
il **presidente** *m., f.* president (16)
presidenziale presidential
la **pressione** pressure
presso at, in care of
prestare (imprestare) to lend (6)
prestigioso prestigious
presto early; quickly; soon (3); **a presto!** see you soon! (P)
prevedere to foresee, anticipate, provide
la **previsione** prediction; **la previsione del tempo** weather forecast
il **prezzo** price (11)
il **prigioniero** prisoner
la **prima** opening night (14)
prima *adv.* before, first (5); **prima che** (+ *subj.*) *conj.* before (17); **prima di** *prep.* before; **prima di tutto** first of all
la **primavera** spring (P)
primo first; **anche prima** even before; **primo ballerino / prima ballerina** principal dancer; **la prima guerra mondiale** World War I; **il primo ministro** Prime Minister; **al primo piano** on the second floor (12); **primo (piatto)** first course (6)
principale principal
principalmente principally (15)
il **principe / la principessa** prince / princess (15)
il/la **principiante** beginner
un **principio** principle
il **priore** prior (monastic office)
privare to deprive, rob, take
privato private
il **privilegiato / la privilegiata** privileged person
probabile probable
la **probabilità** (*pl.* **le probabilità**) probability
probabilmente probably
il **problema** (*pl.* **i problemi**) problem (13)
problematico (*m. pl.* **problematici**) problematic
il **procedimento** procedure
la **procedura** procedure
il **prodotto** product
produrre (*p.p.* **prodotto**) to produce (8)
produttivamente productively
il **produttore / la produttrice** producer (8)
la **produzione** production
professionale *adj.* professional
la **professione** profession (17); **di professione** as a profession, professional (14)
il/la **professionista** professional
il **professore / la professoressa** professor (P)

profondamente deeply
la **profumeria** perfume shop
il **profumo** perfume
il **progetto** project, plan (10)
il **programma** (*pl.* **i programmi**) program; plan (4); **fare un programma** to make a plan (4); **mettere in programma** to set up
programmare to plan (9)
il/la **progressista** (*m. pl.* **i progressisti**) progressive
proibire (isc) to prohibit
la **proiezione** projection
prolungare to prolong
la **promessa** promise
promettere (*p.p.* **promesso**) **(di)** to promise (*to do something*) (14)
promuovere (*p.p.* **promosso**) to promote (17)
il **pronome** pronoun; **pronome tonico** disjunctive pronoun
pronto ready; **pronto in tavola!** come and get it! **pronto!** hello (*on telephone*)
la **pronuncia** (*pl.* **le pronunce**) pronunciation
pronunciare to pronounce; **come si pronuncia... ?** how do you pronounce . . . ?
la **propaganda** propaganda
proposito: a proposito by the way
la **proprietà** property
il **proprietario** (*pl.* **i proprietari**) / la **proprietaria** owner, proprietor
proprio (*m. pl.* **propri**) one's own (14)
proprio (*inv.*) just, really, exactly (1)
il **prosciutto** cured ham (6)
prossimo next
la **prostituzione** prostitution
il/la **protagonista** (*m. pl.* **i protagonisti**) protagonist (15)
proteggere (*p.p.* **protetto**) to protect (13)
proteso protruding, outstretched
protestare to protest
la **protezione** protection; **protezione dell'ambiente** environmentalism (13)
la **prova** proof; rehearsal; **avere le prove** to rehearse
provare to try; to prove; to try on (11)
*provenire (*p.p.* **provenuto**) to originate, arise
proveniente coming from
la **provincia** (*pl.* **le province**) province
provinciale provincial
provocare to provoke
provvedere (*p.p.* **provvisto**) to provide, supply
il **provvedimento** measure, action, step
la **psicologia** psychology
pubblicare to publish (8)
la **pubblicazione** publication (8)
la **pubblicità** publicity; advertising (8)
pubblicitario (*m. pl.* **pubblicitari**) advertising; **la campagna pubblicitaria** ad campaign
il **pubblico** public
pubblico (*m. pl.* **pubblici**) public
pulire (isc) to clean (4)
il **punto** point; period; **i punti di vendita** points of sale

puntuale punctual; ***essere puntuale** to be on time
può darsi perhaps; it's possible
purché provided that (17)
pure by all means (11)
il purgatorio purgatory
purtroppo unfortunately (5)
la puzza foul smell, stench, stink

Q

qua here
il quaderno notebook (P)
quadrato: metro quadrato square meter
il quadro painting (*individual work*) (15)
qualche (+ *s. n.*) some, a few (12); **qualche volta** sometimes (4)
qualcosa something (12); **qualcosa di piacevole/necessario/speciale** something pleasant/necessary/special; **qualcosa da bere** something to drink (5)
qualcuno someone, anyone (12)
quale? *adj.* which? *pron.* which one? (6)
la qualità (*pl.* **le qualità**) quality
qualsiasi (*inv.*) any; whatever (13)
qualunque any, any sort of, whichever (12); **qualunque cosa** whatever (17)
quando when (6); **da quando** since
quanti/quante how many; **quanti ne abbiamo oggi?** what is today's date? (11)
la quantità quantity
quanto how much; how many (6); **da quanto tempo** (for) how long; **per quanto** although, inasmuch as; **quanto tempo?** how long?; **(tanto)... quanto** as much as
quantunque although
il quarto quarter (4); **quarto d'ora** quarter of an hour
quarto *adj.* fourth
quasi almost (6)
quello that; the one (3); **quello che** what; that which (14)
la questione issue, matter
questo this (3)
qui here (1); **qui vicino** near here, nearby
quindi *adv.* then; *conj.* therefore
quinto fifth
il quotidiano daily paper (8)
quotidiano daily (7)

R

la racchetta racket
raccogliere (*p.p.* **raccolto**) to gather
la raccolta collection; harvest
raccomandarsi to beg, implore, ask, remind
la raccomandazione recommendation
raccontare to tell, narrate (3)
il racconto short story (4)
radicato rooted
la radice root
la radio (*pl.* **le radio**) radio
il raffreddore cold (9)
il ragazzo / la ragazza boy/girl; young man/woman; boyfriend/girlfriend (2)

raggiungere (*p.p.* **raggiunto**) to arrive at, to reach
la ragione reason; **avere ragione** to be right
ragionevole reasonable
il ragno spider
il ragù meat sauce; **al ragù** with meat sauce (6)
rallegrare to cheer up
rapidamente rapidly
il rapporto relationship
il/la rappresentante representative
rappresentare to represent
la rappresentazione representation; **la rappresentazione teatrale** play (14)
raramente rarely
raro rare, unusual
rassicurare to reassure
razziale racial
il razzismo racism (18)
il/la razzista (*m. pl.* **i razzisti**) racist (18)
razzista (*m. pl.* **razzisti**) racist (18)
il re (*pl.* **i re**) king
***reagire (isc)** to react
reale real
il/la realista realist
realizzare to realize, achieve, make come true
la realizzazione carrying out, realization
la realtà reality; **in realtà** in reality
il reattore reactor
la reazione reaction
recarsi to go
la recensione review (8)
recensire (isc) to review (8)
recente recent; **di recente** recently, lately
recentemente recently
reciproco (*m. pl.* **reciproci**) reciprocal
recitare to play, act (*a role*) (14)
la recitazione acting
il redattore / la redattrice editor (8)
la redazione editorial staff (8)
regalare to give (*as a gift*) (6)
il regalo gift (6); **fare un regalo (a +** *person*) to give a present (*to someone*)
la regia *n.* directing; production
la regina queen
regionale regional
la regione region
il/la regista (*m. pl.* **i registi**) director (8)
regnare to reign
il regno kingdom
la regola rule
regolare regular
regolarizzare to legalize, regularize
regolarmente regularly
relativo *adj.* relative
il relax relaxation
la relazione paper, report; relationship
la religione religion
religioso religious
rendere (*p.p.* **reso**) to give back, return (6); to make, cause to be
il rene kidney
la renna reindeer
la repubblica republic
il requisito requirement (17)
resettare to reset

il residente resident
resistere (*p.p.* **resistito**) to resist (11)
respirare to breathe
responsabile responsible
***restare** to stay, remain
restaurare to restore
il/la restauratore restorer
il restauro restoration (15)
restituire (isc) to give back
il resto rest, remainder (11)
la rete net, network (8)
riabilitare to rehabilitate
ribadire to confirm
ribassare to lower, reduce
il ricatto blackmail
la ricchezza wealth (18)
il riccio (*pl.* **i ricci**) curl
riccio (*m. pl.* **ricci**) curly (2)
ricco (*m. pl.* **ricchi**) wealthy
il ricco / la ricca (*m. pl* **i ricchi**) weathy person
la ricerca research
ricercato sought after
la ricetta recipe (6); prescription (9)
ricevere to receive (4)
il ricevimento reception
richiamare to call back; to attract
richiedere (*p.p.* **richiesto**) to require (11)
la richiesta request, demand (17)
il riciclaggio recycling (13)
riciclare to recycle (13)
ricominciare to begin again
riconoscere (*p.p.* **riconosciuto**) to recognize
riconsegnare to return, give back
ricordare to remember (5); to remind (3); **ricordarsi (di +** *inf.*) to remember (*to do something*)
il ricordo memory
ricostruire (isc) to reconstruct
la ricotta ricotta cheese
ridere (*p.p.* **riso**) to laugh (15)
ridurre (*p.p.* **ridotto**) to reduce
la riduzione reduction (16)
riempire to fill out (6); **riempire un modulo** to fill out a form (17)
***rientrare** to return
rifare to redo
riferire (isc) to report (on); **riferirsi (isc) (a)** to refer (to)
il rifiuto garbage, trash; **i rifiuti** garbage, trash (13)
il riflessivo reflexive
la riforma reform
riguardare to regard, concern; **per quanto mi riguarda** as far as I'm concerned
riguardo a with regard to
rilassante relaxing
rilassarsi to relax (7)
rilievo: di grande rilievo prominent
la rima rhyme (15)
rimandare to defer, put off
***rimanere** (*p.p.* **rimasto**) to remain, stay (4); **rimanere senza benzina** to run out of gas (13)
il rimedio remedy
il rimorso remorse
il rimpianto regret

il rinascimento Renaissance (15)
ringraziare to thank (18)
rinnovarsi to renew oneself
rinunciare (a) to renounce
riparare to fix
la riparazione repair
ripassare to review (3)
il ripasso review
ripetere to repeat
ripieno stuffed
riportare to bring back, take back (6)
riposare (riposarsi) to rest (18)
riprendere (*p.p.* **ripreso**) to resume; **riprendere il lavoro** to get back to work
il riscaldamento heating (12)
riscaldarsi to warm oneself up
riscoprire (*p.p.* **riscoperto**) to rediscover
riscrivere (*p.p.* **riscritto**) to rewrite
risentire to show traces
riservare to hold
il riso rice (6)
risolvere (*p.p.* **risolto**) to resolve (13)
il Risorgimento *Italian unification movement* (15)
il risotto *creamy rice dish* (6)
risparmiare to save (10)
rispettare to respect (13); **rispettare il limite di velocità** to obey the speed limit
il rispetto respect
rispondere (a) (*p.p.* **risposto**) to respond (to), answer (4); **rispondere ad un annuncio** to respond to an ad; **rispondete!** answer!
risposato remarried
la risposta answer
il ristorante restaurant (1)
ristretto concentrated
ristrutturare to restructure, remodel
risultare to result
il risultato result
il risveglio awakening
il ritardo delay; ***essere in ritardo** to be late; **in ritardo** late
ritirare to get, draw, withdraw
il ritmo rhythm
il rito rite, ritual
***ritornare** to return, go back, come back
il ritorno return
il/la ritrattista (*m. pl.* **i ritrattisti**) portrait artist
il ritratto portrait (15)
la riunione reunion (16)
riunire (isc) to gather, meet
***riuscire (a + *inf.*)** to succeed (*in doing something*); to manage to (14)
rivelare to reveal
riversare to flow into
la rivista magazine (4)
rivolgersi to turn to
la rivoluzione revolution
la roba stuff, things (8)
la robaccia junk food (5)
romano Roman
romantico (*m. pl.* **romantici**) romantic
il romanziere / la romanziera novelist
il romanzo novel (15)

rompersi (*p.p.* **rotto**) to break (9)
il rossetto lipstick
rosso red (2); **Cappuccetto Rosso** Little Red Riding Hood
rotto broken
rovinare to ruin
le rovine ruins (15)
la rubrica column, feature (*newspaper*)
i ruderi ruins (15)
il rumore noise (12)
il ruolo role
il russo/la russa Russian person; **il russo** Russian language
russo Russian (2)

S

il sabato Saturday (P); **sabato sera** Saturday evening
il sacchetto small bag; **sacchetto di plastica** plastic bag
il sacco bag; **un sacco di** a ton of, lots of
il sacrificio (*pl.* **i sacrifici**) sacrifice
il saggio essay
la saggistica nonfiction
la sala room; hall; **sala da pranzo** dining room
il salame salami
il salario (*pl.* **i salari**) wage, salary (16)
il salatino snack, cracker (5)
il saldo sale; **in saldo** on sale
il sale salt
†**salire** to go up; to climb (4)
il salmone salmon
il salotto living room (5)
la salsiccia (*pl.* **le salsicce**) sausage
saltare to jump, skip
la salumeria delicatessen (11)
i salumi cold cuts (6)
il salumiere delicatessen clerk (11)
salutare to greet; to say hello to; to say goodbye to
salutare *adj.* healthy, wholesome
la salute health (9)
salve! hi! hello! (P)
salvo safe
il sangue blood; **al sangue** rare
sanitario (*m. pl.* **sanitari**) sanitary, related to health; **assistenza sanitaria nazionale** national health care; **servizio sanitario** health service
sano healthy (9)
santo holy, blessed; **santo cielo!** good heavens!; **tutta la santa sera** the whole blasted evening
il santo / la santa saint
sapere to know; to find out (*in past tenses*); **sapere + *inf.*** to know how to (*do something*) (5)
il sapore taste
saporito flavorful
la sartoria tailor shop
il sassofono saxophone (4)
sbagliare/sbagliarsi to be mistaken, be wrong (7)
lo sbarco disembarkment; unloading; de-boarding
sbattere to beat (*eggs*)
sbrigarsi to hurry up

lo scacco checker; **scacco matto** checkmate
scaduto expired
lo scaffale shelf
la scala staircase (12); **scala a pioli** ladder
scalare to climb, scale
scaldare to warm, warm up
la scalinata flight of steps
lo scalino step (*of stairs*)
scaltro shrewd; crafty
scambiare to exchange
lo scambio (*pl.* **gli scambi**) exchange
lo scampo prawn
***scappare** to escape, run away
scaricare to unload; to discharge (13)
lo scarico (*pl.* **gli scarichi**) emission, exhaust
la scarpa shoe (7)
scarso scarce, limited
la scatola box; can (15); **in scatola** canned
lo scavo excavation; **lo scavo archeologico** archeological dig (15)
scegliere (*p.p.* **scelto**) to choose
la scelta choice (8)
la scena scene; ***andare in scena** to be performed; ***entrare in scena** to go on stage; **mettere in scena** to stage, put on, produce
scendere (*p.p.* **sceso**) to go down, descend
lo schermo screen (8)
lo scherzo joke
la schiena back (9)
lo schieramento alignment
lo sci skiing; **sci di fondo** cross-country skiing
sciare to ski (3)
lo sciatore / la sciatrice skier
scientifico (*m. pl.* **scientifici**) scientific; **il liceo scientifico** high school for the sciences
la scienza science (3); **scienze politiche** political science (3)
lo scienziato / la scienziata scientist
la sciocchezza silliness (18)
sciogliersi (*p.p.* **sciolto**) to come undone
scioperare to strike
lo sciopero strike (16); **essere in sciopero** to be on strike; **fare sciopero** to go on strike
la scocciatura bother (7)
la scodella bowl
scolpire (isc) to sculpt (15)
scommettere (*p.p.* **scommesso**) to bet
***scomparire** (*p.p.* **scomparso**) to disappear
lo sconosciuto / la sconosciuta stranger; unknown person (13)
lo sconto discount (11); **fare uno sconto** to give a discount
lo scontrino receipt (5)
lo scontro encounter, collision (15)
lo scooter (*pl.* **gli scooter**) motorscooter (1)
lo scopo aim; scope
scoprire (*p.p.* **scoperto**) to discover (10)
scordare to forget
lo scorfano scorpion fish
scorso last, past (*with time expressions*) (5); **l'estate scorsa** last summer

scortese rude, impolite

gli scritti written exams (3)

scritto *adj.* written

lo scrittore / la scrittrice writer (15)

la scrivania desk

scrivere (*p.p.* **scritto**) to write (4); **come si scrive?** how do you write?; **scrivete!** write!

lo scultore / la scultrice sculptor (15)

la scultura sculpture (15)

la scuola school (1); **scuola media** middle school; **scuola superiore** high school

la scusa excuse (9)

scusare to excuse

scusa! scusami! excuse me! (*fam.*); **Scusa?** I beg your pardon? (*fam.*) (P)

mi scusi! excuse me! (*form.*); **Scusi?** I beg your pardon? (*form.*) (P)

se if; **anche se** even if; **come se** as if

sebbene although (17)

il seccatore / la seccatrice bore, nuisance

il secolo century (15)

secondario (*m. pl.* **secondari**) secondary

secondo second; **la seconda guerra mondiale** the Second World War; **secondo piatto** second course (6); **al secondo piano** on the third floor

secondo *prep.* according to (2); **secondo l'esempio** according to the example; **secondo me** in my opinion

la sede seat, site

sedersi to sit down

la sedia chair (P)

seduto seated

il segnale signal (13); **segnali stradali** traffic signals

segnare to mark; to punctuate; to score

il segno sign; **fare segno** to indicate

il segretario (*pl.* **i segretari**) / **la segretaria** secretary

segreto secret

seguente following

seguire to follow (4); to be interested in (*a sport, TV show, etc.*); **seguire un corso** to take a class (4)

seguito: in seguito later on

*****sembrare** to seem (16); **sembra che** it seems that

il semestre semester

la semiotica semiotics

semplice simple (6)

la semplicità simplicity

sempre always (2); **sempre più** (+ *adj.*) increasingly

il Senato senate (*upper house of Parliament*) (16)

il senatore / la senatrice senator (16)

la sensazione sensation

sensibile sensitive (2)

il senso sense; meaning; **senso dell'umorismo** sense of humor

sentimentale sentimental

il sentimento sentiment, feeling

sentire to hear; to taste; to feel (4); **farsi sentire** to make oneself heard; **sentire dire (di)** to hear (about); **sentire parlare di** to hear about (15); **sentirsi** to feel (7); **sentirsi in colpa** to feel guilty

senza *prep.* without (9); **senz'altro** of course, definitely; **senza che** (+ *subj.*) *conj.* without (17)

il/la senzatetto (*pl.* **i/le senzatetto**) homeless person (18)

la seppia squid

la sera evening; in the evening; **buona sera!** good afternoon! good evening!; **di sera** in the evening (3); **ieri sera** last night; **sabato sera** Saturday night; **tutta la santa sera** the whole blasted evening

la serata evening (*event*)

il serbatoio gas tank

sereno serene, calm, clear

la serie (*pl.* **le serie**) series

serio (*m. pl.* **seri**) serious

il serpente snake; **serpente a sonagli** rattlesnake

serra: l'effetto serra greenhouse effect

servire to serve (4)

il servizio (*pl.* **i servizi**) service; cover charge (6); **i servizi** facilities (12); **servizio sanitario** health services

sesto sixth

la seta silk

la sete thirst; **avere sete** to be thirsty

settembre September (P)

la settimana week (P); **alla settimana** each week; **una volta alla settimana** once a week

il settimanale weekly publication (8)

settimanale weekly

il settore sector

severo severe

la sfilata fashion show

lo sfondo background

sfortuna: Che sfortuna! What bad luck!

lo sfortunato / la sfortunata unfortunate person

lo sfruttamento exploitation

sfruttare to exploit

sfuggire to escape from; to avoid; to shirk

sgorgare to flow

la sibilla sybil

siccome since

sicuramente surely

la sicurezza safety; security; **la cintura di sicurezza** safety belt

sicuro safe, certain, sure

la sigaretta cigarette (6)

significare to mean

il significato meaning

la signora (*abbr.* **sig.ra**) lady; Mrs. (P)

il signore (*abbr.* **sig.**) gentleman; Mr. (P)

la signorina (*abbr.* **sig.na**) young lady; Miss (P)

il silenzio (*pl.* **i silenzi**) silence

silenzioso silent

il simbolo symbol

simile similar

la simpatia sympathy

simpatico (*m. pl.* **simpatici**) nice, likeable (2)

sincero sincere

il sindacato labor union (17)

la sinfonia symphony

sinfonico (*m. pl.* **sinfonici**) symphonic

singolare singular

singolo single (12); **camera singola** single room

la sinistra left; **a sinistra** to the left (1)

il sinonimo synonym

la sintesi synthesis

il sistema (*pl.* **i sistemi**) system

sistemare to arrange (12); **sistemarsi** to get settled (12)

il sito site

la situazione situation

sleale unfair

smarrirsi (isc) to get lost (13)

smettere (*p.p.* **smesso**) (**di** + *inf.*) to stop, quit (*doing something*) (7)

sociale social; **comportamento sociale** social behaviour

il socialismo socialism

il/la socialista (*m. pl.* **i socialisti**) socialist

la società (*pl.* **le società**) society

la sociologia sociology

soddisfatto satisfied, happy (17)

sodo hard

la soffitta attic (12)

soffrire to suffer

il soggetto subject

soggiornare to stay

il soggiorno living room (12)

sognare to dream (about); **sognare (di** + *inf.*) to dream (*of doing something*) (8)

il sogno dream

solamente only (6)

i soldi (*m. pl.*) money (2)

il sole sun; **al sole** in the sun; **prendere il sole** to get some sun

la solidarietà solidarity

solitario solitary

solito usual; typical (4); **come al solito** as usual; **di solito** usually (4)

il sollevamento lifting; **fare sollevamento pesi** to lift weights (4)

solo *adj.* alone; single (4); *adv.*, only (1); **da solo/a** alone; by oneself (4)

soltanto only

la soluzione solution

la somma amount

il sonaglio: il serpente a sonagli rattlesnake

il sondaggio (*pl.* **i sondaggi**) survey (8)

il sonno sleepiness; **avere sonno** to be sleepy

sonoro: la colonna sonora soundtrack

sopportare to stand, tolerate

sopra above, over (12)

il sopracciglio (*pl.* **le sopracciglia**) eyebrow

la soprano (*pl.* **le soprano**) soprano (14)

soprattutto above all

la sopravvivenza survival

*****sopravvivere** (*p.p.* **sopravvissuto**) to survive (9)

la sorella sister (3)

sorprendere (*p.p.* **sorpreso**) to surprise (16)

la sorpresa surprise

sorridente smiling

sorridere (*p.p.* **sorriso**) to smile (15)

il sorriso smile

sospettare to suspect
la sosta pause; stop; divieto di sosta no-parking zone
il sostegno support
sostenere to support; to hold up
sostituire to substitute
sotto under (12)
il sottosuolo subsoil
il sovrappeso excess weight
sovvenzionare to subsidize
gli spaghetti spaghetti
lo spagnolo / la spagnola Spanish person; lo spagnolo Spanish language
spagnolo Spanish (2)
la spalla shoulder
lo spazio space (13)
lo specchio (pl. gli specchi) mirror
speciale special; niente/qualcosa di speciale nothing/something special
specialistico specialistic
la specialità specialty
specializzarsi to specialize (7)
la specializzazione specialization; specialty; major (3)
specialmente especially
la specie (pl. le specie) kind, sort, species
specifico (m. pl. specifici) specific
spedire (isc) to send (14)
la spedizione expedition
spendere (p.p. speso) to spend
spento extinct
la speranza hope
sperare to hope; sperare (di + inf.) to hope (to do something) (14)
la spesa shopping; fare la spesa to go grocery shopping; fare le spese to go shopping
spesso often (3)
lo spettacolo show (14); allestire uno spettacolo to stage a production
lo spettatore / la spettatrice spectator
spezzare to slice, chop
la spia spy
la spiaggia (pl. le spiagge) beach
spiegare to explain (3)
la spiegazione explanation
la spigola bass (fish)
gli spinaci spinach
spingere (p.p. spinto) to push (14)
lo spionaggio espionage
lo spirito spirit
spiritoso witty
splendido splendid
lo sponsor (pl. gli sponsor) sponsor
la spontaneità spontaneity
lo sport (pl. gli sport) sport
sportivo athletic (2)
sposare to marry; sposarsi to get married (7)
sposato married
spostare to move, shift
la spremuta freshly squeezed juice (5); spremuta di pompelmo grapefruit juice
spronare to spur (on)
sprovvisto lacking, unprovided
spudorato shameless
lo spumante sparkling wine

*spuntare to come up, break through
lo spuntino snack (5)
la squadra team (4)
stabile adj. stable
stabilire (isc) to establish
lo stadio (pl. gli stadi) stadium (1)
stagionale seasonal
la stagione season (P); di fuori stagione out of season
stamattina this morning (5)
la stampa press (8); fresco di stampa hot off the press
stampare to print; to publish (8)
stanco (m. pl. stanchi) tired (2)
la stanza room (12); il compagno / la compagna di stanza roommate
stanziare to allocate
*stare; to stay; stare attento to pay attention (3); stare bene/male to be well/unwell (3); stare a casa / in casa to be home; stare zitto to keep quiet (3)
stasera tonight; this evening (3)
statistico (m. pl. statistici) statistical
lo stato state (16)
la statua statue
la statura height (2); di media statura of medium height
la stazione station (1)
la stella star
lo stereo stereo
lo stereotipo stereotype (14)
steso lying, outstretched
stesso same (2); lo stesso the same
lo stile style (14)
lo/la stilista designer
lo stipendio (pl. gli stipendi) salary (16)
stirare to iron
lo stivale boot (11)
la stoffa fabric
lo stomaco stomach (9)
lo stop (pl. gli stop) stop sign
stordito dazed, stunned
la storia story; history; storia dell'arte art history (3)
storico (m. pl. storici) historical (13)
storto awry, crooked
la strada street, road
stradale adj. road (13)
straniero foreign (3)
lo straniero / la straniera foreigner
strano strange (12)
straordinario (m. pl. straordinari) extraordinary
strapazzato scrambled
la strega witch
lo stress stress
stressante stressful
stressato stressed; under stress (2)
stretto tight (11)
lo strumento (musicale) (musical) instrument (4)
la struttura structure
lo studente / la studentessa student (P)
studiare to study (3)
lo studio (pl. gli studi) study; office; academic endeavor; la borsa di studio scholarship
stupendo stupendous

stupido stupid
su on, upon, above (5); su! come on! (11)
subito immediately, quickly, right away (4); ecco subito! right away!
*succedere (p.p. successo) to happen
successivo following
il successo success; avere successo to be successful
il succo (pl. i succhi) juice (5)
il sud south
sufficiente sufficient
il suffisso suffix
il suggerimento suggestion (10)
suggerire (isc) to suggest
il sugo (pl. i sughi) sauce; al sugo with sauce
Suo your (form.); suo his, her, its (3)
suolo ground
†suonare to play (musical instrument) (3); to ring (doorbell); to sound; suonare a orecchio to play by ear
super: la benzina super super gasoline
superare to overcome; to exceed (13)
superfluo excess
superiore superior; upper, higher; la scuola media superiore high school
il superlativo superlative (gram.)
il supermercato supermarket (1)
supersonico (m. pl. supersonici) supersonic
il supporto help, support
la supremazia supremacy
surgelato frozen (food)
suscitare to elicit
lo svago recreation, amusement
la sveglia alarm; alarm-clock (5)
svegliare to wake up (someone); svegliarsi to wake up (7)
la svendita sale (11); in svendita on sale
*svenire (p.p. svenuto) to faint
sviluppare to develop
lo sviluppo development
svolgersi (p.p. svolto) to take place

T

la tabella table, chart
il tacchino turkey
tacere (p.p. taciuto) to be quiet
tagliare to cut
le tagliatelle noodles
il taglio cut, cutting
talvolta at times
il tango tango
tanto adv. so; adj. so much, so many; così tanto so much; di tanto in tanto from time to time; ogni tanto every once in a while; tanto... quanto as much as (9)
la tappa stopover (10)
tardi adv. late (5); fino a tardi until late; dormire fino a tardi to sleep late; più tardi later
la targa (pl. le targhe) license plate (13)
la tasca pocket
la tassa tax (7)
il tassì (pl. i tassì) taxi
la tavola table; apparecchiare la tavola to set the table; pronto in tavola! come and get it!

il **tavolino** little table; café table (5)
il **tavolo** table (5)
la **tazza** cup
il **tè** tea (1); il **tè freddo** iced tea
teatrale theatrical; la **rappresentazione teatrale** play
il **teatro** theater (1)
la **tecnica** technique
tecnico (*m. pl.* **tecnici**) technical; l'**istituto tecnico** technical institute
il **tedesco** (*m. pl.* **i tedeschi**) / la **tedesca** German person; il **tedesco** German language
tedesco (*m. pl.* **tedeschi**) German (2)
il **tegame** frying pan
il **telefilm** (*pl.* **i telefilm**) movie made for television, TV series (8)
telefonare (a) to telephone (3)
la **telefonata** phone call
telefonico (*m. pl.* **telefonici**) *adj.* related to the telephone
il **telefono** telephone; il **numero di telefono** telephone number
il **telegiornale** television news (8)
la **telenovela** soap opera
il **telespettatore** / la **telespettatrice** television viewer
la **televisione (la TV)** television, TV (4)
televisivo *adj.* related to television, televised
il **televisore** television set
il **tema** (*pl.* **i temi**) theme (15)
il **tempaccio** bad weather
il **temperamento** temperament, disposition
la **temperatura** temperature
il **tempio** temple
il **tempo** time; weather (4); grammatical tense; **che tempo fa?** what's the weather like?; **da molto tempo** for a long time; **molto tempo fa** a long time ago; **(da) quanto tempo?** (for) how long?; **passare il tempo** (a + *inf.*) to spend time (*doing something*)
tenace stubborn, tenacious
tenerci a to care about (13)
tenere to keep, to hold; to care about (4); **tenersi per mano** to hold hands
il **tennis** tennis (4); il **campo da tennis** tennis court; **giocare a tennis** to play tennis
il **tenore** tenor (14)
la **teoria** theory
teorico theoretical
la **terapia** therapy
le **terme** baths
il **termine** term
la **terra** earth; **per terra** on the ground, floor
la **terrazza** / il **terrazzo** terrace (12)
il **terremoto** earthquake
terrestro *adj.* land
terribile terrible
il **territorio** territory
il **terrore** terror
terzo third; **al terzo piano** on the fourth floor
la **tesi** (*pl.* **le tesi**) thesis
tessile *adj.* related to textile

il **tessuto** fabric, material
la **testa** head (9); **avere mal di testa** to have a headache; **piegare la testa** to tilt one's head
il **testamento** will; **Vecchio Testamento** Old Testament
il **testo** text
il **tifo: fare il tifo (per)** to be a fan (of); **tifoso** *adj.* fan
il **timbro** timbre
timido shy
tipicamente typically
tipico (*m. pl.* **tipici**) typical (3)
il **tipo** type, kind, sort (14); guy
tipo like, similar to
il **tiramisù** *dessert of ladyfingers soaked in espresso and layered with whipped cream, chocolate, and cream cheese* (6)
tirare to pull; **tirare vento** to be windy (4)
la **tisana** infusion, herb tea
il **titolo** title
toccare to touch; **toccare a** (+ *person*) to be the turn of (*person*) (9)
togliere (*p.p.* **tolto**) to take away
tollerarsi to tolerate
tonico (*pl.* **tonici**) stressed; il **pronome tonico** disjunctive pronoun
tonificare to tone
la **tonnellata** ton
il **topo** mouse (12)
***tornare** to return, go back, come back (3); **ben tornato!** welcome back!
la **torre** tower; la **Torre Pendente** Leaning Tower
la **torta** cake (6)
i **tortellini** *type of pasta*
la **tosse** cough
il/la **tossicodipendente** drug addict (18)
la **tossicodipendenza** drug addiction (18)
il **totale** total
totale *adj.* total
tra between, among, in, within (+*time expression*)
la **traccia** outline; guideline; sketch
il **tradimento** betrayal
il **traditore** / la **traditrice** traitor, betrayer
tradizionalmente traditionally
tradurre (*p.p.* **tradotto**) to translate
la **traduzione** translation
il **traffico** traffic (12)
la **tragedia** tragedy (14)
la **trama** plot
il **tramezzino** sandwich (5)
il **tramonto** sundown
tranquillo tranquil, quiet (2)
il **trapassato** past-perfect tense (*gram.*)
il **trasferimento** transfer (17)
trasferirsi (isc) to move
trasformare to transform
la **trasformazione** transformation
traslocare to move (12)
il **trasloco** (*pl.* **i traslochi**) move
trasmettere (*p.p.* **trasmesso**) to telecast, broadcast (8)
la **trasmissione** transmission, broadcast
trasportare to transport
il **trasporto** transportation; **mezzi di trasporto** means of transportation

il **trattamento** treatment
trattare to treat; to deal with; **trattare/trattarsi di** to be a matter of
la **trattoria** informal restaurant
la **treccia** (*pl.* **le trecce**) braid
tremendo terrible
il **treno** train (1); ***andare in treno** to go by train; **in treno** by train
la **trigonometria** trigonometry
il **trimestre** academic quarter, trimester
triste sad (2)
il **tritarifiuti** garbage shredder
la **tromba** trumpet
il **trombone** trombone
tropicale tropical
troppo *adj.* too much, too many (7); *adv.* too
trovare to find (3); ***andare, *venire a trovare** to visit; **trovarsi** to find oneself (*in a place*) (15); to meet
truccarsi to put on makeup
il **tumore** tumor
tuo your (*fam.*)
il **turismo** tourism
il/la **turista** (*m. pl.* **i turisti**) tourist
il **turno** turn; **a turno** in turn
la **tutela** protection
tuttavia nonetheless
tutti/tutte *pron.* all, everyone, everybody (4); **tutti insieme** all together; **tutt'e due** both
tutto *inv.* all; everything (12); **tutt'altro** on the contrary; **tutto compreso** all costs included (10); **tutto sommato** all in all
tutto (+ *def. art.* + *n.*) all, every, the whole of; **tutta la santa sera** the whole blasted evening
la **TV** TV

U

ubbidire (isc) to obey
l'**uccello** bird
uccidere to kill
ufficiale official
l'**ufficio** (*pl.* **gli uffici**) office; **ufficio cambi** currency exchange (1); **ufficio postale** post office (1); **ufficio informazioni** tourist information service (1); **ufficio prenotazioni** reservation bureau (1)
l'**Ufo** (*pl.* **gli Ufo**) UFO
l'**uguaglianza** equality (18)
uguale equal
ulteriore further
ultimamente lately, recently
ultimo last; **all'ultima moda** trendy
umanitario humanitarian
umano *adj.* human
umile humble
l'**umiltà** humility
l'**umore** humor, mood; **di cattivo/buon umore** in a bad/good mood
l'**umorismo** humor; il **senso dell'umorismo** sense of humor
un (uno, un', una) one, a
unico (*m. pl.* **unici**) unique, only
la **unificazione** unification
l'**unione** *f.* union

unire (isc) to add
unito united (16)
universale: il giudizio universale the Last Judgment
l'università (pl. le università) university (1)
universitario (m. pl. universitari) adj. related to the university
l'uomo (pl. gli uomini) man (2)
l'uovo (pl. le uova) egg
urgente urgent
urlare to scream
l'urna ballot box; *andare alle urne to vote
l'usanza custom
usare to use
*uscire to go out; to leave (4); uscire di casa to leave the house
l'uso use
l'utente user
utile useful
utilizzare to use, utilize
l'uva (s.) grapes (11)

V

la vacanza vacation, holiday; *andare in vacanza to go on vacation; fare le vacanze to take a vacation
valere (p.p. valso) to be worth; to be valid; vale la pena it's worth it
la valigia (pl. le valige) suitcase (1); disfare la valige to unpack one's bags
la valle valley
il valore value (18)
la valutazione evaluation
il valzer waltz
il vangelo gospel
variare to vary
la varietà (pl. le varietà) variety
vario (m. pl. vari) various
la vasca da bagno bathtub
il vaso pot, vase
vasto vast
il vecchio (pl. i vecchi) / la vecchia old person
vecchio old (2); Vecchio Testamento Old Testament
vedere (p.p. veduto or visto) to see, to watch (4); non vedo l'ora I can't wait
il vedovo / la vedova widower/widow
la vegetazione vegetation
vegetariano vegetarian
la vela sail; *andare in barca a vela to go sailing
il veleno poison
veloce fast (4)
velocemente quickly (7)
la velocità speed; rispettare il limite di velocità to obey the speed limit
vendere to sell (11)
la vendetta revenge
vendicarsi to take one's revenge
la vendita sale
il venditore / la venditrice vendor, seller (11)

il venerdì Friday (P)
*venire to come (4); venire in mente to come to mind; venire a prendere to pick up (person); venire a trovare to visit; mi viene da piangere it makes me cry
il vento wind; tirare vento to be windy (4)
veramente truly, really
il verbo verb
verde green (2); benzina verde unleaded gasoline
la verdura vegetables (6)
la Vergine the Madonna; the Virgin Mary
vergine adj. virgin, virginal
il verismo realism
la verità truth (4); un granello di verità a grain of truth
vero true vero? right? non è vero? isn't that true?
la versione version
il verso verse
verso toward
il vescovo bishop (15)
il vestiario apparel
vestire to dress; vestirsi to get dressed
il vestito dress; suit (men) (7); i vestiti clothes (3)
la vetrina shop window
il vetro glass (13)
la via street, way, route (1)
via adv. away; andare via to go away, leave; buttare via to throw away; e così via and so on
viaggiare to travel (4)
il viaggio trip (1); l'agenzia di viaggi travel agency; buon viaggio! have a nice trip!; fare un viaggio to take a trip
il viale avenue (1)
vicino near, close; vicino a near, near to; qui vicino near here, nearby (1)
la videocassetta video tape (8)
il videoregistratore VCR (8)
vietare to prohibit
il/la vigile traffic officer (13)
la villa luxury house; country house (12)
il villaggio village
villeggiatura holiday
la villetta single-family house
vincente adj. winning
vincere (p.p. vinto) to win (4)
il vincitore / la vincitrice winner
il vino wine (1)
violento violent
la violenza violence (18)
il/la violinista violinist
il violino violin
la virtù (pl. le virtù) virtue
la visita visit
visitare to visit
il visitatore / la visitatrice visitor
il viso face
la vista view (11); eyesight (9)
vistoso noticeable

visualizzare to display
la vita life; il costo della vita cost of living
la vitamina vitamin
la vite vine
il vitello veal (6)
la vittoria victory
viva! hurray!
vivace lively, vivacious
*vivere (p.p. vissuto) to live (9); guadagnarsi da vivere to earn a living; il modo di vivere way of life
vivo live; vital
il vocabolario (pl. i vocabolari) vocabulary, dictionary
la vocale vowel
la voce voice (14); ad alta voce out loud
la voglia desire; avere voglia di (+ n. or inf.) to want, to feel like
volante adj. flying
il volantino leaflet (18)
*volare to fly (15)
volentieri gladly; willingly (3)
volerci (+ time expressions) to take (time) (15)
volere to want; volere (+ inf.) to want (to do something) (4)
il volo flight
la volontà will; willingness
il volontario volunteer (18)
la volta time; occurrence (4); vaulted ceiling (15); ancora una volta one more time; c'era una volta once upon a time there was; a volte at times; qualche volta sometimes; una volta alla settimana once a week; una volta tanto once and for all
il volto face
il volume volume
la vongola clam
vostro your (pl.) (3)
votare to vote (16)
la votazione voting
il voto grade; vote (P); un brutto voto a bad grade
il vulcano volcano
vuoto empty

Y

lo yoga yoga; fare esercizi di yoga to practice yoga
lo yogurt yogurt (11)

Z

lo zaino backpack (1)
la zampa paw
lo zio (pl. zii)/ la zia uncle/aunt (1)
zitto quiet; *stare zitto to keep quiet
lo zodiaco (pl. gli zodiaci) zodiac
la zona zone; area
lo zoo zoo (1)
zuccherato sugared
lo zucchero sugar (5)
lo zucchino / la zucchina zucchini squash

English–Italian Vocabulary

A

able **bravo** (2); to be able (*to do something*) **potere** (+ *inf.*) (4)
about **circa** (4)
above **su** (5); **sopra** (12)
abroad **all'estero** (10); to go abroad **andare all'estero (10)
to accept **accettare** (14)
accident **l'incidente** *m.* (9)
according to **secondo** (2)
ache: to have a . . . (headache, toothache, stomachache) **avere mal di... (testa, denti, stomaco)** (9)
to act (*in a film, etc.*) **recitare** (14)
actor **l'attore** (8)
actress **l'attrice** (8)
addict: drug addict **il drogato / la drogata, il/la tossicodipendente** (18)
addiction: drug addiction **la tossicodipendenza** (18)
address **l'indirizzo** (12); to address (someone) as **tu dare del tu (a)** (9)
to admire **ammirare** (15)
advertisement **la pubblicità** (8); employment ad **l'annuncio** (17)
advertising **la pubblicità** (8)
advice **il consiglio** (10)
to advise (*to do something*) **consigliare (di + inf.)** (6)
aerobics **l'aerobica**; to do aerobics **fare l'aerobica** (4)
affirmation **l'affermazione** *f.* (10)
afraid: to be afraid **avere paura di** (1)
after **dopo** (5)
afternoon **il pomeriggio**; in the afternoon **di/nel pomeriggio** (3)
afterward **dopo** (5)
again **ancora** (7)
against: to be against **essere contro (18)
age **l'età** *f.* (15)
ago **fa** (5)
to agree **essere d'accordo (3)
air conditioning **l'aria condizionata**; room with air conditioning **una camera con aria condizionata** (10)
airplane **l'aeroplano, l'aereo** (1)
airport **l'aeroporto** (1)
alarm clock **la sveglia** (5)
alcoholism **l'alcolismo** (18)
all **tutto** (12); all costs included **tutto compreso** (10); at all **per niente** (14)
to allow **lasciare** (11); **permettere** (14)

almost **quasi** (6)
alone **da solo** (4)
already **già** (5)
also **anche** (2); I also **anch'io** (4)
although **benché, sebbene** (17)
always **sempre** (2)
amateur **dilettante** (14)
amusement **il passatempo** (4)
amusing **divertente** (2)
and **e, ed** (*before vowels*) (1)
angry: to be angry/to get angry **arrabbiarsi** (7); angry **arrabbiato** (2)
announcement **l'annuncio** (17)
to annoy **dare fastidio (a)** (14)
annoyance **la scocciatura** (7); **il fastidio** (11)
another **un altro** (2)
to answer **rispondere** (4)
any **qualunque** (12); **qualsiasi** (13); any sort of **qualunque** (12); by any chance **per caso** (14)
anymore: not anymore **non... più** (7)
anyone **qualcuno** (12); no one **non... nessuno** (12)
anything: anything else **altro** (11); more than anything **più che altro** (13)
apartment **l'appartamento** (12); studio apartment **il monolocale** (12); apartment building **il palazzo** (12)
appetizer **l'antipasto** (6)
to applaud **applaudire** (14)
apple **la mela** (11)
to apply **applicare** (16); to apply (*for a job*) **fare domanda** (17)
appointment **l'appuntamento** (4); to make an appointment **fissare un appuntamento** (4)
appreciate **apprezzare** (15)
approximately **circa** (4)
April **aprile** (P)
archeologist **l'archeologo / l'archeologa** (*pl.* **gli archeologi / le archeologhe**) (15)
archeology **l'archeologia** (15); archeological dig **lo scavo archeologico** (15)
architect **l'architetto** *m./f.* (15)
architecture **l'architettura** (3)
to argue **litigare** (6)
aria (*opera*) **l'aria** (14)
arm **il braccio** (*pl.* **le braccia**) (9)
around **circa** (4); around there **da quelle parti** (12)
to arrange **sistemare** (12)

to arrive **arrivare (3)
art history **la storia dell'arte** (3)
article **l'articolo** (8)
artist **l'artista** *m., f.* (*m. pl.* **gli artisti**) (15)
artwork **l'opera** (15)
as **come**; as if **come se** (18); as soon as **appena** (10); as... as **(così)... come, (tanto)... quanto** (9)
to ask **chiedere** (5); to ask for **chiedere** (5); to ask for a ride **chiedere un passaggio** (13); to ask a question **fare una domanda** (3)
asleep: to fall asleep **addormentarsi** (7)
assignment **il compito** (P)
at **a** (1)
athletic **sportivo** (2)
to attend (*a school, a class*) **frequentare** (3)
attention: to pay attention (to) **stare attento (a)** (3)
attic **la mansarda, la soffitta** (12)
August **agosto** (P)
aunt **la zia** (1)
author **l'autore / l'autrice** (14)
autumn **l'autunno** (P)
available **disponibile** (13)
avenue **il viale** (1)

B

back (*part of the body*) **la schiena** (9); (*direction*) **indietro** (18)
backpack **lo zaino** (1)
backwards **indietro** (18)
bad **cattivo** (2); not bad **non c'è male** (P); too bad **peccato** (16)
badly **male** (P)
bag **la borsa** (1)
baggage **i bagagli** (*pl.*) (1)
baked **al forno** (6)
balcony **il balcone, il terrazzo** (12)
ball **la palla** (4)
ballet **il balletto** (14)
bank **la banca** (1)
bar **il bar** (1)
bar attendant **il/la barista** (5)
bargain **l'affare** *m.* (11)
to bargain **contrattare** (16)
baritone **il baritono** (14)
the Baroque period **il Barocco** (15)
basketball **la pallacanestro** (4)
bass **il basso** (14)
bathroom **il bagno** (12); room with bath **camera con bagno** (10)

to be *essere (2); to be a + *profession* fare il/la + *profession* (17); to be against *essere contro (18); to be in favor of *essere a favore di (18); to be good *essere bene (14); to be necessary bisognare (14); to be politically engaged *essere impegnato (18); to be right *essere giusto (14)
beach: to go to the beach *andare in spiaggia (10)
beautiful bello (2)
because perché (2)
bed il letto (3)
bed-and-breakfast la pensione (10); half board la mezza pensione (10); full board la pensione completa (10)
bedroom la camera da letto (12)
beef il manzo (6)
beer la birra (1)
before prima di (5); prima che (17)
to begin cominciare (3)
behind dietro (a) (12); indietro (18)
to believe credere (di, che) (14); to believe (in) credere a (11)
to belong to fare parte di (15); it belongs to . . . è di... (2)
below sotto (12)
belt la cintura (7); seat belt la cintura di sicurezza (13)
beside accanto (a), di lato (a) (12)
besides a parte (12)
best ottimo (8)
better migliore (*adj.*) (9); meglio (*adv.*) (9)
bicycle la bicicletta, la bici (1); to ride a bike andare in bicicletta (3)
big grande (2); grosso (8)
bigger maggiore (9)
bike la bici (1)
bill il conto (5)
billion il miliardo (7)
birthday il compleanno (6)
bishop il vescovo (15)
bit: a little bit of un po' di (2)
black nero (2)
blond biondo (2)
blouse la camicetta (11)
blue azzurro (2); blue-collar worker l'operaio / l'operaia (16)
boat la barca (10)
body il corpo (9)
bore la scocciatura (7)
to boo fischiare (14)
book il libro (P)
bookstore la libreria (3)
boots gli stivali (11)
bored: to get/to be bored annoiarsi (7)
boring noioso (2)
born: to be born *nascere (*p.p.* nato) (4)
bother il fastidio (11)
to bother dare fastidio (a) (14)
box la scatola (15)
boy il ragazzo (2); little boy il bambino (2)
brand, brand name la marca (13)
bread il pane (5); bread baker il panettiere (11); bread bakery la panetteria (11)
to break rompere; to break (*a bone*) rompersi (9)

breakfast la colazione; to have breakfast fare colazione (3)
to bring portare (3); to bring back riportare (6); to bring the bill portare il conto (6)
brioche brioche (5)
to broadcast mandare in onda, trasmettere (8)
broadcast; live broadcast la diretta (8)
broken rotto (4)
broth: in broth in brodo (6)
brother il fratello (3)
brown castano (*hair, eyes*); marrone (2)
brunette bruno (2)
to buckle allacciare (13)
to build costruire (15)
building l'edificio (13)
bulb: lightbulb la lampadina (15)
bus l'autobus (1)
business l'azienda, il commercio, la ditta (17)
business administration economia e commercio (3)
but ma (1)
butcher il macellaio (11); butcher shop la macelleria (11)
butter il burro (5)
button il bottone (7)
to buy comprare (3); prendere (11)
by: by (*a certain time*) entro (13); by all means pure (11); by any chance per caso (14)

C

café il bar, il caffè (1)
cafeteria la mensa (2)
calendar il calendario (P)
to call chiamare (3); to call oneself chiamarsi (7)
calm tranquillo (2)
camping il campeggio (10); to go camping *andare in campeggio (10)
can: soft drink can la lattina (5)
can: to be able to potere (4)
canapé il crostino (6)
cantaloupe il melone (6)
capable bravo (2); in gamba (5)
caper il capriccio (7)
cappuccino il cappuccino (5)
car l'automobile *f.*, l'auto *f.* (*pl.* le auto), la macchina (1); to go by car *andare in macchina (3)
to care: to care about tenerci a (13); to care for curare (9); to take care of oneself curarsi (9)
to carry portare (3)
case: in that case allora (8)
cash register la cassa (5)
cashier il cassiere / la cassiera (5); cashier's desk la cassa (5)
cassette la cassetta (4)
cat il gatto (1)
ceiling: vaulted ceiling la volta (15)
cellar la cantina (12)
center il centro (5)
century il secolo (15)
chain la catena (17)
chair la sedia (P)
chalk il gesso (P)

chalkboard la lavagna (P)
Chamber of Deputies (*lower house of Parliament*) la Camera dei Deputati (16)
chance: by any chance per caso (14)
change il cambiamento (16); (*from a transaction*) il resto (11)
channel (TV) il canale (televisivo) (8)
to chat fare due chiacchiere (5)
check il conto (5)
to check: to check up on controllare (9)
checkup il controllo (13)
cheerful allegro (2)
cheese il formaggio (6)
chicken il pollo (6)
child il bambino / la bambina (2)
childhood l'infanzia (7)
Chinese cinese (2)
chocolate (hot) la cioccolata (1)
choice la scelta (8)
choir il coro (14)
Christmas Natale (10)
church la chiesa (1)
cigarette la sigaretta (6)
citizen il cittadino / la cittadina (13)
city la città (1); il comune (18)
city hall il comune (18)
class la classe (P)
classmate il compagno / la compagna di classe (3)
classroom l'aula (P)
to clean pulire (4)
clear chiaro (9)
clerk l'impiegato (1); il commesso / la commessa (11)
client il/la cliente (11)
to climb up salire (4)
clock l'orologio (2)
to close chiudere (4)
clothes i vestiti (*pl.*) (3)
clothing l'abbigliamento (7)
coat il cappotto (7)
coffee il caffè (1); strong Italian coffee l'espresso (5); coffee with cream il caffè macchiato (5)
coffee shop il bar, il caffè (1)
coin la moneta (5)
cold: to be cold avere freddo (1); to be cold out fare freddo (3)
cold il raffreddore (9); to catch a cold prendere il raffreddore (9)
cold cuts i salumi (6)
colleague il / la collega (17)
collision lo scontro (15)
to come *venire (4); Come on! Dai!/Su! (11)
comedy la commedia (14)
comfortable comodo (9)
compact disc il Cd (pl. i Cd) (4)
company la ditta (17)
to compare paragonare (9)
competition la gara (4)
to complain (about) lamentarsi (di) (7)
to compose comporre (14)
composer il compositore / la compositrice (14)
computer il computer (4)
computer science l'informatica (3)
to concern oneself with occuparsi di (16)
concert il concerto (4)

to conduct **dirigere** (14)
conductor **il direttore d'orchestra** (14)
confectioner **il pasticciere** (11)
constitution **la costituzione** (16)
consumerism **il consumismo** (18)
contact lenses **le lenti a contatto** (9)
to continue (*doing something*) **continuare (a + *inf.*)** (8)
convenient **comodo** (9)
conversation **il discorso** (16)
to convince **convincere (a + *inf.*) (*p.p.* convinto)** (14)
to cook **cucinare** (4)
cookbook **il libro di cucina** (6)
cookie **il biscotto** (5)
cooking **la cucina** (6)
to cost *costare (11); all costs included **tutto compreso** (10); cost of living **il costo della vita** (17)
to count on (someone) **contare su (qualcuno)** (9)
counter **il banco** (5); at the counter **al banco** (5)
country **il paese** (5); **la campagna**; to go to the country *andare in campagna (10)
couple **il paio** (*pl.* **le paia**) (5)
course (*of study*) **il corso** (3); to take a course **seguire un corso** (4); course (*meal*) **il piatto**; first course **il primo (piatto)** (6); main course **il secondo (piatto)** (6)
cousin **il cugino / la cugina** (1)
cover charge **il servizio, il coperto** (6)
crackers **i salatini** (5)
cruise **la crociera**; to take a cruise **fare una crociera** (10)
to cry **piangere** (15)
cuisine **la cucina** (5)
curly **riccio** (*m. pl.* **ricci**) (2)
currency **la moneta** (16); European currency **l'euro** (16); Italian currency **la lira** (1); currency exchange **l'ufficio cambi** (1)
current **attuale** (16); **aggiornato** (17)
curriculum vitae **il curriculum** (17)
customer **il/la cliente** (11)
cute **carino** (2)

D

dad **il papà, il babbo** (3)
daily **giornaliero, quotidiano** (7)
daily paper **il quotidiano** (8)
dairy, dairy store **la latteria** (11)
to dance **ballare** (3)
dance **il ballo** (4)
dancing **il ballo** (4)
dark-complexioned **bruno** (2)
dark-haired **bruno** (2)
date **l'appuntamento** (4)
daughter **la figlia** (3)
day **il giorno** (P); these days **al giorno d'oggi** (17)
dear **caro** (2)
December **dicembre** (P)
delicatessen **la salumeria** (11)
delicatessen clerk **il salumiere** (11)
to demand **esigere** (16)
demand **la richiesta** (17)

democracy **la democrazia** (16)
demonstration (*political*) **la manifestazione** (16)
to depart *partire (4)
department (*of a university*) **la facoltà** (3); department store **il grande magazzino** (11)
to deserve **meritare** (16)
desk **il banco** (P)
dessert **il dolce** (6)
destination **la meta** (10)
dictionary **il dizionario** (P)
to die *morire (5)
diet **la dieta**; to be on a diet *essere a dieta (5)
difficult **difficile** (3)
dinner **la cena**; to eat dinner **cenare** (4)
to direct **dirigere** (14)
director (*film or theater*) **il/la regista** (8)
disagreeable **antipatico** (2)
disappointed **deluso** (18)
to discharge **scaricare** (13)
discount **lo sconto** (11)
to discover **scoprire** (10)
to discuss **discutere** (6)
dish **il piatto** (6)
disorganized **disordinato** (2)
distant **lontano** (1)
diversity **la diversità** (18)
to do **fare** (3)
doctor **il dottore / la dottoressa, il medico** (9)
document **il documento** (1)
dog **il cane** (1)
domestic **casalingo** (12)
door **la porta** (P)
dormitory **la casa dello studente** (3)
double **doppio**; room with a double bed **una camera matrimoniale** (12)
to doubt **dubitare** (16)
downtown **in centro** (5)
to draw **disegnare** (4)
to dream (*about*) **sognare** (8); to dream (*about doing something*) **sognare (di + *inf.*)** (8)
dress **l'abito, il vestito** (7); to get dressed **vestirsi** (7)
to drink **bere** (4)
to drive *andare in macchina (3); **guidare** (3)
driver **l'automobilista** *m., f.* (*m. pl.* **gli automobilisti**) (13)
drug **la medicina** (9); drugs **la droga** (18)
drug addict **il drogato / la drogata, il/la tossicodipendente** (18)
drug addiction **la tossicodipendenza** (18)
to dub **doppiare** (8)
dubbing **il doppiaggio** (8)
duchess **la duchessa** (15)
duke **il duca** (15)
dumplings **gli gnocchi** (6)
duty **il dovere** (7); (*professional*) **la mansione** (17)

E

each **ogni** (3); each one **ognuno** (12); each other **tra (di) loro, l'un l'altro** (7)

ear **l'orecchio** (*pl.* **gli orecchi, le orecchie**) (9)
early **presto** (3)
to earn **guadagnare** (3); to earn a living **guadagnarsi da vivere** (18)
earnings **il guadagno** (16)
Easter **Pasqua** (10)
easy **facile** (3); **semplice** (6)
to eat **mangiare** (3)
ecological **ecologico** (13)
editor **il redattore / la redattrice** (8)
effort **la fatica** (7)
either: either . . . or **o... o** (10)
to elect **eleggere** (16)
elections **le elezioni** (16)
elevator **l'ascensore** (*m.*) (12)
to eliminate **eliminare** (18)
e-mail **la posta elettronica** (4)
to embrace **abbracciare** (7)
empty **vuoto** (6)
encounter **lo scontro** (15)
to encourage **incoraggiare** (14)
end **la fine** (6)
energetic **energico** (*m. pl.* **energici**) (2)
to enforce **applicare** (16)
engaged: to get engaged (to) **fidanzarsi (con)** (18)
engineering **l'ingegneria** (3)
English **inglese** (2)
Enlightenment **l'Illuminismo** (15)
enough **abbastanza** (2); to be enough *bastare (14)
to ensure **assicurare** (18)
to enter *entrare (1)
entrance **l'ingresso** (15)
envelope **la busta** (15)
environment **l'ambiente** (13); environmentalism **la protezione dell'ambiente** (13)
equality **l'uguaglianza** (18)
to establish oneself **affermarsi** (15)
European **europeo** (16); European Economic Community **la Comunità economica europea** (16); currency of the EEC **l'euro** (16); citizen of a nation outside the EEC **l'extracomunitario/a** (18)
even if **anche se** (7)
evening **sera**; in the evening **di sera** (3); this evening **stasera** (3)
ever **mai** (5)
every **ogni** (3)
everybody **ognuno, tutti/tutte** (12)
everyday *adj.* **di tutti i giorni, giornaliero** (7)
everyone **ognuno** (12); **tutti/tutte** (4)
everything **tutto** (*inv.*) (12)
everywhere **dappertutto** (12)
exactly **già** (18)
examination **l'esame** *m.* (3)
exams: oral exams **gli orali** (3); written exams **gli scritti** (3)
to exceed **superare** (13)
excellent **ottimo** (8)
excuse **la scusa** (1)
excuse me **scusa** (*fam.*), **scusi** (*form.*) (P)
executive **il/la dirigente** (17)

exhibit **la mostra** (6)
to expect **aspettarsi** (18)
expensive **caro** (2)
to explain **spiegare** (3)
eye **l'occhio** (2)
eyeglasses **gli occhiali** (9)
eyesight **la vista** (9)

F

fable **la favola** (7)
facilities **i servizi** (12)
factory **la fabbrica** (16)
faith: to have faith in **fidarsi di** (18)
fall (season) **l'autunno** (P)
family **la famiglia** (3)
far (from) **lontano da** (1)
fast **veloce** (4)
to fasten **allacciare** (13)
fat **grasso** (2)
father **il padre** (3)
favorite **preferito** (3)
fear: to be afraid (of) **avere paura (di)** (1)
February **febbraio** (P)
to feel **sentirsi** (7); to feel like (*something/
   doing something*) **avere voglia di** (1)
fever **la febbre** (9)
few **poco** (*m. pl.* **pochi**) (3); a few **alcuni/e**
   (12)
fib **la bugia** (2)
field **il campo** (15)
fill: to fill one's gas tank **fare il pieno**
   (13)
fill: to fill out **riempire** (6); to fill out a
   form **riempire un modulo** (17)
to film **girare** (8)
to find **trovare** (3); to find oneself **trovarsi**
   (15)
fine **la multa** (13); to get a fine **prendere
   la multa** (13)
finger **il dito** (*pl.* **le dita**) (9)
to finish **finire (isc)** (4)
to fire **licenziare** (17)
firm **l'azienda, la ditta** (17)
first **prima** (5)
fish **il pesce** (6); fish market **la pescheria**
   (11); fishmonger **il pescivendolo** (11)
fixed **fisso** (10)
floor (*of a building*) **piano**; ground floor **il
   pianterreno** (12); on the first/second/
   third floor **al primo / secondo / terzo
   piano** (12)
flower **il fiore** (6)
to fly ***andare in aereo** (3); **volare** (15)
flyer **il volantino** (18)
fog **la nebbia** (4)
to follow **seguire** (4); to follow, watch a
   program regularly **seguire** (8)
food **il cibo** (6); junk food **la robaccia** (5)
foot **il piede** (9)
foolishness **la sciocchezza** (18)
for **per** (1)
to force **forzare** (14); to force (*to do
   something*) **forzare (a + inf.)** (14)
foreign **straniero** (3); foreign languages
   and literatures **le lingue e le
   letterature straniere** (3)
to forget (*to do something*) **dimenticare
   (di + inf.)** (3)

form **il modulo**; to fill out a form
   riempire un modulo (17)
free (available, unoccupied) **libero** (10)
French **francese** (2)
fresco **l'affresco** (15)
fresh **fresco** (6)
Friday **venerdì** (P)
fried **fritto** (6)
friend **l'amico / l'amica** (*pl.* **gli amici / le
   amiche**) (P)
friendship **l'amicizia** (18)
front: in front of **davanti a** (5)
fruit **la frutta** (6); fruit vendor
   il fruttivendolo (11)
full **pieno** (4)
fun **divertente** (2); to have fun **divertirsi**
   (7)
to function **funzionare** (13)
function **la mansione** (17)
furnished **ammobiliato** (12)
furniture **i mobili** (12)

G

game **la partita** (4); **il gioco** (*pl.* **i giochi**)
garbage **i rifiuti** (13)
garden: vegetable garden **l'orto** (12)
gasoline **la benzina** (13); regular/super/
   unleaded **normale/super/verde** (13);
   to get gas **fare benzina** (13); to fill up
   one's tank **fare il pieno** (13); to run out
   of gas ***rimanere senza benzina** (13);
   gas pump **il distributore di benzina**
   (13)
German **tedesco** (2)
to get up **alzarsi** (7)
gift **il regalo** (6)
girl **la ragazza** (2); little girl **la bambina**
   (2)
to give **dare** (3); to give (*as a gift*) **regalare**
   (6); to give back **rendere** (6); to give a
   ride **dare un passaggio** (13)
gladly **volentieri** (3)
to glance at **dare un'occhiata a** (14)
glass **il vetro** (13); drinking glass **il
   bicchiere** (1)
gloves **i guanti** (11)
to go ***andare** (3); to go (*to do something*)
   ***andare a (+ inf.)** (3); to go to the
   country ***andare in campagna** (10); to
   go away ***andare via** (4); to go by bus
   ***andare in autobus** (3); to go by car
   ***andare in macchina** (3), to go to the
   gym ***andare in palestra** (4); to go
   home ***andare a casa** (3); to go to the
   mountains ***andare in montagna** (10);
   to go often (*to a place*) **frequentare** (3);
   to go out ***uscire** (4); to go to the
   seashore ***andare al mare** (10); to go by
   train ***andare in treno** (3); to go up
   †**salire** (4); go ahead! **avanti!** (11)
gold **l'oro** (17)
good **buono** (1); **bravo** (2); good at
   (*a subject of study*) **bravo in** (3); good
   morning/afternoon **buon giorno** (P);
   good evening **buona sera** (P); good
   night **buona notte** (P)
good-bye **ciao, arrivederci** (*fam.*),
   arrivederLa (*form.*) (P)

government **il governo** (16)
grade **il voto** (P)
to graduate (*from high school*) **diplomarsi**
   (7); (*from college*) **laurearsi** (7)
grandchild **il/la nipote** (3)
grandfather **il nonno** (3)
grandmother **la nonna** (3)
grapes **l'uva** (11)
gray **grigio** (2)
great **grande** (2)
greater **maggiore** (9)
Greek **greco** (*m. pl.* **greci**) (2)
green **verde** (2)
greenhouse effect **l'effetto serra** (13)
grilled **alla griglia** (6)
grocery: to go grocery shopping **fare la
   spesa** (11)
to grow ***crescere** (16)
to guess **indovinare** (13)
guest **l'ospite** *m., f.* (12)
guitar **la chitarra** (4)
gym **la palestra**; to go to the gym ***andare
   in palestra** (4)

H

hair **i capelli** (*m. pl.*) (2)
half **mezzo/mezza** (4)
ham: cured ham **il prosciutto** (6)
hand **la mano** (*pl.* **le mani**) (7); on the
   other hand **invece** (4)
handsome **bello** (2)
to happen ***succedere** (9); ***capitare** (18);
   to happen to **capitare** (18); to happen
   to be **capitare** (18)
happy **soddisfatto** (17)
hard **difficile** (3)
hardly **appena** (10)
hat **il cappello** (11)
to have **avere** (1); to have to (*do
   something*) **dovere (+ inf.)** (4)
he **lui** (1)
head **la testa** (9)
headache: to have a headache **avere mal
   di testa** (9)
to heal **curare**, ***guarire (isc)** (9)
health **la salute** (9); healthy **sano** (9);
   health insurance **l'assistenza medica**
   (17); national health care **l'assistenza
   sanitaria nazionale** (17)
to hear **sentire** (4)
heart **il cuore** (9)
heating **il riscaldamento** (12)
heavy **pesante** (11)
height **la statura** (2)
hello **buon giorno, salve, ciao** (*fam.*) (P)
her **suo** (3)
here **qui** (1); here is, here are **ecco** (P)
hi **ciao** (P)
to hide (oneself) **nascondersi** (12)
highway **l'autostrada** (13)
to hire **assumere** (17)
his **suo** (3)
historic **storico** (13)
history **la storia**; art history **la storia
   dell'arte** (3)
to hitchhike **fare l'autostop** (13)
to hold **tenere** (4)
holiday **la festa** (3)

home **la casa** (3)
homeless person **il/la senzatetto** (*pl.* **i/le senzatetto**) (18)
homework assignment **il compito** (P)
honest **onesto** (2)
honey **il miele** (5)
to hope (*to do something*) **sperare** (**di** + *inf.*) (14); let's hope so **speriamo** (16)
hospital **l'ospedale** (1); to go to the hospital *****andare all'ospedale** (9); to be hospitalized *****andare all'ospedale** (9)
hostel **l'ostello** (10)
hot **caldo**; to be/feel hot **avere caldo** (1)
hotel **l'albergo** (1); deluxe / moderately priced / inexpensive hotel **l'albergo di lusso / di costo medio / economico** (10)
house **la casa** (3); country house **la villa** (12)
how **come** (6); how are you? **come stai?** (*fam.*), **come sta?** (*form.*) (P); how's it going? **come va?** (P); how much? **quanto?** (6); how many? **quanti?**; how do you say . . . ? **come si dice... ?** (P); however **comunque** (14); no matter how **comunque** (17)
hungry: to be/feel hungry **avere fame** (1)
hurry: to be in a hurry **avere fretta** (1); in a hurry **di fretta** (5)
to hurt oneself **farsi male** (9); to hurt **fare male** (9)
husband **il marito** (3)

I

I **io** (1); I am **sono** (P); I'm from . . . **sono di...** (P)
ice **il ghiaccio** (5)
ice cream **il gelato** (1); ice cream maker/ vendor **il gelataio** (11); ice cream parlor **la gelateria** (11)
if: if only **magari** (18)
ill **ammalato** (5); to become ill **ammalarsi** (9)
illegal **abusivo** (18)
to imagine **immaginare** (16)
immediately **subito** (4)
immigrant **l'immigrato / l'immigrata** (18)
immigration **l'immigrazione** (18)
improvement **il miglioramento** (16)
in **in** (1)
income **il guadagno** (16)
to increase **aumentare** (16)
increase **l'aumento** (16)
to indicate **indicare** (12)
industry **l'industria** (17)
inequality **l'ineguaglianza** (18)
inflation **l'inflazione** *f.* (17)
information **l'informazione** *f.* (1)
inhabitant **l'abitante** *m., f.* (15)
injustice **l'ingiustizia** (18)
inn **la pensione** (10)
insecure **insicuro** (2)
instead **invece** (4); instead (of) **invece (di)** (4)
instrument **lo strumento** (4)
insurance: health insurance **l'assistenza medica** (17)
to insure **assicurare** (18)
to intend (*to do something*) **avere intenzione (di** + *inf.*) (10)

to interfere **interferire (isc)** (18)
interview **l'intervista** (8); **il colloquio** (17); to have/set up an interview **avere / fissare un colloquio** (17)
intolerable **insopportabile** (17)
intolerance **l'intolleranza** (18)
to invite **invitare** (4)
irresponsible **irresponsabile** (2)
itinerary **l'itinerario** (10)
its **suo** (3)

J

jacket **la giacca, il giubbotto** (7)
jam **la marmellata** (5)
January **gennaio** (P)
Japanese **giapponese** (2)
jargon **il linguaggio** (8)
job **il lavoro** (1)
to join **unirsi** (17)
journalist **il/la giornalista** (8)
to judge **giudicare** (18)
juice **il succo** (5); freshly squeezed juice **la spremuta** (5)
July **luglio** (P)
June **giugno** (P)
jurisprudence **la giurisprudenza** (3)
just **proprio** (1); **appena** (10)
justice **la giustizia** (18)

K

to keep **tenere** (4)
key **la chiave** (4); (car) keys **le chiavi (della macchina)** (13)
kind **il tipo** (14)
kind **gentile** (2)
to kiss **baciare** (7)
kitchen **la cucina** (5)
to knock **bussare** (12)
to know **conoscere** (5); **sapere** (5); to know (*how to do something*) **sapere** (+ *inf.*) (5)

L

labor **la mano d'opera** (17); labor union **il sindacato** (17)
*to lack **mancare** (6)
lady **signora** (P)
landlady **la padrona di casa** (12)
landlord **il padrone di casa** (12)
landscape **il paesaggio** (10)
language **la lingua** (3); foreign languages and literature **le lingue e le letterature straniere** (3); specialized language **il linguaggio** (8)
large **grande** (2); **grosso** (8)
last (*with time expressions*) **scorso** (5)
late **tardi** (5)
to laugh **ridere** (15)
law **la legge** (3)
lazy **pigro** (2)
leaflet **il volantino** (18)
to learn **imparare** (3)
least: at least **almeno** (9)
to leave *****partire** (4); *****andare via** (4); to leave (*something, someone*) **lasciare** (4); to leave (*behind*) **lasciare** (4); to leave a deposit **lasciare un deposito** (10)
left **sinistro** (9); to the left **a sinistra** (1)

leg **la gamba** (9)
lemon **il limone** (5)
to lend **prestare** (6)
lenses: contact lenses **le lenti a contatto** (9)
less **meno** (3); less than **meno... di / che** (9); lesser **minore** (9)
lesson **la lezione** (1)
letter **la lettera** (4)
library **la biblioteca** (2)
liberal arts **le lettere** (3)
license (*driver's*) **la patente** (8)
license plate **la targa** (13)
lie **la bugia** (2)
to lift: to lift weights **fare sollevamento pesi** (4)
light *adj.* **leggero** (17)
lightbulb **la lampadina** (15)
like: just like **cosí come** (16); what's he / she / it like? **com'è?** (2); what are they like? **come sono?** (2)
likeable **simpatico** (*m. pl.* **simpatici**) (2)
limit **il limite**; speed limit **il limite di velocità** (13)
line **la fila** (15)
lira (*Italian currency*) **la lira** (1)
list **l'elenco** (10)
to listen to **ascoltare** (3)
literature **la letteratura** (3)
little **piccolo** (2); **poco** (3)
to live (*in a place*) **abitare** (3); *****vivere** (9); to live together **convivere** (18)
living: cost of living **il costo della vita** (17)
living room **il salotto** (5); **il soggiorno** (12)
long **lungo** (*m. pl.* **lunghi**; *f. pl.* **lunghe**) (2); for how long? **da quanto tempo?** (7)
to look at **guardare** (4); to look for **cercare** (3)
to lose **perdere** (4)
lost: to get lost **smarrirsi** (13)
lot: a lot **molto** (2); a lot (of) **un sacco di** (10)
love **l'amore**; to fall in love with **innamorarsi di** (14)
lunch **il pranzo** (5); to eat lunch **pranzare** (4)
lung **il polmone** (9)

M

magazine **la rivista** (4)
mail **la posta** (17); mail carrier **il postino** (5)
mainly **principalmente** (15)
major (*at a university*) **la specializzazione** (3); to major **specializzarsi** (7)
to make **fare** (3); to make oneself heard **farsi sentire** (16) to make plans **fare un programma** (4), **fare programmi** (10); to make a reservation **prenotare, fare una prenotazione** (6)
man **l'uomo** (*pl.* **gli uomini**) (2); young man **il ragazzo** (2)
to manage **dirigere** (14)
manager **il/la dirigente** (17)
many **molti/e** (2); too many **troppi/e** (4); how many **quanti/e** (6)
map **la mappa** (P)
March **marzo** (P)
marginalization **l'emarginazione** (18)

mark (*school*) **il voto** (7)
market **il mercato** (11)
marmalade **la marmellata** (5)
to marry **sposare**; to get married **sposarsi** (7)
martial arts **le arti marziali** (4)
masterpiece **il capolavoro** (15)
match (*sports*) **la gara, la partita** (4); **lo scontro** (15)
matches **i fiammiferi** (11)
materialism **il materialismo** (18)
mathematics **la matematica** (3)
matter: no matter how **comunque** (17)
May **maggio** (P)
maybe **forse** (10)
means: by all means **pure** (11); means of transportation **i mezzi di trasporto** (13)
meantime: in the meantime **intanto** (16)
meanwhile **intanto** (16)
meat **la carne** (6)
mechanic **il meccanico** (*pl.* **i meccanici**) (13)
medicine **la medicina** (3) (9)
to meet **incontrare** (3); to meet (*past tense*) **conoscere** (5)
meeting **la riunione** (16)
melon **il melone** (6)
messy **disordinato** (2)
Mexican **messicano** (2)
the Middle Ages **il Medioevo** (15)
midnight **mezzanotte** (4)
milk **il latte** (1)
milkman **il lattaio** (11)
million **il milione** (7)
minister (*in government*) **il ministro** (16); prime minister **il primo ministro** (16)
misery **la miseria** (18)
Miss **signorina** (P)
to miss (*a train, bus, plane, etc.*) **perdere** (4)
missing: to be missing ***mancare** (4)
mistake: to make a mistake **sbagliarsi** (7)
mixed **misto** (6)
modernity **la modernità** (15)
mom **la mamma** (3)
Monday **lunedì** (P)
money **i soldi** (*m. pl.*) (2)
month **il mese** (P)
monthly **mensile**; monthly publication **il mensile** (8)
moped **il motorino** (1)
more **più** (2); more than **più... di / che** (9); more than anything **più che altro** (13)
morning **la mattina**; in the morning **di mattina** (3); this morning **stamattina** (5)
mother **la madre, la mamma** (3)
motorist **l'automobilista** *m./f.* (*m. pl.* **gli automobilisti**) (13)
motorscooter **il motorino** (1)
mountain **la montagna**; to go to the mountains ***andare in montagna** (10)
mouse **il topo** (12)
mouth **la bocca** (9)
to move (*household*) **cambiare casa, fare un trasloco, traslocare** (12)
movement **il movimento**; Italian unification movement **il Risorgimento** (15)
movie **il film**; (*made for TV*) **il telefilm** (8)

movie theater **il cinema** (1)
mozzarella **la mozzarella** (6)
Mr. **signore** (P)
Mrs. **signora** (P)
much **molto** (2); too much **troppo** (4); how much? **quanto?** (6); How much do you want? **Quanto ne vuoi?** (11); as much . . . as **(tanto)... quanto** (9); so much **tanto** (9)
museum **il museo** (1)
music **la musica** (4); pop music **la musica leggera** (14)
musician **il/la musicista** (14)
must (*have to*) **dovere** (4)
my **mio** (3)

N

name **il nome** (1); my name is . . . **mi chiamo...** (P); what's your name? **come ti chiami?** (*fam.*), **come si chiama?** (*form.*) (P); to be named **chiamarsi** (7); last name **il cognome** (1)
to narrate **raccontare** (3)
native **natio** (2)
near **vicino** (1); nearby **qui vicino** (1)
necessary: to be necessary ***bisognare** (14)
necktie **la cravatta** (7)
to need **avere bisogno di** (1)
neglect **l'emarginazione** (18)
to negotiate **contrattare** (16)
neither . . . nor **né... né** (12)
nephew **il nipote** (3)
net **la rete** (8)
network **la rete** (8)
never **non... mai** (3)
nevertheless **comunque** (14)
new **nuovo** (2); something new **novità** (4)
news **le notizie** (8); local news **la cronaca** (8)
newspaper **il giornale** (4)
news reporter **il/la cronista** (8)
next (to) **accanto (a)** (12)
nice **simpatico** (*m. pl.* **simpatici**) (2); (*thing*) **bello** (2)
niece **la nipote** (3)
night **la sera, la notte**; at night **di sera, di notte** (3); last night **ieri sera** (5); opening night **la prima** (14)
nightgown **la camicia da notte** (7)
no **no** (P)
noise **il rumore** (12)
nonsense **la sciocchezza** (18)
noon **mezzogiorno** (4)
nor: neither . . . nor **né... né** (12)
nose **il naso** (8)
not **non** (1)
notebook **il quaderno** (P)
notes **gli appunti** (8)
nothing **niente, nulla** (12); nothing special **niente di speciale** (10)
noun **il nome** (1)
novel **il romanzo** (15)
novelty **la novità** (4)
November **novembre** (P)
now **adesso** (4); **ora** (7)
nuisance **la scocciatura** (7)
nutrition **l'alimentazione** *f.* (9)

O

to obligate **obbligare** (14)
occupation **il mestiere** (17)
October **ottobre** (P)
of **di** (1)
to offer **offrire** (4)
offer **l'offerta** (17)
office **l'ufficio** (1)
officer: traffic officer **il vigile** (13)
often **spesso** (3)
oil **l'olio** (13)
ok **va bene** (1); is that OK? **va bene?** (1)
old **vecchio** (2); very old **antico** (2)
older **maggiore** (9)
on **su** (5)
once upon a time **c'era una volta** (8)
only **solo** (1); **solamente** (6); **unico** (13); if only **magari** (18)
to open **aprire** (4); opening night **la prima** (14)
opera **il melodramma, l'opera** (14)
operatic **lirico** (*m. pl.* **lirici**) (14)
or **o** (10)
orange **l'arancia** (11)
orangeade, orange soda **l'aranciata** (1)
to order **ordinare** (5)
to organize **organizzare** (16)
other **altro** (2)
our **nostro** (3)
outside **fuori** (6)
over **sopra** (12)
to overcome **superare** (13)
own: one's own **proprio** (14)
ozone layer **la fascia di ozono** (13)

P

to paint **dipingere** (4)
painter **il pittore / la pittrice** (15)
painting (*individual work*) **il dipinto, il quadro** (15); (*in general*) **la pittura** (15)
pair **il paio** (*pl.* **le paia**) (5)
paper **la carta** (8); sheet of paper **il foglio di carta** (P)
pardon? **prego?** (P); I beg your pardon? **Prego? Scusa?** (*fam.*), **Scusi?** (*form.*) (P)
parents **i genitori** (3)
to park **parcheggiare** (13)
parking: no-parking zone **il divieto di sosta** (13)
Parmesan cheese **il parmigiano** (6)
party **la festa** (3)
party (*political*) **il partito** (16)
to pass by ***passare** (11)
passport **il passaporto** (1)
past (*with time expressions*) **passato, scorso** (5)
pasta **la pasta** (6)
pastime **il passatempo** (4)
pastry **la pasta** (5); pastry shop **la pasticceria** (5); pastry cook **il pasticciere** (11)
to pay **pagare** (5); to pay for **pagare** (5); to pay in cash / by check / with a credit card **pagare in contanti / con un assegno / con la carta di credito** (5); to pay the bill **pagare il conto** (6)

peanut la nocciolina (5)
pear la pera (11)
pen la penna (P)
pencil la matita (P)
peninsula la penisola (15)
people la gente (5)
to permit permettere (di + inf.) (14)
to persuade persuadere (14)
pharmacy la farmacia (1)
photograph la fotografia, la foto (pl. le foto); to take a photograph fare una fotografia, fare una foto (3)
photography la fotografia (1)
physics la fisica (3)
piano il piano (4)
to pick up (a person) *andare/*venire a prendere (13)
pie la crostata (6)
place il luogo (pl. i luoghi) (1); il posto (10); to take place avere luogo (14)
to place mettere (4)
to plan programmare (9); to have plans avere programmi (10); to make plans fare programmi (10)
plan il programma (4); il progetto (10)
plate il piatto (6)
play la rappresentazione teatrale (14)
to play (a game or sport) giocare (3); (a sport) fare/praticare uno sport (4); (a musical instrument) suonare (3); (a part) recitare (14)
player il giocatore / la giocatrice (4)
please per favore, per piacere (P); pleased to meet you piacere (P)
to please: to be pleasing *piacere (6)
plus più (2)
poem la poesia (4)
poet il poeta / la poetessa (m. pl. i poeti) (15)
poetry la poesia (4)
polite educato (13)
political: to be politically engaged *essere impegnato (18); political party il partito politico (16)
politics la politica (16)
poll il sondaggio (8)
to pollute inquinare (13)
pollution l'inquinamento (13)
poor povero (2)
pope il papa (15)
pork il maiale (6)
portrait il ritratto (15)
possible: it's possible può darsi (16)
possibility la possibilità (17)
post office l'ufficio postale (1); postal service la posta (17)
postcard la cartolina (10)
postmodern il postmoderno (15)
potato la patata (6)
potato chip la patatina (5)
poverty la povertà (16); la miseria (18)
prank il capriccio (7)
to prefer (to do something) preferire (isc) (+ inf.) (4)
preferred preferito (3)
preparations i preparativi (11)
to prepare preparare (6)
prescription la ricetta (9)

president (of the Republic) il presidente (della Repubblica) (16)
press la stampa (8)
pretty carino (2)
price il prezzo (11)
primarily principalmente (15)
prince il principe (15)
princess la principessa (15)
to print stampare (8)
prison il carcere (pl. le carceri) (15)
prize il premio (9)
problem il problema (13)
to produce produrre (8); mettere in scena (14)
producer il produttore / la produttrice (8)
profession la professione (17); as a profession di professione (14); to be a + profession fare il/la + professione (17); professional di professione (14)
professor il professore / la professoressa (P)
prohibition il divieto (18)
to promise promettere (di + inf.) (14)
to promote promuovere (17)
protagonist il/la protagonista (15)
to protect proteggere (13)
protest la manifestazione (16)
proud orgoglioso (2); fiero (15)
provided that a condizione che, purché (17)
publication la pubblicazione (8)
to publish pubblicare, stampare (8)
pullover il maglione (11)
to purify depurare (13)
purpose il motivo (8)
to push spingere (14)
to put mettere (4); to put on (clothes) mettersi (7)

Q

to quarrel litigare (6)
quarter il quarto (4)
quickly velocemente (7)
quiet: to keep quiet stare zitto (3)
to quit (doing something) smettere (di + inf.) (7); (a job) licenziarsi (17)

R

racism il razzismo (18)
racist il/la razzista (m. pl. i razzisti) (18)
to rain piovere (4)
rain la pioggia (4)
raincoat l'impermeabile m. (7)
to raise aumentare (16)
rally la manifestazione (16)
rather piuttosto (5)
to read leggere (4)
really proprio (1); davvero (15)
reason il motivo (8)
receipt lo scontrino (5); to get a receipt fare lo scontrino (5)
to receive ricevere (4)
recipe la ricetta (6)
to recommend consigliare (6)
record (phonograph) il disco (pl. i dischi) (4)

to recycle riciclare (13)
recycling il riciclaggio (13)
red rosso (2)
to reduce diminuire (isc) (16)
reduction la riduzione (16)
refrigerator il frigo (from frigorifero) (4)
relative il/la parente (3)
to relax rilassarsi (7)
to remain *rimanere (4)
remainder il resto (11)
to remember ricordare (3)
to remind ricordare (5)
Renaissance il Rinascimento (15)
rent l'affitto (12); to rent (a house or apartment) affittare, prendere in affitto (10); for rent in affitto (12); to rent (a vehicle, etc.) noleggiare, prendere a nolo (10)
to reply rispondere (4)
representative il deputato / la deputata (16)
request la richiesta (17)
to require richiedere (11)
requirement il requisito (17)
reservation la prenotazione (1)
reservation bureau l'ufficio prenotazioni (1)
to reserve prenotare (6)
to reside abitare (3)
to resign dare le dimissioni (16); (from a job) licenziarsi (16); to resign (from office) dimettersi (16)
to resist resistere (11)
to resolve risolvere (18)
to respect rispettare (13)
to respond rispondere (4)
responsible responsabile (2)
to rest riposarsi (18)
rest (remainder) il resto (11)
restaurant il ristorante (1)
restoration il restauro (15)
restriction il divieto (18)
résumé il curriculum (17)
retired person il pensionato / la pensionata (16)
to return (to a place) *tornare (3); (to give back) rendere (p.p. reso) (6)
to review ripassare (3); recensire (8)
review la recensione (8)
rhyme la rima (15)
rice il riso (6); creamy rice dish il risotto (6)
ride il passaggio; to ask for/give a ride chiedere/dare un passaggio (13)
to ride a bicycle *andare in bicicletta (3)
right (direction) destro (9); to/on the right a destra (1); right (legal) il diritto (16); rights i diritti (8)
right: to be right avere ragione (1); you're right già (18)
road la strada; adj. stradale (13)
roast l'arrosto (6)
roll: sweet roll la brioche, il cornetto (5); hard roll il panino (1)
room la camera (4); la stanza (12); double / single room camera doppia / singola, room with a double bed / with bath camera matrimoniale / con bagno (10)

roommate **il compagno / la compagna di camera / stanza** (2)
row **la fila** (15)
ruins **le rovine, i ruderi** (15)
to run **†correre** (4); to run into (*someone*) **incontrare** (7)
Russian **russo** (2)

S

sad **triste** (2)
salad **l'insalata** (6)
salary **lo stipendio** (16)
sale **la svendita** (11)
salesperson **il commesso / la commessa** (11)
same **stesso** (2)
sandwich **il panino** (1); **il tramezzino** (5)
satisfied **soddisfatto** (17)
Saturday **sabato** (P)
sauce **il sugo** (6); with meat sauce **al ragù, alla bolognese** (6); with tomato sauce **al sugo di pomodoro** (6); *with a sauce of basil, olive oil, garlic, parmesan cheese, and pine nuts* **al pesto** (6); *with a sauce of eggs, bacon, and grated cheese* **alla carbonara** (6)
to save **risparmiare** (10)
saxophone **il sassofono** (4)
to say **dire** (4)
school **la scuola** (1); school (*of a university*) **la facoltà** (3)
science **la scienza** (3); political science **le scienze politiche** (3)
scooter **lo scooter** (1)
screen **lo schermo** (8)
to sculpt **scolpire (isc)** (15)
sculptor **lo scultore / la scultrice** (15)
sculpture **la scultura** (15)
season **la stagione** (P)
seashore: to go to the seashore ***andare al mare** (10)
to see **vedere** (4)
to seem ***sembrare** (16); it seems (to me) **(mi) pare** (16)
to sell **vendere** (11)
seller **il venditore / la venditrice** (11)
senate (*upper house of Parliament*) **il Senato** (16)
senator **il senatore / la senatrice** (16)
to send **mandare** (6); **spedire (isc)** (14)
sensitive **sensibile** (2)
September **settembre** (P)
serial (*TV*) **la serie televisiva** (8)
series (*TV*) **la serie televisiva** (8)
serious **grave** (9)
to serve **servire** (4)
server **il cameriere / la cameriera** (1)
set **fisso** (10)
to set the table **apparecchiare** (6); to set in motion **mettersi in moto** (13)
settled: to get settled **sistemarsi** (12)
to share (*a residence*) **condividere** (12)
she **lei** (1)
shirt **la camicia** (7)
shoe **la scarpa** (7)
to shoot (*a film*) **girare** (8)
shop assistant **il commesso / la commessa** (11)

shopkeeper **il negoziante** (11)
shopping: to go shopping **fare le spese, fare le compere** (11); to go grocery shopping **fare la spesa** (11)
short (*in height*) **basso** (2); short (*in length*) **corto** (2)
to shout **gridare** (12)
to show **mostrare** (4); to show on TV **dare in televisione** (8)
show **lo spettacolo** (14)
shower **la doccia** (10)
sick **ammalato** (5); **malato** (9); to become / get sick **ammalarsi** (9)
sickness **la malattia** (9)
side dish **il contorno** (6)
sign **il segnale** (13)
silliness **la sciocchezza** (18)
simple **semplice** (6)
to sing **cantare** (3)
singer **il/la cantante** (14)
singer-songwriter **il cantautore / la cantautrice** (14)
single **solo** (4); **singolo** (12)
sister **la sorella** (3)
to ski **sciare** (3)
skirt **la gonna** (11)
to sleep **dormire** (4); to fall asleep **addormentarsi** (7)
sleepy: to be sleepy **avere sonno** (1)
slice **la fetta**; slice of bread **la fetta di pane** (5)
slight **leggero** (17)
slow **lento** (4)
small **piccolo** (2); smaller **minore** (9)
to smile **sorridere** (15)
to smoke **fumare** (6)
smoker **il fumatore / la fumatrice** (14)
snack **lo spuntino** (5); (*mid-afternoon snack*) **la merenda** (5); snacks **i salatini** (5)
to snow **nevicare** (4)
snow **la neve** (4)
so **così** (7); so that **affinché** (17); so that **perché** (+ *subjunctive*) (17)
soccer **il calcio** (3)
socks **i calzini** (7)
soda **la bibita** (5); soda can **la lattina** (5)
soft drink **la bibita** (5); soft-drink can **lattina** (5)
to solve **risolvere** (13)
some **alcuni/e, qualche, un po' di** (12)
someone **qualcuno** (12)
something **qualcosa** (12); something to drink / to eat **qualcosa da bere / da mangiare** (5)
sometimes **qualche volta** (4)
son **il figlio** (3)
song **la canzone, la canzonetta** (14)
soon **presto** (3); see you soon **a presto** (P)
soprano **il/la soprano** (14)
sorry: to be sorry ***dispiacere** (6)
sort (*type*) **il tipo** (14)
so-so **così così** (P)
soundtrack **la colonna sonora** (8)
space **lo spazio** (13)
Spanish **spagnolo** (2)
to speak **parlare** (3)
special: nothing special **niente di speciale** (10)

specialization **la specializzazione** (3)
to specialize **specializzarsi** (7)
speech **il discorso** (16)
spoken **parlato** (15)
Spring **la primavera** (P)
square **la piazza** (1)
stadium **lo stadio** (1)
staff: editorial staff **la redazione** (8)
to stage **mettere in scena, allestire (uno spettacolo)** (14)
stage **il palcoscenico** (14)
staircase **le scale** (12)
stall (*of vendor*) **la bancarella** (11)
stand (*of vendor*) **la bancarella** (11)
to stand up **alzarsi** (7)
to start **cominciare** (3); to start (*a car, a machine*) **mettersi in moto** (10); to start, set in motion **mettersi in moto** (13)
state **lo stato** (16)
statement **l'affermazione** *f.* (10)
station **la stazione** (1)
to stay ***stare** (3); ***rimanere** (4)
steak **la bistecca** (6)
stereotype **lo stereotipo** (14)
still **ancora** (7)
stomach **lo stomaco** (9)
stomachache: to have a stomachache **avere mal di stomaco** (9)
to stop (*moving*) **fermarsi** (7); to stop (*doing something*) **smettere (di + inf.)** (7); to stop in ***passare** (11)
stopover **la tappa** (10)
store **il negozio** (1); clothing store **il negozio di abbigliamento** (11); department store **il grande magazzino** (11); grocery store **il negozio di alimentari** (11)
story: short story **il racconto** (4); **la novella** (15)
straight (*hair*) **liscio** (*m. pl.* lisci) (2); straight ahead **diritto, sempre diritto** (1)
strange **strano** (12)
stranger **lo sconosciuto / la sconosciuta** (13)
street **la via** (1)
stressed **stressato** (2)
strike **lo sciopero** (16); to strike **fare sciopero** (16); to be on strike ***essere in sciopero, scioperare** (16)
strong **forte** (9)
student **lo studente / la studentessa** (P)
to study **studiare** (3)
stuff **la roba** (8)
stupidity **la sciocchezza** (18)
style **lo stile** (14)
subject **l'argomento** (15); (*school*) **la materia (di studio)** (3)
suburbs: in the suburbs **in periferia** (12)
to succeed ***riuscire (a + inf.)** (14)
sugar **lo zucchero** (5)
suggestion **il suggerimento** (10)
suit **l'abito, il vestito** (7)
suitcase **il bagaglio, la valigia** (1)
summer **l'estate** *f.* (P); *adj.* **estivo**
Sunday **domenica** (P)
supermarket **il supermercato** (1)
supper **la cena**; to have supper **cenare** (4)
to surprise **sorprendere** (16)

survey **il sondaggio** (8)
to survive ***sopravvivere** (9)
sweater **la maglia** (7)
sweatshirt **la felpa** (7)
to swim **nuotare** (3)
swimming **il nuoto** (4)
swimming pool **la piscina** (3)
system **il sistema;** the political system **il sistema politico** (16)

T

table **il tavolo** (5); little table **il tavolino** (5); at a table (*in a café*) **al tavolino** (5); to set the table **apparecchiare la tavola** (6)
to take **prendere** (4); to take care of oneself **curarsi** (9); to take (*a class*) **seguire** (4); to take a cruise **fare una crociera** (10); to take part in **fare parte di** (15); to take a photograph **fare una foto** (3); to take place **avere luogo** (14); to take a test **dare un esame** (3); to take a civil service exam **partecipare a un concorso** (17); to take (*time*) **metterci** (+ *time expressions*), ***volerci** (+ *time expressions*) (15); to take a vacation ***andare in ferie / vacanza, fare le ferie / vacanze** (10); to take a walk / bike ride / motorcycle ride / car ride **fare un giro a piedi / in bici / in moto / in macchina** (4)
tall **alto** (2)
tape **la cassetta** (4)
task **l'incarico** (8)
taste **il gusto** (13)
taxes **le tasse** (7)
tea **il tè** (1); iced tea **il tè freddo** (5)
to teach **insegnare** (3)
teacher **l'insegnante** *m., f.* (3)
team **la squadra** (4)
t-shirt **la maglietta, la t-shirt** (7)
to telephone **telefonare** (3)
television **la televisione, la TV** (4)
television news **il telegiornale** (8)
to tell **raccontare** (3); **dire** (4)
tenant **l'inquilino / l'inquilina** (12)
tennis **il tennis** (4)
tenor **il tenore** (14)
test **l'esame** (3)
to thank **ringraziare** (18); thank you **grazie** (P); thanks **grazie** (P); thank goodness **meno male** (12)
that **quello** (3); **cui** (14); that which **ciò che, quello che** (14)
theater **il teatro** (1); movie theater **il cinema** (*inv.*) (1)
their **loro** (3)
theme **il tema** (15)
then **poi** (1)
there is . . . /there are . . . **ecco...** (P); there is **c'è** (1); there are **ci sono** (1)
they **loro** (1)
thin **magro** (2)
to think **pensare;** to think about **pensare a** (11)
thirsty: to be thirsty **avere sete** (1)
this **questo** (3)
throat **la gola** (9)

through **per** (1)
Thursday **giovedì** (P)
thus **così** (7)
ticket (*theater, train*) **il biglietto** (1); ticket (*fine*) **la multa** (13); to get a ticket **prendere la multa** (13)
tie: necktie **la cravatta** (7)
tight **stretto** (11)
time **il tempo** (4); (*of day*) **l'ora** (4); (*occasion*) **la volta;** the first time **la prima volta** (5); How many times? **Quante volte?** (4); it's time **è ora** (16); some time ago **una volta** (8)
tire **la gomma** (13)
tired **stanco** (*m. pl.* **stanchi**) (2)
tiring **faticoso** (9)
to **a, in** (1)
today **oggi** (P); what is today's date? **quanti ne abbiamo oggi?** (11)
together **insieme** (4)
to tolerate **sopportare** (18)
tomato **il pomodoro** (6)
tomorrow **domani** (P)
tonight **stasera** (3)
too **anche** (2); me too **anch'io** (4)
tooth **il dente** (9)
toothache: to have a toothache **avere mal di denti** (9)
topic **l'argomento** (15)
totality: the totality of **l'insieme di** (8)
tourist information service **l'ufficio informazioni** (1)
trade **il commercio** (17); (*profession*) **il mestiere** (17)
traffic **il traffico** (12); traffic officer **il/la vigile** (13)
tragedy **la tragedia** (14)
train **il treno** (1)
transfer **il trasferimento** (17)
transportation: means of transportation **i mezzi di trasporto** (13)
trash **i rifiuti** (13)
to travel **viaggiare** (4)
to treat **curare** (9)
tree **l'albero** (12)
trip **il viaggio** (1)
to trust **fidarsi di** (18)
truth **la verità** (4); to tell the truth **a dire il vero** (10)
to try **provare** (11); to try on **provare** (11)
Tuesday **martedì** (P)
tune-up **il controllo** (13)
turn: to be the turn of (*someone*) **toccare a (qualcuno)** (9)
TV **la TV** (4)
twins **i gemelli / le gemelle** (9)
type **il tipo** (14)
typical **tipico** (3)

U

ugly **brutto** (2)
unbearable **insopportabile** (17)
uncle **lo zio** (1)
under **sotto** (12)
to understand **capire (isc)** (4)
unemployed **disoccupato** (16)
unemployment **la disoccupazione** (16)

unfortunate **povero** (2)
unfortunately **purtroppo** (5)
unhappy (with) **insoddisfatto (di)** (17)
union: labor union **il sindacato** (17)
unique **unico** (13)
united **unito** (16)
university **l'università** (1)
unlikeable **antipatico** (2)
unless **a meno che... non** (17)
to unload **scaricare** (13)
unoccupied **libero** (10)
unpleasant **antipatico** (2)
unsatisfied (with) **insoddisfatto (di)** (17)
until **fino a** (5)
unusual **insolito** (12)
unwell: to be unwell **stare male** (3)
upon **su** (5)
up-to-date **aggiornato** (17)
used: to get used to (*something or doing something*) **abituarsi a** (14)
useless **inutile** (12)
usual **solito** (4); as usual **al solito** (4); usually **di solito** (4)

V

vacation **la vacanza;** to go on vacation ***andare in ferie / in vacanza** (10); to take a vacation **fare le ferie / le vacanze** (10)
value **il valore** (18)
VCR **il videoregistratore** (8)
veal **il vitello** (6)
vegetable soup **il minestrone** (6)
vegetables **la verdura** (6)
very **molto** (2)
videotape **la videocassetta** (8)
view **la vista** (9)
violence **la violenza** (18)
voice **la voce** (14)
volunteer **il volontario** (18)
to vote **votare** (16)
vote **il voto** (16)

W

wage **il salario** (16)
to wait (for) **aspettare** (3)
waiter **il cameriere** (1)
waitress **la cameriera** (1)
to wake up (*someone*) **svegliare** (7); to wake up **svegliarsi** (7)
to walk ***andare a piedi** (3)
to want (*to do something*) **volere** (+ *inf.*) (4)
to wash oneself **lavarsi** (7)
to waste **perdere** (4)
to watch **guardare** (4)
watch **l'orologio** (2)
water (mineral/carbonated/ non-carbonated) **l'acqua (minerale/gassata/naturale)** (5)
we **noi** (1)
wealth **la ricchezza** (18)
to wear **portare** (7)
weather **il tempo** (4); What's the weather like? **Che tempo fa?** (3); to be nice/bad/hot weather **fare bello/brutto/caldo** (3); to be foggy/clear weather ***essere nebbioso/sereno** (4)

Wednesday **mercoledì** (P)

week **la settimana** (P)

weekly **settimanale**; weekly publication **il settimanale** (8)

weights: to lift weights **fare sollevamento pesi** (4)

welcome: you're welcome **prego** (P)

well **bene** (P); pretty well **abbastanza bene** (P)

well: to be well **stare bene** (3)

what **che** (1); **(che) cosa** (3); what does . . . mean? **cosa vuol dire... ?** (P); what time is it? **che ora è? / che ore sono?** (4); at what time? **a che ora?** (4)

whatever **qualsiasi** (*inv.*) (13); **qualunque cosa** (17)

when **quando** (6)

where **dove** (1); where is? / where are? **dov'è? / dove sono** (1); where are you from? **di dove sei?** (*fam.*), **di dov'è?** (*form.*) (2)

wherever **dovunque** (17)

which **quale** (6); **che** (14); **cui** (14)

whichever **qualunque** (17)

whim **il capriccio** (11)

to whistle **fischiare** (14)

white **bianco** (2); white-collar worker **l'impiegato / l'impiegata** (16)

who **chi** (2); whose is . . . ? / whose are . . . ? **di chi è... ? / di chi sono... ?** (2)

whoever **chiunque** (17)

whom **chi** (6); **cui** (14)

whomever **chiunque** (17)

whose: whose is . . . ? **di chi è... ?**, whose are . . . ? **di chi sono... ?** (2)

why **perché** (3)

wide **largo** (*m. pl.* **larghi**) (2)

widespread **diffuso** (10)

wife **la moglie** (3)

willingly **volentieri** (3)

to win **vincere** (4)

wind **il vento** (4); to be windy **tirare vento** (4)

window **la finestra** (12)

wine **il vino** (1)

winter **l'inverno** (P); *adj.* **invernale**

"with it" **in gamba** (5)

within **entro** (13)

without **senza** (9); **senza che** (17)

woman **la donna** (2); young woman **la ragazza** (2)

wool **la lana** (11)

word **la parola** (1)

to work **lavorare** (3); **funzionare** (13)

work **il lavoro** (1)

worker **il lavoratore / la lavoratrice** (17); blue-collar worker **l'operaio / l'operaia** (16); white-collar worker **l'impiegato / l'impiegata** (16)

world **il mondo** (15)

to worry about **preoccuparsi di** (17)

worse **peggiore** (*adj.*) (9); **peggio** (*adv.*) (9)

to wrap **incartare** (11)

to write **scrivere** (4)

writer **lo scrittore / la scrittrice** (15)

wrong: to be wrong **sbagliarsi** (7)

Y

yeah **già** (18)

year **l'anno** (P); academic year **l'anno accademico** (3); New Year's Day **Capodanno** (10); to be . . . years old **avere... anni** (1); I am . . . years old **ho... anni** (P)

to yell **gridare** (12)

yellow **giallo** (2)

yes **sì** (P)

yesterday **ieri** (5)

yet: not yet **non... ancora** (7)

yogurt **lo yogurt** (11)

you **tu** (*fam.*), **Lei** (*form.*), **voi** (*fam., pl.*), **Loro** (*form., pl.*) (1)

young **giovane** (2); young people **la gioventù** (7)

younger **minore** (9)

your **tuo** (*fam.*), **Suo** (*form.*), **vostro** (*fam., pl.*), **Loro** (*form., pl.*) (3)

youth **la gioventù** (7)

Z

zoo **lo zoo** (1)

Index

About the Authors

Graziana Lazzarino is Professor of Italian at the University of Colorado in Boulder. A native of Genoa, she received her Laurea from the University of Genoa, and has taught at numerous European schools and American colleges and universities. She is also the author of *Prego! An Invitation to Italian, Da capo: A Review of Grammar,* and *Per tutti i gusti.*

Maria Cristina Peccianti, a native of Siena, received her Laurea from the University of Florence and currently teaches Italian as a second language at the University of Siena. She has been involved with the Scientific Technical Committee, promoting teaching methodology to Italian instructors both in Italy and abroad. Signora Peccianti has also planned and directed distance-learning courses in Latin America and Spain. She has written and edited books on linguistic education and Italian as a second language, including *Grammatica d'uso della lingua italiana* (Giunti, Firenze, 1997), as well as articles and essays on programming, examination, and assessment of educational materials. She was a co-author on the fifth edition of *Prego! An Invitation to Italian.*

Janice Aski received her Ph.D. in Italian from the University of Wisconsin-Madison in 1997. Her research is in pedagogy and Foreign Language teaching methodology, as well as Romance linguistics and, more specifically, Italian historical phonology. She was a lecturer at Emory University for a number of years. She is presently an Assistant Professor in the Department of French and Italian at The Ohio State University, where she coordinates the Italian language program. She was a co-author on the fifth edition of *Prego! An Invitation to Italian.*

Andrea Dini, a native of Prato, received his Laurea cum laude from the University of Florence and his Ph.D. in Italian Literature from the University of Wisconsin-Madison, with a minor in Second-Language Acquisition. He has taught at the University of Wisconsin, University of Colorado, and University of Oregon, and is currently an Assistant Professor of Italian at Hofstra University in New York. He specializes in medieval and contemporary Italian literature, with a particular focus on modern rewritings of Dante and Boccaccio. He has published in *Studi italiani* and *Paragone,* and is completing a monograph on Italo Calvino. He was a co-author on the fifth edition of *Prego! An Invitation to Italian.*

PHOTO CREDITS

ILLUSTRATIONS

REALIA CREDITS

Notes

Notes